《安徽通史》编纂委员会

《安徽通史》编纂委员会 编

安徽通史

新中国卷

10

主 编◎黄传新
唐先田
沈葵
（执行）

副主编◎朱强娣
胡卫星

全国百佳图书出版单位

时代出版传媒股份有限公司
安徽人民出版社

图书在版编目(CIP)数据

- -

安徽通史·新中国卷/黄传新,唐先田,沈葵主编.—合肥:安徽人民出版社,2011.9

ISBN 978 - 7 - 212 - 04297 - 4

Ⅰ.①安…　Ⅱ.①黄…②唐…③沈…　Ⅲ.①安徽省—地方史—现代
Ⅳ.①K295.4

中国版本图书馆 CIP 数据核字(2011)第 186366 号

- -

安徽通史·新中国卷

黄传新　唐先田　沈葵(执行)　主编

- -

出 版 人:胡正义
总 责 编:杨咸海
责任编辑:李稚戎　朱　虹　杨咸海　　　　　　装帧设计:宋文岚

- -

出版发行:时代出版传媒股份有限公司 http://www.press - mart.com
　　　　安徽人民出版社 http://www.ahpeople.com
　　　　合肥市政务文化新区翡翠路 1118 号出版传媒广场八楼
　　　　邮编:230071
　　　　营销部电话:0551 - 3533258　0551 - 3533292(传真)
制　　版:合肥市中旭制版有限责任公司
印　　制:安徽新华印刷股份有限公司
　　　　　　(如发现印装质量问题,影响阅读,请与印刷厂商联系调换)

- -

开本:710×1010　　1/16　　印张:23　　　字数:330 千　　　插页:6
版次:2011 年 9 月第 1 版　2011 年 9 月第 1 次印刷

- -

标准书号:ISBN 978 - 7 - 212 - 04297 - 4　　　定价:80.00 元

地点	解放时间	地点	解放时间	地点	解放时间
界首	1947.10.1	定远	1949.1.25	南陵	1949.4.22
临泉	1947.10.3	庐江	1949.1.21	青阳	1949.4.23
亳县	1948.2.21	含山	1949.1.21	铜陵	1949.4.21
太和	1948.3.5	无为	1949.1.22	当涂	1949.4.23
涡阳	1948.5.28	巢县	1949.1.24	宣城	1949.4.24
蒙城	1948.6.28	和县	1949.1.30	泾县	1949.4.24
阜阳	1948.8.1	霍山	1948.12.3	宁国	1949.4.24
颍上	1949.1.7	寿县	1949.1.18	广德	1949.4.26
凤台	1949.1.14	六安	1949.1.21	郎溪	1949.4.27
泗县	1948.9.20	舒城	1949.1.22	石台	1949.4.24
砀山	1948.11.8	霍邱	1949.1.26	旌德	1949.4.25
萧县	1948.11.13	金寨	1949.9.6	祁门	1949.4.26
宿县	1948.11.16	岳西	1947.9.19	歙县	1949.4.28
灵璧	1948.11.26	桐城	1949.2.8	休宁	1949.4.28
五河	1949.1.15	潜山	1949.3.22	黟县	1949.4.29
怀远	1949.1.17	太湖	1949.3.23	绩溪	1949.4.30
凤阳	1949.1.16	宿松	1949.3.28	太平	1949.4.22
天长	1949.1.19	望江	1949.3.28	淮南	1949.1.18
嘉山	1949.1.21	贵池	1949.4.21	蚌埠	1949.1.20
来安	1949.1.22	东至	1949.4.22	合肥	1949.1.21
滁县	1949.1.24	怀宁	1949.4.23	安庆	1949.4.23
全椒	1949.1.25	繁昌	1949.4.21	芜湖	1949.4.24

安徽全省境解放时间一览表

1949年1月24日《江淮日报》
关于合肥、蚌埠解放的报道

安庆解放。图为人民解放军从
集贤门入城情况

肥东县瑶岗渡江战役总前委旧址

　　1949年4月，望江县漳湖回民群众积极支援大军渡江。图为第一批突击队员合影

渡江一等功臣马毛姐

1949年11月，鄂豫皖边区东线剿匪指挥部的部分领导于金寨县麻埠合影。后排左起：何柱成（东线指挥部政委）、梁金华、梁从学（东线指挥部司令员）

剿匪部队指战员在大别山区翻山越岭，搜索土匪

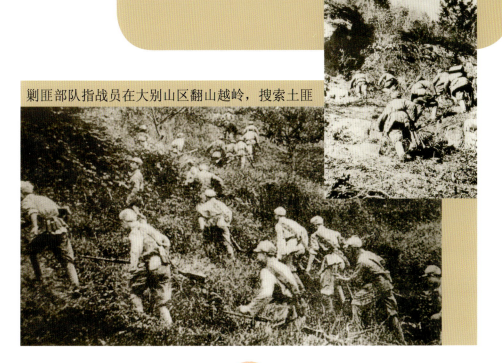

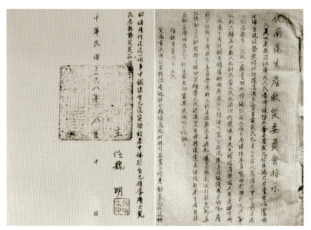

皖南区生产救灾委员会关于生产救灾的指示

蚌埠市政府组织蚌郊吴小街乡农民编席、编筐，进行生产自救

蚌埠市人民政府向贫苦农民发放救济棉衣

合肥郊区魏岗乡农民在新分得的土地上插地标

全省各地农民积极参加土地改革

1951年5月3日，中央慰问团到蚌埠治淮工地赠送毛主席题写的
"一定要把淮河修好"的锦旗

1950年10月6日，治淮委员会在蚌埠举行第一次全体委员会议，曾山主任委员在会议上作报告

治淮委员会于1952年在安徽怀远创设淮河水利学校。图为该校学生在野外进行测量实习

工人、民工捐献"淮河号"飞机的情景

工人在维护世界和平理事会宣言上签名

合肥群众举行抗美援朝大游行

志愿军空军战斗英雄韩德彩

1952年12月，在安徽省第一届各界人民代表会议上，曾希圣当选为省人民政府主席

安徽省人民政府大门（1952年）

安徽省人民政府委员会第一次全体委员会议留影

1952年12月23日到30日，安徽省第一届各界人民代表会议在合肥召开

佛子岭水库

梅山水库

总　　序

　　盛世修史,是中华民族的优良传统。2004 年 8 月,时任安徽省委副书记张平同志主持召开了《安徽通史》编纂委员会第一次会议,《安徽通史》作为省哲学社会科学规划重大项目立项并启动。在中共安徽省委、省政府领导的关心下,经过我省数十位专家历时近 8 年的辛勤笔耕,现即面世以飨读者。

　　《安徽通史》8 卷 10 册,600 万字,对上自洪荒,下迄 1952 年的安徽历史作了全面系统的表述。

　　编撰《安徽通史》我们坚持三个基本原则:

　　一是坚持以马克思主义的辩证唯物主义和历史唯物主义为指导思想,实事求是,从纷繁复杂的历史表象入手,去伪存真,去粗取精,真实地、本质地反映安徽历史。尊重历史事实,是则是,非则非,秉笔直陈,不用春秋笔法,把编写者的主观判断排除在《安徽通史》之外,把历史事实展现给读者,把评说的空间留给读者。

　　二是略远而详近。古代是我们的前天,近现代是我们的昨天。近现代是传统向现代转变时期,直接影响当代。自夏代算起,安徽历史

有 4000 年,其中鸦片战争至新中国成立之初不过百年,叙述这百余年历史的卷数为《安徽通史》全书的 25% ,字数约为全书的 30% ;《新中国卷》虽只写四年亦立为一卷。历史著作的社会价值主要在于有助于人们深刻了解当代社会和当代人,为解决现实问题提供经验教训。因此而言,略远而详近是必然选择。

三是史料务求翔实。史料是史著的基本元素,史料丰富与否往往决定了史著价值高低。几年来,参加编写《安徽通史》的专家用于爬梳资料的时间远多于撰写时间,经多方罗掘,发现了很多新的资料。先秦部分用近年发现的大量考古资料以补充文献资料,近现代部分则大量利用了报刊资料及档案。新资料的发现和使用是本书一系列亮点的基础。

中国是一个整体,但各省(区、市)的历史各有特色,造成差别的原因很多,地理位置和自然条件的差异是最基本的原因之一。安徽连贯东西、融会南北,左江浙,右湖北,上接中原,下邻江西。长江淮河穿省而过将安徽切成比较均匀的三大块。淮北平原属典型的北方,皖南山区是标准的南方,江淮之间是南北过渡地带。全省气候温和,水资源丰富,适宜农耕。

安徽历史的特点约略有五:

一、安徽历史发展受惠外部较多。自给自足的自然经济一般有很强的封闭性,但封闭不是绝对的,安徽与周边地区交往较多,对安徽历史发展起了明显的促进作用。安徽本为东夷活动区域,大禹为治水来到安徽,并在涂山(今属安徽怀远)大会诸侯,安徽的东夷积极响应,自此开始融入中国主流。东晋至南宋是中国经济重心南移、中原文化南播时期,安徽作为主要通道,社会经济发展水平显著提高。明清时期安徽和江浙关系密切,其时江浙正是中国经济最富庶、文化最发达地区,安徽经济、文化与之同时发展,且不遑多让。鸦片战争后,上海成为中国经济发展的龙头,八百里皖江成了近代意义上的黄金水道;

新中国成立前,号称"小上海"的城镇遍布我省各地,在安徽人心目中,上海是先进和繁华的代名词。

二、安徽的历史发展特别艰难曲折。安徽历史上灾难之多之惨烈绝非其他省可以相比。江淮之水患频仍世人皆知,但对安徽历史损害最大的是兵祸。自古以来,淮北和江淮就是各方争夺之地,楚汉,魏吴,东晋、南朝、南宋、南明和北方政权,都曾在安徽进行过恶战;历史上大规模农民战争除两汉外,如秦末、隋末、唐末、元末、明末、晚清农民战争,无不以安徽为主战场。每当战乱,除交战双方相互砍杀之外,就是对人民烧杀抢掠,一时白骨遍野,数百里不见人烟,惨不忍睹。在历史上淮北和江淮之间因兵燹损失半数以上人口有十余次。面对深重苦难,安徽人民顽强坚毅,一次次在废墟上重建家园。显示了超强的生聚能力。

三、安徽南北社会、经济、文化和国家的南北社会、经济、文化同步变化。三国以降,国家分裂时,表现为南北政权对峙,安徽则分属南北两个对立的政权。自东晋至南宋,中国经济重心南移,中原文化南播,改变了中国经济、文化态势,与此同时,安徽沿江江南在经济文化方面一跃超过原先先进的淮北。在上述两方面没有一省像安徽那样酷似国家的变化。

四、人才之盛,世所公认。安徽独特的环境为中华民族造就一大批精英人物,其中一些人分别在不同领域为华夏文明创立了标志性历史功业。改革家首推生于涂山的夏启(对先秦时代的人常以出生地为其籍贯),启废禅让为世袭,中国遂由原始社会进入阶级社会、文明时代。李鸿章兴办洋务新政是中国向近代迈出的第一步。思想领域老子把朴素的辩证法教给了中国人,陈独秀高举科学、民主旗帜,从根本上否定传统的价值观。在文化领域,庄子、曹操、方苞、程长庚,各领风骚,为五彩缤纷的中华文化作出巨大贡献。胡适倡导白话文学,促成白话文代替文言文成为"正宗"载体,其功至伟。

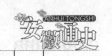

五、独特的历史遗憾。明以前,今安徽总是分属于几个不同行政区域或不同政权管辖,并且这些行政区域或政权治所或不在安徽或在安徽却旋设旋撤,以致秦以后安徽没有出现规模较大的都市。工商辐辏的都市对一个地区社会、经济、文化有显著的拉动作用,即使在农业社会也是如此。此外,未形成可基本覆盖全省的皖文化。这两点在内地各省中绝无仅有。

每一代人都在创造历史,我们这一代人的使命是创造安徽崛起、中华复兴的历史。人们是在历史的基础上创造历史,先辈的经验教训对于后人是一笔宝贵的财富,前贤的精神是激励后代的动力。本书对全面深入了解安徽有较大帮助,希望能引起读者兴趣。

历史已成过去,完全复原绝不可能。作者有其局限,洵为常理,众人之作难以避免风格上不统一,《安徽通史》中可商榷处所在多有。盼望读者批评,如切如磋,如琢如磨,以期繁荣学术,俾安徽历史的研究水平更上层楼。

《安徽通史》编纂委员会

2011 年 9 月

目　　录

第一章

皖北、皖南的解放

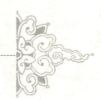

19 49 年 10 月 1 日,首都北京 30 万人齐集天安门广场,隆重举行中华人民共和国开国大典,毛泽东主席在天安门城楼上庄严宣告:"中华人民共和国中央人民政府今天成立了"①。一个独立、统一的新民主主义的新中国,终于诞生了。

在此之前,随着人民解放军发起的淮海战役、渡江战役的先后展开并取得胜利,安徽省获得解放。至此,以长江为界,皖北行政区和皖南行政区先后设立,安徽省行政区划随即撤销。在中共皖北区委、中共皖南区委和皖北行署、皖南行署的领导下,皖北、皖南人民积极参与到支援前线、迎接人民解放军渡过长江、建立新的人民政权、剿灭土匪等工作中,皖北、皖南的历史从此揭开新的一页。

---

① 中共中央党史研究室著,胡绳主编:《中国共产党的七十年》,中共党史出版社 1991 年版,第 345 页。

第一节　淮海战役后的皖北

一、皖北的解放

皖北，是指长江安徽段以北包括江淮之间和淮河以北的地区。1949 年初，皖北地区有人口 2200 余万，耕地 5200 多万亩。[①]

1948 年 11 月 6 日至 1949 年 1 月 10 日，人民解放军发起对国民党军队的淮海战役，是皖北政治社会局面发生翻天覆地历史性变革的决定性事件。淮海战役主战场分布于徐州以南、蚌埠以北的广大地区，即黄河故道一带和淮河流经安徽、江苏的大片地区。随着淮海战役的胜利结束，皖北地区的城镇、乡村先后获得了解放。

1948 年 8 月 1 日，人民解放军豫皖苏军区第六军分区部队集中 2000 余人，攻打阜阳城，国民党守军保安团弃城而逃，阜阳宣告解放。

1948 年 9 月，人民解放军江淮军区部队乘驻泗县国民党军北撤之机，发起对泗县县城的进攻，9 月 22 日，泗县解放。

1948 年 10 月，人民解放军华东野战军第十三纵队协同江淮军区独立旅和第三十四旅，攻打灵璧县城，以切断国民党军第二兵团的退路。10 月 25 日，在进行了激烈的攻城、巷战之后，人民解放军大获全胜，俘敌 4460 余人，灵璧解放。此役，为全面展开淮海战役奠定了基础。

1948 年 11 月 8 日，人民解放军华东野战军第三纵队等部进至砀山、商丘、黄口地区，与国民党军队作战，乘势攻下砀山县城，砀山解放。

1948 年 11 月 13 日，人民解放军华东野战军在萧县附近击退国民

[①] 《关于皖北地区当前工作方法和任务的指示（草案）》（一九四九年五月四日），中共安徽省委办公厅、中共安徽省委党史工委、安徽省档案馆编《中共皖北皖南区委文件选编》（1949—1951）[皖非正式出版字（93）第 50 号]，第 1 页。

党军第二兵团一部,攻克萧县县城,萧县解放。

1948年11月15日,人民解放军中原野战军第三、第九纵队,为实施将淮海地区55万国民党军分割为东西两段的战略目标,猛攻宿县县城,歼灭国民党军1.2万余人,宿县解放。

1948年11月27日,人民解放军华东野战军第二纵队在豫皖苏军区部队配合下,攻打固镇,国民党军弃城而逃,固镇①解放。

1948年12月3日,人民解放军皖西军区部队攻克位于大别山区的霍山县城,霍山解放。

1949年1月6日,人民解放军豫皖苏军区部队乘驻颍上国民党军兵力空虚之机,向颍上县城进攻,颍上解放。

淮海战役胜利结束后,国民党军驻皖北各地部队急促南逃。人民解放军自北向南,扫荡国民党军残余和地方保安。皖北各城镇得以解放。

1949年1月14日,位于淮河北岸的怀远、凤台宣告解放;15日,五河解放;16日,凤阳县城被人民解放军华东野战军先遣纵队和江淮军区部队攻克,凤阳解放;17日,国民党军驻寿县部队起义投诚,寿县解放;18日,定远解放;19日,天长解放。此后至1月底的10余天中,人民解放军主力部队在江淮军区部队及地方武装的配合下,分兵进军皖北南部各地,先后解放了嘉山、含山、来安、庐江、舒城、无为、和县、六安、巢县、滁县、全椒、霍邱等县城。

在此之前的解放战争中,挺进大别山区的刘邓大军和坚持在豫皖苏地区的人民解放军部队相互配合以及中共领导下的地方武装艰苦斗争,皖北已有许多县城提前解放。1947年10月1日,人民解放军华东野战军外线兵团进攻界首,驻界首国民党军队归降,界首解放。10月9日,华东野战军第六纵队第十六师进攻临泉县城,国民党守军被歼,临泉解放。11月4日,华东野战军第三纵队配合豫皖苏军区部队攻打烈山,国民党守军保安团逃跑,濉溪解放。11月21日,豫皖苏军区第十一团为扩展淮北战场,向阜南发起进攻,国民党守军逃窜,阜南

① 固镇原属灵璧县,1948年2月成立固镇市,后撤销,1965年设固镇县。

解放。12 月,豫皖苏军区第十一团进攻驻守阚疃集的国民党部队,解放了阚疃集。① 1948 年 2 月 20 日,人民解放军华东野战军第十一纵队第三十一旅进攻亳县县城,全歼国民党守军保安团,亳县解放。3 月 5 日,第十一纵队与豫皖苏军区独立旅及太和县独立团联合攻打太和县城,全歼国民党守军 2000 余人,太和解放。5 月 28 日,豫皖苏军区独立旅攻入涡阳县城,涡阳解放。6 月 28 日,豫皖苏军区第十一、十二团进攻蒙城,蒙城解放。

此外,在淮海战役前,除上述地处皖西北的县城已获解放外,位于皖西大别山腹地的岳西县城于 1948 年 10 月 1 日被人民解放军皖西军区独立旅攻克,由此,国民党军队设在大别山腹地的重要据点被拔除,岳西解放。

蚌埠是皖北最大的商业城市,津浦铁路上的军事重镇,北距徐州、南距南京各 180 公里左右,紧临淮河,有人口 30 万。蚌埠是皖北地区货物集散地,有面粉、火柴、皮革、玻璃、织布、电灯、卷烟等工厂 30 余家,大小商铺 4000 多户。1949 年 1 月 18 日,人民解放军华东军区批准成立蚌埠市军事管制委员会,暂驻固镇,曹荻秋任军管会主任。同日,驻守蚌埠的国民党部队在炸毁淮河铁路桥后南逃,城内仅留有警察部队看护。19 日夜,人民解放军华东野战军第八纵队先头部队进入蚌埠市区,蚌埠军管会随即进驻。20 日,蚌埠宣告解放。

淮南矿区为皖北乃至华东地区最大的煤产地,有大通、九龙岗、田家庵煤矿和电厂等企业。1949 年 1 月 16 日,国民党军队开着装满炸药的列车进入大通火车站,企图炸毁淮南的煤矿和电厂。由中共淮南矿区地下党组织领导的护矿队立即行动,堵塞煤矿和电厂的门道,阻止国民党炸矿人员进入。淮南矿务局和淮南铁路的负责人胡卫中、胡师童等,以矿路两局领导身份,与国民党军官会面,要求停止炸矿行动。17 日,人民解放军豫皖苏军区第十二团火速进军淮南矿区,国民党守军慌忙向南撤逃。18 日,第十二团政委霍大儒在与中共淮南矿区地下党支部书记方刚及淮南矿路负责人胡卫中等取得联系后,宣布

① 阚疃集于 1948 年 1 月建县,县名阚疃,1949 年 3 月撤县,1965 年再建县,并改名利辛。

成立淮南矿区临时军事管制委员会和临时警备司令部,霍大儒任临时军管会主任。随即,临时军管会召开群众大会,宣告淮南矿区和平解放。

合肥位于江淮之间,安徽地理区位的中心,为国民党安徽省省会,有人口约5万。1949年1月19日,人民解放军华东野战军先遣纵队第一、第四支队进驻合肥东乡梁园镇。此时,驻合肥的国民党所有军政要员早已南退,留守城内的国民党军两个团正在向巢湖方向撤退。21日晨,先遣纵队第四支队一大队到达合肥东门外飞机场边沿,与正在撤退的国民党军后卫部队交火数小时。国民党军后卫部队急速南逃。留守合肥城内的合肥县县长龚兆庆,按照事先得到的人民解放军华东野战军先遣纵队命令,执行保护居民生命财产安全、维持社会治安的任务。同日下午3时,人民解放军一大队官兵排着整齐的队伍从东门进入合肥城,龚兆庆等出城迎接,并表示弃暗投明。22日,人民解放军华东野战军先遣纵队进入合肥,合肥宣告解放。2月5日,人民解放军合肥军事管制委员会成立,华东野战军先遣纵队司令员孙仲德任军管会主任。

蚌埠、淮南矿区和合肥的相继解放,表明了长江安徽段以北地区国民党政权的迅速崩溃。在皖北4个主要城市中,只剩下紧靠长江的安庆市还在国民党政权的控制之下。

1949年2月开始,人民解放军部队继续在江淮地区向南部整体推进。主攻方向是皖西南地区。2月8日,皖西军区独立团进攻桐城,桐城解放。3月22日,皖西军区部队进攻潜山县城,击溃国民党守军自卫团,潜山解放。3月24日,在人民解放军主力部队的支持下,中共地下组织领导下的太湖县游击大队攻占早已撤走国民党军的县城,太湖解放。同日,人民解放军第二野战军渡江先遣纵队在皖西军区部队配合下,向安庆沿江地区进击,皖西军区独立团趁势攻入石牌镇,怀宁解放。3月28日,人民解放军第二野战军第四兵团进克宿松县城,宿松解放。同日,皖西军区部队进攻望江县城,驻城国民党守军归降,望江解放。3月31日,人民解放军第三野战军先遣纵队进攻枞阳县城,歼灭国民党守军,俘虏400余人,枞阳解放。

安庆紧临长江北岸,曾长期作为安徽的省会,是皖西南重要商业中心和货物集散地,亦是教育和文化较发达的城市。1949年初,安庆人口近10万,商户1100多家,设有电厂、水厂、织布厂、食品厂等数十家企业。1949年3月下旬,准备渡江战役的人民解放军第三兵团第十军进抵安庆郊外,从东、西、北三面将安庆城包围,城内国民党守军成孤立之势,纷纷从南面过江逃跑。人民解放军对安庆围而不攻长达1月之久。4月20日夜,渡江战役打响后,第十军于22日晚向安庆城发起攻击。守城的国民党军队已大部逃窜,仅有少数武装抵抗。23日上午,人民解放军部队及中共皖西区党政人员从集贤门进入安庆城,安庆宣告解放。同日,人民解放军安庆市军事管制委员会成立,第十军政委王维刚任军管会主任。

至此,在淮海战役胜利结束仅仅3个月的时间内,皖北的广大地区除大别山区的金寨县外,悉数获得了解放。中国共产党领导的人民政权取代了国民党的统治,皖北的政治社会局面发生了历史上从未有过的巨变。

二、皖北人民支援渡江战役

淮海战役结束后,人民解放军把"打过长江去,解放全中国"作为战略目标。为了实现这个目标,支援前线、支援渡江战役,成为刚刚获得解放的皖北人民的主要任务。

1949年2月11日,中共中央军委电令,由刘伯承、邓小平、陈毅、粟裕、谭震林组成淮海战役总前委,在渡江战役中,"总前委照旧行使领导军事和作战的职权",成为渡江战役总前委。3月22日,总前委由徐州南下,进驻蚌埠南郊,展开渡江作战筹划决策工作。总前委书记邓小平起草《京沪杭战役实施纲要》,26日,经总前委扩大会议讨论后,邓小平再作修改补充,报中共中央。4月2日,总前委移驻肥东瑶岗村,组织指挥人民解放军第二、第三野战军及第四野战军第十二兵团共100万大军,准备渡江战役。其中,由谭震林指挥的中突击集团约30万人,计划在长江北岸的裕溪口至枞阳镇段渡江;由刘伯承指挥的西突击集团约35万人,着手在长江北岸枞阳镇至望江段渡江。两

大突击集团约 65 万人,集中于皖北广大的区域,如何保障渡江部队的粮草、物资、器材及交通运输供给,成为中共皖北党组织和人民政权的当务之急。

中共江淮区委于 1948 年 5 月建立,区委书记曹荻秋、副书记李世农。江淮区"所辖地区,包括长江以北,陇海路以南,运河以西,津浦铁路和淮南铁路以东之安徽省东北部、江苏省西北部地区,面积约 9 万多平方公里,人口 1000 多万"①,下辖先后建立的江淮一、二、三、四、五地委和蚌埠市委、合肥市委、淮南煤矿特区委。江淮区委的成立,使皖北的淮北、淮南地区党组织有了统一的领导中心。在淮海战役中,江淮区委领导、组织和协调支援前线的各项工作,为淮海战役的胜利做出了重要贡献,同时,也为即将展开的支援渡江战役工作,积累了丰富的经验。

1949 年 2 月 13 日,中共江淮区委移驻皖北重镇蚌埠,由淮海战役支前委员会为基础并经充实后组建的华东支前委员会和华东支前司令部的主要部门也随之迁入。15 日,华东支前委员会发布《支援大军过江,收复京沪地区的支前计划》。从 2 月 19 日开始,中共江淮区委连续召开扩大会议,部署支前工作。会议决定:江淮区"各分区一律成立支前司令部,专员任司令,地委书记或副书记任政治委员,下设政治、民工、财粮、交通四部(或科),配备一定质量或数量干部,另设秘书若干人;县设支前指挥部,县长任主任,县委书记、副书记或县委委员任政委,其部门与分区同,名称为科或股;区设支前委员会,为党委与行政的统一组织,区书记任主任委员,区长任副主任委员;乡设支前生产委员会;村设支前小组"②。区委书记曹荻秋在会议讲话中强调:"这次支前任务是战略任务,所交给各地的任务就等于军事命令,各级领导干部必须尽一切努力克服困难,百分之百的完成,并要在工作中争取主动,主动去完成支前任务。"③

---

① 中共安徽省委党史研究室编:《安徽现代革命史资料长编》(第四卷)(皖内部图书 2004—126),第 155 页。
② 1949 年 3 月 2 日《江淮日报》第一版。
③ 1949 年 3 月 2 日《江淮日报》第一版。

　　由于形势发展太快,刚刚成立的中共安徽省委急需大批干部,曹获秋被调任省委委员兼宣传部部长。3月1日,江淮支前司令部合并到华东支前司令部,曹获秋又被任命为副司令员。华东支前司令部立即在合肥、滁县分别组建第一、第二两个前方办事处。第一办事处主任由张劲夫担任、黄岩任政委,带领1000多名干部和两个民兵团,负责江淮五分区和皖西四分区的支前工作;第二办事处主任由万金培担任、谢晖任副主任,带领1000多名干部和两个民兵团,负责江淮一、四分区的支前工作。由此,由中共安徽省委、江淮区委及下辖各地委、华东支前司令部共同组织领导的支援前线、支援渡江战役的运动,有条不紊、轰轰烈烈地在皖北迅速掀起。

　　在蚌埠。3月3日,中共蚌埠市委召开万人参加的"庆祝蚌埠解放,动员全市人民投入支前大会",号召全市人民合力支援前线。随后,蚌埠市总工会筹委会组织成立搬运、运输、平车、码头、木瓦工、煤炭、面粉、卷烟等12个工会,动员各行业工人支前。铁路系统亦迅即成立工会。轰轰烈烈的支前活动在蚌埠工人、市民中很快展开。由于淮河铁路大桥被国民党军队在逃离蚌埠时炸毁,短时间内又难以修复,因此为打开人民解放军南下通道,华东支前司令部立即组织包括蚌埠工人和民工在内的近万人,在淮河上架设7座临时浮桥,其中1座浮桥专为以后抢修淮河铁路桥所用。到4月中旬,从淮河浮桥通过的人民解放军有50万人、炮车2040辆、汽车13200辆、武器弹药50536吨以及大量的民工、马车、平车及军用物资。①

　　蚌埠是津浦铁路线上的重要交通枢纽。在华东支前司令部和中共江淮区委组织指挥下,蚌埠工人和民工抓紧时间抢修被毁坏的铁路、公路、桥梁和码头;抢修蚌埠至合肥、滁县等江淮各地的长途电话线路。在蚌埠设立的粮食总站、煤炭总库以及油盐总站等,日夜不停地将从豫、皖、苏、鲁等省调运的粮食、煤炭、柴草等集中转运南下,动用了2000余艘大小船只,50多辆汽车和数千辆马车、平板车、牛车等,

---

　　①　中共安徽省委党史研究室编:《安徽现代革命史资料长编》(第四卷)(皖内部图书2004—126),第195页。

短途运输肩挑人抬,更是不计其数。在蚌埠支前办事处统一调度下,蚌埠全市腾出6400多间房子及相关食宿器具,为经蚌埠南下的人民解放军提供食宿保障。① 蚌埠的面粉厂、被服厂日夜开工,为解放军提供面粉和被服用品。

在滁县。由华东支前司令部第二办事处及中共江淮一、四地委统一指挥所辖各分区的征粮、民工调集、运输等项支前工作迅速展开。到4月20日,在不足两个月的时间内,江淮一分区征粮3000万斤、担架2100多副,调集民工约3万余人;江淮四分区征粮3500万斤、担架2000副,调集民工约2万余人。两个分区都圆满完成了支前任务。②

在合肥。在中共地方党组织和华东支前司令部第一办事处的领导下,合肥地区人民积极行动,集中人力、财力、物力支援前线。合肥市组织挑挽业工人750人、平车业工人250人,作为支前运输的主力;又动员4000多贫苦市民参与支前;私营汽车司机加紧修复10余辆汽车,投入支前运输。全市民工在两个多月时间内,转运军需物资10250斤,转运伤员8500人,装卸物资2.2亿斤。合肥第四区一次便送军鞋6000双。肥东农民在两个月时间内,为驻在境内的十几万解放军筹集、供应粮食1000多万斤、马草料近5000万斤,并在境内撮镇、梁园、店埠、大兴集、李家庙、护城等处设立粮草供应站;动员组织常备民工1.2万人、短备民工16.8万人,担架1200多副,挑子6766个。肥西组织3000多民工投入支前运输。三河动员民工3695人,筹集民船81只、组织船工491人参与支前工作。

巢湖地区是人民解放军中突击集团进军江南的主要屯兵地,所辖无为、和县的沿江地带又是渡江战役的前沿阵地。在中共地方党组织和各级支前司令部统一组织指挥下,巢湖地区所辖各县人民全力以赴支援前线。庐江县在20天时间内,修通了3条公路,筹粮470余万

---

① 中共安徽省委党史研究室编:《安徽现代革命史资料长编》(第四卷)(皖内部图书2004—126),第195—196页。

② 中共安徽省委党史研究室编:《安徽现代革命史资料长编》(第四卷)(皖内部图书2004—126),第195页。

斤,组织了 1000 余人组成的担架队,集中 300 余只民船。湖西县①动员民船 300 只,由船工帮助解放军在巢湖、白湖水面进行渡江演习和泅水训练。无为县凡 18 岁至 25 岁的青年都参加担架队、筑路队等支前活动,有 10 多万民工加入到运输、修桥、筹集粮草等项工作。巢县征集 500 名船工和 140 余只木帆船,由解放军部队指挥调动,并组织随军担架队 3000 余人。和县征集公粮 1800 余万斤、草料 2000 多万斤、食盐 3.18 万斤,并准备了大批供解放军渡江使用的木料、船只。

安庆地区是人民解放军西突击集团的主要屯兵地和发起渡江战役的前线。中共皖西区委负责组织领导安庆地区人民的支前工作。皖西区委成立于 1947 年 11 月,彭涛任区委书记,桂林栖、于一川任副书记。1949 年 3 月,中共皖西区委分别在六安、桐城宰相府多次召开地、县委书记会议,成立支前指挥部、部署支前任务。为解决支前干部严重不足的问题,区委紧急创办 3 所干部学校,招收 2000 多名有一定文化的青年进行短期培训,然后派往各支前部门工作;同时,区委又与驻地的解放军第二野战军协调,由部队抽调部分干部配合地方党组织从事支前工作。在组织民工方面,至渡江战役打响时,安庆地区共有85000 名民工参与支前各项任务,其中桐城县运送粮食的常备民工就有 3265 人;太湖县动员民工 1 万多人,抢修被毁公路、桥梁。在筹集粮草方面,中共皖西区委号召全区人民"有钱出钱,有粮出粮,有力出力",潜山、桐城两分区在 3 月至 4 月两个月内即筹得大米 2200 多万斤、食油 13.9 万斤、食盐 19.3 万斤、柴草 520 万斤、肉食 16.8 万斤及军鞋 24 万双。此外,为保证军需供给及时,安庆地区所属各县区在公路两侧设立几十个兵站,解决解放军过境时的宿营、吃饭和休整问题。

安庆沿江地区水网密集,人民解放军渡江又急需大批船只。中共皖西区各级组织派出工作队,深入到乡村、渔村,宣传动员船民、渔民支援解放军渡江。至 4 月上旬,桐庐县②征集各种船只 1956 只,宿松县征集 1007 只。安庆沿江各县共征集大小船只 5000 余只,提供给解

① 湖西县于 1949 年 1 月成立,同年 7 月撤销,划归庐江县。
② 桐庐县于 1947 年 9 月建县,1951 年 1 月改名湖东县,1955 年 5 月改名枞阳县。

放军训练、渡江。

地处皖北的阜阳地区,距长江较远。阜阳地区的中共地方组织原隶属于中共豫皖苏中央分局。1949 年 2 月,中共中央中原局决定撤销豫皖苏分局,将其所属二、三、四、六地委及中共沙河工委的安徽阜阳专区部分归还原建制,成立中共安徽省阜阳地方委员会,改由中共安徽省委领导。3 月,中共阜阳地委贯彻省委支援前线的指示,成立支前司令部,并在所属各县乡成立支前委员会,展开广泛的支前运动。首先,号召阜阳地区贫苦农民积极参军,并将地方武装补充到人民解放军部队。据统计,到 4 月渡江战役打响,阜阳全区共有 5000 余人加入人民解放军,约 6000 名地方武装编入人民解放军序列。其次,在人力、物力上采取有力措施,支援前线。中共阜阳地委和支前司令部先后组织民工 2.2 万人、担架 4000 副,编成 2 个团、8 个大队,跟随人民解放军南下长江北岸,又征调船工 515 名、船只 170 余只,支援人民解放军;征调粮食 5000 万斤、面粉 2588 万斤及木板、鞋袜、衣被等生活物资,运往渡江前线。

在中共江淮区委、皖西区委和阜阳地委以及各级支前司令部、委员会的组织领导下,整个皖北的人民都投入到支援大军渡江的运动中。据不完全统计,到渡江战役发起时的 4 月 20 日,皖北调动民工 279 万人、担架 1.5 万副,修复铁路 210 公里,修复公路 1600 公里,支援粮食 18 万吨、柴草 3.6 万吨、大小车辆 9.8 万辆、帆船 1 万余只。

1949 年 4 月 20 日夜,人民解放军发起渡江战役。许许多多的皖北青年、船工和民工投入到运送人民解放军渡江的战斗中。在巢湖地区,船工车胜科的父亲在摇船运送解放军渡江时牺牲,车胜科来不及掩埋父亲的遗体,擦干眼泪,立即带着二弟车新近上船,二弟负伤后,又带着四弟上船。他们父子几人,前仆后继,摇桨运送解放军过江。船工胡业奎邀集自己周围村庄 30 名同行,冒着炮火运送解放军渡江,在接近南岸时,船只被敌人炮火击中,他跳入江中,用双手推船前行,中弹牺牲。马毛姐是一位生长于船民家庭的 14 岁小姑娘,她与哥哥在敌人的炮火中,把第一批渡江战士送到长江南岸,在返回时,又抢救被击翻在江中的两船解放军战士,再往返不断地把解放军运送到江南。在安庆地区,由回民组成的渡江突击队,担负起运送一批解放军渡江的任务,突击队副队长马吉荣、队员丁宪良在渡江中牺牲。渡江战役胜利后,车胜科、胡业奎被授予"特等渡江英雄";马毛姐被授予"一等渡江英雄";安庆回民渡江突击队被授予"伊斯兰的英雄"锦旗,全体队员都获得"渡江船工光荣证"。据统计,仅巢湖地区,在渡江战役中获得一、二、三等功臣的达到467人,立功的有600余人,获得奖旗、奖状等各类表彰的人更多。

三、中共安徽省委的成立与撤销

1949年1月,淮海战役结束后,长江安徽段以北的广大地区大多获得解放,中国共产党担负起军事、政治、经济、社会等各方面的重建任务;但是,在党员分布与构成上,在党的组织机构的组建与隶属上,呈现出新的情况。在党员分布与构成上,皖北的党员干部主要来源于三个方面:一是中国共产党创建以来一直在皖坚持革命斗争的党员,抗日战争时期参加新四军等党领导的抗日武装队伍,包括在淮南、淮北和皖江抗日根据地以及其他地区从事革命工作的党员,解放战争以来参加革命斗争的党员;二是随人民解放军向南推进而从全国各个解放区抽调来的党员,包括留驻刚刚获得解放的城乡地区的部分人民解放军指战员;三是在解放了的皖北广大地区涌现出的一大批农民和工人积极分子,特别是青年学生,他们基于对新政权的拥护、对新工作的热情和对自己新角色的期盼,纷纷加入共产党。在这三个方面的党员人数中,尤以抗日战争胜利后到1949年初这一时期入党的人数为最多,亦即大多数党员干部是近5年间发展的。党员的分布也因皖北各地解放时间的先后而呈现不均的情况,相对皖东南和皖西南地区而言,淮北和皖西地区的党员人数较多。在组织机构设置及隶属关系上,由于解放战争时期复杂多变的军事、政治斗争情势,中国共产党在皖北的组织机构变化较大,且不统一。抗日战争胜利后,党在安徽境内设置的各个组织机构基本上归于华东局下辖的华中分局和华中工委领导,在华中分局和华中工委之下设立皖西工委、淮南苏皖边区委、华中八地委、皖南山地中心县委、沿江中心县委、华中七地委。1947

年 3 月,由皖南山地中心县委和沿江中心县委合并成立的皖南地委改属华东局领导;淮南苏皖边区委则改称淮南工委(下辖淮南津浦路西地委),仍由华中分局领导。同年 11 月,皖西工委改称为皖西区委,下属皖西一、二、三、四共 4 个地委。同时,皖西区委由原来归华中分局领导改为中共中央中原局直接领导。1948 年 5 月,淮南工委与华中七地委合并成立江淮区党委,下辖江淮一、二、三、四、五共 5 个地委和蚌埠市委、合肥市委及淮南煤矿特区委。江淮区委由中共中央华东局直接领导。华中八地委在 1946 年 12 月改为豫皖苏三地委后,又在 1949 年 2 月被撤销。经历几次变更后,至 1949 年 2 月,安徽境内的中共组织机构主要分属两个中央局领导,即皖西区委归属中共中央中原局,江淮区委和皖南地委归属中共中央华东局。除皖南地委外,皖西区委和江淮区委都处长江安徽段以北地区却隶属于不同的中央局。

为了统一领导皖北的各项工作,特别是集中全力在皖北开展渡江支前工作,1949 年 2 月 9 日,中共淮海战役总前委在河南商丘召开渡江作战会议,在详细讨论人民解放军渡江作战的时间、部署、开进、出动及指挥机关移驻地址和粮食弹药供应等问题的同时,也就党在安徽境内的组织机构如何统一事宜向中共中央请示。请示电报提出:"'为适应紧迫的作战,要求安徽省委必须立即建立',宋任穷、曾希圣等应即到职……否则江淮、皖西不能统一,妨害极大。对建立皖豫苏三省委事,前曾数次电报,究应如何,恳早示复。如中央认为此时尚非建立省委时,而为作战需要,我们建议,豫皖苏分局移至合肥,统一领导皖西、江淮两区及豫皖苏之安徽部分……究应如何,请早示复。"①两天以后的 2 月 11 日,中央军委复电指示:"江淮、皖西必须立即统一,究以立即建立安徽省委为宜,还是以豫皖苏分局移至合肥统一江淮、皖西两区及淮北安徽部分为宜,请你们此次会议上解决并立即施行,报中央备案即可。"接电后,中共淮海战役总前委和中共中央华东局、中原局负责人当即进行了研究。2 月 16 日,华东局发出《关于安徽省干部分工情形》的电报。电报称:"(一)为统一安徽全省工作,决定成

---

① 安徽省地方志编纂委员会编:《安徽省志·政党志》,方志出版社 1998 年版,第 28 页。

立安徽省委,并规定原华中工委所辖的江淮区党委、原中原局及豫皖苏分局所辖的皖西区党委、淮北各地委及全部皖南地区,统一归安徽省委领导。(二)决定以宋任穷、谭启龙、曾希圣、曹荻秋、黄岩、张劲夫、汪道涵、梁从学、孙仲德、李步新、李世农、宋日昌、杨光池、张恺帆等十四位同志为省委委员,以宋任穷为安徽省委书记兼省府主席及军区政委;谭启龙为副书记兼皖南区党委书记;黄岩为组织部长;曹荻秋为宣传部长;张劲夫为省府副主席;汪道涵为财办主任;张恺帆为秘书长;曾希圣为安徽省军区司令员;梁从学为第一副司令员;孙仲德为第二副司令员兼参谋长,赵汇川为参谋长;杨光池为政治部主任。(三)上述决定,已经中央批准,应立即实施。"①

宋任穷时任中共中央中原局豫皖苏分局书记兼华东野战军第三副政委。1949年2月下旬,宋任穷赶到中共安徽省委所在地合肥,召集曾希圣、张劲夫、汪道涵、曹荻秋、彭涛、桂林栖等开会,宣布中共安徽省委、省人民政府、省军区成立。同时,调李世农任省委组织部部长,黄岩不再兼任省委组织部部长,专任合肥市委书记。

中共安徽省委成立后的中心任务是开展前所未有的支援渡江战役。由于当时正值春荒之际,征调和组织民工、筹集物资器材支前的工作艰巨、繁重。在华东支前委员会和安徽省委统一领导下,在合肥、蚌埠设立支前办事处,又在渡江部队运动途中及集结地设立兵站,组建4条由皖北、皖西和皖东向长江北岸的补给线,动员各种力量,克服种种困难,最大限度地保障部队所需物资和器材的供应。为筹集渡江船只,安徽省委与人民解放军渡江部队共同组成船只管理委员会,派出大批干部搜集、打捞和修补船只,并积极做好船工的思想工作,使之与部队官兵合练驾船技术和水上作战能力。"整个渡江准备,是在解放区人民'要粮有粮,要人有人,要船有船'的伟大支援下进行的。"②

但是,筹建中共安徽省委工作机构的事宜未能及时展开。除了在

① 电报中所称"原华中工委所辖的江淮区党委"应为"华东局所辖的江淮区党委","原中原局及豫皖苏分局所辖的皖西区党委"应为"中原局所辖的皖西区党委"。宋任穷著:《宋任穷回忆录》,解放军出版社1994年版,第257页。

② 宋任穷著:《宋任穷回忆录》,解放军出版社1994年版,第258页。

省委成立之时即设立有组织部、宣传部外,省委其他工作机构基本上没能正式组建,有的只是任命了负责人,有的还没来得及提上议事日程。同时,本来就为数不多的党的干部又被抽调从事支前工作,或在皖北各地党委担任领导职务,致使可以调配的领导干部十分缺乏。尽管中共中央在渡江战役前已经从华北解放区抽调出约 15000 名干部随军南下,宋任穷在出任中共安徽省委书记时也从山东解放区抽调约 700 名干部来皖,但这些干部绝大多数是准备派往即将解放的苏南、南京、上海、浙江及皖南等地,留在皖北地区的干部数量很少。鉴于此,4 月 3 日,华东局向中共中央报告,提出:"由于要集中主要干部负责城市工作,由于主要干部仅够配备,因此决定,暂不成立安徽省委,而分开成立皖北区党委和皖南区党委"①。中共中央立即批准了华东局的报告。随后,中共安徽省委结束工作,中共皖北区委员会、中共皖南区委员会相继成立。宋任穷也于 4 月上旬被调到渡江部队,协助刘伯承从事接管南京的准备工作。4 月 28 日,宋任穷出任人民解放军南京军事管制委员会副主任。

四、中共皖北区委和皖北人民行政公署的成立

1949 年 4 月 3 日,中共中央华东局发文决定撤销安徽省委,同时以长江为界,分别成立中国共产党皖北区委员会(简称中共皖北区委或皖北区委)和中国共产党皖南区委员会。

4 月 6 日,中共皖北区委发出通知:"华东局决定成立皖北区党委,统一领导长江以北安徽境内各地委及市委(包括原江淮地区、皖西地区与豫皖苏地区之安徽部分),并以曾希圣、黄岩、梁从学、李世农、宋日昌、张恺帆、孙仲德、桂林栖、李世焱、何柱成 10 同志为区党委委员,曾希圣同志为书记,黄岩同志为副书记,李世农同志为第二副书记兼组织部部长,张恺帆同志为秘书长。现区党委已遵照决定成立,于合肥正式办公,原江淮区及皖西区党委业已结束工作,特此通知。"②

---

① 宋任穷著:《宋任穷回忆录》,解放军出版社 1994 年版,第 258 页。

② 中共安徽省委党史研究室编:《安徽现代革命史资料长编》(第四卷)(皖内部图书 2004—126),第 214 页。

新成立的中共皖北区委隶属华东局领导,1949 年 5 月 8 日,中共南京市委受华东局委托对中共皖北区党委实行代管。中共皖北区委管辖的地域范围,实际上就是刚撤销的中共安徽省委管辖的皖北地域范围。中共皖北区委刚成立时,下辖合肥、蚌埠、安庆 3 个市委和宿县、阜阳、滁县、六安、巢湖、安庆 6 个地委以及淮南特区委。中共皖北区委任命张恺帆为中共合肥市委书记,李广涛为副书记;李世农为中共蚌埠市委书记;郭万夫为中共安庆市委书记;吴伯文为中共淮南特区书记,赵凯为副书记。6 个地委的书记、副书记分别是:王光宇任中共阜阳地委书记,刘宠光任副书记;李任之任中共宿县地委书记,吴云培任副书记;陈雨田任中共滁县地委书记;马芳庭任中共六安地委书记,魏心一任副书记;杨效椿任中共巢湖地委书记,张世荣任副书记;桂林栖任中共安庆地委书记,郭万夫、傅大章任副书记。此后,随着行政区划的变动,区委所辖地、市委亦有所变动。1949 年 7 月,中共淮南特区撤销,设立淮南矿区,淮南特区委也因此撤销,成立淮南矿区委;同年 10 月,中共安庆市撤销,行政区域并入怀宁县,安庆市委也因此撤销;11 月,淮南矿区撤销,设立地级淮南矿区办事处,中共淮南矿区委也因此撤销,成立淮南矿区办事处党委;1951 年 1 月,淮南矿区办事处撤销,设立淮南市,淮南矿区办事处党委亦因此撤销,成立中共淮南市委;同年 8 月,安庆市由县级市升为地级市,成立中共安庆市委。此外,中共滁县、六安、安庆等地委的名称及所辖区域范围等也在这一期间多次变更和变动。至 1952 年 1 月,中共皖北区委辖合肥、蚌埠、淮南、安庆 4 个市委和宿县、阜阳、滁县、六安、巢湖、安庆 6 个地委。区委机关驻合肥市。

在中共皖北区委成立不久,1949 年 4 月 15 日,皖北行政区的最高行政机构皖北人民行政公署(简称皖北行署)宣告成立。同时成立的还有中国人民解放军皖北军区。4 月 27 日,中共江淮区委机关报《江淮日报》在第一版以《安徽省北部全部解放 皖北军区行署奉命成立》为题,报道了皖北行署和皖北军区成立的消息。报道说:"原有安徽省长江以北地区全部解放后,为统一领导,俾便为人民服务及适应支援当前解放战争与今后各种建设工作需要,皖北军区与皖北人民行

政公署奉中国人民解放军华东军区司令部政治部命令,于本月中旬同时正式成立。军区司令部及人民行政公署设于合肥市,直辖原江淮地区、皖西地区以及豫皖苏地区所属安徽境内各行政区域,即原安徽省长江以北之全部。军区司令兼政治委员曾希圣、副政治委员黄岩、第一副司令梁从学、第二副司令兼参谋长孙仲德、副参谋长严光、政治部主任李世焱、副主任何柱成,人民行政公署主任宋日昌、第一副主任郑抱真、第二副主任李云鹤等均已就职视事。"①

皖北行署行政范围为原安徽省的长江以北地区,下辖的行政机关与中共皖北区委下辖党的机构基本对应,1949 年 4 月成立时即有合肥、蚌埠、安庆 3 个市和宿县、阜阳、滁县、六安、巢湖、安庆 6 个专区及淮南特区。后,行政区划有所变动。到 1952 年 8 月安徽省复省前,皖北行署共辖有合肥、蚌埠、淮南、安庆 4 个地级市和阜阳、宿县、滁县、六安、安庆 5 个专区;全区共有 2 个县级市、48 个县、12 个市辖区。②

皖北军区刚成立时,下辖有独立师,警备第一、二旅,直属警备团及阜阳、宿县、滁县、六安、安庆、巢湖军分区部队和矿区警备部队。1949 年 6 月,独立师上调编为人民解放军第二野战军第十军第三十师,参加进军大西南的战斗。到 1949 年 10 月,皖北军区共有兵力 6.5 万余人,建制有 6 个军分区、1 个矿区司令部、2 个警备旅、3 个警备团、1 个骑兵团、9 个新兵团和教导团。1950 年 10 月,皖北军区又在皖北48 个县设立人民武装部。皖北军区各部队的主要任务是迅速清剿国民党残余武装和土匪、保卫新政权等,后来还奉命抽调官兵参与地方土地改革,将第九十师(由警备第二旅改编而来)整建制改编为水利师,参加治淮工程。

中共皖北区委、皖北行署和皖北军区成立后,实行分工负责制,即:区委是全面的核心领导,负责全区党的工作和其他各项工作的大政方针,行署承担全区行政事务,军区担负军事保卫任务。支援渡江战役、建立新的社会秩序、稳定人民生活及剿匪斗争是当时的中心任

---

① 1949 年 4 月 27 日《江淮日报》第一版。

② 安徽省地方志编纂委员会编:《安徽省志·建置沿革志》,方志出版社 1999 年版,第 464 页。

务。中共皖北区委的组成人员一般都必须同时担任行署或军区的领导职务,这也就形成了中共皖北区委统领皖北区主要事务的事实。

中共皖北区委、皖北行署的相继成立并正式展开工作,标志着皖北区政治局面发生了质的转变,国民党的政治统治被彻底打垮,中国共产党正在着手建立一个有着广泛民意基础的崭新社会。

新政权建立伊始,面临的最大困难就是干部队伍严重不足,特别是缺乏政治觉悟高、有一定文化水平又年富力强的干部。为解决干部缺少的问题,中共皖北区委和皖北行署从三个方面入手:一是从大中专毕业生、复员退伍军人、支前及剿匪中涌现出的积极分子中招收录用干部,并把这批人直接调派到各级政权机关,让他们向有经验的同志学习,在实践中磨炼自己,增长才干;二是留用在银行、财政和企业的部分旧职人员,对他们进行政治教育,提高他们的政治觉悟;三是开办培训班、干部学校、工农速成中学、党校等,招收青年学生、社会知识青年等,对他们进行系统的政治教育,培养他们的工作能力。尤其是在举办学校和培训方面,中共皖北区委和皖北行署着力最大,这也是加快干部队伍建设采取的主要方式。1949年2月,中共江淮区委在凤阳创办华东人民革命大学皖北分校,招收有1800名学生。中共皖北区委成立后,学校扩大招生,最多时达5000余人。皖北分校无固定学制,学生经过短期培训后,即可根据工作需要,随时结业,分配到工作岗位。新生报名,也是随到随收随时培训。1949年3月4日,由于支援渡江战役的需要,学校派出2000多名学生参加支前。到8月下旬,学校结束时,前后共培养5000余名干部,其中大部分分配到皖北行署和安庆、巢湖专区及淮南矿区等地工作,有效地缓解了皖北地区干部不足的问题。

为提高部队干部的文化水平,增加军事干部人数,以适应支前、剿匪、反霸斗争的需要,皖北军区于1949年5月设立军区军政干部学校、军区医务学校,主要培训从士兵中提拔的连、排干部,从部队卫生兵中挑选的初级医务人员,还招收社会青年学生和各类其他学校来的学生。两所学校在1949年共招收学生2000余人,经短期培训后,大多数被分配到皖北军区所属各部队和军分区工作。

第二节　渡江战役后的皖南

一、渡江战役前夕的中共皖南地下党和游击队

皖南,是指长江安徽段以南的地区。1949 年初,皖南地区大约有人口 600 余万,耕地面积 1800 余万亩。

长期以来,中国共产党皖南地方组织及其领导下的人民武装始终坚持与国内外敌人进行艰苦卓绝的斗争。中共皖南地委成立于 1946 年 2 月,胡明任地委书记,负责组建、发展皖南地区各级党的组织,开展对敌斗争。1948 年 8 月,为迎接人民解放军渡江,中共皖南地委决定在皖南沿江地区建立沿江工委,任命孙宗溶为工委书记,陈洪为副书记兼军事部长。沿江工委辖太平、石埭、贵池、青阳、泾县、南陵、铜陵、繁昌、芜湖、当涂、宣城 11 个县,并划分为 6 大片,分别成立 6 个县级工委。1949 年 1 月 8 日,皖南地委发出《关于目前形势及任务的指示》,要求所属各级党组织和游击队,以迎接人民解放军渡江为中心工作,"紧急动员一切力量,准备迎接大军渡江"①。2 月 7 日,皖南地委又发出补充指示,对迎接大军渡江作进一步的具体布置。2 月 20 日,中共沿江工委根据皖南地委的指示,作出《为紧急完成迎接大军渡江任务的决议》,要求所属 6 个工委和游击队立即行动起来,做好"江边工作"、"党群工作"、"武装工作"、"财粮供给工作"、"敌军情报交通工作"、"政权统战工作",②全力以赴为大军渡江准备好登岸、补充物资和休整的基地。

与此同时,中共领导的皖南沿江地区游击队在人员规模和武器配

---

① 中共安徽省委党史研究室编:《安徽现代革命史资料长编》(第四卷)(皖内部图书 2004—126),第 634 页。

② 中共安徽省委党史研究室编:《安徽现代革命史资料长编》(第四卷)(皖内部图书 2004—126),第 640—646 页。

备上都得到了加强,并于 1949 年初改编为人民解放军皖南沿江支队(简称沿江支队),支队长由陈洪担任,李友白任副支队长,孙宗溶任政治委员。1949 年 1 月至 4 月,沿江支队主动出击,拔除据点,袭扰敌人,"先后拔除太平县的新丰、郭村、焦村,青阳县的杨田,泾县的背屋里、汀潭,石埭县的乌石垒、夏村,南陵县的三里店等敌据点,歼灭守敌 480 余人,缴获机枪 9 挺、步枪 280 余支"①。

为搜集国民党军队布防长江的情报,中共皖南地委及其游击队采取多种办法:一是由皖南地委用电台直接向江北人民解放军发报,主要是将收集到的敌方战略性情报发送出去;二是由沿江工委及沿江支队负责收集敌方江防的战术性情报,并派人直接送到江北。为此,沿江工委确定由副书记陈洪和三工委(泾县、青阳、南陵地区)书记陈作霖具体组织沿江敌防情报收集传递工作。沿江各县地下党组织立即建立了一个由十几个情报站、点组成的途经铜陵、繁昌、芜湖、当涂的情报交通线,并和江北保持秘密、经常联系。中共铜陵县委还专门组织训练一支水手队,负责给江北传送情报。六工委(芜湖、当涂、宣城)又在芜湖安排情报员,将情报送往对岸二坝。

渡江战役前,沿江工委及沿江支队千方百计收集到 3 份重要情报。一份是由中共繁昌县委通过多种渠道获得的关于驻芜湖国民党第二十军将要调防铜陵、繁昌一线的情报,4 月 18 日,由人民解放军先遣渡江大队的电台发往江北人民解放军前线指挥部;另一份是沿江支队铜陵游击队副指导员孙运松带两名侦察员,于 4 月 15 日化装深入到国民党军驻铜陵坝埂头的炮兵阵地内部,将大炮分布、数量、类型及指挥部位置绘制成图,交由水手赵邦银于 4 月 17 日泅水渡江,送往江北的人民解放军;还有一份是由芜湖、当涂、宣城工委搜集的国民党军在芜湖至当涂一线布防的军队番号、地形、火炮位置等情报绘制成图,由地下党员章启和趁黑夜乘小渔盆偷渡长江,送往江北人民解放军第二十二军。3 份重要情报的获得和及时传递,对人民解放军夺取渡江

---

① 中共安徽省委党史研究室编:《安徽现代革命史资料长编》(第四卷)(皖内部图书 2004—126),第 656 页。

作战的胜利具有十分重要的价值。

中共皖南地委还在宣传和统战方面做了大量工作。2月15日，在芜当宣工委组织下，芜湖、当涂、宣城的地下党将事先印制好的传单、标语一夜之间张贴散发至3县各城镇大街小巷，引起极大的社会反响。中共中央华东局国区部芜湖工作组在皖南地委支持、配合下，由组长方向明和组员范治农、石原皋出面，于渡江战役发起时，成功策动了国民党安徽保安第五旅、"安东号"军舰和芜湖县长谢汝昌的起义，这3次较大的、有影响的起义，有效地配合了人民解放军的渡江战役。

为进一步掌握国民党军江防情报，1949年4月6日夜，人民解放军第二十七军以侦察营为基础，组成300余人的渡江先遣大队，在第八十一师二四二团参谋长亚冰（又名章尘）、军侦察科长慕思荣率领下，分两批偷渡长江，在江南铜陵与繁昌交界地带登岸，并迅速越过国民党军江防封锁线，于4月10日在南陵县板石岭找到中共繁昌县委负责人王佐、杨鹏。11日，先遣大队到达泾县陈塘冲，与陈洪、陈作霖见面。13日，孙宗溶、李友白率沿江支队主力赶到陈塘冲，与先遣大队会合。随后，先遣大队与沿江支队全力合作，侦察国民党军兵力分布、工事构筑、兵舰航线及活动情况，及时传送至江北，为人民解放军拟定渡江作战具体方案提供第一手情报。

渡江战役打响后，渡江先遣大队和沿江支队及沿江各县游击队主动出击，占领繁昌县内的大磕山等地，攻击江防敌军的侧后；剪断敌军南陵至繁昌的电话线；在长江南岸部分地方点燃火堆，为人民解放军渡江部队指示目标。沿江支队和中共皖南地委组织领导的其他游击队在人民解放军胜利渡过长江后，参与解放了皖南多个县城，其中有些县城更是以皖南游击队为主要力量而获得解放的。中共渡江战役总前委书记、人民解放军第二野战军政治委员邓小平在渡江战役后的工作报告中，对皖南地下党、游击队给予充分的肯定，"江南地下党、游击队配合了渡江作战。我们曾开过去一支部队，埋伏了10天，敌人还不知道"。并将"群众支援，地下党和游击队之配合"①作为渡江战役

---

① 中共中央文献编辑委员会编：《邓小平文选》（第一卷），人民出版社1994年版，第138页。

获得胜利的三大原因之一。

二、皖南的解放

1949 年 4 月 20 日夜,人民解放军发起渡江战役,拉开了皖南解放的大幕。在中共皖南地下党及其领导的游击队配合下,人民解放军部队势如破竹,摧枯拉朽,仅用不到 10 天时间就全部解放了长江安徽段以南地区。皖南的历史从此翻开新的一页。

4 月 21 日,人民解放军第二野战军第三兵团突破长江天险,抵达南岸后,立即向贵池县城发起攻击,城内国民党守军溃逃。午夜 12 时,人民解放军第十一军攻入贵池。贵池宣告解放。

同日,人民解放军第三野战军第二十七军在渡江先遣大队的配合下,攻克繁昌县城,繁昌解放。

同日,人民解放军第二十四军突破国民党军长江防线,进抵铜陵城外,晚 8 时,在皖南沿江支队的配合下,攻下铜陵县城,铜陵解放。

4 月 22 日,人民解放军第四兵团在 21 日抵达长江南岸后,乘胜追击,驻守东至县城的国民党军队不战而逃。人民解放军进入东至县城,东至解放。

同日,人民解放军第二十七军在皖南沿江支队的配合下,歼灭驻守南陵的国民党军队第八十八军一部,占领南陵县城,南陵解放。

同日,中共泾(县)旌(德)太(平)地区游击队在连续攻打太平县城一整天后,守城的国民党地方部队被迫投降,游击队接管县城,太平解放。

4 月 23 日,人民解放军第七兵团于 21 日渡过长江后,立即向纵深发展,并与皖南沿江支队配合,歼灭驻守青阳县城的国民党军第八兵团一部,青阳解放。

同日,人民解放军第九兵团于 21 日在芜湖附近澛港一带突破国民党军队的防线后,进攻芜湖市。驻守芜湖的国民党海军第二舰队所属 4 艘军舰和城内军警人员全体宣布起义,人民解放军第三十军第八十八师从芜湖城南门、中山路进入市区,沿途受到芜湖市民的夹道欢迎。芜湖解放。4 月 27 日,人民解放军芜湖市军事管制委员会成立,

第三十军军长谢振华任军管会主任。

同日,人民解放军江淮军区部队于 21 日渡过长江,抵达马鞍山西面后,旋即向马鞍山进击,占领马鞍山,并接管矿警武装,马鞍山解放。

4 月 24 日,人民解放军部队继续追击南逃的国民党军队,皖南沿江支队乘机攻占石埭①县城,解放石埭。

同日,人民解放军第二十七军迅速南进,歼灭驻守宣城的国民党第九十九军军直及所属第九十二师大部计 4000 余人,占领宣城。宣城解放。

同日,在人民解放军渡江后,驻守泾县的国民党军第一〇六军被迫南逃,皖南沿江支队迅速挺进泾县,并占领县城,泾县解放。

同日,中共泾(县)旌(德)太(平)地区游击队在拦击南逃的国民党军队的同时,派出武装攻打宁国县城,歼灭守城的国民党军队两个连,宁国解放。

同日,人民解放军皖南独立旅和绩(溪)旌(德)总队在攻打旌德县城 24 小时后,守城的国民党保安队缴械投降,旌德解放。

同日,皖南沿江支队进攻当涂县城,守城的国民党保安队不战而降,当涂解放。

4 月 26 日,人民解放军第七、九兵团在广德一带集结,为切断从芜湖、南京、镇江等方向南逃而来的国民党军队退路,派兵攻占广德县城,广德解放。

同日,中共皖浙赣边区游击队攻打祁门县城,城内守军国民党保安队投降,祁门解放。

4 月 27 日,人民解放军第十兵团渡江后,在郎溪县境内集结,以配合第七、九兵团共同作战,围歼南逃的国民党军队。因围歼战的需要,人民解放军攻占了郎溪县城,郎溪解放。

4 月 28 日,人民解放军第十一军在进攻歙县县城,并全歼国民党守敌 2000 余人后,占领了县城,歙县解放。

同日,中共皖浙赣边区游击队攻下休宁县城,休宁解放。

---

① 石埭县于 1959 年撤销,其县城于 1964 年因修建陈村水库淹没,1965 年重建,改名石台县。

4月29日,中共皖南游击队于27日进抵黟县城下,封锁县城所有向外突逃的通道,守城的国民党自卫队被迫全数缴械投降,中共皖南游击队开入城内,黟县解放。

4月30日,中共皖浙赣边区游击队派出一部分武装进攻绩溪县城,歼灭守城的国民党残兵,绩溪解放。

屯溪市位于皖南山区腹地,人口密集,商业和交通都比较发达。渡江战役前的1949年4月初,刚任国民党安徽省政府主席的张义纯即将省府各厅、局,从安庆、芜湖迁往屯溪,以图继续维持其统治。渡江战役打响后的4月26日,张义纯见势不妙,带着一批官员又匆匆撤出屯溪,向浙江方向南逃。省府留守处主任兼警备司令方师岳仅带400余人的部队守城。中共皖浙赣游击队敦促方师岳起义。方师岳见大势已去,接受投诚起义。4月28日,中共皖浙赣边区游击队战士列队开进屯溪市区,受到屯溪市民的热烈欢迎。屯溪,这个国民党政权在皖南的最后一个据点,获得了和平解放。4月30日,人民解放军屯溪市军事管制委员会成立,中共皖浙赣工委副书记余华任军管会主任。

4月30日,人民解放军主力部队到达屯溪,未及停留,继续追击南逃之敌。5月7日,人民解放军在浙江开化山区一举将南逃的张义纯和安徽省保安副司令兼皖南师管区司令阮云溪等捕获,同时俘虏国民党安徽保安部队5000余人。至此,国民党政权在安徽的统治被彻底消灭,皖南全境获得解放。

人民解放军在渡过长江、解放皖南的过程中,有三次大规模的歼灭国民党军队的战斗。一是湾沚之战:4月24日,人民解放军第二十五军第七十四师将从长江防线南逃的国民党军第二十军大部分和第九十九军一部分,阻截于湾沚东南,双方展开激烈的战斗。在人民解放军第三十军增援下,终于在傍晚5时后将国民党军队击败。是役共歼敌1.3万余人。二是广德之战:4月26日,人民解放军第九、十兵团日夜兼程,将从南京、镇江地区南逃的国民党军第二十八、四十五、五十一、六十六军包围在广德和郎溪山区,并实施猛烈攻击,战至29日,全歼国民党军8万余人。三是徽州之战:4月27日,人民解放军第十

二军一部经过强急行军,插至徽州东南地区,截断驻徽州国民党第一
〇六军南逃退路,歼敌1200余人。28日,又围歼自徽州向东南逃窜的
国民党军3000余人,同时,将自繁昌、旌德两县南逃至徽州的国民党
保安团1000余人包围、俘获。5月1日,人民解放军第十二军一部北
返旌德时,围歼国民党军暂编第二师主力,歼敌3500余人。徽州之战
共歼敌近万人。经过这三次大规模围歼战后,皖南境内再无国民党军
主力的踪影。

1949年5月5日,人民解放军第二野战军第三兵团本部到达歙
县,与中共皖南地委领导的皖南游击队会师,并举行有3000余官兵参
加的庆祝胜利会师暨皖南全境解放大会。第三兵团司令员陈锡联在
大会上讲话,他代表第三野战军司令员刘伯承、政治委员邓小平,充分
肯定皖南地委和皖南游击队在策应大军渡江、解放皖南的战斗中所起
的重要作用,赞扬他们在皖南敌后依靠群众,英勇顽强,坚持斗争的革
命精神。皖南游击队司令员熊兆仁、政治委员胡明也在大会上讲话,
欢迎主力部队的到来,庆祝皖南解放。

三、华北南下干部纵队随军抵达皖南

皖南在渡江战役前基本上为国民党政权控制,中共皖南地委处于
地下状态,中共领导的皖南游击队大多在农村山区从事武装斗争。这
片长期被国民党统治的地区在获得解放后,如何迅速建立中共领导的
人民政权,是摆在中国共产党面前亟待考虑和解决的重要问题。

为迎接全国解放,支援新解放区政权建设,中共中央未雨绸缪,早
在1948年12月就作出了从冀南、冀中、山西等老解放区抽调一批干
部组建南下干部工作队,准备随人民解放军渡江南下支援新区工作的
指示。根据这一指示精神,1949年1月,中共中央华北局冀中区委决
定,从驻河北省安国县的第九地委、行署所辖13个县和3个市抽调一
批干部,搭建中共皖南区委和地、县委级干部架构,开赴即将解放的皖
南各地,充实、加强皖南的干部队伍,为在皖南迅速建立人民政权创造
条件。

1949年2月初,华北南下干部纵队在河北安国县组建完毕,中共

察哈尔省委书记兼张家口市委书记、市军管会主任牛树才任纵队长，中共冀察晋五分区地委书记马天水任政治委员。纵队下辖3个支队，每个支队500人，共约1500名干部。每个支队又分若干个大队，全部按军事组织形式建制，并配备武装弹药。这些干部平均年龄27岁，大多数都经过枪林弹雨的洗礼，有些还是从儿童团、少先队、武工队逐步锻炼成长起来的，多数有一定文化水平，有政治、军事斗争能力。2月25日，华北南下干部纵队从安国县出发，一路向南，经石家庄、德州、济南、蚌埠，于3月初到达合肥，并在合肥驻下休整，集中学习中共七届二中全会文件。4月12日，纵队所有成员在合肥听取人民解放军第三野战军司令员兼政委陈毅传达中共七届二中全会精神的报告。

渡江战役打响后，华北南下干部纵队从合肥出发，到达安庆，并于4月23日从安庆乘船过江，到达贵池，与人民解放军皖南沿江支队领导机关会师。随即，纵队长牛树才、政委马天水等率领部分干部到达屯溪，各支队及所属大队按照事先安排，奔赴皖南各县。5月上中旬，在中共皖南区委、皖南人民行政公署和皖南军区成立前后，皖南各地、县、区的党政军组织机构相继成立。华北南下干部纵队成员与坚持皖南的地下党及游击队干部相互组合，统一调配，共同进入党、政、军各级领导机构。按照上级党组织规定，华北南下干部纵队的纵队一级干部进入中共皖南区委、皖南行署和皖南军区的领导班子，支队一级干部参加皖南区所辖4个专区的领导机构，大队一级干部进入各县级的领导机构，其余干部主要是在县辖区的党政机关担任领导职务。由此，从河北老解放区抽调组建4个月的华北南下干部纵队，正式融入皖南各级干部队伍，投身于新皖南的政治、经济、文化与社会建设之中。①

由于南下干部大多是华北地区人，对皖南地区的实际情况相对陌生，在开展工作时还往往遇到语言不通、风俗不懂等情况。有鉴于此，1949年5月，皖南各级新政权刚成立时，中共皖南区委就发出指示，要

---

① 古培霖：《南下干部参与皖南新区政权建设纪实》，政协芜湖县文史委员会编《芜湖县文史资料》（第4辑），1994年6月（内部发行）。

求南下干部与皖南地方干部相互介绍各自情况,要求皖南地方干部介绍当地的政治、经济及社会习俗等情况,并将南下干部与地方干部合并组成近千支工作组,深入区、乡,从调查研究入手,执行征粮任务,宣传党的政策。以后,随着工作的进展,南下干部和地方干部在发动群众、建立和发展人民武装、剿匪、巩固人民政权等方面,相互配合,共同促进,从思想、学习、工作甚至生活上都逐渐互通相融,建立了不分彼此也难分彼此的同志关系。1950 年前后,在中共皖南地委、皖南行署的领导下,华北南下干部扎根于皖南,与皖南地方干部并肩战斗,带领人民群众投入土地改革、镇压反革命的运动。在此后的抗美援朝、"三反"、"五反"、恢复和发展皖南城乡经济等一系列工作实践中,皖南的所有干部忠实地履行自己的职责,为保证中国共产党在皖南实现恢复时期的任务,做出了重要的贡献。

1953 年以后,随着新中国社会主义事业的开展和中国共产党逐步实施干部地方化,华北南下干部陆续从皖南调往全国各地,尚有一部分干部仍留在皖南,继续为皖南的社会主义建设奉献智慧和力量。

四、中共皖南区委和皖南人民行政公署的成立

中共中央华东局于 1949 年 4 月 3 日决定成立中共皖南区委时,渡江战役还未进行,皖南也还未解放。因此,直至皖南全境解放后的 5 月 13 日,中国共产党皖南区委员会(简称中共皖南区委或皖南区委)发出第一号通知,皖南区委才正式宣告成立。

中共皖南区委由 9 人组成,书记谢富治,第一副书记牛树才,第二副书记胡明,第三副书记马天水,委员有牛树才、胡明、马天水、黄庆熙、刘平、熊兆仁、魏明、苏毅然。皖南区委隶属中共中央华东局领导,下辖屯溪市委和芜当、宣城、池州、徽州地委。1949 年 8 月前,皖南区委由华东局委托中共南京市委代管。

芜湖是长江安徽段沿岸最大的城市,又靠近南京,地理位置和商业作用颇为重要。芜湖解放后,1949 年 5 月 12 日,中共中央华东局决定成立中共芜湖市委员会,隶属华东局领导,由中共南京市委代管。中共芜湖市委书记由李步新担任,石坚为副书记,加上杜义德、朱辉、

江靖宇,共 5 人组成中共芜湖市委常务委员会。中共芜湖市委与皖南区委处于同等级别。

与中共皖北区委成立后领导机构负责人基本未变动的情况不同,中共皖南区委领导人曾经有较大的变动。1949 年 7 月,牛树才任中共皖南区委书记,李步新调任副书记;同时将中共屯溪市委划归徽州地委领导,中共皖南区委机关也从屯溪迁至芜湖。8 月 6 日,中共南京市委指示,芜湖市委改属皖南区委。1950 年 2 月,中共皖南区委领导人又进行调整,牛树才调任皖北区委第二书记,马天水担任皖南区委第一书记,胡明任第二书记,加上刘飞、魏明两人,组成皖南区委常务委员会。同年 5 月,中共芜当地委撤销。此后,中共皖南区委未作大的调整,下辖芜湖市委和宣城、池州、徽州 3 个地委。

在中共皖南区委成立的同日,皖南行政区的最高行政机构皖南人民行政公署(简称皖南行署)亦宣告正式成立。皖南行署行政范围为原安徽省的长江以南地区,行署主任由魏明担任,暂未设副主任。行署驻屯溪市,下辖芜当、宣城、池州、徽州 4 个专区及屯溪市,分辖皖南22 个县。芜湖市在 5 月 10 日正式成立人民政府,由南京市代管。这样,在皖南行政区内,皖南行署行政范围不包括芜湖市,而由芜湖市人民政府在本市行使权力;在行政级别上,芜湖市人民政府与皖南行署相同。

1949 年 7 月,皖南行署机关迁至芜湖,8 月 6 日,中共南京市委通知:皖北、皖南行署改为华东军政委员会直辖,芜湖市改为皖南行署直辖市。至此,皖南行政区内的所有县市都统一归入皖南行署的行政管辖之内。

中国人民解放军皖南军区于 1949 年 5 月 6 日成立。胡明任军区司令员兼第一副政委①,牛树才任政委,熊兆仁任副司令员,马天水任副政委,杨建新任副政委兼政治部主任,李矾山任参谋长。刚成立的皖南军区下辖 1 个警卫团和宣城、徽州、池州、芜当 4 个军分区,每个军分区都设有独立营或独立团,每个县都建有 1 个县大队。到 10 月,

---

① 1949 年 9 月开始,皖南军区司令员一职改由刘飞担任。

皖南军区总兵力为2.1万余人。1950年10月,皖南军区又在皖南22县设立人民武装部。皖南军区部队的主要任务是保卫新生的人民政权,并迅速剿灭皖南山区的国民党残余武装和土匪。

中共皖南区委、皖南行署的成立,结束了国民党在皖南的统治,标志着皖南地区从此进入了一个由中国共产党领导的人民当家做主的新时代。

皖南地区有22个县市,600多万人口,是新解放区。为使中国共产党在皖南地区的工作有效地开展起来,使各级人民政权建立并巩固起来,中共皖南区委和皖南行署在依靠原有的皖南地下党和游击队干部及华北南下干部纵队的同时,着力培养本地干部。1949年5月,皖南区委、行署刚成立,立即创办皖南革命干部学校,先后设点于屯溪、歙县和泾县,招收年龄在30岁以下、具有初中以上文化程度的原公教人员、学生和社会青年。学校以政治教育为主,学习党的方针政策,并参加正在开展的农村减租减息等运动。到1950年初,学校共培养了近2000名干部,除470多人被调派到人民解放军西南服务团等单位外,其余1500人全部分配到皖南行署和各专区、县的机关工作,有力地充实了干部队伍。①

中共皖南区委和行署在大力创办干部学校的同时,还积极从军队转业干部和大中专毕业生中吸收干部;从剿匪、反霸、修堤和土地改革运动的工农积极分子中选拔干部;从复员退伍军人、初高中毕业生、社会失业知识青年中招收录用干部。② 这些未及进入学校系统培训的干部,直接分配到各机关、企事业单位,跟随参加革命工作较早的干部,边学习、边工作,在社会实践中逐步提高政治觉悟和知识水平,成长为皖南地区干部队伍的重要力量。

针对军事干部较少、知识水平偏低的状况,皖南军区于1949年5月创办了军政干部学校、医务学校等,主要培训从士兵中提拔的连、排干部,从部队卫生员中挑选的初级医护人员,还招收了部分社会青年

---

① 安徽省地方志编纂委员会编:《安徽省志·教育志》,方志出版社1997年版,第721—722页。
② 安徽省地方志编纂委员会编:《安徽省志·人事志》,方志出版社1999年版,第91页。

学生。经过军政干部学校和医务学校短期培训的干部,全部分配到军区各部队工作,对提高部队文化水平和医务水平起到了积极作用。

第三节　剿灭残余土匪

一、清剿皖西大别山土匪武装

淮海战役后短短 3 个月左右的时间,随着皖北诸县市陆续解放,政治形势发生了历史性的变化,在中国共产党的领导下,人民群众开始参与建立各级政权。但是,社会治安、社会秩序并未好转。由于国民党残余武装和土匪的破坏活动日趋猖獗,治安形势十分严峻。保卫新生的人民政权,保护人民生命财产安全,成为中共皖北区委、皖北行署和人民解放军驻皖北各部队的中心任务之一。

皖北的土匪武装分布地域较广。皖西北的阜阳地区、皖东北的宿县地区、江淮之间的巢湖和安庆地区,尤其是皖西大别山区,都有土匪武装。他们或盘踞于城镇,或流窜于乡野。土匪武装之所以蔓延,一是因为这些地区大多是新解放地区,解放之前少有甚至没有建立中共领导的人民政权,新成立的人民政权还未能站稳脚跟;二是由于大别山区山林茂密、层峦叠嶂、山高路险、交通不便、人烟稀少,易于土匪武装流窜活动;三是土匪武装的迅速扩充、蔓延,与已经崩溃的国民党政权有计划、有目的地企图颠覆新生人民政权有关。1949 年 3 月,驻武汉的国民党华中军政长官白崇禧为在大别山区部署所谓"第二战场",将原来活动于金家寨一带的土匪改组为"立煌游击支队",并委任立煌县县长袁成英为司令。5 月,人民解放军已胜利渡过长江,继续向南挺进。南逃的白崇禧仍不甘心失败,下令扩充立煌游击支队,将其改编为"鄂豫皖边区人民自卫军",任命溃败于大别山区的原国民党军第九十二师中将师长汪宪为司令,袁成英、樊迅为副司令,并很快将大别山区大小土匪统一整编到"鄂豫皖边区人民自卫军"的旗

下,组成14个支队和8个独立团,在皖北境内有第一、二、四、五、六、十支队和淮河挺进支队等7个支队,约8500人,其余支队均在大别山区的河南、湖北境内。在霍邱的淮河沿岸有岳歧山等土匪,在肥西境内有张纯等土匪。在阜阳、巢湖、舒城、安庆、宿县等地,土匪武装打出所谓"青年联合军"、"皖西人民自卫军"、"中国青年反共同盟会"、"华中剿匪义勇纵队"、"九路军"等形形色色的旗号,与新生政权对抗。据统计,至1949年4月,皖北地区共有土匪武装2.13万人,[1]其中绝大多数得到南逃的国民党政权和国民党军队的支持、纵容。在土匪的人员构成上,主要有国民党军队的散兵游勇、当地惯匪、反动道会门分子、地方上的流氓恶霸等,而潜藏下来的国民党地方官员和国民党军官大都出任土匪武装的头目。土匪的武器弹药,也多由国民党军队提供。

土匪武装迅速蔓延的直接后果,就是给人民生命财产造成重大伤害,给新生的人民政权带来重大破坏。他们无恶不作,或组织暴乱,袭击基层人民政权;或杀人放火,抢掠人民财物;或勒索绑票,武力威逼百姓;或截击交通,破坏通讯设施。霍邱县匪首岳歧山在开顺街南尤小冲一次活埋基层干部和民兵27人,并派出土匪武装偷袭霍邱县城,杀害人民政府区乡干部40余人。阜南县匪首谢建堂率土匪300余人,围攻朱郢乡人民政府,俘去乡长李禹亭及干部、战士32人,并全部杀害。肥西县匪首李世华、石家瑞率土匪袭击长安、日新两个乡人民政府,抢走步枪14支、公粮近万斤。临泉县在1949年3月至9月的短短7个月时间内,被土匪杀害的干部、战士和百姓就有623人。肥西县在1949年6月至8月的3个月内,被土匪打死、烧死和活埋的干部、战士和群众有92人,另有56人受伤。据统计,仅在1949年7月和8月的两个月内,皖北地区就发生土匪武装暴乱10余起,袭击10个区乡人民政府,打死打伤基层干部和解放军战士77人,抢夺枪支93支。[2]面对手无寸铁的百姓,土匪武装更是有恃无恐,为所欲为。临泉

---

① 安徽省地方志编纂委员会编:《安徽省志·公安志》,安徽人民出版社1993年版,第163页。
② 安徽省地方志编纂委员会编:《安徽省志·公安志》,安徽人民出版社1993年版,第164页。

县的土匪武装在 1949 年 3 月至 9 月间,抢走农民的牲畜达 1.1 万余头。巢湖地区土匪公然在大白天抢夺客商和渔民的财产和船只。匪首岳歧山在金家寨老街公开强奸 14 岁女孩,致使当地妇女不敢在家住宿,只能到深山野地躲避。肥西县匪首石家瑞、王世清等,在抢掠当地百姓粮食、牲畜的同时,强奸妇女达 20 余人。而流窜于各交通要道附近的土匪则以袭击船只、车辆、行人和通讯设施为主要目标。1949 年 6 月至 8 月,在合肥至安庆、合肥至六安的公路上,汽车数次遭土匪袭击,司机和乘客 4 人被打死。

皖北土匪武装还采取造谣煽动、组织策划、威逼利诱的办法,诱导一些不明真相的群众从事反革命暴乱。1949 年 5 月 4 日,蒙城县有数千名天门道徒在土匪唆使下进行武装暴乱,攻占望町区人民政府,杀死望町区党委副书记、副区长、农会主任等 8 人,次日又攻入蒙城县城,包围县人民政府和公安局。此后数日,武装暴乱蔓延至全县 77 个乡,万余天门道徒参与暴动,有 3 个区、30 个乡人民政府遭攻击。1950 年春荒期间,土匪在皖北各地散布"共产党干部逼迫大家缴公粮"等谣言,煽动灾民抢粮,致使皖北区在当年 3 月间,有 6 个专区、1 个矿区、19 个县、35 个区、63 个乡发生抢粮事件,抢走 33 个粮库的 148 万余斤粮食。

面对十分严峻的匪情、匪害,皖北地区各级党组织和各级人民政府在大力支援前线、支援渡江战役的同时,迅速调集驻地解放军部队、地方武装和公安部队,以各个专区为单位,组织开展清剿斗争。在战术上,先易后难,即先剿灭平原地区土匪,后剿灭山区土匪,以奔袭、追剿、搜剿三种方法相互结合,力图达到减低匪情、打击匪害的初步目标。1949 年 4 月初,在土匪武装最为猖獗的六安专区,以人民解放军六安军分区两个团及皖北军区警卫六团为主,加上六安专区各县区武装和公安部队,组建成立皖西剿匪兵团,首先在六安与金寨及霍邱三县交界的丘陵、平原地区清剿土匪武装,匪首岳歧山等所属股匪[①] 100 余人被围歼于六安西北王新圩。同月,颍上县剿

---

① 当时把 10 人以上(包括 10 人)的土匪武装称为股匪,10 人以下的土匪武装称为散匪。

匪指挥部率县武装大队和公安部队,在阜阳军分区独立一团支援下,对沿淮地区土匪武装展开清剿,并将土匪赶至淮河南岸城西湖地区。皖西剿匪兵团按计划派出部队,在城西湖进行堵击。经过六安、阜阳两专区部队的配合作战,此次城西湖战斗共歼匪280人,俘匪200余人,击毙匪首屠继周,捕获匪首凌致和,缴获各类枪械282支,匪首岳歧山逃窜至大别山区。5月13日,阜阳军分区第十二团和独立一团在蒙城歼灭匪徒李洪魁部1000余人,沉重打击了土匪武装。与此同时,安庆地区的太湖、望江一带土匪武装也遭受沉重打击。至5月底,皖北地区共剿灭土匪4829人。

1949年5月,人民解放军已经胜利渡过长江,皖北人民支援前线的任务基本完成。皖北行署和皖北军区抓住时机,立即决定在全区范围内统一开展剿匪斗争,分别在阜阳、六安、安庆、宿县成立4个剿匪指挥部;针对肥西匪势猖獗、剿匪力量较弱的情况,抽调皖北军区警卫团与肥西独立团组成肥西剿匪指挥部;还在其他匪患严重县,相继成立剿匪指挥机构。皖北军区和皖北行署还发布联合布告,公布剿匪有关政策法规,指出:"对土匪中的首要分子,务必归案法办,如能率众投降,交出武器,准予将功折罪,保证其生命安全,从轻处理,或免予处分;对于胁从分子,只要脱离匪帮,交出武器,改恶从善,准予回家生产,不咎既往"①。中共皖北区委在发给各剿匪部队指挥部和各级党组织《关于剿匪的指示》中,更把剿匪与开展政治斗争、巩固新生的政权联系起来,提出"剿匪必须以政治、军事齐头并进,互相协同,视情况不同而互有伸缩,要认清剿匪是一个艰苦的政治斗争,不能单纯的依靠军事,必须从政治上进行瓦解,使其内部分化,从军事上给以严重打击(在火线上不惜给以重大杀伤),以展开政治攻势之威力达到各个击破敌人之目的"②。

在经过周密而又迅速的部署后,从6月1日起,皖北地区所有各专区在皖北军区和皖北行署统一指挥下开始全面剿匪斗争。阜阳与

---

① 安徽省地方志编纂委员会编:《安徽省志·公安志》,安徽人民出版社1993年版,第166页。
② 中共安徽省委办公厅、中共安徽省委党史工委、安徽省档案馆编:《中共皖北皖南区委文件选编》(1949—1951)[皖非正式出版字(93)第50号],第8页。

宿县以镇压反动道会门暴乱、驱散或歼灭平原地区的股匪为剿匪主要目标，并很快取得明显成效。反动道会门暴乱被平定，股匪或被打散，或被歼灭，只有极少部分匪首逃入大别山区。安庆和六安的剿匪斗争采取长途奔袭、分路合击、配合行动等战术，在岳西、霍山与舒城三县交界处歼灭一批股匪。同时，剿匪部队派出一批干部，深入匪害严重地区，展开政治攻势，宣传中共的政策，发动群众，捕捉散匪，消灭顽固不化的股匪，土匪被迫向西逃往金寨山区。肥西剿匪部队对股匪采取奔袭、猛追的战术，一举歼灭股匪 100 余人，活捉匪首张纯及部下 140 余人。截至当年 8 月，皖北地区统一剿匪作战取得了初步胜利，大大压缩了土匪活动范围，减轻了匪害。

但是，在以金家寨为中心的大别山腹地以及鄂豫皖三省交界地区，土匪仍然嚣张。他们盘踞于金寨县城金家寨①，所谓"鄂豫皖边区人民自卫军"和"鄂豫皖行政长官公署"亦驻于此地，加上各地被剿匪部队击退流窜而来的土匪，金家寨成了土匪的大本营，并以此为中心，向四周扩散。因此，迅速拔掉这个据点，成为彻底剿灭鄂豫皖三省交界地区土匪武装的关键。

1949 年 8 月初，人民解放军华中军区在武昌召开鄂豫皖三省剿匪会议，研究确定立即实施三省联合会剿的方针和步骤。首先以军事打击为主，奔袭、堵截与清剿交互灵活使用；其次开展政治攻势，发动群众，建立和恢复基层政权。会议决定成立鄂豫皖边区剿匪指挥部（设于湖北罗田县），由人民解放军湖北军区副司令员王树声任司令员兼政委，皖北军区第一副司令员梁从学任副司令员，皖北军区政治部副主任何柱成任副政委，统一指挥三省剿匪部队。同时，下设东线、西线、南线 3 个剿匪指挥部。其中，东线剿匪指挥部于 8 月 25 日在金寨县麻埠成立，主要指挥皖北的剿匪部队，所以亦称皖北军区前线剿匪指挥部，梁从学兼任司令员，何柱成兼任政委。在皖北军区前线剿匪指挥部下，又设驻守六安的第一剿匪指挥所和驻守岳西的第二剿匪指

---

① 金寨县，原国民政府立煌县。1947 年 9 月，中国人民解放军刘邓大军挺进大别山后解放了立煌县城金家寨，改县名为金寨县，1954 年 8 月，因建设梅山水库，金家寨被淹没，县城改驻新建的梅山镇。

挥所。参与皖北地区剿匪的部队以人民解放军第三野战军第二十四军第七十一师为主力,配以皖北军区警备一旅第一、三团,警备二旅第四、六团,六安军分区基干第一、二团,安庆军分区警备团等,共 11 个团的兵力。

为配合、支持三省剿匪,人民解放军华东军区亦召开剿匪会议,并派出野战军一部到皖北参加剿匪。8 月 31 日,中共皖北区委作出《关于肃清大别山土匪及开辟山区工作的决定》,特别指出:"不仅要消灭现有土匪,且要确实发动群众,组织群众,培养干部,建立巩固的人民政权和人民武装……必须将剿匪与发动群众紧密的结合起来,将进剿土匪与开辟山区地方工作当成一个任务来进行"①。

在经过缜密、紧张的军事政治准备之后,9 月 5 日,鄂豫皖三省东、西、南线剿匪部队同时向土匪武装发起全面进攻。东线进剿以第七十一师向六安方向,警备四团向金家寨方向,警备一、三团的全部及六团的一部向燕子河和漫水河方向,齐头并进,穷追猛打,并以六安军分区基干二团为机动部队,在山外设伏堵截,由此形成一个以金家寨地区为中心的大半圆包围圈。第七十一师二一三团第一营 5 日下午即占领金家寨东北 30 公里的杨家滩。9 月 6 日,警备六团等剿匪部队向金家寨奔袭,途中遭遇匪首岳歧山的"淮河挺进支队"千余人北窜,并将其击溃。剿匪部队乘胜前进,争分夺秒直插匪巢金家寨。盘踞金家寨的土匪在预先已获知人民解放军进剿的讯息后,纷纷慌忙逃往深山,金家寨成为空城。同日,剿匪部队顺利进入金家寨,这座被国民党残余武装和土匪占领的皖北最后一个县城,终于获得解放。

9 月 7 日,人民解放军剿匪部队在金家寨召开有 5000 余人参加的群众大会,宣传全国革命形势,宣讲人民解放军剿匪决心和意图,解释和广播惩治土匪的条例,号召人民群众向剿匪部队举报匪情。在当地群众的大力支持、配合下,9 月下旬前,剿匪部队即在金家寨周围的双河、金刚台、汤家汇和莲花山等地歼灭土匪第一、六和"淮河挺进支

---

① 中共安徽省委办公厅、中共安徽省委党史工委、安徽省档案馆编:《中共皖北皖南区委文件选编》(1949—1951)[皖非正式出版字(93)第 50 号],第 32 页。

队"共 500 余人。

金家寨的解放,沉重打击了国民党"鄂豫皖边区人民自卫军"和"鄂豫皖行政长官公署"。土匪四处逃散,他们"改变战术,时分时合,依靠高山密林,昼伏夜出,伺机伏击,避免与我正面作战"[1]。匪首汪宪率众土匪化整为零,躲入深山老林。人民解放军剿匪部队及时改变策略,从重点清剿立即转为分兵驻剿,采取"一处打响,各处支援,白天看烟,夜晚看火,发现匪踪,穷追不舍的战法……以便衣治便衣,以分散治分散,以游击治游击的方法……深夜潜伏,拂晓包围,黎明进屋,发动突袭"[2]。9 月下旬,人民解放军第七十一师二一三团二营三连在金寨深山帽儿顶地区不间断搜剿时,捕获汪宪的报务员,并顺藤摸瓜,接连抓获当地地主汪清堂及汪宪妻子。9 月 30 日,在汪宪妻子供出汪宪隐藏地后,第三连战士于帽儿顶狮子洞内活捉汪宪、袁成英、樊迅等匪首。自此,所谓"鄂豫皖边区人民自卫军"和"鄂豫皖行政长官公署"被彻底摧毁。

10 月,人民解放军剿匪部队继续保持高压态势,一面组织剿匪工作队深入山村,发动群众,开展群众性的剿匪斗争;一面广泛展开政治攻势。各地被打散的土匪有些是在政策感召下,携枪归降;有些则是因大雪封山,饮食无续,山上山下皆无立足之地,被迫投降;少部分顽抗的残匪,在剿匪部队行之有效的战术打击下,或毙或伤或被俘获。到 1949 年 12 月,共歼灭拒不投降的皖西大别山区土匪约 1000 余人,其中绝大部分是散匪,匪首黄英、王述言、郑荣波、潘树师被迫投降,匪首阮志陵、张天合等 7 人被生俘或击毙。匪首岳歧山在侥幸逃脱两个月后,也于 1950 年 2 月在寿县板桥附近被捕获。

在对皖北大别山区展开大规模清剿土匪的同时,皖北平原地区清剿残匪的斗争亦获成功。阜阳专区对散匪活动较多的洪河两岸、三河尖东西地区开展大范围清剿,捕捉散匪。宿县专区在 11 月即消灭土匪 794 人,活捉土匪头目 69 人。巢湖专区在对肥西境内土匪的军事

---

①　中共安徽省委党史研究室编:《安徽现代革命史资料长编》(第四卷)(皖内部图书 2004—126),第 367 页。

②　安徽省地方志编纂委员会编:《安徽省志·军事志》,安徽人民出版社 1995 年版,第 340 页。

清剿中俘获匪首郑良甫以下 87 人,迫使匪营长以下 80 余人投降。

据不完全统计,到 1949 年 12 月底鄂豫皖三省会剿结束时,皖北全区对土匪作战 136 次,搜剿 669 次,毙匪 1253 名,伤匪 1058 名,俘匪 8492 名,投诚 11285 名,共计歼匪 2.2 万余名,缴获步枪 8909 支、短枪 674 支、轻机枪 83 挺、冲锋枪 23 支、各种子弹 19.87 万发、炮弹 3967 发及其他军用物资。[①] 1950 年 5 月 27 日,鄂豫皖东线剿匪指挥部在六安麻埠召开万人大会,庆祝大别山区剿匪的胜利。

二、清剿皖南山区土匪武装

渡江战役打响后,人民解放军用不到 10 天的时间解放了皖南。惊慌失措又未及逃脱的国民党残余武装和散兵游勇,纷纷躲入偏远乡镇和深山老林,并有计划地迅速与当地惯匪、反动道会门相勾结,极力扩充反革命武装,企图夺回政权。皖南的社会秩序、社会治安局势严峻,中共一些地方基层政权,受到日趋猖獗的土匪武装袭击,遭到严重破坏。

是时,皖南的土匪武装在地域上分为四大块:池州、宣城、芜当和徽州,亦即除芜湖市外,皖南地区所属 4 个专区都有土匪武装。其中以池州专区的土匪武装尤为猖獗。原国民党贵池县委委员、第七区联防区署副主任洪国顺于 1949 年 4 月下旬搜罗国民党军散兵游勇、惯匪等,组建所谓“游击指挥部”,在贵池、至德、东流、祁门和石台等县杀人放火、偷袭人民政权。至 8 月,洪国顺将其土匪武装改名为“中国人民自救军池徽边区指挥部”,下辖 10 多个大队、若干中队,还在一些乡村秘密设立情报站,组织义勇队、大刀会等,号称 2000 人。原国民党至德县县长汪汉于 1949 年 4 月下旬网罗国民党军残兵败将和当地流氓地痞 500 余人,组建“中华人民自救军皖赣边区总指挥部”,自任总指挥,活动于皖赣边境地区,还建立伪县政权。在宣城专区,各种有番号的土匪武装 10 多个,其中所谓“中国人民自救军皖南支队”规模较大,有 200 余人,活动在太平、青阳、泾县一带。此外,芜当专区和徽

---

① 安徽省地方志编纂委员会编:《安徽省志·公安志》,安徽人民出版社 1993 年版,第 167 页。

州专区的股匪、散匪亦有数百人。这些土匪武装,公然与新生的人民政权为敌,杀人放火,无恶不作。1949 年 6 月 30 日,匪首洪国顺趁至德县葛公区政府干部赴县城开会之机,率土匪武装围攻区政府,打死留守的区武装部长王平,并劫走机枪、步枪等军用物资。7 月 8 日,洪国顺如法炮制,率土匪袭击贵池县小河口区政府。留守的区中队长率 6 名战士英勇抵抗至夜幕降临,被迫撤离。洪国顺攻入区政府后,杀害未及突围的电话员等 4 人,劫夺枪支、子弹等军用物资。广德县匪首余友鹏在 6 月至 7 月间,多次袭击区政府,杀害人民政府干部 5 人、群众 17 人。至德县匪首吴天赐也多次袭击基层人民政权和公粮仓库,杀害干部、群众 15 人。整个皖南区从 1949 年 4 月至 8 月,被土匪武装抢去的公粮达 24 万斤。① 宣城至南陵等地的电话线、电线杆多次被当地土匪割断、推倒;公路上的车辆、行人被抢劫,公路屡遭炸毁。人民生命财产安全和新生的基层人民政权面临日趋严重的威胁。

在皖南地区,除沿长江一带为平原丘陵外,其余皆深山密林,绵延数百里,为土匪武装流窜躲藏提供了"天然条件";皖南大多数地区又是新解放区,人民群众对中国共产党及其新政权的政策主张不太了解,加上国民党政权长期统治、土匪武装的蛊惑煽动和威吓,使得剿灭土匪武装的斗争变得更加困难。渡江胜利后的人民解放军主力部队在解放皖南之后,迅速分兵南下,几无部队留驻皖南,剿匪力量严重不足,1949 年 5 月至 6 月底的两个月内,中共皖南区委、皖南军区只能调集为数不多的地方部队,进行规模较小的剿匪斗争。匪情、匪患严重的局面没有能够得到有效遏制。7 月至 8 月,皖南地区的土匪活动进一步猖獗,人数也增加到 7000 人至 8000 人,其中不少都是打着各种旗号的有组织的股匪。

从 7 月中旬开始,为配合建立和巩固农村基层人民政权,保卫人民生命财产安全,中共皖南区委、皖南军区决定采取军事清剿与政治瓦解双管齐下的办法,重点出击土匪活动频繁的地区和有组织的股

---

① 安徽省地方志编纂委员会编:《安徽省志·军事志》,安徽人民出版社 1995 年版,第 337 页;安徽省地方志编纂委员会编:《安徽省志·公安志》,安徽人民出版社 1993 年版,第 164—165 页。

匪。人民解放军华东军区给予有力的支持,调遣第二十五军第七十四师进驻皖南,担任剿匪任务。8月底,第七十四师第二二一团和池州军分区独立团及贵池县大队,在当地公安部门配合下,对洪国顺股匪展开清剿。9月1日,进剿部队分兵两路,向洪国顺大本营丁香胡村挺进。西路部队在牌楼街遭土匪伏击,经战斗,将土匪击溃;东路部队在横船渡地区抓获洪国顺股匪"政治部主任"费而隐等一批骨干分子,并逼近丁香胡村。两路部队在村前石桥附近与土匪展开激战,并强行冲过石桥,包围丁香胡村。在邻县、区地方武装的配合下,丁香胡村围歼战历时14天,全歼洪国顺股匪约650余人,解放了被洪国顺土匪盘踞的20余乡约12万人民,但匪首洪国顺及部分土匪逃脱。

人民解放军进剿部队马不停蹄,穷追猛打,并针对洪国顺股匪化整为零的情况,将部队分为若干小分队,以丁香胡村地区为中心,夜以继日地在深山密林中搜捕散匪。经过多次小型战斗及政治攻势,至9月底,除洪国顺等极少数残余在逃外,进剿部队共歼灭和生俘土匪116人,包括"上校参谋长"郝斯龙等匪首,并迫使"上校顾问"陈鼎一等423人投诚。此后,进剿部队派出若干侦察部队,追踪匪首洪国顺的行迹,曾连续搜寻洪国顺20余个躲藏处,均扑空而返,但其子洪泽江及亲信却被捕获。10月27日,追捕部队得到洪国顺只身躲藏于莘田乡洪家大院的情报后,立即派出20余人火速奔袭。次日,追捕部队将洪国顺包围在洪家大院内。洪国顺自知恶贯满盈,在走投无路的情况下畏罪自杀。至此,皖南最大的土匪武装"中国人民自救军池徽边区指挥部"被彻底歼灭。

在派出主力部队进剿洪国顺股匪的同时,1949年7月下旬,皖南军区池州军分区司令员金行生和独立团团长查富德率3个连的兵力进驻至德县小梅镇,开展对汪汉股匪的清剿。26日,汪汉股匪数百人攻打昭潭区人民政府,并包围驻守于此的独立团第二连1个排。28日,独立团3个连及时赶来增援,将土匪包围在昭潭街,经过激战,土匪大部被歼。在街外山上指挥作战的匪首汪汉见势不妙,匆忙带领少数匪徒向江西浮梁方向逃窜。此役,共歼灭土匪300余人,"中华人民自救军皖赣边区总指挥部"亦随之土崩瓦解。1951年春,四处潜逃的匪首汪汉在肥东县被抓获,随后押回至德县公审处决。

徽州、宣城和芜当3个专区的土匪武装相对较弱。从1949年9月起,皖南军区各部队在3个专区相继展开军事清剿。至10月26日,徽州专区共歼灭土匪416人,区内的6股土匪基本被铲除。宣城专区内的土匪也在11月中旬前被歼灭581人。芜当专区仅在11月份就有100多名土匪投诚。到1949年12月底,皖南地区较大股匪被全数歼灭,只有小股零星匪徒流窜于省、县交界处。

三、继续肃清残余土匪武装

经过1949年的大规模清剿,有组织的股匪已经基本被歼灭或打散。1950年1月至2月,皖北、皖南的社会治安和社会秩序趋于稳定,农村基层人民政权逐步建立和巩固。然而从3月份开始,皖北、皖南相继发生春荒,并迅速蔓延扩大;6月,朝鲜战争爆发;7月,淮河大水泛滥成灾。一个个无法预料的形势变化,一个个接踵而至的困难问题,都压向皖北、皖南党政军各级领导,迫使皖北、皖南人民必须面对。于是,整个春夏两季,皖北、皖南两区的人民群众在各级政府的统一组织指挥下,展开大规模的度荒、救灾、抗洪、抢险以及宣传党和国家的方针政策、宣讲国际斗争形势等活动。在这些活动过程中,新生的人民政权更进一步地得到了人民群众的认同和支持。皖北、皖南各级党组织和各级人民政府积极营造的政治局面,也更进一步地得以扩展、深入和巩固。

春荒、洪水以及朝鲜战争爆发,给反动势力带来了可乘之机。从1950年3月起,皖北、皖南的土匪和国民党特务活动逐渐增加,各地的散匪,有的重新集结起来,成为股匪;有的在原国民党军官拉拢下,重操旧业;还有的则三五成群地聚拢在一起,威吓、诱惑不明真相的群众,干起抢粮盗窃的勾当。至8月,皖北区土匪已发展到245股,约6100余人,另有散匪2000余人;[1]皖南区土匪也增加到2700余人。土匪武装趁皖北、皖南人民遭遇困难的时候,兴风作浪,为所欲为,危害

---

① 安徽省地方志编纂委员会编:《安徽省志·公安志》,安徽人民出版社1993年版,第167页。

人民,大有卷土重来之势。

　　1950 年 6 月 15 日,中共皖北区委发出《关于加强肃特清匪工作的指示》,要求全区党政军民面对土匪活动死灰复燃的情况,毫不松懈地继续展开剿匪斗争,并坚持"军事清剿、政治瓦解、发动群众组织人民武装"①的剿匪方针,完成消灭土匪的任务。皖北区此次清剿土匪的斗争,在剿匪力量上与 1949 年时有所不同,即剿匪的主力由皖北军区部队及各地公安机关、公安部队和民兵组成,而不是由人民解放军主力部队担当,尤其是充分发挥公安机关和公安部队的治安作用,并在清剿土匪的同时,立即在当地建立民兵武装。这一办法,有力地打击了土匪卷土重来的企图,也彻底铲除了滋生土匪的环境条件。从 1950 年 7 月底开始,皖北各地军事、公安机关贯彻"首恶必办、胁从不问、立功受奖"的原则,在各专区、县、区组织治安联防委员会,在县与县结合部建立统一的治安组织,重点清剿交通要道、铁路沿线、城市近郊和县与县结合部的土匪武装,并明确分工,由皖北军区各部队负责清剿股匪,铁路公安部门负责守备铁路,地方公安部门负责侦察匪情和肃清散匪特务。至 1950 年 12 月底,皖北地区共实施剿匪行动约 300 余次,捕捉匪首 285 人,击毙土匪 67 人,俘虏土匪 7786 人,缴获枪 6200 余支。② 摧毁的土匪组织有"华中反共军"、"皖北边区反共游击第七总队"、"中华青年反共同盟会"等。

　　1951 年,皖北地区继续展开对土匪的清剿行动。2 月 23 日,皖北军区作出决定:以彻底肃清土匪为当年首要任务。③ 皖北各级公安机关和公安部队将清剿土匪作为维护社会治安、保护人民生命财产安全的中心工作。至当年底,皖北区共歼灭各类土匪 9199 人,其中包括俘虏 8995 人,击毙 64 人,缴获枪 6870 支。④

　　① 中共安徽省委办公厅、中共安徽省委党史工委、安徽省档案馆编:《中共皖北皖南区委文件选编》(1949—1951)[皖非正式出版字(93)第 50 号],第 97 页。

　　② 安徽省地方志编纂委员会编:《安徽省志·公安志》,安徽人民出版社 1993 年版,第 168—169 页。

　　③ 安徽省地方志编纂委员会编:《安徽省志·大事记》,方志出版社 1998 年版,第 388 页。

　　④ 安徽省地方志编纂委员会编:《安徽省志·公安志》,安徽人民出版社 1993 年版,第 169 页。

　　与此同时,皖北各地建立人民武装的工作顺利展开。1950 年 10月 7 日,中共皖北区委、皖北军区党委作出《关于人民武装建设的决定》后,全区各县、区都逐步设立了人民武装部,乡、村成立人民武装委员会。各县、区人民武装部均配备有军事干部、政工干部,负责组织指导本县、区范围内的民兵和军事工作;乡、村人民武装委员会组成人员都是中共党员、青年团员和贫雇农骨干;成立基干民兵队伍,配备一定数量的武器弹药。到 1951 年春,皖北军区民兵已发展到 81.92 万人,其中基干民兵 38.59 万人。① 民兵队伍及其领导机构的建立,不仅有利于彻底铲除土匪势力,而且起到有效地保卫新生的农村基层政权的作用。

　　皖南地区 1950 年的剿匪斗争,是以 8 月中共皖南区委、皖南军区发出《关于秋冬两季剿匪肃特保卫土地改革的联合指示》为标志。在此之前的 6 月和 7 月,皖南军区所属各部队和皖南各级公安机关、公安部队,配合农村土地改革工作,一方面宣传党的剿匪方针原则,一方面发动群众参加剿匪。8 月以后,全区范围的剿匪行动在人民群众的参与下,取得全面进展。尤其是公安侦察人员,在获得人民群众提供的匪徒活动情报后,立即展开行动,捕获众多散匪。至年底,皖南地区共歼匪 1355 人,其中俘虏匪徒 801 人,毙匪 126 人……宣城专区作为此次剿匪重点地区,共对匪作战 60 次,搜捕行动 1560 次,歼匪达1245 人。②

　　1951 年,皖南地区的剿匪斗争继续保持高压态势,全区共剿灭土匪 1200 人,其中被俘和投诚的达 1113 人。③ 区内的散匪早已群龙无首,成了惊弓之鸟,终日胆战心惊、四处躲藏,少部分逃往皖浙赣交界的深山密林中,大部分被迫放下屠刀。

　　皖南区剿匪斗争的深入开展,有力地保证和促进了农村基层政权的建立。从 1949 年 8 月开始的皖南区改造和建立农村基层政权的工作,至 1950 年 12 月已经基本完成。全区农村基层政权全部进行改

①　安徽省地方志编纂委员会编:《安徽省志·军事志》,安徽人民出版社 1995 年版,第656页。
②　安徽省地方志编纂委员会编:《安徽省志·公安志》,安徽人民出版社 1993 年版,第170—171页。
③　安徽省地方志编纂委员会编:《安徽省志·公安志》,安徽人民出版社 1993 年版,第171页。

造,废除了旧社会遗留的保甲制度,建立了行政村,其政权机构称为村行政委员会,一大批农村剿匪积极分子、贫雇农和进步青年,参加到村行政委员会中,巩固了中国共产党和人民政权在农村基层的地位。

剿匪斗争的持续进行,也有力地促进了皖南区民兵队伍建设。1949年底,皖南区民兵队伍仅有不足8万人,且大多没有配置武器。1950年初,皖南军区落实"民兵工作由部队负责领导"的指示,抽调大批干部到农村,对民兵组织进行系统全面的整顿、提高。到1951年春,皖南军区民兵已发展到42.65万人,其中基干民兵10.89万人,并配备相应数量的武器弹药。① 从而有效地遏制了滋生土匪的条件,巩固了剿匪成果。

从1949年4月皖北、皖南解放到1951年底,皖北、皖南两区共计剿灭土匪5.1万余人,摧毁土匪组织200多个,缴获枪3.6万余支,剿匪斗争取得了全面胜利。1952年安徽恢复建省后,尽管在某些偏僻农村山区还有极少数零散的土匪活动,但早已是苟延残喘、一步步走上绝境。土匪武装——这个近代以来祸害安徽社会稳定和发展的毒瘤,终于在中国共产党及其新生的人民政权坚决清剿下,退出了历史舞台。

---

① 安徽省地方志编纂委员会编:《安徽省志·军事志》,安徽人民出版社1995年版,第655—656页。

第二章

人民民主政权的建立

　　皖北、皖南解放后，中共皖北、皖南区委和行署立即着手建立新的政治秩序和社会秩序，开展了巩固人民民主政权、建立中共与各民主党派政治协商制度、镇压反革命、建立农村基层政权等各项工作。经过3年多的努力，到1952年底，一个政治巩固、社会稳定、民心向上的新民主主义的安徽，展现在全省人民面前。

第一节　中共皖北、皖南区委与各民主党派合作共事

一、中共在皖北、皖南区的组织建设

中共皖北、皖南区委成立后,面临的最紧迫的两大任务就是支援前线和剿匪,支前是为了赢得解放战争的全面胜利,剿匪则是为了清除国民党的残余力量,巩固新生的人民政权。这两项任务非常艰巨。要顺利完成这两项任务,必须建立健全党的组织、培养一支精干高效的干部队伍,以适应党的工作重心由农村转移到城市、由战争转移到经济建设上来的新形势。

1949 年 1 月,中共皖北区委在皖北地区自上而下地建立了专区、市、县、区的领导机构;5 月,中共皖南区委在皖南地区也自上而下地建立了专区、市、县、区的领导机构,迅速确立了党的各级领导中心。其后,中共皖北、皖南区委在一些条件成熟的国营工商企业,逐步建立党的组织,加强了党对各行各业的领导。随着乡村政权和土地改革的推行,党的基层组织也在向乡村延伸,到 1952 年底,全省有接近 50% 的乡建立了党的基层组织。作为党的基层组织的党支部,也从 1950 年的 6281 个,发展到 1952 年的 7164 个。① 这些遍及城乡、各行各业的党的基层组织,为巩固共产党的执政地位,加强党对各项事业的领导,提供了坚实有力的组织保证。

中国共产党成为新中国的执政党后,影响、威望大大提高。一时间,进步的工人、农民、知识青年对参加中国共产党表现出极大的热情,纷纷提出入党要求。中共皖北、皖南区委及其基层组织为壮大党的队伍,大力吸收工人、农民、知识青年中的积极分子入党。仅在 1949

---

① 安徽省地方志编纂委员会编:《安徽省志·政党志》,方志出版社 1998 年版,第 190 页。

年一年中,皖北、皖南两区就发展新党员 29500 人,使两区的党员人数迅速增加到 72169 人,新党员占到了党员总数的 41%。① 但是,由于组织发展及新党员人数增加过快,也出现了一些鱼龙混杂、良莠不齐的现象。1950 年 5 月后,根据中共中央发展党员要"采取严格审查的方针和稳步前进的办法"的指示,中共皖北、皖南区委集中力量抓党的组织发展工作,有意识地放慢了发展新党员的脚步。但由于积极要求入党的工农兵及知识青年太多,这一年,皖北、皖南两区还是创纪录地发展了 40412 名新党员。1951 年三四月间,在第一次全国党的组织工作会议上,刘少奇代表党中央宣布,对全国的党组织进行有计划、有准备、有领导的普遍整顿,同时提出了共产党员应该具备的基本条件和标准。

中共皖北、皖南区委根据第一次全国党的组织工作会议精神,立即着手对发展新党员工作进行清理,强调发展党员不能单纯追求数量,要求基层党组织严格按照共产党员的标准和条件来发展新党员,从而有效遏止了只求数量、急切发展新党员的势头。1951 年,皖北、皖南两区发展了 21519 名新党员,只有 1949 年发展新党员人数的 73%、1950 年的 53%。

1952 年 1 月,中共安徽省委成立后,统一领导皖北、皖南地区的党建工作,严格按照中共中央提出的党员标准和条件发展新党员,工矿企业中的产业工人和技术工人,农村中的乡村干部、互助组长,机关、学校中的优秀青年团员和模范工作者,成为发展的主要对象。这一年,全省发展新党员 17176 名,发展新党员的步子有所放缓。由于各级党组织坚持了党员标准和条件,在新党员数量有所减少的情况下,新党员的质量却明显提高。为加强党委对党建工作的指导,使组织发展工作进一步规范化,各专区(市)组织部门配备了专职组织员 126 人、兼职组织员 1756 人。到 1952 年底,全省党员人数达到 103141 人,比 1949 年增加了 143%。预备党员人数的比例从 1950 年的

---

① 安徽省地方志编纂委员会编:《安徽省志·政党志》,方志出版社 1998 年版,第 203、195 页。

41.17%下降到 1952 年的 16.65%。① 这些党员分布在皖北、皖南城市乡村、各行各业,在各条战线上忠实执行党的路线、方针、政策,努力工作,很好地发挥了先锋模范作用。

1949 年底,中共皖北、皖南两区的各级干部总数 47550 人,远不能满足各项工作的需要。为适应各项工作开展的需要,必须从组织上加快干部队伍建设,中共皖北、皖南区委发出文件,要求各级党组织努力扩大干部队伍。1951 年,皖北、皖南两区的干部人数增加到 73259 人,1952 年,全省干部增至 89101 人。新增加的干部:一是来自人民解放军各部队,皖北、皖南两区占主导地位的干部多是部队出身。由于党的工作重心转移到城市和经济建设上来,一些部队干部转业到地方工作,其中绝大多数成为各级党组织和政府机关的领导骨干。二是来自华北、华东的南下干部和本地坚持游击斗争的干部,这批干部数量较多,大多担任着县区领导职务。三是来自招录的新干部。从 1949 年到 1950 年,为解决干部队伍数量不足问题,先后从工农积极分子、复员军人、初高中毕业生中选拔、招收干部 4 万多人。② 这些新干部多是在各种群众运动、对敌斗争中涌现出来的积极分子,被各级组织发现而加以培养、提拔的。仅皖南地区在解放一年多的时间里就培养、提拔干部近 7000 人。③

干部队伍扩大了,但干部的政治思想素质、文化水平参差不齐的现象也逐渐凸现出来。一般来说,在与国民党斗争中成长起来的干部是干部队伍中的主流。正如中共皖北区委所分析的那样,外来干部政治思想上较好,但一般不了解新区政策及新区情况,工作起来习惯强迫命令,作风生硬。本地干部熟悉情况,但组织纪律松弛、游击作风严重。甚至有些干部认为,革命胜利了,现在应该舒服舒服,闹结婚、闹地位、闹权限、闹待遇,本位主义、个人主义的思想情绪逐渐有所抬

---

① 安徽省地方志编纂委员会编:《安徽省志·政党志》,方志出版社 1998 年版,第 196 页。
② 安徽省地方志编纂委员会编:《安徽省志简本》,黄山书社 2005 年版,第 238 页。
③ 1950 年 12 月 3 日《皖南日报》第一版。

头。① 虽然这仅仅是干部队伍中的少数现象,但却影响了党的威信与形象。

1949 年 6 月,为解决干部队伍中存在的思想认识和工作作风问题,中共皖北、皖南区委根据中央指示,对干部理论学习、思想教育进行具体部署,针对原来坚持游击斗争的干部、来自老区的干部和新吸收的大批新干部的不同特点,举办党校、训练班、干校,对干部进行轮训。此外,要求所有具有初中文化程度、有一定自学能力的干部,依照学习计划,学习马列主义、毛泽东思想及上级指定的学习文件。当时工农干部是干部队伍中的主体,他们阶级觉悟高、对共产党感情深,但文化程度普遍较低,在皖北、皖南两区的干部中,小学文化程度以下的占到了干部总数的 71.88%。为使大批工农干部也能自觉投身到学习中来,在有条件的单位设立业余文化学校,组织工农干部学习文化知识。让工农干部在学习文化知识的同时,进行理论学习,提高思想认识。

随着对干部教育的不断加强,干部教育工作逐渐步入正轨。1951年 2 月,中共中央下发《关于加强理论教育的决定(草案)》,要求按照干部的不同情况,分别组织他们学习政治常识、理论常识、马恩列斯和毛主席著作。毛泽东的论著《中国革命与中国共产党》、《新民主主义论》、《论人民民主专政》是干部学习的主要内容,《社会发展简史》也被列入学习内容。部分文化基础比较好的干部还学习了《国际主义与民族主义》、《政治经济学》。皖北、皖南地区广大干部通过学习,对劳动创造人类、劳动创造世界、阶级斗争、五种社会形态的基本特征和中国革命的基本问题有了初步了解,对社会发展的基本规律、社会主义和资本主义的本质区别、社会主义必然胜利,有了进一步的认识。

但是,也有一些干部随着地位升高、待遇变化、权力增大,反而不能保持革命本色,面对诱惑,人生观、价值观发生了变化,诸如在政治上居功自傲、生活上贪图享受、工作上滋长命令主义和官僚主义作风

---

① 《六月份综合报告》,中共安徽省委办公厅、中共安徽省委党史工委、安徽省档案馆编《中共皖北皖南区委文件选编》(1949—1951)[皖非正式出版字(93)第 50 号],第 20 页。

等,更为严重的是在少数干部中出现贪污腐化、违法乱纪行为,严重损害了党在人民群众中的形象。为保持干部队伍的纯洁,按照中央的部署,结合皖北、皖南地区的实际情况,1950年5月,中共皖北区委先后发出《关于整顿干部思想作风的计划》和《关于整风工作的补充指示》;中共皖南区委先后发出《整党计划(草案)》和《关于执行中央和华东局整党工作的补充计划》,在党的干部中开展整风。

皖北地区整风是以三级干部整风会议、在职整风、干校培训班为主要形式,全区有3.1万名干部参加了整风。皖南地区参加整风的干部1.2万人。整风中,对个别干部由于工作简单粗暴造成严重后果的,依法给予处罚。1950年2月14日,庐江县沙溪区区长李养波得知农民邢绍先尚未缴齐因私自砍伐公有山林而受罚的20石大米后,便将邢绍先传押至陡港乡政府。在审讯过程中,李养波先是命人吊打邢绍先,然后又亲自动手施刑,致邢绍先受伤过重不治身亡,酿成命案,在人民群众中造成极坏影响。在查清事实后,1950年5月,李养波被开除党籍,6月,皖北区人民法院判处李养波死刑,执行枪决。① 这是解放后皖北区严肃处理干部违法乱纪行为的一起典型案件。个别党员干部的贪污腐化行为也受到了纪律处分。泾县公安局股长张超,在土地改革工作中,生活腐化,先后与两个农妇通奸。张超还丧失立场,与一地主老婆通奸,认地主为干父,并向工作组提出,将这个地主的成分划为小土地出租者,还3次在农民大会上为其辩护,并协同该地主老婆向佃户收租。张超的行为严重损害了党员干部的形象,1951年1月,张超被开除党籍。②

这次整风注意把握党的政策界线,不搞过火斗争,在学习文件的基础上,开展批评和自我批评。通过整风,党员干部思想政治水平有了显著提高,工作上出现了新的气象。

建立和健全监督机制,是加强执政党建设的重要一环。内部监督,主要是运用组织机制,即设立各级党的纪律检查委员会对党的干

① 安徽省地方志编纂委员会编:《安徽省志·政党志》,方志出版社1998年版,第514页。
② 安徽省地方志编纂委员会编:《安徽省志·政党志》,方志出版社1998年版,第514页。

部、党员进行监督。1949 年 11 月,中共中央决定设立各级党的纪律检查委员会,明确其任务是检查党的组织、党的干部及党员的违纪行为。1950 年 1 月,中共皖南区委成立以黄庆熙为书记的中共皖南区纪律检查委员会。1950 年 2 月,中共皖北区委成立以李世农为书记的中共皖北区纪律检查委员会。到 1951 年底,中共皖北、皖南区委下属 74 个县(市),14 个地、市,2 个直属党委,计 90 个单位建立了党的纪律检查委员会,共配备专职纪检干部 167 人。各级纪律检查委员会组织的建立、健全,为开展对党员干部的监督工作,提供了组织保障。

1950 年,中共皖北、皖南两区的纪律检查委员会查处违反政策法令的党员干部 828 名,其中包括地级干部 7 人、县级干部 59 人,并依据"七大"党章,分别给予其中的 116 人开除党籍,97 人留党察看,192 人撤销工作职务,322 人警告,164 人劝告的党纪处分。受到各种党纪处分的党员人数占当年党员总数的 0.84%。

1951 年,查处违纪党员干部 1336 名,其中包括区委级干部 1 人、地级干部 3 人、县级干部 58 人。给予其中 407 人开除党籍,191 人留党察看,134 人撤销工作职务,488 人警告,116 人劝告的党纪处分。受到各种党纪处分的党员人数占当年党员总数的 1.39%。

1952 年,新成立的中共安徽省委纪律检查委员会,查处违纪党员干部 2788 名,其中包括地级干部 21 人、县级干部 209 人。给予其中 612 人开除党籍,586 人留党察看,191 人撤销工作,1150 人警告,249 人劝告的党纪处分。受到各种党纪处分的人占当年党员总数的 2.7%。①

从 1950 年到 1952 年,查处人数逐年增加,一方面说明党的工作重心转移之后,确有一些党员干部的思想、作风没有及时转变;另一方面也说明,作为执政党,为国家长治久安、维护群众利益,加大了与各种违法乱纪行为作斗争的力度。坚决惩处和清理党内极少数腐败分子、害群之马后,不但没有影响党的形象,没有削弱党的战斗力,相反,党在人民群众心目中的形象更好了,执政党的战斗力增强了。

---

① 安徽省地方志编纂委员会编:《安徽省志·政党志》,方志出版社 1998 年版,第 506 页。

外部监督,主要是营造舆论监督环境,形成良好的民主监督风气,把党的干部和党员置于人民群众的监督之下。全心全意、主动诚恳接受人民群众的批评、监督,是中国共产党的优良传统。在解放后的一段时期中,中共皖北、皖南地区各级组织善于倾听人民群众的意见和批评,在各种会议上、在各种场合中,都可以听到来自不同方面的、善意的建议和批评的声音。而党的各级组织也在吸收人民群众的智慧、听取人民群众的批评建议后,更加努力搞好各项工作。1950 年 4 月 19 日,中共中央作出《关于在报纸刊物上展开批评与自我批评的决议》,要求报纸刊物对党和政府在工作中的一切错误和缺点,展开批评和自我批评。中共皖北、皖南区委机关报《皖北日报》和《皖南日报》以及复省以后出版的《安徽日报》,担负起对执政党实施舆论监督的责任。如 1950 年 8 月 22 日的《皖南日报》,刊登了出席皖南首届各界人民代表会议的工人代表郝桐生的讲话,郝桐生在讲话中对工会工作中出现的"某些包办代替和官僚主义的工作作风"提出了批评。1952 年 8 月 5 日《安徽日报》以《成果没有巩固运动停滞不前》为标题,对淮南田家庵镇的卫生工作提出了批评。1952 年 8 月 6 日《安徽日报》以《对爱国卫生运动采取抗拒态度》的显著标题,对安徽公安总队后勤处的卫生工作提出批评;以《濉溪新华书店卫生工作做得很坏》为标题,对濉溪县新华书店进行了批评。这些表明,中国共产党成为执政党后,自觉运用民主力量加强对自身监督,这与中国共产党对民主精神的追求是一致的。

二、各民主党派参与建立人民民主政权

解放前,中国国民党革命委员会、中国民主同盟、中国农工民主党(以下分别简称民革、民盟、农工党)一直在安徽建有组织、开展活动。特别是解放战争时期,3 个民主党派与中共地方组织风雨同舟、并肩战斗,并在斗争中自觉接受中共地方组织的指导。如在国统区,民主党派成员和共产党人一道发动群众,开展反内战、反饥饿、反迫害的民主运动;在国民党军队溃逃时,组织群众护厂、护校,维护治安,进行反对迁移、反对破坏的斗争;在隐蔽战线上,配合中共地下工作者以策反

方式分化国民党及其军队的力量,以收集情报的方式与中共领导的武装斗争相呼应,策动部分国民党军政人员率部起义、投诚,使皖北、皖南很多重要城市避免战火,得以和平解放;在人民解放军渡江作战时,民主党派成员积极行动,做了大量的策应工作,为皖北、皖南的解放,发挥了积极作用。

在民革方面。1948年8月,余亚农等民革合肥小组主要成员,聚集在芜湖,商议如何策反国民党九十六军军长兼蚌埠警备司令于兆农、安徽省保安第五旅旅长王汉昭、全椒县县长潘禹三、桐城自卫队的起义等事宜。此后,经过民革成员的多次接触,策反工作收到了效果,除于兆农率残部逃跑外,其余均先后起义。1949年1月,余亚农、朱子帆等在中共地下组织成员石原皋的指挥下,成功地策动了驻芜湖的国民党海军"安东舰"借故退出江防序列,前往南京笆斗山起义。朱子帆等在中共地下组织皖南地委的指挥下,成功地策反了时任安徽省第六行政区保安副司令刘格非、芜湖县长谢汝昌,在渡江战役开始之前,刘格非、谢汝昌签发过江通行证,掩护中共地下工作人员往来长江南北,递送情报。[①]

在民盟方面。解放战争后期,为迎接解放军和安徽的解放,民盟积极配合。1948年夏,盟员龚衡军根据中共皖西四地委书记唐晓光的建议,活动到肥西官亭任国民党官亭联防区主任,控制所辖武装后,积极策划起义。年底,起义时机成熟,龚衡军按皖西军区的指示,率部在官亭召开大会宣布立即起义,皖西军区三分区司令员曾庆梅、政委唐晓光参加起义大会。起义部队千余人被命名为"合肥支队",龚衡军任支队长,唐晓光兼任政委。1948年冬,国民党安徽省政府加速做南逃准备。为迎接合肥解放,经皖西军区同意,合肥民盟组织动员地方实力派,让盟员龚兆庆当上了合肥县长,接着龚兆庆安排一些盟员进入县政府工作。解放军兵临城下时,国民党守军撤退,县政府一面派人向解放军送信,一面维护社会秩序,保护各类物资。人民解放军

---

① 中共安徽省委党史研究室编:《安徽现代革命史资料长编》(第四卷)(皖内部图书2004—126),第659—661页。

进入合肥时,龚兆庆按照人民解放军的命令,把县政府掌控的 600 多万斤粮食、可装备 4 个连的武器弹药、万余件公用家具及县政府印鉴、文书档案,全部完整地移交给人民解放军。

在农工党方面。1948 年 10 月成立的农工民主党芜湖市临时工作委员会(简称工委会),是在人民解放军皖西军区四分区联络部程效安指导下成立的。工委会的主要工作是收集国民党军事情报及调查江防工事,策反国民党在芜湖的军政人员,迎接解放军渡江。工委会领导之一吕祖杰,公开身份是国民党六专区军事科长。吕祖杰利用工作上的便利,收集到的情报既准确又很具体,连国民党军队封锁长江时的口令、国民党江防部队的番号、装备、所属派系、作战能力、江防工事中炮兵阵地、机关枪阵地的位置,都搞得清清楚楚。情报及时交由程效安转给皖西军区四分区联络部。当人民解放军即将进入芜湖市区时,工委会派吕祖杰邀程效安一道,前往芜湖县长谢汝昌家中,帮助谢汝昌做维持治安、迎接解放军进城的工作。4 月 23 日晨,在芜湖国民党军政机关全部撤走、人民解放军还没有进城的情况下,工委会成员在程效安的指挥下,利用谢汝昌掌握的芜湖县自卫武装,加强对银行、水电设施、商业区、军火库等地的巡逻警戒,有效地维护了芜湖的治安。当人民解放军 4 月 24 日开进芜湖时,一个完整的芜湖回到了人民手中。

解放后,共产党领导的多党合作和政治协商制度正式形成。安排民主党派人士到政府部门担任领导职务,是共产党领导的多党合作和政治协商制度的重要体现。

1949 年 11 月召开的皖北区第一届各界人民代表会议,民主党派、文化教育界、工商界代表共计 66 人,约占代表总数 413 人中的 16%。民盟代表姚佐元被安排作大会发言。1950 年 8 月召开的皖南区第一届各界人民代表会议,民主党派、文化教育界、工商界代表共计 59 人,除去其中的中共党员 10 人,约占 293 位代表中的 20%。① 民革代表朱

---

① 中共安徽省委办公厅、中共安徽省委党史工委、安徽省档案馆编:《中共皖北皖南区委文件选编》(1949—1951)[皖非正式出版字(93)第 50 号],第 303 页。

子帆、民盟代表李则纲、农工民主党代表李湘若在大会上发言。在各县、市召开的各界人民代表会议上，民主党派、文化教育界、工商界代表也大体保持着这样一个比例。

对一些具有社会影响和业务专长的民主党派人士则给予实职安排。余亚农担任华东军政委员会委员、皖北行署监察委员会副主任，1952年8月任安徽省人民政府委员。戴戟担任华东军政委员会委员。许杰任皖南行署副主任、中苏友好协会皖南区分会主席。朱子帆担任华东军政委员会及行政委员会委员、皖南行署委员、皖南各界人民代表会议协商委员会副主席，1952年8月担任安徽省人民政府委员。李则纲任皖南行署委员、皖南各界人民代表会议协商委员会常委。沈子修担任华东军政委员会委员、皖北各界人民代表会议协商委员会副主席、皖北行署副主任、皖北文教委员会委员、安庆市救灾委员会副主任。陈荫南任华东军政委员会委员、皖北军政委员会委员、皖北行署委员、皖北人民法院院长、皖北各界人民代表会议协商委员会副主席。

对一些无党派人士、学有专长的技术人员，共产党也用其所长，给予职务安排，并让他们在工作中发挥应有的作用。淮南解放后，懂技术、有能力、在护厂斗争中深得工人信赖、时任机务科长的李荣宝出任解放后的淮南电厂第一任厂长。担任厂长后的李荣宝积极工作，带领工人、技术人员克服困难，很快恢复了电厂的生产，为淮南电厂的发展做出了贡献。

民主党派也积极参政议政，参加、支持人民政府开展各项工作，在抗美援朝、土地改革、镇压反革命和"三反"、"五反"等运动中，都能看到民主党派成员活跃的身影。在土地改革运动中，不仅皖北、皖南两区的民主党派派员参加土地改革工作队，深入农村，发动群众，亲身参与土地改革，连上海、浙江的民主党派也积极派出人员参加皖北、皖南的土地改革工作，1951年2月19日，仅赴皖北参加土地改革工作的上海民革成员就有44人。

民主党派成员亲身参加土地改革运动，不仅支持了中共发动的土地改革运动，也在土地改革运动中亲身感受到农民对土地的迫切要求，体会到农民在废除地主阶级土地所有制中所表现出来的巨大力量。

民主党派的积极参政议政，既有利于中共开展各项工作，也显示出共产党的气度与胸怀，因而赢得了民主党派和社会各界的拥戴。

第二节　皖北、皖南区各界人民代表会议的召开

一、军事管制

1949 年 4 月，皖北、皖南只有合肥、蚌埠、安庆、芜湖、淮南等几个城市获得解放。此时，这些城市都面临着维持治安和恢复生产两大问题。由于国民党败退时的破坏，城市已满目疮痍。国民党潜伏特务、散兵游勇、流氓盗匪肆无忌惮地流窜街头巷尾，趁机行凶作恶，破坏社会秩序，损坏公共物资，盗窃国家财产。一些奸商、金融投机分子，也囤积物资，暗中猖獗地进行金融投机活动，造成通货膨胀、物价飞涨。停水、停电、停工、交通中断、供应困难等时有发生，严重地影响了人民群众的正常生活，有时还危及他们的生命安全，因此，人心惶惶，社会局面难以安定。如何比较顺利地接管城市，使城市恢复生机，是摆在中国共产党面前的一个亟待解决的重大而艰巨的任务。

在社会秩序较为混乱，新旧社会交替急剧变化的特殊时期，人民解放军对城市实行军事管制势所必然。早在 1948 年 11 月，中共中央发出指示，明确要求人民解放军在新解放的城市实行军事管制。1949 年，中共中央华东局发布《关于接管江南城市的指示（草案）》，明确提出：对新收复的人口在 5 万以上的城市或工业区，均应实行一个时期的军事管理制度；解放一个城市就接管一个城市，城市接管工作均由军事管制委员会负责组织实施。在占领城市初期，应指定攻城部队直接最高指挥机关军政负责同志与地方党政若干负责人，组成该城市的军事管制委员会；军事管制委员会为该城最高权力机关，凡入城部队及党政军民机关与各接管工作人员均须接受军管会的统一领导指挥。

从 1949 年 1 月 20 日蚌埠解放开始,人民解放军在中共皖北、皖南各级组织的支持、参与、配合下,组成军事管制委员会(简称军管会),全面接管皖北、皖南各城市、县城。接管程序是有组织有系统地逐级接管国民党的一切公共机关,包括国民党安徽省政府所属的厅、处、科室,出版机构、金融机构,邮电、交通部门以及国民党各市、县行政机构等。在接管过程中,对旧职人员采取慎重态度,凡有一技之长而又愿意为新政权服务的,都尽力设法留用。接管工作进行得很顺利,避免了新旧政权交替时可能产生的震荡和破坏。

人民解放军是唯一能给敌人以巨大威慑的武装力量。军事管制是一种军政合一的组织形式,既担负着实施人民民主专政的职能,同时又为发扬人民民主创造条件,成为全国解放初期大中城市打碎反动统治阶级旧的国家机器、建立人民民主专政新的国家机器最可行的组织形式。

解放战争中,先后回到人民怀抱的皖北、皖南两区的各个城市和绝大多数县城,都实行过短暂时间的军事管制,军事管制对稳定城市秩序、恢复生产发挥了很大作用。蚌埠解放时,由于电厂停产,市区夜间一片漆黑,流氓盗匪乘机滋事扰民,影响群众正常生活,军管会派军代表进驻电厂,仅仅 3 天时间,电厂就恢复生产、正常供电,稳定了社会秩序和市民情绪。

在实行一定时间的军事管制之后,城市治安状况逐渐好转,社会秩序得以稳定,军事管制委员会便将城市的管理权逐渐移交给相继成立的各市、县人民政府,由各市、县人民政府来行使对城市的管理权,同时也表明战时状态结束,和平建设时期到来。

二、皖北区第一届各界人民代表会议

新中国建立后,中国共产党把普遍召开各界代表会议作为推进民主政治建设的重要一环来抓,召开各界代表会议为新中国成立初期各个地方民主建政工作的主要形式。

1949 年 10 月 28 日,由 61 人组成的皖北人民代表会议筹备委员会举行第一次会议,鉴于举行建立在普选基础上的人民代表大会条件还不具备,决定根据中共中央的指示精神,先行召开皖北区各界人民代表会议。会议选出以曾希圣为主任,黄岩、宋日昌为副主任共 25 人组成的筹委会,着手筹备皖北区第一届各界人民代表会议。

根据中央人民政府委员会通过的《省各界人民代表会议组织通则》,皖北区第一届各界人民代表会议采取由各民主党派、人民团体和人民解放军驻皖北部队协商推选和直接邀请的方法,选举产生具有广泛代表性的代表 413 人。其中,中共代表 20 人,民盟代表 4 人,新民主主义青年团代表 15 人,皖北行署代表 30 人,解放军皖北军区代表 45 人,职工代表 48 人,农民代表 77 人,青年界代表 15 人,学生界代表 11 人,妇女界代表 25 人,文化教育界代表 35 人,工商界代表 37 人,回民代表 11 人,航运界代表 3 人,船民代表 7 人;在直接邀请的代表 30 人中,占比重较大的是战斗英雄、支前模范、护矿护路护校模范,学有专长的科技人员。①

经过一个多月的筹备,1949 年 11 月 30 日至 12 月 6 日,代表着 2000 多万皖北人民的各界代表,出席了在合肥市皖北行署大礼堂举行的皖北第一届各界人民代表会议。在开幕式上,中共皖北区委书记、会议主席团成员曾希圣致开幕词说,这次会议是皖北人民空前未有的第一次会议,代表们实行民主讨论,根据皖北人民当前的紧迫要求,研究今后工作,做出决议,提供政府采纳。他要求代表们本着为人民服务的立场,采取实事求是的态度,诚恳地协商问题,把大会开好。曾希圣的讲话受到了代表们的热烈欢迎。

会议听取了曾希圣关于皖北地区当前情况和任务的报告,报告阐述了皖北地区解放以来皖北人民在党和人民政府领导下,支援前线、肃清残余匪特、生产救灾各方面的成绩。确定今后工作的总方针应以农村为重点,厉行农村改革,发动群众,发展生产,兼顾城市,建设一个繁荣富庶的新皖北。会议还听取了皖北行署主任宋日昌作的政府工作报告,报告介绍了支援战争、生产救灾、剿匪反霸以及财政等方面的工作情况,实事求是地检讨了工作中的缺点和错误。

---

① 安徽省地方志编纂委员会编:《安徽省志·人大政府政协志》,方志出版社 1999 年版,第 2 页。

中共皖北区委代表李世农、皖北行署代表李云鹤、皖北军区代表李世焱、人民解放军第三野战军七十一师代表梁金华、民盟代表姚佐元、青年团皖北工委代表项南、少数民族代表马乐庭、渡江英雄车胜科、宿县代表杜大娘、特邀皖南行政区代表李志民等32人在会上发言。梁金华在发言中汇报大别山区剿匪战果时,全场爆发出热烈的掌声。当56岁的农民代表、来自宿县地区的杜大娘(扎着青布头巾、穿着青布袄、胸前佩戴着3枚纪念章)用生动、朴实、地道的淮北话介绍家乡人民在政府组织下,开展生产救灾的情况时,与会代表的掌声最为热烈。在这次会议上,皖北人民第一次真正获得了对皖北行政事务发表意见的机会,代表们秉承全区人民的意愿,诚恳、毫无保留地对政府工作提出要求和看法,行使当家做主的神圣权利。代表们讨论并通过了迅速荡涤国民党政府留下来的污泥浊水,医治好战争创伤,建设一个新皖北的一系列决议。这次会议"既是建设民主政治的一次生动体现,又为民主政治的进一步发展,打下良好基础"①。

会议选出了皖北各界人民代表会议协商委员会,由曾希圣任主席,黄岩、梁从学、宋日昌、沈子修、陈荫南任副主席,李世农等44人为委员。

三、皖南区第一届各界人民代表会议

1949年4月底,皖南全境解放。中共皖南区委和皖南行署领导600多万皖南人民,进行了剿匪反霸、生产救灾、减租等各项重要工作,为尽早召开皖南区各界人民代表会议创造了条件。1950年上半年,皖南区第一届各界人民代表会议筹备委员会成立,中共皖南区委第二书记胡明为筹委会主任委员,魏明、许杰为副主任委员,杨建新等26人为委员。筹委会先后3次召开会议,讨论代表名额的分配,聘请与指导各地推选代表,征集提案,草拟文件。根据《省各界人民代表会议组织通则》规定,协商推选和特邀代表303人。其中,中共代表11人,皖南行署代表16人,各民主党派代表11人,新民主主义青年团代

---

① 1949年12月7日《皖北日报》第一版。

表 12 人,人民解放军代表 25 人,荣军代表 2 人,地区代表 29 人,工人代表 27 人,农民代表 63 人,学生界代表 14 人,妇女界代表 16 人,文化教育界代表 22 人,工商界代表 24 人,新闻界代表 1 人,合作社代表 1 人,特邀代表 29 人,另有列席代表 101 人。①

1950 年 8 月 20 日到 28 日,皖南区第一届各界人民代表会议在芜湖成功召开,各界代表和列席代表参加了会议。皖南行署主任魏明致开幕词说,这次会议的召开,标志着皖南人民的革命大团结,标志着皖南人民统一战线和人民民主专政进一步的巩固。魏明在开幕词中为大会确定的中心议题是,贯彻执行中央人民政府颁布的土地改革法,讨论准备于当年秋冬在皖南广大农村进行的土地改革问题,研究财政经济和军队复员工作。魏明诚恳地希望代表们本着知无不言、言无不尽的精神,同心协力,克服困难,为实现土地改革和建设新皖南而奋斗。②

会议听取中共皖南区委书记马天水所作的《为完成皖南区土地改革而奋斗》的报告,报告要求贯彻中共中央关于土地改革的总路线和基本政策,结合皖南地区实际情况,采取"典型突破,逐步推广",以县为单位,用大约 4 个月的时间完成土地改革工作。会议还听取了皖南行署主任魏明作的关于财政经济的报告,皖南军区副司令员熊兆仁作的关于军事和军队复员工作的报告。

代表们对上述报告进行了热烈的讨论,他们在发言中充分表达了对新政权的热爱和拥戴,对皖南地区的未来发展提出了许多有益的建议。

会议选举产生皖南各界人民代表会议协商委员会,胡明为主席,江靖宇、朱子帆为副主席,王贯之等 41 人为委员。③

皖北、皖南区第一届各界人民代表会议的成功召开,对皖北、皖南各县、市开好各界人民代表会议起到了很好的示范作用。到 1951 年 12 月上旬,皖北、皖南区所属各县、市都先后召开了各界人民代表会议。县、市各界人民代表会议代行人民代表大会职权,对重大问题做

①　安徽省地方志编纂委员会编:《安徽省志·人大政府政协志》,方志出版社 1999 年版,第 4 页。
②　1950 年 8 月 21 日《皖南日报》第一版。
③　1950 年 8 月 30 日《皖南日报》第一版。

出决定,选举了县、市长,成立了市、县协商委员会。蚌埠市各界人民代表会议还在半年时间里,连续举行了 3 次会议,讨论、决定蚌埠市发展的重大问题。屯溪市从 1949 年 9 月到 1952 年 7 月,在不到 3 年的时间里,就先后召开 8 次各界人民代表会议,讨论民生、发展问题和选举地方行政首长。

皖北、皖南各县、市各界人民代表会议的召开,标志着广大人民受奴役旧时代的结束、当家做主新时代的开始。

第三节　镇压反革命

一、城市和农村的反霸斗争

皖北、皖南解放时,城市、农村都存在旧社会留下来的恶霸。所谓恶霸,在城市中是指:封建把头、帮会头子、地痞流氓、欺行霸市者等,他们盘踞一方,在工厂、车站、码头、商铺集中地,敲诈勒索,霸占民财,强奸妇女,无恶不作。[①] 在乡村,恶霸主要是恶行昭著的劣绅、地痞流氓等,他们是乡村中封建势力的政治代表和帮凶,解放前,他们倚仗势力压迫人民,勾结官府,甚至私设公堂、牢狱,用权势和暴力欺压、掠夺人民,有的还拥有武装或豢养流氓打手;有的虽没有武装,但与土匪、特务相勾结,横行乡里、欺压人民,深为人民所痛恨。[②] 解放后,他们常常与国民党特务、土匪勾结在一起,造谣惑众、蛊惑人心,对乡村新政权构成了严重的威胁。

面对城乡恶霸猖獗的情况,为巩固新生的人民政权,中共皖北、皖南区委和行署根据中共中央指示,于 1949 年 9 月先后发出《关于加强农村工作的决定》和《关于反霸几个问题的指示》,部署各地在开展剿

---

①　马焕仁:《彻底肃清反革命分子》,《时事手册》1951 第 13 期,第 22 页。

②　《关于反霸几个问题的指示》,中共安徽省委办公厅、中共安徽省委党史工委、安徽省档案馆编《中共皖北皖南区委文件选编》(1949—1951)[皖非正式出版字(93)第 50 号],第 42 页。

匪斗争的同时,在广大城乡开展反对恶霸的斗争,并规定了反霸斗争的策略和政策。1949 年 9 月,反霸斗争开始,皖北、皖南区各级人民政府对城乡的恶霸势力频出重拳予以打击。

为使反霸斗争高效、有序地进行,皖北、皖南各地成立反霸工作委员会,具体领导反霸斗争,各级公安机关是反霸斗争的职能机构。经各级人民政府、公安机关 4 个多月的排查,发现皖北、皖南两区的恶霸数量较多、势力亦大,不但城市中的恶霸为数不少,而且农村中的恶霸人数也较多,达到了 42751 人①。

1949 年底,在合肥市反霸工作委员会的统一部署下,公安机关一举端掉 14 个青红帮、封建把头组织的老窝,一次性逮捕了 68 名劣迹斑斑的恶霸,沉重地打击了恶霸势力的嚣张气焰,对各种地痞流氓、欺行霸市的行为,起到了极大的震慑作用。1950 年 1 月,合肥市政府废除淝河沿岸码头封建把头制度,宣布码头收归国有,铲除了恶霸势力滋生的土壤。在南门外群众控诉恶霸周叶芝的大会上,双目失明的张老太声泪俱下地控诉说:"民国 36 年(1947),我儿子因说了周匪不务正业,周得知后抄了我的家,将我儿拉到门外枪杀了。为此,我们婆媳流落外乡,直到解放才敢回家。"几乎同时,蚌埠、芜湖、安庆、淮南等城市,也集中公安警力开展了对恶霸势力的打击。在大规模镇压反革命运动中,恶霸被列为重点打击对象之一,反霸斗争随即进入高潮。1951 年 6 月 14 日,蚌埠市举行公审大会,对恶霸蒋志祥、贾道生等人进行公审后,执行枪决。1951 年 10 月 29 日,合肥市召开斗争恶霸、封建把头大会,市人民法院判处血债累累的封建把头朱景熙死刑。为害多年的恶霸势力遭到毁灭性的打击,老百姓拍手称快,城市的社会治安大为好转。

在乡村反霸斗争中,为更好地执行反霸政策、发动群众参加反霸斗争,中共皖北区委从各地、市、县调配干部,组织反霸工作队,在合肥举办 760 多人参加的反霸训练班,集中培训反霸工作队员。反霸工作队深入农村后,召开群众大会,组织受害村民开展诉苦斗争,揭露恶霸

---

① 安徽省地方志编纂委员会编:《安徽省志·公安志》,安徽人民出版社 1993 年版,第 172 页。

罪行,对罪行严重、群众反映大的恶霸,当场予以逮捕;对于那些负隅顽抗、制造现行案件的恶霸,迅即组织力量侦破,予以逮捕法办。

1949年11月,皖北、皖南区的反霸斗争进入高潮。中共涡阳县委连续4天在全县开展反霸斗争的宣传活动,接着组织10万农民斗争恶霸地主,12月16日,高炉区群众3000多人斗争、公审恶霸冯瞎子;12月18日,吴桥区群众3万多人公审恶霸罗润德;12月19日,双庙、城关两区联合斗争恶霸周德轩。这些恶霸罪行累累,恶贯满盈,人民政府根据群众的要求,公审大会结束后,立即执行枪决。

1949年10月13日、14日,阜阳举行公审大会,公审大恶霸、绰号"阎王爷"董荣斋。此人在解放前曾任国民党插花镇镇总,敲诈勒索、霸占集市、把持学田、欺压群众、私设公堂,先后杀害农民17人。人民解放军到达该地时,董荣斋伪装积极,开仓济贫;人民解放军走后则反攻倒算,逼迫200多户农民退粮。董荣斋还强奸妇女、贩卖人口,群众对他恨之入骨。当反霸工作队进驻插花镇时,群众纷纷控诉董荣斋的罪行。阜阳县人民政府顺应民意举行公审大会,8000多农民参加。阜阳专署公安处长顾浩为主审,阜阳县长唐立全、阜阳县农协主任李彬、区农会主任杨友之以及农民代表9人为陪审。公审开庭后,当场收到诉状751件,60名受害农民联名控诉董荣斋杀人、强奸、敲诈、霸占民田等罪行。8000多群众一致高呼,要董荣斋"偿还血债"!主审与陪审合议后,宣布判处董荣斋死刑,立即执行枪决,没收其财产交由清算委员会处理。

1949年10月14日,无为苏泰乡召开4000人大会,公审恶霸丁耀东,大会组织了临时法庭,徐志好等农民纷纷登台控诉丁耀东反攻倒算、滥施刑罚,先后酿成7人命案,说到伤心处,农民们泣不成声,悲痛欲绝。临时法庭根据群众的控诉,判处恶霸丁耀东死刑,将其财产没收,补偿苦主。

反霸斗争在城乡开展得轰轰烈烈,但仍有一些恶霸因善于伪装而暂时漏网。土地改革开始后,这些身兼地主的恶霸,分散财产,对抗土地改革,有的甚至暗杀土地改革工作队员和积极分子。朝鲜战争爆发后,这些恶霸气焰更为嚣张,威胁刚刚翻身的农民,扬言"现在谁斗我,将来我杀谁"。反霸工作委员会及时掌握了反霸斗争的新动向,为了保护人民群众的利益,对那些对抗土地改革、气焰嚣张的恶霸,给予坚决打击,毫不手软。

阜阳县王市集区恶霸马庆华,为报复农会组长马云文,聚集土匪4人,夜闯马云文家,残忍地杀死马云文一家5口。马庆华等行凶后潜逃外地。阜阳县公安机关随即连夜展开追捕,次日便将马庆华等凶犯逮捕归案。经审判后马庆华等被执行枪决。

不法地主沈德辉、沈德银两兄弟,平时住在广德县城里,在西关、平桥有出租田27亩,土地改革时,村里农会派代表来向沈德辉索要地契,沈德辉置之不理,闻讯赶来的当过国民党匪兵、警察、保长,在本地一向横行霸道的沈德银手持大刀,丧心病狂地向农民行凶报复,景贤街街长汤继明、公安员潘上林见状立即上前制止,疯狂的沈德银挥刀向汤继明砍去,汤继明躲得快,礼帽却被砍破了,潘上林也遭到沈德银的殴打。广德县人民法庭依法公审持刀行凶的恶霸沈德银,判处其死刑。[①]

六安县顺河乡恶霸杨子兴,诡计多端,人称"杨小鬼",曾任国民党乡公所警卫股主任,平时外出常带两三个家丁在身边,耀武扬威。杨子兴出租土地400多亩,放高利贷米百余石,十天半月,每石米就要加利5至8斗,还不起高利贷的人,就会遭到杨子兴的毒打、关押。解放后,杨子兴对组织起来的农民和人民政权极为仇恨,联络土匪组织所谓"摸瓜队",企图暗杀农会会员,反动气焰十分嚣张。杨子兴被人民政府逮捕后,经审判,执行死刑。

桐城县东升乡恶霸刘志鸿,绰号"一扫光"。1950年11月,在土地改革试点时,佃户要求他交出地契,刘志鸿非但不交,还组织打手,手执刀棒,殴打区乡干部,阻碍土地改革工作的进行。刘志鸿被人民政府收捕后,经审判,执行死刑。

到1952年土地改革结束时,反霸斗争基本结束,皖北、皖南两区共斗争恶霸63610人(包括不法地主),其中逮捕27551人,交群众管

① 1950年12月31日《皖南日报》第三版。

制 7334 人。① 显示了人民政府坚决铲除农村恶霸势力的决心和力量。

虽然在打击恶霸势力过程中采取了一些非常手段,政策上也曾有过摇摆,但从整个反霸斗争的进程看,由于坚持"首恶者必办,胁从者不问,立功者受奖"的正确方针,打击了封建恶霸的嚣张气焰,提高了人民群众的觉悟,巩固了新生的基层政权,保障了老百姓的一方平安,因此获得广大城乡人民的认可和支持。

二、镇压反革命

新中国成立后,国民党不甘心失败,有计划地潜伏一批敌对势力。他们和土匪、恶霸、特务、反动党团骨干、反动道会门头子和其他反革命分子勾结在一起,刺探情报、破坏工厂、捣毁铁路、抢劫物资,甚至进行反革命武装暴乱,作垂死挣扎,继续与人民为敌。

为打击反革命分子的破坏、挑衅,1950 年 3 月 18 日,中共中央发出《关于严厉镇压反革命分子的活动指示》。中央人民政府和最高人民法院、公安部分别作出严厉镇压反革命的指示,一致强调,在镇压反革命(简称镇反)运动中,既要严厉打击,又要执行"镇压与宽大相结合"的政策,重点打击反革命分子、土匪、特务、恶霸、反动党团骨干和反动道会门头子等,将反对恶霸与镇压反革命,相互结合、相互一致地展开。

1950 年 5 月,适逢皖南、皖北两区出现严重灾荒,6 月,美国发动侵朝战争,一些反革命分子以为"时机成熟",四处煽动暴乱,袭击区公所、乡政府;威胁、利诱干部和战士叛变,直接或间接煽动哄抢公粮、抢劫群众钱财,甚至杀害干部。七八月间,仅皖北区就发生抢粮事件242 起,杀害干部群众 162 人。其中最大的一起抢粮事件,参加者达3.8 万余人,涉及 21 个县、39 个区、67 个乡。皖南地区,1 月至 10 月,发生大小骚乱、抢粮事件 50 余起,其中仅广德县 4 月份就发生 8 起。诸如"反共委员会"、"反共同盟"、"反共救国军"之类的反革命地下组织竟达数十种。芜湖、蚌埠、安庆等市及芜湖、当涂等县,仅六七月间

---

① 安徽省地方志编纂委员会编:《安徽省志·公安志》,安徽人民出版社 1993 年版,第 175 页。

就破获"反共救国军"等地下反革命组织案件30起；电线、桥梁连遭破坏，仅上半年即发生30余起；芜湖湾沚清水河上的桥梁，连续4次被反革命分子破坏。"朝鲜战争就是第三次世界大战爆发，'国军'很快就要打回来"，"北京中央人民政府已迁蒙古"等谣言甚嚣尘上，反革命标语在各市、县均有发现。

在镇压反革命运动初期，一些基层干部对反革命分子的能量认识不足，思想麻痹，行动迟缓，肥东县王子成区联防队及民兵，竟然毫无戒备地将武器堆放在土匪经常出没的镇上。群众向他们报告有匪情时，他们仍漠然置之，直至武装匪特闯入，才慌忙拿枪抵抗，以致两名干部牺牲。灵璧县个别领导干部甚至在乡干部会上强调，"犯人跑了只准追，不准开枪打死，打死了要验伤口追查责任"。这种过于谨慎的态度，被反革命分子认为是人民政府软弱可欺，于是，他们气焰更为嚣张。人民群众对此产生不满情绪，说，"天不怕，地不怕，就怕人民政府讲宽大"。批评人民政府"宽大无边"、"有法无天"、"百姓含冤"，要求采取严厉措施，镇压一切反革命破坏活动。①

1950年10月10日，中共中央发出《关于纠正镇压反革命活动的右倾偏向的指示》（又称"双十指示"），标志着镇压反革命运动进入新阶段。

11月28日，中共皖北区委印发《关于严厉镇压反革命分子的指示（草案）》，要求各地认真"执行'首恶必办，胁从不问，立功受奖'的完整政策"，"自县委以上，各级党委必须吸收检察、公安、司法、行政、军事等部门的负责干部，成立党的保卫委员会或保卫小组……在各级党委领导下进行工作，以加强党的实际领导"。为及时逮捕、处置反革命案犯，还简化了办案手续，"公安局审讯科作为法院驻公安局的审判机关，公安机关逮捕的反革命案犯，由审讯科、审讯股做出结论，即交同级裁判委员会审核，提出处理意见，分别呈上级核准"，"对紧急案犯，可用电报上报，只列主要罪行事实，事后补报详细材料备查，以收及时镇压之效。过去判决量刑过轻的个别罪大恶极分子，应该发动群

_____

① 安徽省地方志编纂委员会编：《安徽省志·公安志》，安徽人民出版社1999年版，第176页。

众检举复判"。同月,中共皖南区委发出《关于镇压反革命活动的指示》,要求各地根据"镇压与宽大相结合"的政策,集中打击罪大恶极、怙恶不悛、为人民所痛恨的反革命分子,对于罪恶尚不十分严重,而又愿意悔改的反革命分子,则可从宽处理。1950 年 12 月,中共皖北、皖南区委根据中共中央指示,将反革命罪犯处以死刑的批准权下放给各地地委,批准捕人的权力下放给各县县委。急风暴雨式的、大规模的镇压反革命运动就此在皖北、皖南两区声势浩大地开展起来。

12 月 13 日,皖北行署公安局印发《镇反任务与计划》,要求各级公安保卫部门对反革命首要分子、反动道会门头子、抗日战争与解放战争期间逃往外地为人民所痛恨的地头蛇进行系统调查登记,以便适时逮捕处理。12 月 26 日,皖南行署公安局作出《关于执行严厉镇压反革命活动计划》,决定侦破一批反革命案件,逮捕一批过去有血债的反革命分子,杀过人的叛徒、特务和人人痛恨的惯匪,解放前组织过暴乱的反动道会门头子,勾结特务、土匪破坏土地改革的恶霸与反动地主分子,反动党团县级负责人以上,国民党党、政、军、警、参、自卫团县级以上,国民党国防部特务武装中队长以上以及特警班、中美班尉级以上职务的反革命分子。对组织地下军、地下政权的反革命分子,解放后特别是经过宽大处理后又组织匪特的反革命分子,破坏交通、桥梁、仓库、工厂及暗杀干部的反革命分子,公开抗拒土地改革及有严重破坏土地改革的恶霸、反动地主,有血案的其他怙恶不悛的反革命分子,一般均判处死刑或长期徒刑。对国民党区分部书记、区党部委员、三青团区队长及其他区级负责人以上,军统组员、中统通讯员、中心小组长以上,还乡国民党人员中的区、连级以上,反动道会门中一般中、下层首领等均实行严厉的管制。

1951 年 2 月 21 日,中央人民政府公布了《中华人民共和国惩治反革命条例》,具体规定了处理反革命案件的原则和方法,为镇压反革命提供了法律武器和量刑标准。该条例的公布实施,将镇压反革命运动进一步推向高潮。

皖北、皖南各级党政机关广泛组织干部群众学习《条例》,《皖北日报》、《皖南日报》先后发表短评、社论,阐述镇压反革命的重大意义,刊登镇压反革命的照片、漫画、案例,广播电台报道镇反新闻。各社会团体纷纷作出拥护镇反的决议,各民主党派的代表发表讲话,指出"镇反是人民民主国家所必须完成的根本任务"。人民群众张贴标语,游行示威,拥护《中华人民共和国惩治反革命条例》的颁布。文艺工作者走上街头,用艺术形式表达了对镇压反革命分子的支持。影剧院上映(演)与镇反有关的影片和剧目。学校教育学生提高警惕,严防反革命分子破坏。到处可以听到"镇压反革命,大家一条心,人民当家来专政……坚决,彻底,全部肃清,镇压反革命"的歌声。合肥市充分发动市民,大打人民战争,许多群众消除疑虑后,积极投身镇反运动。有的不顾病痛冒雨去挖埋藏的枪支弹药;有的检举隐藏的武器和未登记坦白的反革命分子;有的自带路费干粮到外地去捕捉反革命分子和搜集材料;有的大义灭亲,检举自己的父亲和亲友。仅在1951年的前5个月中,根据市民的检举揭发,捕捉了81名隐藏很深的反革命分子,查获长短枪24支以及一大批弹药等。

1951年4月15日,皖北各界人士在皖北人民广播电台召开镇反广播大会,沈子修、陆学斌、余亚农等15人组成大会主席团,各民主党派、人民团体负责人及曾受过特务、土匪迫害的工人、农民、市民代表参加了大会。同时,合肥、蚌埠、淮南、六安、巢湖、阜阳等地组织5万余人收听大会实况转播。皖北各界人民代表会议协商委员会副主席沈子修阐述会议宗旨,皖北行署公安局局长陈元良在大会上作《关于镇压反革命分子的报告》,各民主党派和人民团体代表纷纷发言,坚决拥护人民政府惩治反革命分子。曾受害的14名代表相继发言,控诉反革命分子的累累罪行。镇反广播大会的召开,在皖北地区引起极大的反响。为造成镇压反革命的强大声势,合肥市召开了3次万人以上的公判大会,当场依法处决了李本一等40名罪大恶极的反革命分子。受害人张梁民向人民政府献上"为民除害"的锦旗。

为揭露反革命分子的罪行,各地发动群众召开控诉会、诉苦会等各种类型的会议。据不完全统计,皖北地区的安庆、阜阳、宿县、巢湖专区和合肥、蚌埠市以及淮南矿区,召开的控诉会、诉苦会等共31137次,参加控诉会、诉苦会的人数达1362.85万人次。据皖南行署公安

局统计,皖南地区召开万人以上的控诉大会 10 次,5000 人左右的控诉大会 14 次,1000 人以下控诉会 1200 余次,参加控诉会、诉苦会的人数达 295 万人次,直接参加控诉的人有 11.3 万余人。当一位妇女控诉日伪汉奸强迫她们 200 余名妇女姐妹供日军强奸的罪行时,泣不成声,昏倒在地。芜湖市寺庙里的一些和尚、尼姑亦参加控诉。在一些地方的控诉会上,激于义愤的群众当场打死反革命分子的情形亦时有发生。

皖北、皖南行署和各专区、市以及大部分县的公安机关都适时举办反革命分子罪证展览。1951 年 2 月 6 日,芜湖市公安局举办的反革命分子罪行展览,展出 10 余天,观看者络绎不绝,达 6.17 万余人次。安庆市公安局举办的反革命及帝国主义罪行展览,历时 3 个月。皖北行署公安局在合肥逍遥津公园举办 2 次展览,每日观众近 2 万人。①

在镇压反革命运动高潮中,皖北、皖南两区的各级公安机关迅速处决了一批罪大恶极的反革命分子。凡判处死刑者,均系不杀不足以平民愤的反革命分子。在皖北区,1951 年 3 月 29 日,六安专区在六安体育场对匪首岳歧山和特务吴曙光、张绍柏等 13 名罪犯进行公审后,执行枪决;4 月 4 日,又召开各界代表 1500 人参加的公判大会,将"华中反共抗俄军"一案的 16 名首恶分子判处死刑。同月,滁县公审并枪决汉奸黄新农、岳振中、谢振欧等。阜阳县 2 万余名群众集中在县广场召开公审大会,将董仁龙、吕家章等判处死刑,当即枪决。吴训初、郑荣昌、熊子良等反革命罪犯,在蚌埠被执行枪决。日伪时期的安徽伪省长倪道烺、伪财政厅长唐少侯,因汉奸罪被关押在上海法院的监狱里,这时也被公安机关从上海提押回蚌埠,1951 年 6 月 14 日,经人民法院审理,在蚌埠被执行枪决。在皖南区,被处决的反革命罪犯中,有特务王伯恭、刘旦辉,军统安徽站站长唐玉琨,"皖南抗敌义勇军一支队司令"周干成,军统宣城站少校站长李一崧,反革命犯高铁君等。

在镇压反革命运动中,干部、群众出于对反革命分子憎恨的阶级感情和巩固新生人民政权的朴素想法,普遍要求多捕、多杀,各级公安

---

① 安徽省地方志编纂委员会编:《安徽省志·公安志》,安徽人民出版社 1993 年版,第 178—199 页。

机关也将多捕、多杀看做是镇反工作的成绩。在普遍急躁的情绪下，出现了一些办案粗糙、草率现象。据阜阳专区统计，自"双十指示"下达后半年，在逮捕的人犯中，可捕可不捕的占所捕人总数的35%。砀山县甚至将一般不法地主、地痞流氓乃至所谓"破鞋"（即犯有生活作风的妇女）也逮捕起来。桐城县公安局将16名拟处死刑的人犯报安庆地委审批，地委批示"继续补查"，而该局未看批文，竟主观臆断，认为死刑已批，遂将16名人犯处决。霍山县将未获批准死刑的5名反革命犯处决。皖南区也发生一些将可捕可不捕的捕了、应判有期徒刑的判了死刑的情况。

中共皖北、皖南区委对镇反中出现的"左"的偏向给以注意。1951年5月8日，中共皖北区委电报指示各地地委、各县县委，要求逮捕人适当收缩。5月15日，中共皖北区委召开扩大会议，要求立即停止捕人。将捕人批准权收回地委、专员公署一级；将死刑批准权收到区委、行署一级。5月20日，中共皖北区委召开扩大会议，传达第三次全国公安会议精神，坚决实行收缩，已核准的1000余名死刑犯，凡未执行的，一律停止执行，案件退各县复查。中共皖南区委亦作出《关于执行第三次全国公安会议决议的方案》。

自1951年6月1日至9月30日，皖北、皖南区除现行犯外，一律停止随意逮捕行为。在停止逮捕行为期间，各地成立清理积案委员会，由县委书记或副书记任主任委员，公安局长为委员，法院、检察院和其他有关部门及民主人士参加，抽调专门力量，分成若干审判组，分工负责清理。皖北区从行署机关及各地、市抽调干部1726人，分赴各县协助清理积案工作。据皖北、皖南两区统计，5个月共清理积案4.33万件，其中判处死刑立即执行4236人，判处死刑缓期两年执行的1020人，判处有期徒刑以及其他处理的3万余人。

皖北、皖南两区在清理积案的同时，将判处有期徒刑的犯人投入劳动改造。据皖北行署公安局统计，全区投入劳动改造的犯人3.73万余名。自1951年8月起，送往治淮工地劳动改造1.32万人，就地劳动改造1.57万人，皖北行署公安局直接组织劳动改造的1722人，送普济圩劳改农场5000人，各专区组织劳动改造的1700余人。

通过执行收缩方针、清理积案，一度出现的"左"倾偏向及草率、粗糙的办案现象得到纠正。

从镇反运动的全过程来看，皖北、皖南两区的镇反运动分为两个阶段。从1950年3月到"双十指示"下达前，为镇反运动的第一阶段，共惩办反革命分子8025人，其中处决1082人。在此阶段，由于对镇反运动的意义认识不足，在执行"镇压与宽大相结合"的政策时，主要出现了右倾偏差，以致"有些应捕的未捕，应管的未管。因此匪特恶霸分子敢于藐视法纪，继续危害人民"[①]。从"双十指示"下达至1952年底，为镇反运动的第二阶段，中共皖北、皖南区委很好地执行了"镇压与宽大相结合"的政策，充分发动群众，把镇反运动推向高潮，尽管后期在高涨的镇反情绪影响下，滋生了"左"的偏差，但中共皖北、皖南区委及时地纠正了"左"的偏差，使镇反运动继续向前发展。在此阶段，皖北、皖南两区共逮捕反革命分子102515人，其中被判处死刑的32447人，判处死缓的2120人，判处有期徒刑的44933人，管制、释放的分别为8014人和8434人。[②] 经过两次打击，大多数反革命分子受到应有的惩处。

经过大规模的镇压反革命运动，农村、山区的反革命、土匪恶霸基本不见踪影，几十年困扰农村地区的匪患以及城市里的黑社会势力，也在这次镇反运动中被基本肃清。镇反运动如狂风暴雨般地在皖北、皖南两区范围内展开，给国民党潜伏势力和派遣特务以毁灭性的打击，社会治安逐步转入正常，改善了皖北、皖南原本十分动荡和混乱的社会秩序，社会面貌为之一新。镇压反革命运动巩固了人民民主专政，提高了广大人民群众的觉悟，密切了党和人民政府同人民群众的联系，保证了抗美援朝、土地改革和其他各项民主改革及恢复国民经济工作的顺利进行。

---

① 《关于执行严厉镇压反革命分子的指示》(1951年1月4日)，中共安徽省委办公厅、中共安徽省委党史工委、安徽省档案馆编《中共皖北皖南区委文件选编》(1949—1951)[皖非正式出版字(93)第50号]，第134页。

② 安徽省地方志编纂委员会编：《安徽省志·公安志》，安徽人民出版社1993年版，第183页。

三、取缔反动道会门组织

1949 年前后,在皖北、皖南两区内,充斥着形形色色的、带有浓厚宗教色彩的帮会组织。根据这些帮会组织名称的最后一个字,分作道、会、门、堂、教、坛。有的对内称道对外称会,有的一道多名。这些组织被统称为道会门。"道会门在国内是一种特殊的人物和地方组织,即所谓帮会及其他迷信组织,由于他们的落后性与封建本质,与反动政权和反动阶级有极密切的关系,因此亦极容易为反革命分子所利用。"[1]正由于这些道会门组织的落后性、封建性、反动性,统称为反动道会门。

皖北、皖南解放时,两区境内的反动道会门计有大小百余种,大小道首 7 ~ 8 万人,道徒会众 67 万余人。[2] 反动道会门大多自外省传入,少数系本省道首拼凑自创。外来的道会门传入安徽时间较早的是在清朝康熙年间,最迟则在 20 世纪 40 年代中期传入。其中较大的反动道会门组织有一贯道、同善社(大刀会)、先天道、天门道等。

一贯道又名中华道德慈善会,抗日战争时期,道首张光璧投靠日军,充当汉奸。日本投降后,为掩人耳目,改称"中华道德慈善会"。一贯道传入安徽的 20 多年间,迅速发展到全省 60 多个县,共设坛堂 1610 处,有道首 5396 名,道众 13 万多人。一贯道吸纳会众是采用亲劝亲、邻劝邻的方式,像滚雪球一样,越滚越大。其充满诱惑力的传道言辞对下层民众有相当大的蛊惑性,如在诱骗他人入道时说,一贯道将来要统治天下,入道者可以消灾避难,逢凶化吉,享受清洪两福,可以超生不死,道成后按功定果:道长能当省长,点传师能当县长,坛主能当区长,道徒均能吃到皇粮。在极具欺骗性语言的诱惑下,被裹挟加入一贯道的民众越来越多。

先天道,又名先天教、先天门、天玄关大道、儒教、瑶池门等,辗转流传,散布全国。民国初年,先天道传入芜湖,建立名叫"义兴堂"的

---

① 李建钊:《论惩治反革命条例》,《新中华半月刊》1951 年第 8 期,第 8 页。
② 当时全国有反动道会门 300 余种,道首和骨干分子约 82 万人,道徒约 1300 万人。王芳主编:《当代中国的公安工作》,当代中国出版社 1992 年版,第 65 页。

分堂。解放初期,先天道在安徽主要分布于芜湖、蚌埠两市及阜阳、六安、滁县、芜湖、安庆、宿县、徽州7地区36县。

同善社,从先天道分化出来。因同善社不必出家持斋守戒诵经,信徒日众。同善社内部职级分明,等级森严。1941年,会武术的霍山县人柴国宾入社,收罗门徒,因其门徒均持大刀,故亦称之为"大刀会"。柴国宾死后,大刀会由同善社领导。从此,大刀会成为同善社的武坛。

天门道,又名神师道,因要道徒全家入道,又称全家道。解放初期,在阜阳、蚌埠、六安3个专区即有道徒数十万,尤以涡阳、蒙城、亳县、凤台、颍上、寿县、宿县、怀远、五河及蚌埠市最多,六安、霍邱、霍山、舒城次之。

解放前,反动道会门的活动十分猖獗。正如刘少奇所分析:"一贯道及其他类似的秘密迷信组织存在和发展的根本原因,固然是人民生活的痛苦和文化的落后,但它们在最近迅速发展及其活动的猖獗,则主要是由于地主阶级和特务反革命分子的活动,和我们的麻痹,我们放任其自由发展和活动,没有进行正面的有系统的反对一贯道的斗争。"[①]

皖北、皖南两区境内的反动道会门,解放前即与人民为敌,其道首和骨干,有的为日伪张目,有的充当国民党特务,有的实际上就是黑社会组织。

1949年4月,皖北、皖南全境解放。道会门的反动气焰并未收敛,相反,其破坏活动更加猖狂。他们有的扰乱社会秩序,妄图配合国民党"反攻"大陆;有的企图建立封建王朝,称王称帝,对中国共产党和新生的人民政权犯下了许多新的罪行。

制造政治谣言,蛊惑人心。反动道会门制造的政治谣言主要有"共产党江山快完了,蒋介石要回大陆做寿"。1949年春,人民解放军渡江前夕,时逢皖北水灾,天门道道首李洪魁制造"天不助共产党,干

---

① 中共中央文献研究室编:《刘少奇年谱(1898—1969)》下卷,中央文献出版社1996年版,第262页。

旱水灾不绝"的谣言,煽动"打八路,抢公粮,渡灾荒"。土地改革时,一贯道又造谣惑众说:"分人家的田地是造孽。第一次改地主,第二次改富农,第三次改中农,最后改贫雇农。"还蛊惑说:"只有真龙天子登基问世,劫难才能免除。"因此,一些道首纷纷称帝。解放后,皖北、皖南两区境内先后自称皇帝者达 80 余人,仅阜阳地区就有 75 人称帝。反动道会门制造的妖言邪说及政治谣言,在一定范围内造成了人民群众的思想混乱。

组织暴乱,与共产党为敌。1949 年 5 月初,颍上县白莲教道首陈洪瑞在江口区召集道首开会,密谋暴乱。8 日下午,白莲教教徒 1000 余人直奔江口镇,包围区、镇人民政府,纵火焚烧中共江口区委房屋。区队班长张某(白莲教派进的内奸)为内应,拉开区政府大门,暴徒蜂拥而入,抓人抢枪。正在该区检查工作的县委副书记王怀仲被杀害,镇长陈良元在与暴徒搏斗中牺牲。此次暴乱杀害人民政府干部、战士 6 人,抢走长短枪 31 支、子弹 400 余发,烧毁房屋 16 间。同时,白莲教暴徒 170 余人包围了颍上县公安局工作组驻地,工作组负责人吕守纯指挥工作组人员奋勇反击,当场击毙暴徒 10 人,打退了暴徒的进攻。1950 年 9 月,宣城、当涂两县交界处的大刀会,包围土地改革工作队及区人民政府,抢走机枪 3 挺、步枪 17 支、短枪 13 支,打死干部 11 人,打伤 8 人,掳走 9 人,烧毁了土地改革工作队的全部档案。据统计,1949 年至 1953 年,仅阜阳、宿县、安庆、六安、池州、宣城等专区的一些县、区,反动道会门组织、发动的暴乱即达 40 余起,暴乱中打死打伤干部、战士、群众数百人。其中阜阳专区暴乱次数最多,该专区的涡阳、蒙城、亳县、颍上、阜南等县先后发生暴乱 30 余起,参加暴乱的道徒 46.8 万余人,打死干部群众 238 人,打伤 45 人,抢走轻机枪 10 挺、小炮 1 门、长短枪 529 支,抢走粮食 180 万公斤。

妖术治病,残害人命。一些道会门利用下神、捉妖等荒唐迷信之术,给人治病,害人性命。阜阳县一王姓农民患脑炎,石岩区老母道道首为其医治,该道首焚香下神,唧唧呱呱念了一番咒语后,发给"仙丹"(即香灰)服用,致王某两日后死亡。蒙城县刘某,其妻患病,天门道道首为其妻诊断。在焚香叩头念咒之后,用香火烧刘妻,致刘妻身

亡。一贯道规定,凡道徒及家属生病者,只准在佛坛求"仙丹",不准去医院治疗,不少道徒及家属因贻误诊治而死。

诈骗钱物,疯狂敛财。反动道会门常借口集资修建庙堂,以举办"莲花会"、"观音会"等为名,收取挂号费、安神费、避邪费、供礼费等。皖北区的一贯道,以收取所谓求道费、功德费、开荒费、供果费、献心费等,大肆勒索,诈骗道徒钱财。天门道用布制成长6寸、宽4寸的牌子,上写邪语,声言可消灾避难,每个1元,要道众购买,诈骗巨额钱财。白莲教对新教徒收入教费、消灾避难费、功德费等,教首潘从均等仅在颍上县就诈取银元6000余元。枞阳县陈州区先天道道首以"观看菩萨显灵"为名,煽动成立修庙委员会,发送香帖,得款1900余万元①。

有鉴于反动道会门的种种恶行劣迹,皖北、皖南区各级人民政府、公安机关在建立之初,就决定对反动道会门组织加以取缔。1949年5月18日,蚌埠市人民政府发出布告,明令所有反动道会门组织一律解散,不得再有任何活动。6月25日,皖北行署、皖北军区发布《关于取缔反动道会门联合布告》,决定对一贯道、关门道、先天道、圣贤道、万国道、白莲教、红枪会、大刀会、小刀会等一律取缔,并根据"首恶必办,胁从从宽,有功必奖"的处理政策,针对不同情况予以不同处理。规定对"进行暴乱之会匪,坚决武装镇压";对"甘心为虎作伥的道会门首要分子,政府决予严办,如能幡然悔悟,立即向政府投诚,放下武器,准予将功折罪,从轻处分或免予处分";对"一般会门的各级首要分子,应迅速向当地公安机关进行登记,如能悔过自新,当予宽大处理,若拒不登记,继续秘密活动,一经查出,决予严惩";对"所有被胁迫欺骗或因一时不慎而参加会门的群众,只要自动脱离会门组织,再不参加会门活动,一律不予追究"。

1951年,皖北、皖南区所属各专区、市、县公安机关,按照中央的部署,对道会门组织进行一次调查摸底,集中打击,处决一批罪恶深

---

① 旧人民币是中国人民银行于1948年12月1日发行,亦称第一套人民币。1955年3月1日,中国人民银行发行新人民币,亦称第二套人民币,并回收旧人民币。新、旧人民币的兑换率为1万元旧人民币兑1元新人民币。本卷中除部分章节注明旧人民币外,其余所有货币数值均折算成新人民币。

重、民愤极大的道首和骨干分子。

1952 年 12 月 3 日,第四次全省公安会议决定,对反动道会门进行全面取缔。由于取缔、清除反动道会门是一场涉及面广、政策性强的严肃斗争,既需要发动政治攻势,又需要对发动暴乱的道首、骨干等匪徒给予坚决打击;既需要分清政策界线,又需要大张旗鼓予以严惩,以收及时镇压之效。所以,全省各级公安机关始终坚持以维护人民利益为最高准则,以维护社会稳定为目标,持续不断地打击反动道会门。到 1953 年,全省依法逮捕大小道首 4395 人,处决罪大恶极的道首及骨干分子 1000 余人。集训登记一般道首 75714 人,退道道众 602060 人,占原有道众 676576 人的 89%。① 至此,取缔反动道会门的斗争取得了决定性的胜利。

四、打击盗、抢刑事犯罪

皖北、皖南各级人民政权建立初期,社会形势十分严峻。不仅各种反动势力勾结在一起,妄图颠覆人民政权,实现复辟美梦,而且一些社会渣滓、黑恶势力也蠢蠢欲动,扰乱社会、乱中取利。如何安定民心、稳定社会秩序,成为新政权面临的、必须要解决好的一个棘手问题。中共皖北、皖南区委和行署按照中央的部署,在开展剿匪反霸、土地改革、镇压反革命的同时,对盗、抢刑事案件也进行了集中整治。

打击盗、抢匪徒。1949 年和 1950 年,皖北、皖南两区不少地方发生水灾,大批流民进入城市。人民政府忙于剿匪、反霸、土地改革、镇反,对于一般以盗窃钱财为目的的偷盗行为未能组织足够力量加以惩治,于是偷盗公私财物的刑事案件频繁发生。仅 1950 年,皖北、皖南两区就发生偷盗案件 3687 起、抢劫案 176 起,在此后的两年中,偷盗案件继续呈上升趋势。

盗窃分子专找机关、厂矿、商店、居民住户等防范薄弱环节伺机下手。有些地方盗窃分子团伙作案,对社会危害更大。炳辉县(今天长县)一妇女携现金 378 元至县城购物,不慎被盗,公安机关在侦破案件

---

① 安徽省地方志编纂委员会编:《安徽省志·公安志》,安徽人民出版社 1993 年版,第 198 页。

的过程中,发现此案是一个盗窃团伙所为,该团伙麇集在炳辉县城已有数年之久,不仅危害本城,而且经常流窜到江苏的六合、高邮、盱眙等地连环作案。该团伙有成员 40 余人,内部组织严密,分工明确。公安机关侦破此案后,逮捕 20 人,其中 5 名主犯、13 名惯犯、2 名从犯分别受到法律的惩处。

有的盗窃犯罪分子伤害群众,威胁失主,气焰非常嚣张。寿县一名惯窃犯,曾被判处有期徒刑 7 年,劳改中屡次逃跑作案,捕获后,加判其死刑缓期两年执行,强迫劳动。不久,再次越狱潜逃,被人举报后抓回。他对举报人恨之入骨,扬言如能再次逃出,定找举报人算账。更让老百姓担惊受怕的是抢劫,抢匪躲在暗处窥伺,一逮着机会,就出手抢劫,让人防不胜防。在 1950 年 5 月的 20 天内,蚌埠市连续发生抢劫案 12 起。颍上县杨湖区杨岗乡胡台子一抢匪在抢劫中将税收员杀死,抢走税款人民币 30 万元(旧人民币)。① 有些抢匪其实就是剿匪、镇反中漏网的反革命分子,他们或自立门户,或纠合为一股,隐蔽于山区、水上、城乡结合部等,专以抢劫为生。

盗、抢活动的猖獗,不仅给群众造成恐慌心理,影响群众的正常生产、生活和工作,而且是对新政权治理社会能力的挑战。为保护人民群众生活安定、财产安全,打击偷盗、抢劫行为势在必行。1949 年 9 月 20 日,皖北行署制定的《皖北区惩治盗匪暂行条令(草案)》第十三条规定:抢劫、破坏、放火等损害人民生命财产者应按危害程度大小、情节轻重,给予有期徒刑、以至死刑的惩处。并将死刑的审核、执行,下放给专区一级。但是,由于当时公安机关缺乏应对盗、抢的斗争经验,曾出现对盗、抢分子打击、处理不力的偏向,加上公安机关人力不足,难以在大范围内采取集中打击行动,致使盗、抢案件不断发生。

从 1950 年初起,皖北、皖南公安机关加大打击盗、抢活动的力度,并坚持打击与防范相结合、依法惩治与改造相结合的方针,采取各种措施打击刑事犯罪活动。通过基层公安机关对群众开展防匪、防盗教育,增强群众防范意识,并发动群众提供盗匪线索,监视、管教已查明

---

① 安徽省地方志编纂委员会编:《安徽省志·公安志》,安徽人民出版社 1993 年版,第 204 页。

的盗匪。在城市和国家财产比较集中的厂矿、企业,建立治保会、纠察队等群众性的治安保卫组织,组织群众打更放哨、值班守夜,加强车站、码头、商场、影剧院等公共场所的治安管理,对重点地区进行搜山、搜庙,使偷盗、抢劫犯罪分子无处落脚藏身、无隙可乘。对部分屡教不改的盗窃分子,则将他们集中起来,进行劳动教养,使之重新做人。

公安干警的出色工作,很快收到了成效,自 1950 年至 1952 年底止,皖北、皖南共破获盗、抢案件 7234 起。其中盗窃案 7147 起,破案率达到 75%;破获抢劫案 87 起,破案率达到 38%。对刑事犯罪,尤其对盗、抢犯罪所保持的高压态势,使盗窃案和抢劫案逐年减少。据统计,皖北、皖南两区 1950 年发生抢劫案 176 起,1952 年发生 51 起,比 1950 年降低了 71%;1950 年发生盗窃案 3687 起,1951 年发生 2889 起,比 1950 年降低了 22%。[①]

通过对盗、抢刑事犯罪活动的严厉打击,刑事案件的发案率明显降低,社会治安明显好转,人们的安全感增强了。社会秩序的稳定,为国民经济的恢复提供了良好的社会环境。在人民群众的生命财产得到维护的同时,新生的人民政权也得到了巩固。

五、打击反动党团骨干分子

解放前,国民党实行以党治国、一党专政。为加强在安徽的统治,设立有省、市、县、区的国民党党部组织,随着国民党政权的垮台,国民党在安徽的各级组织负责人也大多逃离。人民政权建立后,国民党和依附于国民党的三青团、青年党、民社党、军统、中统这些在解放前祸害人民的组织被认定为反动党团组织。1949 年,皖北、皖南两区境内反动党团骨干分子虽大部分溃逃,但估计仍有余党数万人潜伏、隐藏在两区各地。人民政权对反动党团及其骨干分子的态度毫不含糊:一是明令解散组织,使之不能形成组织力量;二是对骨干分子进行登记,实行监控,让他们不敢轻举妄动。

1949 年 2 月 20 日,刚刚建立起来的蚌埠市军管会就发出布告,敦

---

① 安徽省地方志编纂委员会编:《安徽省志·公安志》,安徽人民出版社 1993 年版,第 206 页。

促国民党、三青团及一切特务机关等反动组织、人员进行自新登记。4月,安庆市军管会发布《关于解散反动组织的命令》,严禁反动党团以组织名义进行任何活动。皖北区的阜阳、宿县、安庆、滁县、巢湖等专区,合肥、芜湖等市对反动党团骨干分子相继开展登记工作。

同年 5 月 26 日,中共皖南区委社会部印发关于贯彻中央指示的意见,要求接管国民党机构的人民解放军部队及游击队武装,注意收集敌文书、档案、会议记录、登记表等材料。在发现国民党县、区书记长、组织委员时,令他们交出全部党务组织名单及党部财产、文件、卷宗等。6 月,皖南行署发布命令,规定凡现在各级政府、机关、学校、团体任职的原国民党、团、特务组织成员,均须办理登记手续。对故意顽抗、隐瞒蒙混、阳奉阴违的反动党、团、特务人员,予以严办。同时制定《皖南区各级政府、机关、干部学校、人民团体中之反动党、团、特务人员申请登记实施办法》,规定县以上各级公安机关为办理该项登记的主管机关,并由公安机关组织登记小组,具体执行登记事宜。反动党团的骨干分子、特务分子须按公安机关指定的时间、地点办理登记。登记时,要申明退出反动党团组织,并在今后永远不再进行反对人民政府、反对人民解放军的一切活动。

虽然人民政府发布了命令,报纸也大张旗鼓地进行了宣传,但仍然有相当数量的反动党团骨干分子抱有侥幸心理,不愿主动登记,还在观望。到 1950 年底,皖北、皖南两区已登记的反动党团骨干分子仅占应登记人数的 50%。

1951 年 1 月 11 日,皖北行署公安局发出《关于开展反动党、团、特务人员登记工作指示》,要求各地在对反动党团人员登记后分别加以管制。不久,皖北行署公安局制定《皖北区反动党、团、特务分子及其他反革命分子登记条例》,详细规定了必须登记的反动党、团、特务机关人员的种类、级别。对抗拒登记者,依法予以严惩。布告颁发后,一些反动党团骨干、特务分子慑于新政权的威力,纷纷按规定时间和指定地点悔过登记。

此外,皖北、皖南两区还对顽固不化、登记悔过不彻底,或对社会治安有现实危害的反动党团骨干分子,分批给予较长时间集中管训

（或称感训）。1950年上半年,皖北区对反动党团骨干分子进行分级管训,行署公安局负责对军统的组长、电台台长、中统县室主任及县一级反动党团骨干分子进行集中管训;专区、市公安处(局)负责对军统的通讯员、联络员、中统的中心组长及区一级反动党团骨干分子进行集中管训;县公安局对一般特务分子、国民党区分部书记、三青团分队长等进行集中管训。几个月中,皖北区集中管训的反动党团骨干分子达3505名。

在打击反动党团骨干分子过程中,皖北、皖南两区登记的反动党团骨干及中统、军统等特务分子31292人,并收缴电台1部、电话机6部、长短枪25支、子弹2465发、手榴弹67枚、各种证件11372件。在登记中,对于罪恶大、民愤大而又抗拒、破坏登记的393人,实施逮捕。如中统安徽省室主任管北颂以下调查专员16人、军统安徽站站长唐玉琨以下组长8人、国民党合肥县党部书记长龚兢滁等,均因抗拒登记被逮捕。①

通过对反动党团骨干分子的登记、管训、逮捕,有效地震慑了反动党团骨干分子,使他们不敢、也没有力量再兴风作浪,扰乱社会秩序,与人民政权为敌。

第四节　农村各级人民政权的建立

一、皖北农村各级人民政权的建立

在皖北,摧毁旧的保甲制度和民主建政是同时进行的。皖北农村大部分地区是老解放区,群众基础比较好,农会也普遍组织起来,通过农民代表会议、人民代表会议建立了乡镇政权,村民委员会和村农会取代了旧的保甲组织。农村基层政权比较顺利地建立起来。

---

① 安徽省地方志编纂委员会编:《安徽省志·公安志》,安徽人民出版社1993年版,第208—209页。

在新解放区,保甲制虽然被行政村所代替,原先的保甲长也被农会主任或村长所代替,但大多数仅仅是换个名称而已,在乡以上政权已被共产党掌握的情况下,村政权大多仍为地主、旧的保甲人员操纵把持。由于他们政治立场和行为作风没有改变,即使是在新政权中也依然继续贪污、敲诈和压制群众,中共的政策不能贯彻,农民利益得不到维护,成为党在农村开展工作的障碍。宿县杨柳区刘圩村村长和地主打得火热,凡是村里的事,无论大小都找地主商量,地主说怎么办就怎么办,老百姓形象地称村长为"腿子"。留用的村长也有贪污公粮、欺压百姓的现象。一些农民反映说:"狼行千里也吃肉,猪活百年也吃糠","上面说的怪好,一到下面就变了样"。① 这些留用村长的行为,严重影响了党和群众的关系。

1949 年 5 月,中共皖北区委着手对农村村级政权进行改造。对改造村政权的过程和方法,并没有统一的具体要求,而是根据不同情况,从实际出发,采用不同的方法,注重改造的效果。在群众觉悟高、基础好的村里,对那些不良村干部先清算、后撤职,另选新干部;先组织村农会,代行政权机构职能,后建立村行政委员会,设不脱产的村长(或主任委员)。这样做的结果是,农民群众发动得比较充分,依据事实对不良村干进行处理,当事人和老百姓都心服口服。在群众觉悟不高,村政权仍被封建地主和不良村干把持的村庄,可由上级人民政府对不良村干先行撤职或拘押,然后再发动群众进行清算和说理,以减少群众顾虑。这样做,方法简单实用,效率高、阻力小,是新解放区在改造村政权过程中普遍采用的一种方法。

被选拔为村长或村主任的农民,绝大多数是在支前活动、在和封建地主斗争中涌现出来的积极分子、坚定分子,有一定觉悟,比较朴实,在群众中有一定威信。由他们掌握村政权,密切了党和群众的联系,使党在乡村中的各项工作更便于开展。泗县农民杜大娘,苦大仇深,在旧社会饱受地主、恶霸的压迫和迫害,解放后翻了身,为报答共产党,她积极参加支前工作,因为工作积极而当了村妇女主任、村长。

---

① 1949 年 9 月 15 日《拂晓报》第一版。

村长是不脱产的,杜大娘却全身心地投入工作中,因此,村里的支前、交公粮等工作十分出色。虽然杜大娘一字不识,还是被委任为乡长。在乡长的岗位上,杜大娘也同样干得非常出色,作为农村妇女的代表,多次出席皖北区、华东区和全国的妇女代表会议。类似杜大娘这样优秀的乡村干部,皖北其他各县都有。1949 年 10 月 5 日《拂晓报》有一篇通讯这样写道:"灵璧小朱庄村由于农民积极分子当了村长,村工作有很大转变,小朱庄村上年秋征时,登记的耕地只有 570 亩,今年午征时,耕地查实为 1505 亩,所承担的公粮任务也如数完成。"①

为保证改造旧的村政权工作健康开展,还必须对那些危害党的政策和群众利益的不良村干给予及时处理、惩罚,如处理不及时、不适当,也会影响新村干。灵璧朝西乡陆西村村长赵厚禄原先是旧保长,由于他能说会道,做事比较圆通灵活,解放后当了村长。因贪污 8000 斤粮食,东窗事发,丢掉了村长一职,但未将贪污的粮食退还给农民,仍然占为己有。新村长上任后认为贪污不为罪,不久自己也贪污。这个事情虽然不是普遍现象,但也可资说明对村政权的改造不可能一蹴而就,而是一项长期、艰苦的工作;对村干部的监督不能流于形式。

1950 年 10 月 13 日至 17 日,在层层召开农民代表会议的基础上,皖北区首届农民代表大会在合肥召开,农民代表表现出很高的参与政治生活的热情和很强的当家做主的意识。他们就农村基层政权的建设、生产救灾、土地改革以及维护农民利益、农村发展的方向等问题,开展了热烈的讨论,发表了很多建设性意见。大会通过了《皖北农民协会章程》,选举了皖北区农民协会第一届委员会,李世农当选为皖北区农民协会主席。

1952 年 7 月,经过 3 年多努力,随着土地改革任务的胜利完成,皖北区乡、村基层政权的建立、改造的任务也基本完成。

二、皖南农村各级人民政权的建立

1949 年 4 月,皖南解放后,中共皖南区委取消了解放战争时期游

---

① 1949 年 10 月 5 日《拂晓报》第一版。

击区联合县的组织和名称,恢复旧县制,在以农村人口占绝大多数的皖南区,开展清除国民党在乡村的统治基础、改造旧的乡村政权的工作。

皖南的情况与皖北不同。皖南多为新解放区和游击区,在社会秩序还不十分稳定、群众还没有完全发动起来的情况下,中共皖南区委对旧保甲乡村政权体制采取逐渐改造的方针,在大部分农村暂时保留保甲制度。这时的保甲制度,是在共产党掌握县乡政权的前提下采取的一种过渡形式。中共皖南区委在《关于当前工作几个问题的指示》中对此作出政策上的明确界定:"在新区应完全遵照中央的指示执行,保甲人员中罪恶昭著的分子不能利用,其他人员亦必须召开群众大会,宣布其罪恶打掉威风,把他们置于群众监督之下,令其将功折罪……至于过去游击区若我们有一定工作基础,就应委托那些比较好的积极分子来干,不应再利用保甲。"①

1949年5月7日,宣城解放不久,中共宣城县委、宣城县人民政府决定,全县划设7个区委会和区公所,辖22个乡公所,乡以下沿用原保甲制。9月下旬,由于宣城县当时压倒一切的中心工作是剿匪反霸,而土匪、恶霸往往又与旧的村政权有千丝万缕的联系。为使剿匪反霸工作顺利进行,中共宣城县委作出废除旧保甲制的决定,全县划设255个行政村(含街委会),村下设闾。这样在全县范围内,村闾制取代了旧的保甲制。从保甲到村闾,不仅仅是名称的改变,实际上是政权性质发生了变化。宣城改造旧的村政权的方式,在整个皖南区很有代表性。

随着剿匪反霸、减租减息、土地改革等民主运动的深入,保甲制度越来越成为民主建设的障碍。中共皖南区委着手对乡村政权进行彻底改造。在一些群众基础比较好的乡村,采用直接撤换旧保甲长的方式来改造旧的村级政权。解放后,农民要求翻身、要求土地改革的心情甚为迫切,中共皖南区委因势利导,加快了对村级基层组织改造的

---

① 中共安徽省委办公厅、中共安徽省委党史工委、安徽省档案馆编:《中共皖北皖南区委文件选编》(1949—1951)[皖非正式出版字(93)第50号],第205页。

进程,一方面抽调干部组成工作组深入到村,一方面把对村级基层组织的改造与土地改革工作结合起来进行,以村级基层组织的改造来巩固土地改革的成果,同时又以土地改革工作的深入来推动村级基层组织改造,互相促进,进展顺利。到 1949 年 11 月底,皖南全区 90% 的村庄都建立了农会,农会会员发展到 50 多万人。保甲制度被普遍废除,经过改造的村政权占全区的 90% 以上。①

　　1950 年 5 月,池州专区开始着手改造村级基层组织,以便为当年冬季开展的土地改革工作打下基础,为大规模改造村级基层组织积累经验。池州专区在铜陵、太平、贵池等县选择了 47 个村作为试点,向 47 个村派出工作组。在这些试点村,工作组发动、带领广大农民群众,彻底打倒了封建势力,顺利完成了整顿任务。扬眉吐气的农民满意地说:这回可真的翻了身。当工作组离开村子时,村民群众依依不舍,自发组织起来欢送工作组。

　　铜陵县的董家店、龙泉村等是这次整顿比较彻底的村庄。董家店村有 425 户、1688 人,解放不久就建立了村政权。但由于过于求快,群众未能发动,村农会主任虽出身贫农,其历史却很复杂(曾给敌人当过通讯员)当了村农会主任后,把持村里大权,包揽一切。他可以任意撤换其他农会、妇联会的干部,并限制村农会的发展,致使一年以后,参加农会的农民仅占全村农民的 8.9% ,这其中还包括 1 个地主和 6 个富农,妇联会员仅占全村妇女的 9% 。工作组进村后,有计划、有步骤地开展了整顿工作,一方面帮助群众解决申请贷粮、发放救济粮、生产度荒等实际问题,一方面积极发动群众进行村级政权整顿。工作组和农民群众的关系密切了,农民群众的觉悟也提高了,群众要求撤换村农会主任和民兵中队长的呼声很高。工作组顺应民意,把村农会主任和中队长送到区里去反省;由村民推选了两个比较朴实而有威信的农民担任了村长和民兵中队长。撤换了这两个村干部后,群众情绪高涨,纷纷要求参加农会,农会会员很快从 80 人增加到 220 多人,妇联会会员也由 70 多人发展到 180 多人。农民反映说:"过去国民党口里

---

① 　1950 年 2 月 7 日《皖南日报》第一版。

说得好，但不做好事，解放后，村干部贪污、摆官僚架子，使我们对人民政府有了怀疑，现在明白，除了在人民政府领导下，老百姓永远讲不了话。"①

但试点工作的进展并不平衡。有的工作组由于工作作风不实，在实际工作中执行政策发生了一些偏差。如贵池县江店乡的工作组，一味地讲求工作进度，平均两三天就改造一个村，看起来效率很高，实际上改造工作做得十分粗糙。如在高岭村，工作组还没有离开，坏分子便公然威胁新任村干部，要他去保被区里拘留的前任村长（坏分子），并威胁说不保回来，将来再说！这种没有发动群众，为改造而改造的形式主义伤害了农民群众对工作组的感情。此后，有关部门又重派工作组，参照试点成功的民主建设经验，终于使江店乡及高岭村的村级政权建立起来。

中共皖南区的各级党组织在改造村政权方面动了很多脑筋，想了很多办法。皖南农民居住分散，一般农民都愿选本间的人当村干部，认为熟人好办事。为此，工作组改进选举方法，普遍采取在候选人身后摆放的碗里投放豆粒方式，这样既解决了农民不会写字的困难，也可防止举手随大流现象的出现。此外，对选举上来的村干部，给予适当补贴，使村干部的工作热情得以长期保持下去。为杜绝村干部的贪污浪费，对村干部的补贴有明确规定，并向群众公布，按实数附加于公粮中一次征收，统一由区里掌握，各村按月向区公所领取。

工作组在改造村政权过程中，还结合反霸、救灾等中心工作，组织群众生产、关心群众生活；深入到贫苦农民当中去，从群众最迫切的要求做起，为贫苦农民撑腰，得到农民的拥护和欢迎。

到1952年7月，经过3年多努力，随着土地改革任务的胜利完成，皖南区乡、村基层政权建立、改造的任务也基本完成。

皖北、皖南两区相继完成对乡村政权的改造之后，一个全新的乡村政权体制建立起来了。贫苦大众以旧政权受害者的身份进入新体制，成为乡村社会的主流，重构了乡村治理体制。与此同时，彻底摧毁

---

① 1950年7月9日《皖南日报》第三版。

了原来由乡村强势人物和宗族势力相结合的农村社会控制体系,将整个社会秩序纳入到国家的控制之下,使那些直接挑战新社会秩序的黑恶势力失去了生存空间。特别是乡政府这一基层政权组织的建立,在政治、经济上为乡村社会的发展提供了组织保障。

在刚刚结束战争、还不具备实行普选制的皖北、皖南地区,建立起来的各级人民政权明显带有过渡时期权力结构的特点,这种权力结构及运作方式,对稳定社会秩序、领导人民战胜解放初期的困难、完成恢复时期的各项任务,起到了极其重要的作用。

第三章

大规模的生产救灾

1949 年 4 月，皖北、皖南刚刚解放即遭受自然灾害。是年夏秋之交，长江、淮河堤圩溃决，酿成巨大水灾。1950 年夏季，皖北区又发生百年未遇的特大洪涝灾害，灾情较 1949 年更为严重。除洪涝灾害外，广大农村地区还不断发生虫、旱、病疫、风雹等灾害。新生的人民政权刚刚建立，如何动员、组织人民群众战胜自然灾害，恢复生产，不仅是一项重大经济任务，而且也是一项涉及社会稳定、政权巩固的重大政治任务。因此，生产救灾和生产备荒就成为中共皖北、皖南区委和行署压倒一切的中心任务。

第一节 努力克服灾害

一、连续两年的洪涝灾害

1949 年夏秋之交，皖北、皖南因长江、淮河堤圩溃决，酿成巨大水灾，两区受灾人口 872 万，受灾面积 2976 万亩。皖南区沿江一带，包括水阳、青弋、秋浦、姑溪等支流伏期共破圩 309 个，涉及 9 个县，淹没稻田 170 多万亩，占总面积 24%，减产粮食约 7 亿斤，受灾人口 72 余万，占总人数 19%，大部分灾民流离失所，生活无着落。该年，皖南还经历不同程度的旱、虫、雹等灾害。①

1949 年 7 月 31 日，中共皖南区委在《关于紧急发动群众战胜灾荒的决定》中对皖南区灾情有如下叙述："今年春夏沿江各地霆雨连绵，致各地山洪暴发，江水猛涨，水位高至数十年所未有，特别是国民党反动派统治期间，各圩堤年久失修，加之解放前国民党匪军企图凭险顽抗于沿江堤岸，乱肆挖壕沟工事，破坏堤防，解放开始，我民主政府即领导群众抢为补修，但致洪水暴发险象发生后，特务匪徒又从中破坏阻碍，因此，虽防汛抢险以来，我党政军民积极领导群众，日以继夜地冒险抢救，并获得若干成绩，然终未能免于水患"②。

对于灾情的具体细节，《皖南日报》的记者在报道中这样写道："1949 年 7 月 11 日下午，当涂县第一圩如是村外北埝上，跳起四尺高的浪头。县大队两连人和民工在大风雨里用门板抵着洪水的冲撞，政府在该险工段上沉下了千余条土麻包，但终由于蒋匪帮过去不问人民死活、不修圩堤，以致老堤空虚，造成了三处缺口，洪水顿时吞没了无

---

① 程一峰:《开展生产战胜灾荒——皖南区一年来的生产救灾工作》,1950 年 10 月 1 日《皖南日报》。

② 中共安徽省委办公厅、中共安徽省委党史工委、安徽省档案馆编:《中共皖北皖南区委文件选编》(1949—1951)[皖非正式出版字(93)第 50 号],第 214 页。

数良田屋宇。灾荒来了！灾民的困难来了！他们都坐在小船上向四处逃荒,有的牵着耕牛到南山去讨饭或帮人做零工。全村1203人就出去300人以上,在家里的灾民完全靠打鱼、捞螺蛳、蚌壳、小虾,把鱼挑到街上换点大麦和米皮糠来煮螺蛳吃,螺蛳不易消化,许多人拉肚子。水渐渐退了,高地上便种起菜来,在泥里挖出野菜根蒜根来充饥,有的变卖着家具,一口大缸卖不上一斗米,有的连打稻的斛桶也拿来卖了。"①

相对于皖南而言,皖北区的灾情更重。1949年夏天,皖北区长江、淮河溃堤,受灾人口800多万,受灾田亩1290多万亩。皖北全区原有江堤河堤约200处,大小圩2000余个,已破堤80个、破圩769个。其中以安庆专区灾情最重,全境江堤17处、大小圩263个,几乎全部破光。皖北各地破圩破堤的原因大致有以下几点:雨多风大,江水上涨早,并且超过1931年水位;新修的堤身因土质松软,易被冲破;某些江堤遭国民党军队破坏,短时间不容易彻底修好;国民党军队退守江边时,不准群众放水,想利用圩水作为天然防御;人民解放军渡江时为了行船便利,也曾在部分内河蓄水,以致内河内圩积水迟迟未放;缺乏防汛经验,少数地区单纯依靠圩董、圩主等旧人员;个别地区领导同志开始时对防汛抢险的意义认识不足,认为上级无力解决防汛巨大开支,因而动工较迟,工程开始后又缺乏力度。

水灾发生后,皖北区又蒙受旱灾;旱灾过后,各地又普遍发生蟋蟀、蝗虫等虫害。同时,水灾过后,天花、麻疹、霍乱、痢疾等病疫流行,皖北区病疫患者高达50万人。

1949年入秋以后,皖北区又接连遭受雨灾,晚秋作物损失很大。临近年关,也就是1950年2月,又连降雨雪,淮水陡涨。其时,全区重灾人口525.67万人,断炊者450余万人,饥饿致病而死者4700人以上。灾情以宿县为最重,灾民们说:"冬天发水,一辈子也未见过";"麦子淹了,夏收无望,春种大减,灾荒没底";"人民政府真心领导救

---

① 方君默、周济人、程一峰:《从一个村来看生产度荒——当涂县年陡区如是村生产度荒纪实》,1950年4月23日《皖南日报》。

灾,杀人的雨雪偏偏不要咱们活命"。[①] 入冬以后,皖南也逢青黄不接的季节,灾情趋向严重。据不完全统计,皖南全区春节前无法生活的灾民有 20~30 万人。如果不及时加强生产救灾工作,春荒到来之际,灾情还会继续发展。[②]

两个月后,1950 年 4 月,中共皖北区委书记曾希圣、皖北行署主任黄岩在《给中央及华东局关于皖北灾情及生救工作报告》中,对皖北灾情做了更为细致的介绍:"皖北 5600 万亩地及 2200 万人口中,去秋受灾人口占 38.8%,受淹地亩占 35.7%,全淹无收或仅收一至二成者占 21.7%,收二成以上至五成者占 14%,收五成以上者占 64.3%。其中灾情最重的宿县专区,除雨灾雹灾以外,从 7 月至 9 月,连遭三次大水,初次淹死高粱豆子,二、三次淹坏连续补种的晚秋作物(白芋、花生、棉花等),旧历年关又淹麦 120 万亩。阜阳亦淹麦 30 万亩。由于旧历年关雨雪天气,副业原料中断,当时全皖北区断炊灾民曾达 450 万。春荒缺粮增加,重灾地区灾情仍未能稳住,饿死人的现象仍未完全停止。据中央视察组从泗洪县了解,该县自去年受灾时起,死亡人数约占全县人口 2.5‰。田集乡一乡,自去年 7 月到现在,即死亡 72 人,其中饿死 27 人,病死 30 人,病饿致死 8 人,胀死 1 人。另安庆来报,最近又病死、淹死、饿死共 53 人。"

1949 年,安徽灾荒尚未完全战胜,1950 年夏季,皖北沿淮地区又发生百年未遇的特大水灾,灾情更为严重,震惊全国。1950 年 6 月 27 日至 7 月 21 日,一连 20 多天暴风骤雨,总降雨量 499 毫米,淮河干支河流决口 334 处,淮河流域洪水泛滥。皖北全区除安庆、巢湖两专区外,其余宿县、阜阳、滁县、六安 4 个专区均受到灾害。沿淮被淹 27 个县、2 个市,受灾人口近 998 万,重灾民 690 多万,489 人死亡;淹没土地 3162 万亩,其中重灾田亩 2246 万亩;冲毁房屋 117 多万间,其他农具、牲畜等财产损失不计其数。8 月,沿淮地区灾情继续发展。8 月初,宿县专区还有数万人在水中等待抢救。阜阳专区阜南、颍上、凤台

---

① 皖北人民行政公署:《皖北区党委灾情报告》(1950 年 2 月)。
② 《紧急动员起来战胜灾荒》,1950 年 2 月 8 日《皖南日报》。

3 县仍淹没于水中。皖北全区断炊需紧急援救者 268 万人,有 109 万人无家可归。

这次洪水来势凶猛,河堤溃决时,洪水、狂风并袭而来,灾民逃避不及,到处哭喊呼救。有些灾民纷纷攀树登屋,有的将小孩、牲畜托吊在树上,有的因房屋树木冲倒而淹没压死,个别居民在树上被毒蛇咬死,其状惨不忍睹。

1950 年淮河水灾,皖北各专区中,宿县、阜阳淹没田亩均在 1300 万亩以上,受灾最为严重。阜阳专区 9 个县,除少数岗地外,全被淹没,占全部田亩 85%,平均水深 3 米左右。宿县专区全区 10 县,淹没田亩达全部田亩 78%,重灾田亩达 65%。其中,以怀远、五河、宿县、灵璧 4 县灾情为最重,淹没田地均在 100 万亩以上。怀远、五河两县全县变成水乡泽国,村庄没顶者比比皆是。全专区有 30 万人无家可归。滁县、六安两专区部分地区被淹,凤台、霍邱、寿县 3 县灾情较重。

这次水灾范围广、持续时间长,灾情超过 1931 年及 1949 年。皖北被淹田地达全区耕地总面积近五分之三,一望无际、绵延数百里全被淹,灾民也超过全部人口之半。淮河以北地区从黄泛以后,灾荒连连,宿县、阜阳两区还未从 1949 年的水灾中缓过劲来,又遭 1950 年大水,灾情空前严重。[①]

1950 年 7 月 4 日,中央人民政府水利部计划委员会主任须恺及工程技术人员,赴淮河流域实地考察淮河灾情。7 月 22 日,皖北行署及中共皖北区委直属机关委员会召开干部大会,报告皖北灾情,号召节约、捐献救灾。

8 月 8 日,在华东军政委员会举行的第二十二次行政会议上,华东区的党政军负责人听取华东军政委员会副主席曾山及水利部副部长刘宠光关于皖北灾情的报告,部署紧急救灾。10 日,中央人民政府慰问团一行 17 人,由团长彭泽民、副团长浦化人率领,携带药物赴皖北五河、阜阳、正阳关及蚌埠市郊外灾区进行慰问。13 日,《解放日报》发表社论《抢救水灾与慎防大汛》,重点介绍了皖北灾情,引起华东地

---

① 曾山:《皖北灾情报告》,1950 年 8 月 11 日《皖南日报》。

区关注。

二、人民政府的救灾措施

1949年和1950年连续两年入夏以来,连日多雨,山洪暴发,长江流域和淮河流域相继发生了洪涝灾害。皖北地区受灾群众达800多万人,其中重灾灾民440万人;房屋倒塌1万余间,淹死群众70多人。仅宿县专区530万人口中,就有受灾人口350万,100万灾民已经断炊或即将断炊,向外逃荒者36万。群众的生产、生活受到严重的影响,新生的人民政权也面临着严峻的考验。

面对灾情,各级人民政府组织力量、动员群众,全力救助灾民,把抗灾救灾、帮助灾民战胜灾荒作为当时的中心任务。

1949年夏天水灾发生时,皖北、皖南各级人民政府便提出"南保江堤,北救淮灾"的措施,紧急抢险和抢救灾民。皖南地区在汛期到来时,行署及各级人民政府领导群众全力防汛救灾,经过3个月的防守,抢救圩田60万亩。有39位干部群众在抢险救灾中牺牲。皖北各级人民政府及时调集干部6000多人、船只万余艘,深入灾区,抢救灾民157万多人,救出庄稼300多万亩。1950年7月,淮河洪水袭来时,沿淮各地人民政府又立即调集了1万余艘船只,分头抢救被困在残堤、高岗、树梢、屋顶上的灾民。皖北行署主任黄岩、副主任李云鹤迅速深入灾区,各级领导干部也奔赴抗洪第一线,不分昼夜,不顾艰险,与灾民同生死、共患难,参加抢险。8月9日,沿淮大部分被困灾民脱险。霍邱县、寿县困于水中的10万灾民,有8万人脱险;阜阳专区水灾最重的阜南县,12万灾民中已有三分之二抢救出来。中央人民政府水利部计划委员会须恺主任、皖北行署副主任李云鹤,涉水亲往浍河灾区慰问灾民;淮河水一开始上涨,霍邱县副县长便带领干部同群众一道,连续抢险5昼夜,让群众深受感动;阜南、霍邱、蚌埠等地很多干部和群众,当堤身将溃、来不及取土堵塞时,便将身体抵在堤上,无数人筑成肉堤,挡住了滔滔的洪水;阜南县长曾连夜动员非灾区群众,赶做炒面3000斤、蒸馒头2000斤,分发给脱险的灾民;六安专区防汛指挥部,除紧急发放急救粮、盐、稻草、席子外,还动员未受灾的山区群众,

每户捐献一根竹竿,帮助灾民搭棚居住;蚌埠市迅速成立灾民收容所,小蚌埠区干部带领上千民工在堤上紧张抢险 20 天,最危急时三天三夜不曾睡觉,虽然挑土累病了,仍然坚守在堤坝;凤阳县临淮关的三孔涵洞底部有了漏洞,6 个民工便扛泥挺身、跳入漩涡中去塞洞,在浪花击打中坚持一天半时间,完成了堵塞任务;宿县专区五河县有一段淮河堤坝溃决后,该县县长几夜未睡,亲自带领群众,来往于风浪中,抢救出众多灾民。①

生产救灾形势严峻,皖南、皖北各级人民政府立即成立了救灾机构,并制定了明确的救灾方针。

1949 年 8 月 1 日,皖南成立了各级生产救灾委员会。11 月,皖北行署及专、县、区、乡,普遍建立以人民政府负责人为首、吸收各界人士参加的生产救灾委员会,县以上人民政府并专设生产救灾指挥部,作为委员会办事机构,各级人民政府主要领导兼任指挥。皖北各界人民代表会议通过了《关于贯彻生产救灾的决议》。12 月,皖北生产救灾委员会召开扩大会议,着重讨论宿县专区生产救灾工作,强调生产自救结合急救,广泛开展社会互济运动,通过了《关于紧急支援宿县专区救灾工作的决议》。1950 年淮河洪水后,皖北区生产救灾指挥部与治淮机构合并,在蚌埠成立皖北生产救灾治淮指挥部,皖北行署主任黄岩兼任指挥。同年 10 月,生产救灾机构与治淮机构分开,迁回合肥,仍称皖北区生产救灾指挥部。各级生产救灾机构的职责为:贯彻生产救灾的方针政策;掌握灾情,制定救灾措施;组织抢救、转移、安置灾区人、畜及物资,恢复生产;发放救济款、粮和物资,安排灾民生活,防治疾病,等等。

1949 年 11 月,中央人民政府内务部在河北、皖北、皖南、苏北、苏南、山东、河南、平原等 8 个重灾省区救灾汇报会上,提出"节约防灾,生产自救,群众互助,以工代赈"的救灾方针。1950 年 7 月,第一次全国民政会议提出"生产自救,节约度荒,群众互助,以工代赈,并辅之以

---

① 吴波:《与灾难战斗的皖北人民——皖北灾区访问记》,1950 年 8 月 11 日、1950 年 10 月 18 日《皖南日报》。

必要救济"的救灾工作方针。这些救灾方针的核心精神都是以生产自救为主,政府救济为辅,并明确生产自救是救灾工作的基本方针,是战胜灾荒的根本办法。指出所谓生产自救,就是要发挥广大人民群众的力量,把全体灾民组织起来,结合急救与互助互济,展开生产。当时的新华社社论也指出:"政府的救济和非灾区群众的捐输,虽然可起很大作用,但政府的财力是有限的,非灾区同胞的帮助也不可能没有止境,而且往往远水救不了近火。俗话说,坐吃山空。即使政府的拨粮拨款数量很大和非灾区同胞的捐输数量很大,如果灾民同胞不好好利用这些救济和帮助,积极从事生产,而只是救济多少吃多少,到春荒时节依然会发生很大困难。"

皖北、皖南灾荒发生后,中共中央和中央人民政府十分关心,一边组织、指导生产自救,一边在灾情严重的地方,及时发放救济粮、款、盐、煤和各种贷粮、贷款、贷种等。1949 年及 1950 年两年灾荒,中央人民政府拨发了大量的救灾款物。先后发放各种救济粮折合大米 2.9 亿斤,各种贷款、贷种子折合大米 1.4 亿斤,各种贷款计 680 亿元,救济煤 2.4 亿斤,救济盐计 1000 万斤。拨发的救灾粮共约 7 亿斤,除解决灾区人民生活急需外,还用其中的 1.7 亿斤兴修水利,以工代赈。1949 年水灾后的 8 月 1 日,皖南各级生产救灾委员会开始发放救灾粮。是年冬,各地人民政府又拨发了大量工赈粮,支持灾民度荒。1950 年春耕前,全区拨水利贷粮 100 多万斤,发动农民兴修塘坝,同时又发放了大量贷粮与救济粮,及时解决了群众春耕中的种子及一部分农具、畜力、肥料和口粮的困难。截至 1950 年 8 月,先后贷发了生产贷粮 2088.6 万斤(包括水利贷粮在内)、肥料 600 吨,拨发了救济粮 1078.2 万斤,保证完成了皖南全区的插秧、植棉及施肥等生产任务。

1949 年皖南灾后救灾款物的发放,帮助灾民度过了最困难的时光。1950 年春节,江南风雪遍地,部分村庄鳏寡孤独、老弱残病、无劳动力的农户生活十分困难,有的已经断炊。人民政府下达了"不能饿死一个人"的指令,干部们带着工作组日夜奔走在雪地里,调查急赈户,展开紧急救济。农民们说:"不是共产党来,我们早就饿死了啊","我们有这样的政府,半个人也饿不死! 能动的去挑土,不能动的发急

赈粮,这样搞下去,万世不穷",“今年要不是解放,不是这样一救济那样一救济,我们早就饿倒趴在地上了",“破圩的时候,哪里想到还有今天啊?如果不是共产党来,真不知道如何是好。"

1949年灾后,皖北区人民政府先后组织发放救济粮、工赈粮、各种贷款共折合大米2.3亿斤,还发放了大量的救济煤和救济盐。在此期间,成立不久的国营贸易机构——皖北贸易总公司及下属的各级贸易公司,在供应灾区急需物资、组织救灾与非灾区之间物资交流等方面发挥了重要作用,体现了人民政府所领导的国营商业“想人民所想,急人民所急"的为人民服务的工作宗旨。为了执行人民政府提出的“不荒田、不饿死人"的号召,国营贸易公司先后派出100多名干部,分赴华北、东北5省,在冰雪严寒的艰苦条件下,采购调运粮食,1949年及1950年春,共调入灾区粮食5100万斤。为确保灾区市场粮食供应,国营商业部门还结合处理非灾区的库存粮食,用稻米换进杂粮5300多万斤,调运淮北各地;同时适当提高粗粮价格,吸引非灾区粮食自然流入,使千万灾民粮食供应得到保证,粮价也始终平稳。

1950年淮河水灾后,皖北行署在6月底至7月中旬紧急下拨救济大米120万斤、盐100万斤。华东军政委员会为了急救皖北灾情,紧急拨发急救堵口、购种等粮和现款,其中7月12日拨粮1000万斤、种子现款100亿元(旧人民币,下同);7月24日,经中央人民政府批准,续拨急救种达3000万斤;7月30日,又拨种子现款100亿元;8月5日,再拨急救与堵口、补种粮6000万斤,现款150亿元。从7月12日到8月5日不到1个月的时间,共计拨粮1亿斤,现款350亿元。救灾款物的发放,可谓雪中送炭,解决了皖北灾民的急需,对缓解灾情起到至关重要的作用。[1] 9月,中央人民政府再次批拨给皖北灾区救济粮2800万斤、食盐200万斤、房屋重建补助费原粮1962万斤、煤2亿斤。

淮河水灾后,灾民外出逃荒的很多。当时非灾区对外来逃荒的灾民,尽力做到妥善、热情的安置。中央人民政府内务部发出指示:“不赞成逃荒,但已逃出了的人,各地必须好好照顾,或使之就地参加生

---

[1] 曾山:《皖北灾情报告》,1950年8月11日《皖南日报》。

产,不能允许有一个逃荒的人被饿死。"这一指示发出后,皖北、皖南行署切实贯彻执行。1950年4月,皖北行署指示宿州专区将洪泽湖畔灾民5万人(泗洪4.5万,盱眙0.5万),分别移往皖北其他地方开荒生产。8月,又将暂时无家可归的宿县专区灾民14万,移往滁县专区5万、巢湖专区9万;将阜阳专区15万灾民,移往六安专区10万、安庆专区5万。因皖北灾荒,皖南区外来灾民最多时曾达3万人,皖南各级人民政府采取了尽量劝其回乡生产的方针;对实在不能回去的灾民,就分散到各村安置生产。如青阳县帮助100多外来灾民找到荒地200亩及农具、粮食等;徽州专区组织外来灾民烧石灰以及从事其他各种生产,使其度过灾荒。1950年入春以后,由于各级人民政府的动员与补助路费,外来灾民大多回乡生产。

中央人民政府还指示各地人民政府组织发起社会捐赠,各兄弟省份、省内各非灾区人民,也纷纷伸出了援助之手。1950年7月,《人民日报》发表《为战胜新的水灾而斗争》的短评,号召皖北人民战胜新水灾,要求全国各地给皖北灾民以同情和支援。

1950年1月,皖北地区生救劝募团一行21人,由皖北人民法院院长陈荫南率领,赴沪、宁、杭各地进行劝募。

皖北行署和中共皖北区委直属机关召开干部大会,会议号召每人每天节约一两米,开展"一两米一件衣"节约捐献运动。《皖北日报》发表《全面开展互济运动》的社论,号召非灾区各界人士捐赠"一碗米、一件衣",支持灾区人民度荒,各地纷纷响应。仅合肥、安庆、蚌埠等5市即捐赠粮食250余万斤,华东币1400余万元,豆饼2400块。春节期间,各文工团、业余剧社均义演捐献。1949年,华东野战军捐赠安徽粮食120万斤;下半年,第三野战军(原华野)、第二野战军(原中野),还指定捐赠给皖北宿县、萧县等地6700匹骡马。

1949年,皖南区也开展了各种形式的互助互济和节约捐献运动。至1950年5月,据不完全统计,皖南全区共募集了杂粮(米、麦、豆、面粉)300多万斤,节粮近45万斤。皖南行署及各专区、县等机关共节约大米6.7万多斤、衣物1.3万多件、人民币4000多万元、黄金2两。捐募救灾委员会从上海市募得人民币3.32亿元,中央人民政府各机

关捐献分给皖南区的救灾款 1.87 亿元,都适当分配给全区各地灾民。

1950 年皖北大灾后,皖南区掀起了"救济皖北灾胞,募集寒衣"的运动,提出"多捐一件衣,多救一灾民"、"有衣出衣,有钱出钱"的口号,中共各级组织、各级人民政府及机关、部队、工厂、学校,先后发起了节衣缩食、帮助灾民度过灾荒的活动。深秋将至,皖南各界人民代表会议协商委员会于 10 月 4 日举行会议,讨论劝募灾民寒衣成为会议的主要议题。行署主任魏明报告皖北灾情及皖南部分地区受旱成灾情况,根据华东军政委员会关于劝募寒衣工作的指示及华东生产救灾委员会的来信,提出了在皖南全区开展劝募寒衣工作的意见。各委员也一致认为,灾民寒衣募集工作,必须立即着手进行;募集范围应力求广泛,劝募方式要多种多样;但劝募必须本着自觉自愿原则,防止发生强迫、摊派现象;劝募以代金和实物为主,实物主要包括新、旧棉衣,夹衣,单衣,棉花,等等。10 月 7 日,《皖南日报》社论《为皖北灾民募集寒衣》写道:"据曾往皖北慰问灾民的慰问团回来报告,冬季就要到来,广大灾民缺少衣被过冬,问题颇为严重。皖南各界人民和皖北人民休戚相关,支援他们度过严冬,乃是我们义不容辞的责任。我们号召全区一切热心公益的人们,本着同舟共济的精神,动员起来,贡献自己的力量,积极支援皖北灾民。劝募寒衣的工作,应当在全区各界人民中广泛而深入地开展,应当造成群众性的运动。这就要依靠各级人民政府的正确领导,依靠各人民团体、各民主党派和各地热心救济人士的一致努力……我们相信,只要我们进行广泛而深入的动员,各界人民一定能够尽自己的力量热烈捐献,灾民寒衣劝募运动一定能够顺利地开展起来。"①

随后,皖南区生产救灾委员会及工会、农会、青年团、学联、妇联、文联、工商界、新闻界、教育界及各民主党派等组织成立灾民寒衣劝募委员会,迅速展开工作,全区共募集 20 万套寒衣送给皖北灾区。

1950 年冬天,沿淮的河南、皖北、苏北 3 省区又成立寒衣劝募总

---

① 1950 年 10 月 7 日《皖南日报》第一版。

会,在皖南、苏南、山东、浙江、北京、天津、上海、南京等地募集到寒衣325万套。中央军委总后勤部、华东军区及第三野战军捐赠旧军单衣、军棉袄、军棉裤共计42万件。同时,还募集到一定数量的原粮、大米、面粉及药品。这其中,上海及皖北各地,捐赠面粉及麦皮75万斤,大部分送给宿县重灾区;皖北6个专区2个市(合肥、蚌埠)及淮南矿区,捐赠514万斤粮食,救济皖北灾民;中央机关及外省城市也捐赠了大量的粮食和衣物。南京、浙江、山东兄弟省市分别组织慰问团,携带药品、药械到皖北灾区慰问,为灾民治病。各级人民政府尽力采取的抢险救灾措施,缓解了灾情,有力地保证了广大灾民顺利度过灾荒。

第二节　组织生产　保障生活

一、组织生产的措施

解放初期,皖北、皖南灾情严重,尤其是皖北沿淮地区灾情甚重,国家财政力量有限,生产救灾必须主要依靠群众节约度荒、生产自救。如何在灾区深入实际、因地制宜,引导和组织群众恢复、发展农业生产,互助救灾,成为皖南、皖北区各级党组织和人民政府的艰巨任务。

1949年7月31日,皖南灾情刚刚发生,中共皖南区委在《关于紧急发动群众战胜灾荒的决定》中明确强调生产救灾工作主要应依靠组织群众生产自救。"必须在群众中反复进行教育,纠正其依赖和等待政府救济的消极观点,各地应根据群众不同的具体条件动员和具体组织他们积极参加各种可能的生产活动,如捕鱼、运销、打柴、卖工、开荒、种晚作物等。为此,目前除对某些急切需要救济的灾民给予一部急赈之外,政府、银行及贸易合作部门均应根据群众自救自愿的原则大力扶持生产,帮助他们解决实际困难,哪怕是一件小事,能解决的就要解决,如群众要求开荒,即应帮助解决土地种子,捕鱼的要帮助储藏和推销,伐木打柴的应帮助其收购销售,运销的则帮助解决其资本及

销路,各地应根据具体情况订出具体计划,能作一点就作一点,力戒生产救灾中的空谈主义和官僚主义。"①

1949 年 11 月,皖北各界人民代表会议召开,通过《关于贯彻生产救灾的决议》,成立了生产救灾委员会,继续强调生产救灾工作贯彻自救为主、政府救济为辅的方针。

1950 年淮河水灾后,人们认识到水患之深,源在淮河。从此,治淮与救灾,兴修水利与恢复农业生产,发展副业与保障农民生活等措施相辅相成,构成解放初期皖北、皖南生产救灾的一大特色。

第一,以工代赈、兴修水利。所谓以工代赈,即在灾区组织灾民上工出工,参加水利建设来换取赈灾粮食。解放初期,因为新成立的人民政府各部门之间职能尚未划清,国家财政又比较困难,以工代赈便成了临时的救灾策略。这种组织灾民参加水利建设的方式,既救助了灾民,又保证了兴修水利所需的人力和物力。

1949 年水灾后,皖南区迅速开展以工代赈、兴修水利工程。在水灾区中心,一方面组织所有灾民中的整劳动力、半劳动力上堤;一方面有组织地预发一部分圩粮,使堤工有饭可吃,家庭有生产可做。从 1949 年冬天开始,皖南全区广大干部与群众群情激昂,仅修堤、复圩这一项工作,组织上堤的各级干部就有 5000 人以上。春季修堤期间,每日上堤的民工最多时达到 21 万人。到 1950 年 5 月,兴修水利工程全部完成,皖南全区累计共使用民工 1200 万人,政府拨发了原粮 6400 万斤,修复了总计 1634 公里的长江及其他河流堤防,完成土方 1712 万立方米。这一巨大工程,不但支持了沿江沿河近 40 万灾民度过了春荒,同时初步保障了 210 万亩农田生产的安全。

紧接着修堤复圩之后,皖南沿江沿河又有 16 万民工参加了防汛任务,与洪水不断进行艰苦卓绝的斗争。至 1950 年 8 月,全区完成的堤防挡浪工程总长度达 317 公里、土方近 30 万立方米,动员民工 41 万多个,使用抢险口粮 96263 斤,使广大圩区农作物安全度过了汛期,

① 中共安徽省委办公厅、中共安徽省委党史工委、安徽省档案馆编:《中共皖北皖南区委文件选编》(1949—1951)[皖非正式出版字(93)第 50 号],第 215 页。

确保了 1950 年秋收工作的完成。在 1950 年春耕前,人民政府又拨下水利贷粮 100 多万斤,各地先后发动农民兴修塘坝。据统计,1949 年皖南灾后,共修塘坝 703 个,公助贷款修复的塘坝堰渠 640 个,可灌溉田地 8 万余亩,在随后的抗旱保苗中发挥了一定的作用。[①]

1949 年夏季淮河洪灾后,皖北区在华东军政委员会领导下,着手整修千疮百孔的淮河。从 1949 年 12 月上旬开始,皖北区长江干堤和淮河中游冬修堤防工程陆续开工,此次冬修过程与救灾工作密切结合进行,实行以工代赈,动员和组织灾民上堤。1950 年 3 月 9 日,经水利部批准,在蚌埠成立淮河中下游工程局,并迅速编拟了《淮河水利建设五年计划大纲》,对全面治理淮河提出了初步意见。3 月 15 日,皖北区长江、淮河干堤冬修工程结束。随后,春修工程又开始启动。1949 年冬至 1950 年春,皖北行署共拨粮 8405 万斤以工代赈,兴修水利,先后动员民工 160 万上堤,完成土方 7490 万立方米。春季,沿淮及淮北还开始以工代赈挖沟,对配合治淮和保卫麦收起了很大作用,淮河以南及治淮地区均开展了小型农田水利工程。

1950 年淮河特大洪水后,皖北区又开展了更大规模的以工代赈的治淮工程。8 月 1 日,曾希圣在给中央人民政府的报告中,提请中央划拨 11 亿斤工赈粮的要求。8 月 29 日,曾希圣《关于生产救灾工作给中央的报告》第一要点即是"关于治淮结合工赈方面"。报告再次强调:"在 8 月 1 日的报告中,曾提出 11 亿斤工赈粮问题。此后,又按照这一要求,我们作出了一个意见性的计划。这次,参加了治淮会议,我们仍然坚持这一要求,理由是:1. 从工程着眼,必须有此数目,方能解除明年不受大水灾的危险。因为淮河水系破坏过深,在皖北必须将疏浚、复堤、蓄水三大工程结合进行,所需民工、土方甚巨,否则即无法保证明年不受同样水灾(去年淹 2600 万亩,今年淹 3100 万亩)。如果明年再受严重水灾,则困难实在不堪设想。2. 从生产救灾着眼,亦必须如此。今年,淮北夏、秋两季减收在 25 亿斤以上,即按 850 万灾民

① 程一峰:《开展生产战胜灾荒——皖南区一年来的生产救灾工作》,1950 年 10 月 1 日《皖南日报》。

计算亦缺粮 17 亿斤（每人每日十两），除以一切努力加强农、副业生产可解决 7.5 亿斤外，尚差 9.5 亿斤。如付出 9.5 亿斤救济粮，则不如支出 11 亿斤工赈粮，故必须采取大规模的以工代赈方法。目前，淮北只有治淮才能结合工赈，这最适合人民需要，除此之外，亦想不出另外更好的办法。3.11 亿斤粮食的工程能否完成，是必须慎重考虑的问题。此事在我未出发前，曾经党委和行署研究过，我们也认为困难甚多。淮河水系受灾地区有 1500 万人，我们动员全劳动力 100 万，半劳动力 150 万，尚只占全人口的六分之一，平均每户不到一人。以每户出一人治淮，对其他农副业影响不大……"

皖北区治淮工程需要的人力多、粮食多、物资多。连续两年严重水灾，农民外出逃荒的很多。治淮委员会及时宣传治淮结合工赈的做法，以稳定灾民情绪，提高干部信心。灾区很快掀起了治淮热潮，想外出的灾民不走了，已逃荒的灾民也陆续回家，争先报名上堤。城市和非灾区也掀起了支援治淮的热潮，蚌埠市机关、工厂、街道开展"一方土"运动，妇女自动捐粮献款为上堤女工办起托儿站。淮南群众不分昼夜向工地赶送粮食，忙得"人不停步"、"车不停运"、"船不停航"，其情景犹如当年支援渡江战役一样。

在皖南区，1950 年虽未遭受水灾，但以工代赈修复长江堤圩工程继续进行。从 1950 年 8 月至 1951 年 3 月，拨发公赈粮 6400 万斤，用工 1200 万个（其中女工 20 万个），完成土方 1712 万立方米。

作为特定历史时期的一种救灾措施，1949 年、1950 年皖北、皖南水灾后，人民政府开展大规模的以工代赈，兴修水利，的确发挥过积极的作用。它不仅直接维持了广大民工上堤劳动时期的生活，而且民工掺菜吃粮，也有部分节省接济家中老弱，作为度荒补助。但这一救灾方式，随后也渐渐显露出缺点。1953 年第二次全国民政会议认为，"把救灾款作为工赈的主要缺点是，主管救灾的民政部门不熟悉水利、筑路等业务。因此，不可能审核这类工程计划和通盘筹划。同时把有限的救济款投入以工代赈，减少救济力量，实际上是举办工程，主要的已经不是救灾。在过去各部门界限未完全划清，而又在财政困难的情况下，这样做是难免的……今后应作根本改变"。在此之前，曾希圣曾

【新中国卷】

在向中共中央报告安徽救灾工作中提出过救灾款不宜用作以工代赈的意见。第二次全国民政会议确定的救灾方针,已无以工代赈的内容。

第二,灾后恢复农业生产。水灾之后,怎样组织灾民抢种、补种农作物,力争多收粮食,减缓灾情,是生产救灾的关键措施。

1949 年皖北、皖南水灾后,灾区群众因长期受灾,体力虚弱,劳动力严重不足,加之畜力、种子奇缺,迅速恢复生产困难重重。皖北、皖南行署及时提出"水退跟水种"、"干一块、种一块"、"多种一分地,减少一分困难"、"宁叫眼前困难,莫叫长久饿饭"的口号。各级人民政府在灾区广泛召开群众会议,进行思想动员,明确分工,制订计划,尽力恢复农业生产。并在群众自愿的基础上,组织各种形式的互助救灾组织。

1949 年 7 月,皖南灾情发生后,皖南行署便号召群众积极排水种麦。水灾后,灾区群众曾发生盲目逃荒现象,皖南行署及时公布了生产自救方针,号召灾民"靠山吃山,靠水吃水",组织起来,动手生产,同时教育干部和群众从生产上打开生路,克服"听天由命"与单纯依赖政府救济的思想。8 月 1 日,皖南区成立了各级生产救灾委员会,加强统一领导,并通过各种会议,特别是各界代表会,广泛吸收群众意见,交流度荒经验。入秋以后,又组织干部深入灾区,领导灾民排水种麦。这一时期,全区通过合作社贷放原粮 240 万斤,解决麦种问题,全区共种麦 200 万亩,比 1948 年增加了 14%。与此同时,人民政府指示各地多种早熟作物,号召每户种二分田的蔬菜,强调从恢复和发展生产中克服灾荒,坚定了群众的度荒信心。

1950 年春耕前,皖南行署又贷下水利粮 100 多万斤,帮助灾区恢复生产。1950 年 3 月 15 日,《皖南日报》发表社论《掌握季节,动员群众;努力生产,战胜灾荒》,文章强调要充分认识到灾区恢复生产的主要内容是农业生产,战胜灾荒的根本办法也只能依靠农业生产。由于皖南重灾区在沿江沿河一带,而沿江沿河地区又是皖南的主要产粮区,所以只有重视春耕春种,做好农业生产,才能够从根本上战胜灾荒。根据中央人民政府政务院指示,在 1950 年冬天皖南实行土地改

革之前,庄稼谁种谁收,人民政府保障一切耕种土地者收获的权利。同时,在实行土地改革之前,应一律实行减租,地主依法实行减租后向农民收租,仍然是合法的,农民仍应向地主交租。（在 1950 年冬天土地改革之前,土地仍归地主所有,但地主不得出卖、抵押、典当、赠送土地。）社论还指出,皖南区许多南下干部缺乏南方农业生产的常识,情况不熟悉,许多本地干部也很少有领导生产的经验,这就必须虚心请教农民。

皖南区在恢复生产过程中,特别提倡灾区群众互助互济。强调灾民与灾民要互助,灾民中有劳动力的与无劳动力的要互助,有劳力与有资金的要互助;灾民与非灾民要互助,灾区与非灾区要互助,城市与乡村也要互助,推己及人,共度灾荒。

由于人民政府支持,加上群众努力,1950 年春季,皖南各受灾地区农业生产恢复情况良好。春耕之后,随后又逢夏旱,皖南随即开展抗旱救苗运动。1950 年六七月间,皖南不少山区地带因旱成灾,受旱面积约 180 多万亩。各地先后发动农民兴修塘坝,由农民自修的塘坝共有 703 个,公助贷款修复的塘坝堰渠 640 个,可灌田 8 万余亩。另外,组织农民使用抽水机 53 部,浇灌农田 2 万余亩,在抗旱保苗中起了一定的作用,保证了作物生长。通过开渠修塘、戽水灌救及在圩区有计划地开放闸门引水救苗,降低了圩田农作物的产量损失。皖南山区虽有不同程度的歉收,但歉收地区的各级人民政府随之有计划地动员群众抢种荞麦、萝卜、菜蔬等作物。如贵池县受旱田地 3.2 万多亩,至 8 月底,有 1.7 万多亩种下荞麦、500 亩种了萝卜。

1950 年秋天,皖南大部分尤其是沿江河圩田区战胜了严重的旱灾,农作物普告丰收。丰收后的农民情绪高昂,纷纷储存粮食、翻盖新屋、购买耕畜、添置农具家具,积极地进行秋耕秋种,广大农村充满蓬勃生机。①

1949 年,皖北区灾后,从秋季开始经过连续抢种、补种,全区计种

---

① 程一峰:《开展生产战胜灾荒——皖南区一年来的生产救灾工作》,1950 年 10 月 1 日《皖南日报》。

麦 2380 万亩,占总耕地 53.4%。1950 年入春以后,又强调以春耕为中心,着重解决缺牛缺种困难,组织人力畜力,实行变工互助及男女按劳分工,在兼顾副业生产和兴修水利的同时,普遍开展春耕生产。同时,提倡种菜度荒,荒地、空地开出种菜者,仅临泉县即达 2.5 万多亩,平均每人 1.2 分地,二期春菜发动每人栽种 10 颗南瓜。在群众自愿的基础上,政府还组织各种形式的互助救灾组织。阜阳地区在 1950 年春耕生产中,有互助组 6.7 万个,参加人数达 180 万。同时,还发动妇女,组织人力拉犁、拉耙,以克服人力、牛力的困难。灾区种子缺乏,除号召群众自筹互济外,由人民政府进行贷放或救济,及时予以解决。经过艰苦努力,农民群众生产热情大为提高,灾后农业生产取得了好成绩。

1950 年淮河大水后,曾希圣 8 月 29 日在给中央人民政府的报告中,重点阐述了恢复灾区农业生产的重要性。报告指出:"目前灾区农业生产主要抓住三个环节:第一,保证补种有收;第二,发展田园副业;第三,迅速准备秋种。预计由补种和田园副业共可解决灾民口粮 6 亿斤,具体计划如下:1. 补种方面。淮北已补种 300 万亩,估计每亩收 40 斤,共可得原粮 5 亿斤(淮南山区部分稻苗旱死无救,亦正改种晚秋作物)。为确保秋后有收,必须继续完成淮河支干堤紧急堵口工程。2. 田园副业方面。发动每人种菜一分,1000 万灾民共种 100 万亩,每亩收菜 1000 斤,折原粮 100 斤,共得原粮 1 亿斤。3. 秋种方面。以普种小麦为主,并多种早熟庄稼,以减缩春荒时间。淮北争取种到总耕地 70%,淮南争取种到总耕地 50%,按此标准,受灾田 3100 万亩,应争取种到 2250 万亩。"

皖北沿淮地区抢险工作刚告一段落,灾区人民迅即展开排水救苗、堵口补种运动。沿淮 4 个专区动员民工约 30 万人,仅泗洪、砀山两县就挖沟 570 条,泗洪县救出禾苗 16 万多亩,阜阳则抢救出近 100 万亩。水灾刚发生时,皖北行署随即拨款至各地收购晚秋种子,先后贷下荞麦、胡萝卜、马铃薯、红芋等各种种子计 1350 多万斤。灾民通过各种代表会,算细账、订计划,打消了悲观失望的情绪。在"水退一寸,种一寸"口号的鼓舞下,各地补种运动热烈展开。颍上县阳湖区王楼乡 3000 亩被

淹土地刚一退水,群众就纷纷点种;新六区许多村庄则连夜赶种,在 10 天时间便种上荞麦、绿豆 7 万多亩,占被淹地 75%,基本做到了不留白地。灾区很多地方群众组织换工,采取用人拉犁的方式,水退跟水走,抢种作物。

1950 年 9 月中旬,皖北区已完成补种晚秋作物 1400 多万亩,达到全区可能补种田亩数的 95% 以上。10 月中旬,又有部分积水退落的田地已经耕好。从合肥到蚌埠,从蚌埠到宿县,原本被水淹后的茫茫沙土,已犁得软软松松,灾民们一边积肥,一边等人民政府发下麦种来,准备播种。这年,除部分土地因随后旱情而无法引水灌溉以致歉收外,大部分都有收成。部分灾民则靠排水补种的青菜糊口。

同年,皖北行署向灾区贷种 3000 万斤,发放化肥 600 吨,抢种晚秋作物 1435 万亩。并组织与虫、旱等灾害进行斗争,收获粮食 4 亿余斤。政府还贷放麦种 1.3 亿斤,使灾后种麦面积大大增加,种麦 3400 万亩。宿县、阜阳两专区种麦面积占耕地总面积 70% 左右。同时,发动群众利用一切空隙多种瓜菜,从而使灾荒有所缓解。皖北灾后农业生产的恢复,虽然与中共皖北区委和行署制订的计划还有些差距,但对解决灾民困难起了很大作用。

第三,发展副业生产。水灾过后,人民政府组织灾区群众因时因地制宜,在农业生产之余,利用农闲时间开展副业生产,对于生产自救、减轻灾荒也起到了重要作用。解放初期,皖北、皖南灾后副业生产还得到了新成立的国营贸易公司、合作社的大力支持。

1949 年,皖南水灾之后,皖南行署随即作出具体指示,要求在圩区,一边抓以工代赈、修堤复圩,一边组织捕鱼和其他副业生产,有计划地向外推销;在山区,主要扶持茶林生产,组织木材、木炭等土产出口。同时,还提倡播种早熟作物,如大麦、红薯、菜蔬、洋芋、玉蜀黍,借以缩短灾荒时间。同年,皖南行署即以时值 20 万担大米的代价,向茶农收购红、绿茶,解决了茶农苦无销路的困难。据不完全统计,1949 年冬,池州专区共组织了 3 万多灾民打柴,得米 27 万多斤;扶植渔业合作社 19 个,共 300 多人,到 10 月出鱼 2.5 万多斤,得米 3.27 万斤。当涂县组织捕鱼、贸易、运输、编芦席、打柴等小组近 1000 个,计 3 万多人。皖南区的贸易公司和国营合作社在灾后 14 个月中,共收购了桐油、茶籽、菜油、青油、木材、蛋类、鬃毛等主要土产,总值人民币 203 亿元。另外,皖南区还发动灾民找代食品,如掘野菜、掏螺蚌、挖蕨根等,也对度荒起了很大的作用。

1950 年 2 月 8 日,春节将临,皖南行署再次发出指示,要求灾区组织灾民从事捕鱼、运输公粮、打柴,参加修路、开矿等副业生产。在山区,主要是做好茶贷,把茶叶公司贷款运用好,使山区经济得到恢复,灾民生活问题得到解决。1950 年春季,国营茶叶公司在产茶区先后共贷放了茶叶施肥及采摘粗制贷款达 64 亿元,折合大米 550 万斤,使茶农得以整理茶园和培植茶棵。在茶叶收购方面,仅四五两个月即收茶 36.6 万担。同时,人民政府还向产茶区拨放了米、布、油、盐等大批物资,保障了茶农的实际收入与需要。1950 年,因人民政府大力扶持,茶农生产情绪高涨,皖南区茶叶增产约 4 万担。此外,同年,皖南区还完成植棉任务 13 万多亩。在蚕桑生产上,恢复了绩溪岭北蚕场,推广改良蚕种 4500 张,生产鲜茧 1000 担,土茧 2000 担。[1]

1949 年,皖北沿淮受灾区的国营贸易公司结合购销业务,及时组织灾民开展打席、编筐、挖藕、榨油、纺土纱等各种副业生产,并供应原材料,增设收购网点,收购灾民生产的各种农副产品,帮助农民生产自救。1950 年 3 月,重灾区宿县专区已组织合作社 9 处、区社 25 个、乡社 190 个、油坊 42 个、副业生产小组 12000 多个,计有 40 多万人经营油坊、磨粉、纺织、编席、贩卖窑木等 75 种业务。几乎所有副业产品都由合作社及贸易公司收购,群众获利共计杂粮近 380 万斤,凭此收益维持生存者达 50 多万人。阜阳专区也因副业生产获利杂粮达 300 多万斤。同时,宿县、阜阳专区还发动灾民找代食品达 30 多种,如临泉县长官区某乡妇女共挖得野菜 3.4 万多斤;涡阳县在挖河中发动群众打鱼 1.8 万多斤,拔藕 1.15 万斤,捞笮草、苇根 208 万斤,大大解决了口粮和牛草问题。巢湖专区也发动万人挖藕,平均每天挖 20 万斤,每

---

① 程一峰:《开展生产战胜灾荒——皖南区一年来的生产救灾工作》,1950 年 10 月 1 日《皖南日报》。

天每人吃 5 斤,能养活 4 万人;同时还组织群众捕鱼、编芦席、采矾采煤、烧砖瓦石灰、打石子,开展多种副业生产。滁县专区则着重发动群众砍草、挖药,盱眙、嘉山、炳辉、滁县等县均设有药材行。六安专区部分地方则组织了竹器生产小组。安庆专区恢复铁锅炉等副业生产。①

1950 年淮河水灾后,8 月,曾希圣在给中央人民政府的报告中,着重强调了灾区副业生产的重要性及困难。报告指出:"大量组织有原料、有销路的副业生产及推销土特产,仍然是救灾不可缺少的重要方法。皖北土特产多,而土产能否畅销,于群众生活关系极大。同时,在过去的救灾工作中,副业也打下初步基础,不少灾民一年来即赖副业为生。我们根据原料和销路等条件,在准备大力发展已有的各种副业外,打算结合秋后大修水利,使副业生产更大规模发展。诸如数百万民工所需油、盐、粮草、芦席棚及大量治水简单工具——铁锹、土筐等,均必须从开展副业求得适当的解决。开展副业生产,必须非灾区和灾区同时进行,以非灾区带动灾区。"

1950 年,皖北沿淮各地吸取了 1949 年的救灾经验,根据具体情况,积极开展副业生产。沿河湖地区的灾民,大都组织起来捕鱼,每人、每天能摸七八斤,可换 3~4 斤粮食。蚌埠市郊区的灾民组成了很多编席编筐搓绳组,每人每天可以编一条大席子,得粮 5 斤。怀远县则组织有劳动能力的灾民上山采石,妇女老弱则割草、挖野菜。为配合副业生产,灾区各合作社多方面设法打开销路,帮助灾民解决困难。宿县专区合作社与沿淮指挥部订了 100 万条芦席的合同,又代水产公司收购咸鱼 2000 万斤。霍山县合作社在山区收购毛竹近 20 万根,对解决灾民搭屋及山区群众未接上秋粮的生活都有很大帮助。为迎接治淮工程,六安专区合作社大量收购油、盐、柴草等以供河工需要;正阳关合作社收购石块、石条 2 万多平方尺;宿县专区合作社则向灾民订制了 1 万把大锹以及铁铲、柳筐等。

1950 年,皖北行署还向灾区贷粮 200 万斤,用作灾民副业资金。同时又从东北和河南省调进大豆 5500 万斤、绿豆 400 万斤,供给灾民

---

① 吴波:《与灾难战斗的皖北人民——皖北灾区访问记》,1950 年 10 月 18 日《皖南日报》。

作榨油、磨粉原料。至年底,沿淮各县共组织榨油、编席、捕鱼、织布、磨粉、砍草、挖药等副业生产小组45785个,73万多人参加,产品除自销外,均由合作社及国营商业机构销售。这年,皖北灾区农村人民政权还组织近500万人采集代食品。

灾区发展副业生产及出售农副产品,使部分灾民的生活得以保障,生产能力得到提高,从而缓解了灾情。

二、保障农民生活的努力及效果

1949年和1950年,皖北、皖南连续灾荒,从中央人民政府到皖北、皖南行署,从各级机关干部到一般群众,都把生产救灾当成压倒一切的中心工作。所有努力,都是为了保障灾区农民生活,尽力度过灾荒,恢复农村经济,为尔后的发展创造条件。

1949年,皖北区灾民872万人,占全区总人口三分之一强;皖南区灾民72万人。1950年,皖北区灾民近1000万人,占全区人口近二分之一,其中重灾民近700万人,109万人无衣、无食、无家可归。怎样才能保障灾区农民生活,成为生产救灾中最迫切的问题。中央人民政府发出指示:"不饿死人,不成批向外省逃荒;尽一切可能防止瘟疫,加强疫病防治。"

1950年淮河洪灾后,曾希圣连续几次给中央人民政府写报告,都把保障灾民生活当成急需解决的问题。如8月29日的报告,有六条直接涉及灾民生活保障,包括抢救耕畜及解决灾民住房、烧草、食盐、寒衣、灾后瘟疫防治等问题。报告在充分调查研究的基础上写得很具体:

"1. 抢救耕畜:耕畜究竟有多少需要抢救?据估计700万重灾民约140万户,以每两户工一头牛计,共需救济70万头牛。我们除提出以牛就草,以草就牛,普遍动员群众储藏牛草(树叶、青草等)外,尚须由政府帮助解决30%约20万头。这样做,计需原粮5400万斤(每头牛以300斤粮计算),此款作牛贷办理。2. 重灾民的房屋问题:外移临时安置的

重灾民 109 万,均是房屋被淹倒的,到种麦和治水时,除完全无劳动力者外,均须回家生产,因此,房屋必须尽可能给予解决。作 100 万人计算,每人芦席 1 张,木料、草料等等加起来,每人约需原粮 20 斤,共计约需 2000 万斤。这是最低估计,此款请作救济办理。3. 烧草问题:由于灾区普遍缺少烧草,又为保证稀有的树木计,请贷煤解决燃料困难。以重灾民 700 万人每人贷 150 斤计,共需 52 万吨煤作为补助之用。此煤最好当作救济经费处理,万一不可能,则在明年秋后以窑木归还一半,其余一半请免于归还,因其中部分灾民无力归还。4. 食盐问题:灾区食盐,自去年已极度缺乏,即使少数灾民家常零购若干,也于水灾后损失无存。以重灾民 700 万计,每人每月 6 两食盐,按 8 个月计算,共需原粮 2100 万斤,加运费一成则为 2200 万斤。去年救济盐尚存的一部分,已在水灾后发放,但为数不多。要求将已经发放的扣除外,请按上述计算发给。5. 寒衣:700 万重灾民中,最少有 80% 缺寒衣,共计大小需 560 万套。要求除清理物资中抽补外,请在全国范围内发动捐募,且需提前进行,方能及时解决。6. 水灾后瘟疫情况严重,灾区几乎每县都有,以痢疾、疟疾、回归热、麻疹、猩红热、霍乱为多。太和县光武区 45000 人,在两天内病死 80 人(主要是霍乱);阜阳城区 13 天,病死 50 人。由于地域辽阔,交通困难,防疫队医疗器具不足,解决的困难很多,除号召各地组织中医参加治疗外,请再调医疗队 3 个,多带一些药品,并请有中央派一得力干部前往主持指导工作。"

1950 年灾后,因为人民政府各种赈灾措施的有力落实,再加上组织群众发展农业和副业生产,组织生产自救,经过艰苦细致的工作,尽可能解决了灾民的粮食、房屋、烧草、寒褥等问题,农民的生活得到了保障,饿死人的事较少发生。在防治病疫方面,通过人民政府组织各地民间医生及卫生部、华东、各友邻省区派来的医防队,配合皖北区医务人员,深入灾区,开展医防工作,及时扑灭了各种病疫。仅七八两个月即治好 28600 多人,灾后没有暴发重大疫情。

生产救灾取得重大成绩的主要原因可归结为以下几点:一、指导思想明确。根据中央人民政府指示并结合皖北、皖南区具体情况,正确贯彻生产救灾方针,特别是抓紧农业生产的基本环节,采取了一系列具体措施,贯彻落实有成效。二、各级人民政府始终重视。一把手负责,亲自动手,竭尽所能,动员一切社会力量,发动和依靠群众,把生产救灾作为头等大事。三、干群团结一致。在生产救灾过程中,广大干部与灾民同艰苦、共患难,深入实际,解决问题,普遍赢得了人民群众的信任,增强了灾民们战胜灾荒的信心,最终战胜灾荒。

由于刚刚解放,生产救灾对部分干部来说是一项新工作,缺乏经验,还存在不同程度的官僚主义,因此,救灾工作也存在一些问题。主要表现为:一是在排水种麦之后,组织群众开展副业生产比较迟缓;同时,对灾情的预见不足,防范不足,以致春节前后某些地区的灾情一度有较为严重的发展。二是有些地区把生产救灾方针、措施停留在口头上,对以工代赈的认识理解不够,因而在灾情发展严重时,一味强调救济,对生产自救信心不足,经上级领导再三指出才逐渐扭转。三是在扶助与鼓励群众开荒方面,不少地区领导干部没有经验,再加上观念狭隘,在开荒时对可开荒地的坡度控制不够。各国营商业和合作社对销购土产带有盲目性,如在山区只愿积极组织竹、木、柴、炭等生产,因而对破坏森林的现象纠正不及时。四是结合生产救灾改造基层组织的工作,有些地方贯彻得不够坚决,致使不少村庄基层组织不纯,出现了严重的贪污、浪费及打人、骂人、扣押人等强迫命令的恶劣作风。在互助互济、自由借贷中,发生查仓强借的违反政策行为,使生产救灾工作受到一定的损害。皖北区终因灾情重、灾民多,至 1950 年 1 月,因饿成病、因饿致死,或连饿带冻加病,有近万人死亡。各种生产救灾措施贯彻后,至 1950 年 5 月,灾情基本缓和。

总体上说,皖北、皖南在解放初期两年的生产救灾,可谓千难万难、波澜壮阔、卓有成效,取得了明显的成绩。《皖南日报》、《皖北日报》、《解放日报》等,不断发表社论、通讯和长篇报道,进行宣传和肯

定。从中央到地方,全民参与的生产救灾斗争,既保障了灾民们的生活,使他们顺利度过灾荒;也为新中国恢复经济打下了一定基础。

生产救灾取得的成绩,获得了各地灾民的认同。灾民一致感慨:"无衣发衣、无粮发粮、缺种贷种,还领导俺们生产,人民政府对俺们真是费尽心血,比娘老子还亲!"由于灾民对新生的人民政府衷心爱戴,政治觉悟普遍提高,积极参加各种群众组织和政治活动,各群众团体也健全和发展起来,农村基层政权得到了改造,为随之开展的抗美援朝、土地改革、镇压反革命、民主建政等运动创造了有利的政治条件。

第四章
土地改革

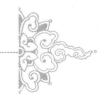

安徽的土地改革与全国土地改革同时进行,经过充分的准备后,于1950年8月开始试点,到1952年7月除少数蓄洪区外,土地改革的任务全部完成。由于行政区划的原因,土地改革在皖北区和皖南区分别进行,共计包括71个县、市,4个市郊,688个区,10278个乡(村),计2955万人口。① 经过这场翻天覆地的土地改革运动,广大农民真正有了自己的土地,翻身做了主人,江淮大地旧貌换新颜,到处呈现出一派新的气象。

---

① 李世农:《安徽省土地改革工作报告》,中共安徽省委农村工作部编《安徽省土地改革资料》(1953年内部资料),第95页。

第一节 土地改革的背景及宣传动员

一、封建土地所有制下的安徽农村

解放以后到土地改革前,安徽农村的土地关系,皖北和皖南,根据地和非根据地,情况不尽相同。大体来说,可以分为老解放区、新解放区、恢复区三种类型。

老解放区主要分布于皖西北、皖东等地,其土地改革最早可追溯到 1930 年初。1929 年秋,皖西的麻埠、金家寨、霍山等地农民在中国共产党领导下,进行革命暴动。1930 年春,革命暴动遍及六安、霍山、霍邱等皖西各县。是年五六月间,这些地方正式成立了苏维埃政权,并轰轰烈烈地开展了"打土豪,分田地"运动。可以说是安徽最早的土地改革地区之一。[①] 但随着鄂豫皖根据地工农红军的转移,革命由高潮转入低潮,地主势力卷土重来,进行反攻倒算,土地革命成果保留甚少。到解放战争时期,随着解放战争的节节胜利,中国共产党在被解放的农村地区进行新一轮的土地分配,农民群众被充分发动起来,地主阶级基本被打倒,人民当家做主,成为新一轮土地改革的主人。但在这些解放区,所谓土地改革只是简单地按人均占有土地的多少进行重新分配。分配中存在一些不符合政策或过激过快的行为,同时也未颁发土地证以确定产权。

新解放区主要是皖南区等地,是指 1949 年 4 月以后解放的地区,这些地区在过去没有进行过土地改革,少数地方曾经开展了减租减息运动,但更多的仍然是封建土地所有制。

还有一部分地区称作恢复区,以淮北地区为主。这里是抗日战争时期中共建立的根据地,已经进行过减租减息、反匪反霸斗争,但在解

---

① 苏桦、侯永主编:《当代中国的安徽》(上),当代中国出版社 1992 年版,第 46 页。

放战争期间,经历了反复的拉锯,情况极其复杂。解放初期,经过支援前线、建立基层民主政权等运动,群众有较充分的发动,觉悟程度大大提高,地主的气势基本被打垮,土地占有制形式多种多样,各村、镇具体情况都不一样。

总体而言,解放初期的安徽农村土地所有制仍然是地主阶级的封建土地占有制。据不完全统计,在土地改革前,皖北、皖南农村约有2711万多人,计631余万户,其中地主、富农占总户数不足6.5%,却占土地总数的40%;贫雇农约占总户数的55%,只占土地总数的19.39%;中农占总户数的34%,占土地总数的35%;其他土地为公堂、学田或小业主占有。①

除土地数量高度集中于地主、富农外,位置较好、质量较佳的土地也往往相对集中于地主、富农手中。贫下中农的土地则比较贫瘠。此外,以公堂、宗族等名义占有的土地也较多。以安庆专区为例,公堂及地主占有的土地约占全部土地面积的30%～50%,且主要集中在平原、交通便利地区。如桐城全县地主、公堂共占有土地66.2%,大多土质肥沃,交通也很便利,其中一半又为张、姚、马、左、周、李、方七姓封建大族所有。② 一些地主往往将自己的土地挂在公堂、宗族的名下,致使公堂、宗族名义上拥有的土地庞大,有的达上百甚至上千顷。

由于土地集中于封建地主阶级,地主对农民的剥削也日趋加重。以安庆地区为例,全区地租一般为收成的50%,多的为70%;更有甚者,岳西县地租高达70%以上,个别的达80%～90%。1945年以后至1949年安徽解放时,地主对农民的地租剥削进一步加重。全省大部分地区的地主都抬高了地租,一般抬高20%～30%,有的抬高到50%,分租制度也多提高一成;加上以谷贷、青苗等名目的费用提高,地主对农民辗转盘剥,使农村负债户剧增。

此外,地租以外的剥削也相当沉重。据后来土地改革中农民列出的已知剥削办法有10多种:虚报田亩,即地主在租约上写的田亩数比

① 苏桦、侯永主编:《当代中国的安徽》(上),当代中国出版社1992年版,第47页。
② 安庆地委农委:《安庆专区土地改革运动初步总结》,中共安徽省委农村工作部编《安徽省土地改革资料》(1953年内部资料),第127页。

农民实际租的田亩数大得多,致使租额加重;地主把农民的欠款转为高利贷,加重盘剥;"粪厚加租",即农民把田种肥了,收获增多,地主就加重租额;水租,即佃户用地主塘里的水,每亩田也要交一定的费用;指仓交租,即租谷要交到地主指定的地点,耗费农民劳力;"车谷",即交租时,地主用风车重校,每石谷要被风车多吹掉 4 ~ 5 斤;强迫农民无偿劳役,包括抬轿、挑水、晒谷、打鱼、修房、红白喜事帮工等,每个农民一般每年要替地主无代价地做 10 ~ 50 个工。

　　除了地主的直接剥削外,国民党政府也借各种名义,对农民进行统治和掠夺。据怀宁县高河区调查,国民党政府各项捐税有 29 种之多,各种杂费达 50 余项。农民交纳的各种苛捐杂税一般要占到全年收入的 25% ~ 30%,多的达 40% ~ 50%。地主还把本属于他们交纳的苛捐杂税转嫁给农民,农民的处境变得更加艰难。怀宁县芦塘村从 1945 年到 1947 年,总共 74 户农民就有 14 户破产。同时,地主还利用高利贷对农民进行剥削,由于长期持久的通货膨胀,高利贷更加重了农民的负担。地主放高利贷一般有两种办法,一是放稻,春借秋还,一般利率是 100%;二是买新,即在农作物未成熟之前,农民青黄不接之际,压低价格购买,即将成熟的农作物,价格要低于上市价格的 50%。矿山乡地主胡某春荒时放稻两石给农民,秋收时农民还不起,胡某又加利翻折算,两担稻连本加利,滚成了十六石米,[①]农民更加还不起,只得把自己的田地卖给胡某。

　　地主还利用宗族权力和反动道会门来实行封建统治。农村中祠堂林立,这些祠堂都是地主阶级用以统治和镇压农民的刑庭。很多祠堂内都放着溺人桶、戒尺、棍子、木枷、站笼、"快活凳"、铁链、火叉、刀、竹板、虎头钩等刑具。农民欠了地主的租子,就被拖到祠堂里打板子、压杠子;农民损害了地主的利益或违反了"族规",就要受到惩罚。据统计,在怀宁县矿山乡,80% 以上的贫、雇农受过地主的捆绑、打骂。一胡姓农民因为地主家的鸡吃自己的稻谷,不小心把一只鸡的脚打断

---

　　①　安庆地委农委:《安庆专区土地改革运动初步总结》,中共安徽省委农村工作部编《安徽省土地改革资料》(1953 年内部资料),第 130 页。

了,结果除了赔付半担稻谷以外,还被地主吊起来毒打一顿,最后还是村里人出面求情才算被放了一条生路。一贯道、同善社等反动道会门的首要人物大都是地主豪绅或乡长、保长,他们利用封建迷信欺骗群众、培植封建势力、收容流氓,横行霸道,还采用"扶乩"、"立坛"等办法,向农民敲诈勒索,成为国民党政府和地主阶级镇压农民的工具。

封建土地所有制不仅损害了农民阶级的利益,也严重束缚着生产力的发展,是社会前进的根本障碍,是旧中国贫穷落后的主要原因。广大农民要真正获得解放,就必须团结起来,在中国共产党的领导下进行土地革命,打倒地主阶级,消灭封建土地制度。

二、土地改革的宣传动员

为使广大农民真正翻身做主人,拥有属于自己的土地,1950年6月28日,中央人民政府颁布《中华人民共和国土地改革法》(简称《土地法》),全国农村开始了轰轰烈烈的土地改革运动。1950年8月,中共皖北、皖南区委和行署根据《土地法》的规定,分别制定了符合本区实际的土地改革具体实施办法,为土地改革的开展做准备。

中共皖北、皖南区委和行署制定的土地改革实施细则,主要包括以下内容。

关于对地主土地财产的处理。政策规定,没收地主的土地、耕畜、农具、多余的粮食及其在乡村富余的房屋,对于地主家庭中自耕部分的土地,应基本上予以保留,其余部分土地予以没收。而没收的地主的土地、耕畜、农具,应同样分给地主一份,使地主也能依靠自己的劳动维持生活。对地主其他财产,包括地主所经营的工商业在内,不予没收,不动浮财,不挖底财,因为没收底财,很容易使其分散隐藏和破坏,引起大量财富的浪费,同时,农民对底财的追查、搜查、逼迫,很容易使农村社会秩序混乱,对生产、对农民都不利。

关于富农经济的保存问题。规定保护富农所有自耕和雇人耕种的土地及财产,不得侵犯。但具体情况要具体对待。其中,对于半地主或富农,可以适当征收其出租土地,如其自耕及雇人耕种的土地少于或多于当地每人平均土地数者,应进行适当抽补,留到相当于当地每人平均土地数的土地。对于一般富农出租的少量土地,一般应保留不动。

关于保护工商业的问题。工商业者在农村的土地和已由农民居住的房屋,应予征收,而在农村中的其他财产和合法经营,应加以保护,不得侵犯。这样一方面可以帮助贫苦农民解决一部分土地和住屋的困难,另一方面也不妨碍工商业者的经营。

关于革命军人、烈士家属、工人、职员、自由职业者、小贩以及其他职业或缺乏劳动力而出租少量土地者的土地问题。只要每人平均土地数不超过当地人均土地数的 200%,均保留不动;对于超过标准者,应该征收超过部分的土地。但如果该土地确系是本人劳动所得购买,或鳏、寡、孤、独、残疾人等依靠该土地为生者,即使每人平均土地数量超过 200%,也应酌情予以照顾。

关于宗祠、公堂、庙宇、学校和其他团体在农村中的土地或公地,需根据不同情况区别对待。对于学校、医院、孤儿院等机构,征收其土地后,由人民政府补偿以维持其经费。对乡村中修桥、补路、茶亭、义渡、消防等公益事业所必需的少量土地,按原有习惯予以保留,不加征收分配。其他属宗族所有的宗祠、公堂、庙宇等土地,可留少量作祭祠用,其他一律征收,重新分配。

关于土地分配的原则。在对一些土地进行征收、重新进行分配时,应按土地数量、质量及位置,用抽补调整的方法在原耕地基础上分配。这样,可以避免过多的不必要的土地变动,有利于生产。同时,在抽补时,应给原耕民以适当的照顾,使原耕民分到的土地适当的稍高于无地或少地农民所分得的土地,同时原耕民最好的土地应不抽或少抽,以激发原耕民对土地改革和生产的热情。

关于外来户,即解放后或土地改革前搬到本村、自愿在当地安家落户而又要求分田、同时又能从事农业耕作的流动人员,应分给他们与当地农民同样的一份土地和其他生产资料,不得歧视。

关于湖泊、河流、池塘的处理问题。根据《土地法》的规定,湖泊、河流收归国家所有,但仍归原来渔民使用,由渔民民主管理,自主投资

经营的捕渔业,不没收分配,过去的捕鱼界限、捕鱼季节及捕鱼习惯等,一般应予保持,渔民中以捕鱼为正业而收入不足以维持生活者,应在当地土地情况允许的条件下,酌情分给部分土地和其他生产资料。应该没收的苇塘、藕塘等适合农民经营者,按适当比例折分给一户或几户农民经营。

由于皖北、皖南区地形、地貌、生产条件、历史状况不同,实施土地改革的客观条件也必须有所不同。如在皖南,山场、竹林、茶树较多;在皖北区,平原、河流较多。对此,皖北、皖南也都在政策中做了详细的规定,对于应没收的竹林、茶树、桐树等,按比例折合成耕地统一分配,为利于生产,应优先分给原来从事此项生产的农民,分得此项者,可少分或不分普通耕地。

除了制定详尽的土地改革政策外,皖南、皖北区也分别制定了土地改革的时间安排和具体进度,以保证土地改革的顺利进行。1950年8月,中共皖南区委决定,皖南区以县为单位,分4个阶段来完成土地改革工作:从1950年11月至12月,为土地改革的第一步,各县一般应完成10%～15%的村庄。从1950年12月初到1951年1月初,为土地改革第二步,各县应在第一步的基础上完成30%～40%的村庄。从1951年1月初至2月初,为土地改革第三步,各县除问题太复杂的村庄外,应争取基本完成土地改革工作。从1951年2月初至2月底,为土地改革第四步,各县应全部完成土地改革工作,使农村转入生产。①

皖北区的情况比较复杂。1950年,淮河流域发生了严重的水灾,灾民达990余万,生产救灾和治理淮河成为沿淮地区的紧迫任务,因此还不具备土地改革条件。中共皖北区委决定,皖北区土地改革分为两期进行。第一期在灾情较轻的淮南地区24个县进行,从1950年8月开始至1951年4月结束。第二期在灾情较重的淮北地区24个县进行,从1951年7月开始,至1952年7月结束。②

---

① 马天水:《为完成皖南区土地改革而奋斗》,中共安徽省委农村工作部编《安徽省土地改革资料》(1953年内部资料),第8页。

② 苏桦、侯永主编:《当代中国的安徽》(上),当代中国出版社1992年版,第47—48页。

中共皖北、皖南区委和行署制定的土地改革政策和进度安排，为土地改革运动的顺利开展提供了保证。

开展土地改革是中国共产党对广大农民做出的庄严承诺，是新中国成立初期的重大政治、经济、社会运动。从1950年4月初起，中共皖北、皖南区委就分别在本区范围内开展了广泛的宣传活动，为实行土地改革作舆论上、思想上的准备。

各级干部是土地改革政策的执行者和宣传者，因此，首先在各级干部中宣传土地改革是当务之急。皖北、皖南区分别根据实际情况，结合党员干部整风运动，开展《土地法》宣传，各地举办各种干部培训班，抽调干部集中学习土地改革政策，学习刘少奇关于土地改革问题的报告，弄通《土地法》的基本精神、土地改革运动的方针以及各项具体政策内容，认清土地改革的目的和前途，清除一些糊涂思想，以提高干部的政策水平。

其次，动员一切革命的知识分子，学习《土地法》，认清土地改革的正义性和必要性，弄懂土地改革的各种具体政策，明确对土地改革的态度。在此基础上，向周围的人宣传土地改革政策。一些学校组织学生对土地改革政策进行学习，并发动学生上街下乡进行宣传。他们利用黑板报、板画等多种形式揭露地主的罪恶，宣传土地改革的必要性，使更多的人了解了土地改革的原因、目的、政策。

第三，在广大农民中大力宣传土地改革政策。由于农民是土地改革的主体，因此，只有农民了解了土地改革的意义，知道土地改革是为了使其翻身成为土地的主人，他们才有更大的热情投身到土地改革运动中来。

在开展面上宣传的同时，还组织成立众多的土地改革政策宣传队，派到农村，直接面对农民宣传《土地法》及具体政策内容。

皖北、皖南解放不久，新生的人民政权还未能巩固，很多农民存在着思想顾虑，害怕地主反攻倒算，担心共产党的土地改革政策摇摆不定。芜湖的一位余老汉说："我都快70岁了，活了这么大，还没见过分地主的地不被抢回去的。"这种思想在群众中有一定的代表性，害怕遭到地主阶级以后的报复，不敢参加土地改革。一些中农和富农也有顾

虑,中农害怕自己的好田被别人拿去了,富农则怕自己被当成地主,不愿参加土地改革。针对这些情况,土地改革政策宣传队有针对性地进行宣传,号召广大贫农、雇农组织农会,与地主进行斗争;鼓励贫雇农树立信心,从此以后,天是人民的天,地是人民的地,人民政府为人民,政策不会改变的。只有把地主打倒了,改了田、分了地,人民才有活路。经过宣传动员,贫雇农的思想发生转变。余老汉的儿子说:"我不怕了,怕什么呢,不搞土地改革在地主的剥削下也没有活路,不是被饿死就是被打死,搞土地改革,我们才有活路,分了田以后谁敢来抢,我用命和他拼。"经过工作组的宣传和儿子的劝说,余老汉思想也发生转变,他对人说,"想不到我到老还有这么一天,能分到自己的地,我爷爷、父亲几辈子也想不到有今天啊,不怕了,我也豁出去了。"老余父子的思想转变影响了周边很多人,农民大都抛开了顾虑,投身于土地改革之中。对于一些中农、富农的顾虑,土地改革政策宣传队则更多的是讲政策,告诉他们,根据政策,他们是被保护对象,不会分他们的田。一些中农、富农了解了政策后,不再担心自己的利益受损,也就很快放下心来,打消了对土地改革的顾虑。

皖北、皖南农村中的妇女人数占农村总人口的一半。向妇女宣传土地改革政策,发动和组织她们参加妇联会、农会,对土地改革能否顺利开展,十分重要。但是,在宣传土地改革政策初期,由于受"重男轻女"封建观念影响,对妇女的宣传未能引起重视,甚至在一些土地改革政策宣传队中也有一些队员不愿意做妇女工作。有些妇女由于长期受封建压迫,认为女人是不应该抛头露面的,土地改革是男人们的事情。这些落后观念如不立即改变,便会使土地改革失去一股重要力量。

中共皖北、皖南区各级组织及时发现了在土地改革政策宣传中发生的问题,立即展开对土地改革政策宣传队的培训,要求他们丢弃封建的歧视妇女的观念,在农村广泛宣传妇女解放的观念,动员妇女参加到土地改革运动中去。土地改革政策宣传进入中后期阶段,皖北、皖南的各个土地改革政策宣传队采取办法,向农村妇女宣传土地改革政策,宣传妇女解放,宣传男女平等,把妇女也列入分田的名单中,予以公示。皖南一些村庄的妇女连自己的名字都不记得,有的没有名字,都是随丈夫姓氏叫某某氏。当她们得知自己也可以分到田,自己的名字也上榜公布,激情一下子被点燃了。有的农村妇女说:"我活了一辈子,都忘记自己的名字啦,今天才知道自己也是个人,也有名有姓,也可以分田分地,就为这个,我都要起来参加土地改革。"从此,她们成为土地改革的积极分子,整天为土地改革工作组忙这忙那。望江县大桥村有一户夏姓童养媳,在家中被认为是吃闲饭的,长期受到公公婆婆的打骂。村妇联会知道后,严厉地批评了公公婆婆的这种做法,告诉公公婆婆童养媳也是人,也要参加土地改革,也会分到地,不是吃闲饭的了。有了妇联会的撑腰,这位夏姓童养媳在家里抬起了头,公公婆婆也改变了态度,家庭也和睦起来,一家人都开开心心参加土地改革,分到了属于自己的土地。据不完全统计,仅在安庆专区,妇女参加农会、妇联会人数比土地改革前增加近7000人。皖北、皖南两区的妇女被发动起来,一些妇女同志通过土地改革积极要求进步,成为农村工作的积极分子。

土地改革不仅仅是农村的重大事件,与城市也有着十分密切的联系。向城市中的市民宣传土地改革政策,让市民知道农村的土地改革也与他们息息相关,有利于城市工商业的发展。人民政府的土地改革政策在农村正确地执行,必然为城市经济生活的恢复、发展,提供良好的物质基础。在对城市市民的宣传中,特别宣传了土地改革政策中的工商业保护政策,向一些工商业者解释他们在农村的产业只要是涉及工商业活动的,都是被保护的对象,不会被分掉,希望他们安心工商经营,不要束手缚脚。经过这样的政策宣传,工商业者大多解除了思想顾虑。一些工商业者还主动要求把自己在农村的部分财产拿出来分给农民。有的说:"其实,我们现在在城里,这些房子啊、家畜啊,放都放坏了,还不如分给农民们。"①经过宣传,广大城市市民也了解了土地改革政策,成为土地改革的拥护者、支持者。

中共皖北、皖南区委及各级组织在积极开展土地改革政策制定与

① 《皖南区农委、宣城地委农委关于农村工作综合报告》(皖南区档案 J001 - 000001 - 00070)。

宣传的同时,着手组建土地改革工作队。为确保党的土地改革政策真正落实、不出现偏差,土地改革工作队成员都是从党、政、民各机关和干部学校及部分先进村干部、积极分子中抽调的。在土地改革准备期的 1950 年 8 月,皖南区从所辖专区共抽调 4800 人组成工作队,其中宣城 1600 名、池州 1450 名、徽州 1300 名、芜湖县 250 名、区党委 200 名。① 同时上级部门和各分区也都抽调一批人员加入到土地改革中来。中共中央华东局调派 800 多名知识分子,宣城专区辖县抽调 450 名,徽州专区辖县抽调 400 名,池州专区辖县抽调 400 名,芜湖县辖区抽调 50 名。另外,中共皖南区委还规定,在土地改革期间,各部门除必须留在机关工作的干部外,其余干部都要参加土地改革工作。到 1952 年冬,皖南区从 15000 名在职干部中共抽调约 6000 ~ 7000 名干部参加土地改革运动。

由于短时期内抽调的人数众多,土地改革工作队的人员素质也参差不齐,人们对土地改革的政策、方法认识也不同。有的人认为,土地改革就是"打地主,分田地",把地主打倒了,再把土地分给农民就完成任务了。有的人问:怎么打地主? 是用枪还是用鞭子? 还有的同志对什么是"地主"都不清楚,分不清地主和富农的区别,认为只要是土地多的农民就是地主,就要打倒。针对这些片面认识和错误观念,中共皖南区委及各级组织,组织土地改革队员集中培训,学习土地改革有关文件。经过培训,绝大多数人认识到土地改革的意义、目的,理解了土地改革的政策、方法,成为土地改革政策的有力宣传者、执行者。据不完全统计,皖南区在土地改革期间培训的土地改革干部及积极分子,包括其他参加土地改革的人员,共计 24175 人。在皖北区,中共皖北区委党校在全区土地改革还未大规模展开前,即举办土地改革干部培训班,参加培训人数达 9000 多人。

农民是土地改革运动的主体。在土地改革前,农民多是一盘散沙,没有自己的组织;有些地方虽然成立了农会,但参加人数不多,工作不能正常开展。要在广大农村地区迅速深入地开展土地改革运动,

---

① 《土地改革工作的组织训练编制计划》(皖南区档案 J001 - 000001 - 00073)。

必须要把农民组织起来、发动起来。1950 年夏收后，皖北农村地区广泛开展了组织动员农民加入农民协会的活动，并大力健全农会工作机制，提高农会的政治地位。到 8 月底，皖北区 90% 的乡村都建立起了农会。入会农民占全区总数的 80% 左右。1950 年 10 月 13 日至 17 日，皖北区召开首届农民代表大会，通过《皖北农民协会章程》，选举产生皖北区农民协会第一届委员会。

在皖南区，中共皖南区委召开组织工作会议，确定结合土地改革运动，开展整顿农村基层组织的工作。截至 1950 年底，全区已有 2123 个村庄的基层组织进行了整顿，占全区村庄的 50% 以上。[①] 同时，为培养农民土地改革骨干，扩大组织起来的农民队伍，皖南各级党组织从各县挑选一批农民积极分子进行集中培训。至 1950 年 9 月，皖南各县训练农村干部和积极分子 1.3 万余名，并计划在土地改革中再培训农民积极分子 2 万人。[②]

解放前，广大农村妇女没有任何政治、经济和社会地位。解放后，妇女的地位开始提高。为保证农村土地改革运动能够得到最广大农民的参与、支持，必须把农村妇女发动起来。中共皖北、皖南区委及各级组织加紧开展组织农村妇女加入妇联会的工作，培养妇女积极分子。在安庆专区，土地改革工作队针对农村童养媳、等郎媳多的社会陋习，把她们召集起来专门开会，工作队先从为什么存在童养媳、等郎媳的社会现象入手，谈她们关心的问题，使她们认识到是"因为穷，因为没有地"，使她们受苦受难。工作队又向她们讲解童养媳、等郎媳同样是人，也可以分到地。她们提高了思想认识，强烈要求参加土地改革。她们说：有了田，分了地，我们也可以堂堂正正地自己养活自己，我们也自由了。各地的土地改革工作队还规定，乡农代会代表中至少要有 25% 的代表由妇女担任，以提高妇女在农代会和土地改革运动中的地位、作用。

---

① 《皖南区农委会华东区委报告》(皖南区档案 J001 – 000001 – 00108)。
② 《皖南区农委会华东区委报告》(皖南区档案 J001 – 000001 – 00108)。

第二节　土地改革由试点到全面展开

一、土地改革试点

为了使土地改革能够有序、顺利地进行，中共中央决定，土地改革应先行试点，在试点成功的基础上，总结经验教训，然后再全面铺开。

中共皖北、皖南区委按照中央的要求和华东局的指示精神，学习、汲取全国农村先行土地改革的先进经验，采取"小心谨慎，创造经验"、"典型突破，逐步推开"、"点面结合，全面开展"三个步骤。这样做的目的是尽可能避免土地改革中的错误，促使土地改革运动健康发展，符合广大农民群众的期望，并在土地改革过程中培训和教育干部。

1950 年 8 月，第一批土地改革试点在皖北、皖南 70 个乡、村进行，其中皖北有 38 个乡、村，皖南有 32 个乡、村。皖北、皖南分别展开试点时，又从这些被确定的土地改革试点的乡、村中再有重点地选择群众觉悟高、基础比较好的不同类型的乡、村进行试点，以期通过"解剖麻雀"摸索经验，总结教训。对最先进行试点的乡、村，一是从中共县一级和所属区级组织中选派比较熟悉政策的干部组成土地改革工作队（组）。二是土地改革工作队（组）驻乡、村后，首先对该乡、村的具体情况进行详细的调查、了解。三是按照整顿组织、划分阶级成分、没收土地、分配土地、转入生产的程序，开展土地改革运动。整顿组织，主要是围绕建立和巩固农民协会、妇联会以及村委会来展开的。同时，以农会、妇联会的名义，用办农民夜校、出黑板报的形式，宣传和鼓励农民了解土地改革政策，参加土地改革。划分阶级成分，主要是按照全乡、村人均土地占有情况，结合本乡、村实际占有土地的现况，由农会出面召集会议，公开评议。没收土地，就是将被划为地主的土地，除按土地改革政策留下一部分由地主自己耕种外，其余全部交由农会、妇联会及村委会。分配土地，就是召开会议，将从地主那里没收来的土地,由三方组成的分配组讨论土地分配方案,工作队(组)全程参与、指导,并将讨论结果张榜公布,榜上明确、详细列出农民分得的土地面积、位置、类型,等等。待大多数农民没有意见,由乡政府或工作队(组)颁发给农民土地证。到这一步,土地改革算是走完了程序,土地改革才告结束。转入生产,是指土地改革结束后,工作队(组)为巩固土地改革成果、解放农村生产力、支持农民从事生产活动而预先确定的工作步骤,目的是防止土地改革成果出现反复,因此,土地改革工作队(组)还不能撤走,仍然留在乡、村,帮助村委会、农会、妇联会和农民开展工作,巩固土地改革的成果。

在最早开展土地改革运动试点过程中,也暴露出一些问题。如在对待贫雇农的问题上,有些土地改革工作队(组)员对"依靠贫农、雇农,团结中农,中立富农,有步骤有分别的消灭剥削制度,发展农业生产"的政策理解不深,没有很好地发动贫雇农,认为贫雇农都是大老粗,大字都不识一个,把文件给他们看,怎么拿都不知道!"[①]打击了一些贫雇农的土地改革积极性。六安县新街乡贫农刘有财私下说:"分给我什么就什么吧! 有总比没有好。"更有些贫雇农因为一时被土地改革工作队(组)忽视,对分给他们的土地不敢要,害怕地主恶霸秋后算账。对于这些情况,一些工作队(组)没能认真总结教训,而是采取大包大揽的方式,把土地改革的全部工作统统包揽下来,对农会、妇联会和村委会的意见也不给予重视,包办了土地改革的所有任务。在对待中农的问题上,由于工作队(组)对"团结中农"的意义认识不足,不重视中农在土地改革中的作用,导致一部分中农的不满和观望。一些中农表面上对土地改革工作队(组)恭恭敬敬,背地却不满工作队(组)的做法,因为害怕自己的土地、财产被没收,于是干脆采取对工作队(组)敬而远之的态度,影响了他们的农业生产积极性。在对待地主的问题上,土地改革工作队(组)对地主抵抗、破坏土地改革的能力认识不足,对地主的打击力度不够,没能更好地发动农民群众对地

---

① 六安地委农委:《六安专区土地改革运动初步总结(草稿)》,中共安徽省委农村工作部编《安徽土地改革资料》(1953年内部资料),第111页。

主展开批判斗争。一些工作队（组）只是简单地没收地主的土地、财产，再把这些没收来的土地、财产分配给贫雇农，认为这就完成了土地改革任务。例如，在六安县刘家圹村，有个地主公开讽刺分他土地的农民："我住的还是瓦房，你们不是照样住草房！"有些地主甚至公开威胁农会："你们划错了我成分，我要告你们！"因此，有些农民认为工作队（组）搞的是"和平土地改革"。①

对重点乡、村进行的土地改革工作大约持续了1个多月。在中共皖北、皖南各级组织的安排下，土地改革工作队集中起来，及时总结经验和教训。尤其是对依靠贫雇农、团结中农、加强开展对地主阶级的斗争问题进行认真的反思。土地改革工作队提高对《土地法》深远意义的认识，提高对刘少奇提出的"土地改革是一场系统的激烈的斗争"的认识；提高对土地改革不仅是"分土地"，更是实现农民当家做主、消灭封建统治、巩固人民民主政权所采取的有效手段的认识。

从1950年10月开始，土地改革在第一批被确定为土地改革试点的乡、村全面展开。土地改革工作队（组）吸取前段时期的经验教训，克服包办代替的简单做法，着重从放手发动农民群众入手，"思想先行、攻心洗脑、以苦连苦、以心连心"②的动员策略。"思想先行、攻心洗脑"，就是工作队（组）深入到贫雇农中间去，向他们宣传党的阶级斗争的政策主张，使他们认识到地主阶级的剥削是导致他们贫穷的原因、贫雇农阶级与地主阶级是势不两立的对立阶级、地主阶级的本性就是压迫广大贫雇农，以清除贫雇农头脑中的模糊思想，加深他们的阶级仇恨。"以苦连苦、以心连心"，就是工作队（组）以召开访贫问苦会、贫雇农代表会等形式，鼓励、支持贫雇农诉说受地主剥削、压榨之苦，受封建保甲制度统治之苦，并不失时机地从大胆诉苦的贫雇农中挑选一些典型人物，到诉苦大会上现场向广大贫雇农讲述自己的苦难，从而达到"以苦连苦、以心连心"，团结广大贫雇农共同批判、斗争地主阶级的目的。

---

① 六安地委农委：《六安专区土地改革运动初步总结（草稿）》，中共安徽省委农村工作部编《安徽土地改革资料》(1953年内部资料)，第111页。

② 《皖南徽州地区关于土地改革工作总结报告》(皖南区档案 J001-00001-00071)。

普遍召开斗争地主大会是这一时期土地改革工作的重要形式。在开斗争地主大会之前,土地改革工作队(组)一般是首先召集贫雇农开会,要贫雇农通过自己的亲身经历,诉说遭受地主阶级压迫的苦难,并征求他们的意见,提出斗争地主的名单。然后,工作队(组)再召开农会、妇联会和村委会会议,确定斗争地主的对象。有些乡、村贫雇农诉苦会与农会、妇联会、村委会合并召开,若意见不统一,就多次召开会议协商,以充分体现民主。在召开斗争大会时,土地改革工作队(组)和农会、妇联会及村委会都做好充分准备,一是广泛动员农民参加大会。有的乡、村参加斗争大会的农民多达四五千人。二是自荐或由工作队(组)动员一批苦大仇深的贫雇农上台诉苦。有些诉苦人讲到动情处,泣不成声;有些在台下听讲的贫雇农当场上台诉苦,很多村的斗争大会开得很有效果。三是每次斗争大会都由工作队(组)牵头,由农会和村委会主持,在一些农会、村委会组织还不太健全、号召力不大的村庄,则由工作队(组)负责主持。斗争大会之后,由贫雇农代表、农会和村委会等共同讨论,对被斗争的地主该抓的抓、该关的关、该管制的管制;对农民群众公认的恶霸地主,一般在召开斗争大会时就立即由公安机关或农会予以逮捕。例如,在六安县张店区,工作队通过农会召开的诉苦会讨论,确定54个斗争对象,并在斗争大会现场立即逮捕其中的26个恶霸地主。恶霸地主陈某,解放前罪行累累,在斗争大会上控诉他的贫雇农多达几十人,说到他的罪行时,个个恨得咬牙切齿、泣不成声,经过大会表决和公审,当场判决陈某死刑,执行枪决时,群众高呼口号,感谢共产党。农民群众说:"这下子是真干了",过去"光分田不反霸(即惩办恶霸),夜裏棉絮都害怕,现在真干了,大胆地干吧!"①

为了使广大农民真正了解中国共产党的土地改革,理解土地改革不仅使他们在经济上翻身、在政治上也要当家做主人的重大意义,土地改革工作队(组)采取了与农民群众"同吃、同住、同劳动"的形式。

① 六安地委农委:《六安专区土地改革运动初步总结(草稿)》,中共安徽省委农村工作部编《安徽省土地改革资料》(1953年内部资料),第112页。

土地改革工作队（组）进乡、进村后，每个队（组）员都被派到贫雇农家里，用贫雇农听得懂的语言，向他们讲解党的土地改革政策，宣传新的社会思想观念，使他们认识到封建的社会陋习和思想的危害性。工作队（组）员也在与贫雇农"同吃、同住、同劳动"中更加了解了贫雇农的想法，了解了农村的实际情况，对有针对性地开展土地改革运动，起着积极、有益的作用。

在这一时期的土地改革试点中，土地改革工作队（组）还比较准确地把握了党的土地改革政策规定的"团结中农"的原则。土地改革工作队（组）进乡、进村后，明确宣布中农的田地、财产不会被没收，鼓励中农从事农业生产。同时做好贫雇农的工作，加强与中农的团结，稳定农村社会。

这一时期的土地改革试点，突出了阶级和阶级斗争，即把广大贫雇农团结起来、动员起来，批判、斗争他们共同的敌人——地主阶级。把贫雇农团结起来的主要方法就是建立和巩固农会，动员贫雇农参加农会，让贫雇农把农会当作自己的家。据统计，在皖北区这一期参加土地改革试点的乡、村中，约有56.3%的贫雇农加入了贫雇农小组或贫雇农协会；约有46.7%的农民参加农会；约有40%的妇女加入了妇联会。[①] 广泛举办的诉苦会、斗争会，对贫雇农有深刻的教育作用，使他们的思想觉悟有所提高，帮助他们逐步认清了封建土地所有制的危害、封建主义的危害、封建统治的危害。这一时期的土地改革试点事实也证明，广大贫雇农对地主阶级剥削性、反动性的认识有了明显的提高，对封建思想的危害有了明显的认识。在土地改革中，许多贫雇农挣脱所谓宗族、情面和地域的束缚，勇敢地站出来诉苦、斗争地主；许多妇女打破旧习俗，加入妇联会，诉说遭受地主压迫的苦难经历。总体而言，在这一期土地改革试点的乡、村，阶级阵线比较分明，阶级立场比较明确，阶级斗争能够比较顺利地开展。农村社会以亲缘、血缘为纽带维持封建统治的局面开始被打破，取而代之的是在中国共产党领导下，以贫雇农为主体的农村民主自治组织。

---

① 《皖北区土地改革第二阶段情况总结》（皖北区档案 J021－00002－00252）。

但是,这一期土地改革试点也存在着不足:因为过于强调阶级斗争,使打击面、斗争面有所扩大;因为过于强调发挥贫雇农的作用,少数农村中不务正业的"混混"、游手好闲者等混入贫雇农阶级,给阶级划分、土地改革带来负面影响。有的试点乡、村出现打吊等情况,被打吊的人不仅包括地主,也有部分富农、中农,甚至波及小土地出租者、工商业者和民主人士。发生这类情况的原因,一是由于土地改革工作队只求速度、忽视质量,一味强调快捷动员贫雇农参加土地改革,迁就部分贫雇农的不正确的意见;二是部分贫雇农简单地认为土地改革就是没收地主的土地、财产,甚至认为只要比自己土地、财产多的人,都是阶级斗争的对象。土地改革工作队发现这些情况后,虽然采取了紧急补救措施,但负面效果已经扩散出去,对土地改革造成了一些不利影响。

二、土地改革全面展开

在取得土地改革试点成功经验的基础上,1950 年 11 月,皖北、皖南两区开始在本区农村全面开展土地改革运动。

是时,中共皖北、皖南区委根据中共中央华东局关于提早完成土地改革的指示,对本区原定的土地改革时间作了重新制定。皖北区除重灾区外,应争取全部于 1952 年 4 月前后基本完成土地改革任务,整个皖北区参加土地改革的人口约为 1200 万至 1500 万人之间。[①] 皖南区的土地改革时间仍按原计划展开,但特别强调:土地改革运动要深、稳、快。深:主要是使运动深入,发动群众深入和广泛。稳:主要是点面结合,避免"大呼隆",以核心组带动学习组,以核心组的先行经验指导学习组的工作。快:是在深、稳的基础上求快,不是无条件的求快[②]。总体而言,皖南区完成土地改革运动的时间要比皖北区提早一年。

① 中共安徽省委办公厅、中共安徽省委党史工委、安徽省档案馆编:《中共皖北皖南区委文件选编》(1949—1951)[皖非正式出版字(93)第 50 号],第 146 页。
② 中共安徽省委办公厅、中共安徽省委党史工委、安徽省档案馆编:《中共皖北皖南区委文件选编》(1949—1951)[皖非正式出版字(93)第 50 号],第 363 页。

皖北、皖南两区在全面开展土地改革运动时,所采取的办法、措施及内容,都与土地改革试点时期的情况相似或相近。但是,由于土地改革的范围更大,要求达到的目标也有一些差别,全面开展土地改革运动所经过的程序,与土地改革试点采取的按部就班办法比较,还是有不同之处,显示出这一时期土地改革的特点。

第一,打掉地主嚣张气焰,树立贫雇农的政治优势。宣讲土地改革政策、建立和整顿农村基层组织,都是在打垮地主阶级威风、提高农民群众阶级觉悟基础上进行的。改变了试点时期先向农民群众宣传党的土地改革政策,再建立农会、妇联会,整顿农村基层组织的工作程序,把斗争地主尤其是恶霸地主放在开展土地改革运动的第一步来进行。这种工作程序上的改变,有助于解除农民群众的思想顾虑,使下一步土地改革的各项工作更好地进行。在广德县邱村,全村农民解放前一直被4个恶霸地主控制,4个地主一手遮天、我行我素,到解放后的1950年仍然如此。土地改革工作组进村后,农民顾虑重重,谁也不愿挑头,甚至不敢揭露地主罪行,怕得罪地主自己吃不消,只是一味地向工作组诉说:自己贫穷不怪地主,而怪自己命苦。土地改革工作组针对这个情况,在掌握证据的基础上,决定首先召开公审大会,动员附近17个村约4000余农民参加。在公审大会上,人民法庭公开判决其中3个恶霸地主死刑,另1个恶霸地主被判8年徒刑,彻底打垮了地主阶级的势力[1],解除了农民的思想顾虑。此后,土地改革工作组宣传党的土地改革政策,动员农民参加农会,将地主的土地分配给农民,土地改革十分顺利地开展起来。据不完全统计,桐城县在全面开展土地改革初期,逮捕不法地主约300多人,被判徒刑150人,其中20个被判死刑。[2] 在这一时期,皖北、皖南的土地改革,大都是采取先斗倒地主的办法,效果都较好。这也是全面展开土地改革一个重要的工作特点。

第二,充分发动贫雇农,坚决贯彻执行"依靠贫雇农,团结中农"

---

① 《广德县农协关于土地改革工作的报告》(皖南区档案 J001－000001－00010)。

② 中共安徽省委办公厅、中共安徽省委党史工委、安徽省档案馆编:《中共皖北皖南区委文件选编》(1949—1951)[皖非正式出版字(93)第50号],第148页。

的原则。土地改革工作队(组)不搞包办代替,而是放手发动贫雇农,让农民担当土地改革的主角,参与到土地改革的全过程中去。工作队(组)集中时间和精力动员农民参加土地改革,召集贫雇农开诉苦会,动员农民加入农会、妇女加入妇联会,发现、培养农民中的土地改革积极分子,通过这些做法,使农民依赖新生政权,拥护土地政策,并积极参加土地改革。芜湖县贫农张大爷加入农会、分得土地后兴奋地说:"就是做梦,几十年也不敢做这样的梦啊! 不要一分钱,我就有地、有房了!"一个地主家的童养媳余氏也说:"我以前在地主家当童养媳,哪是人啊,连他家养的狗都不如,现在土地改革了,翻身了,我也有地了,我也尝尝做人的滋味啊!"①据不完全统计,到 1951 年 12 月底,在皖北区全面开展土地改革运动仅仅 1 个多月的时间内,全区农村已有占总人口 30% ~40% 的农民加入了农会组织。②

第三,"以点带面,点面结合,以面带片,全面推动"。即,在分派土地改革工作队(组)进村前,就根据具体情况,把全县乡、村分为重点、附点和外围三大类。所谓重点,就是需要重点突破、以取得土地改革经验,再向其他地方推广的乡、村;所谓附点,就是在开展土地改革时,要认真学习重点乡、村土地改革经验,所以亦称为学习乡、村;所谓外围,是指那些要由重点乡、村的土地改革积极分子派去介绍经验、或选派代表去重点乡、村学习土地改革经验的乡、村。这也就构成了在全面开展土地改革运动时期的所谓三种类型的乡、村,其中,重点村为一类,附点乡、村为二类,外围乡、村为三类。中共皖北、皖南区委分别规定,每个县的每个区都要挑选一个重点乡、村,由本县或区的 1 ~3 名领导干部带领工作队(组),负责重点乡、村的土地改革运动。列为重点乡、村的土地改革工作,一般都比其他两类乡、村要提前 10 ~20 天的时间,以便先期取得经验,向其他两类乡、村推广。同时,重点乡、村的土地改革情况也要定期向上级党委及时报告,以便县委、地委了解土地改革情况,及时做出决定。此外,各级党委不定期召集土地改

---

① 《芜湖县土地改革情况汇报》(皖南区档案 J001 - 000001 - 00076)。
② 中共安徽省委办公厅、中共安徽省委党史工委、安徽省档案馆编:《中共皖北皖南区委文件选编》(1949—1951)[皖非正式出版字(93)第 50 号],第 147 页。

革工作队（组）尤其是派驻重点乡、村的土地改革工作队（组）负责人开会，集中讨论、研究土地改革过程中遇到的普遍性问题，重点乡、村土地改革工作队（组）负责人都要在会上作重点汇报。1951年1月10日，中共皖北区委在《关于皖北土地改革情况给华东局的报告》中总结道："根据初步检查，由于执行了以上布置，各地提出边做边学，边学边教的方法，使各级领导同志直接积累了经验，并注意及时吸取先进地区经验，培养了大批的骨干，克服了当时许多干部缺乏信心及急躁的情绪。在执行政策上没有发生大偏向。"[1]事实也证明，皖北、皖南的土地改革运动之所以进行得比较顺利，重点乡、村取得经验、及时推广的做法，是行之有效的。六安县麻埠区采取"以点带面"的工作方法，70多名干部在1个月内就完成了全区12～14个乡的土地改革任务，而且完成的质量顺利通过上级党组织的检查。[2]"以点带面，点面结合，以面带片，全面推动"的办法取得了成功。

准确地划分农村阶级成分，是土地改革工作中必须解决的重要问题。中共皖北、皖南区委分别就划定阶级成分问题，多次发出文件，要求各土地改革工作队必须不折不扣地按照中共中央和华东局的有关指示精神，结合本地的实际情况，确定一个比较妥当的划分标准。通常，这个划分标准以人均占有土地数量的多少来确定，但在皖北、皖南，平原、山区由于土地数量和质量不同，本乡、村人口数量和经济背景不同等原因，而不易划定统一的标准。中共皖南区委曾提出："小土地出租者与其他成分兼地主的界线，应按中央最近的指示执行。小土地出租者每户占有与出租土地的最高数，应稍多于小地主与富农每户土地数（富农每人占有土地一般占当地每人平均土地数300%）。[3] 这一数字由县规定，报地委批准后执行，并报区农委备案。规定这一数

① 中共安徽省委办公厅、中共安徽省委党史工委、安徽省档案馆编：《中共皖北皖南区委文件选编》（1949—1951）[皖非正式出版字（93）第50号]，第147页。

② 六安地委农委：《六安专区土地改革运动初步总结（草稿）》，中共安徽省委农村工作部编《安徽省土地改革资料》（1953年内部资料），第119页。

③ 原文如此。估计应为200%，不是此处所说的"百分之三百"！可能排印有误！中央人民政府规定：小土地出租者的土地应不超过当地人平均土地的200%。参见林蕴晖、范守信、张弓著《凯歌行进的时期》（1949—1989年的中国①），河南人民出版社1989年版，第124页。

字是为了便于掌握,执行时不要机械,如有的出租土地虽少于平均数但确有劳动力能劳动而游手好闲不劳动者也可划为地主,如有个别出租土地虽超过平均数以上,但其生活确实困难亦可不划成地主而划成小土地出租者,又如有的人有其他职业兼小土地出租者,而其他职业完全可以维持生活者其土地亦可少留或不留。"此外,一般的应按其原来职业划分成分。""划阶级不能加政治条件。伪乡长过去欺压群众,成了暴发户的,可以按地主待遇。伪保长因情况复杂,可个别处理。"①中共皖南区委还提出,划分阶级成分是个极重大的问题,凡划错的必须纠正。今后划分阶级成分要经核心组(即土地改革工作队上级党的负责机关)批准。② 中共皖北区委也强调:"必须正确的划分阶级,这是保证土地改革政策的端正执行,分化孤立敌人,壮大巩固自己的重要环节。是地主的不能漏掉,非地主绝不能提升。只要掌握了不划错阶级,就不会漏掉敌人、打错自己,就掌握了斗争的界线。"③

　　皖北、皖南两区在划定阶级成分中,既执行了中共中央的指示精神,又结合本区、本地的具体情况,比较顺利地完成了这项任务。但由于缺乏划分阶级成分的量化标准,加之少数土地改革工作队员工作失误甚至徇私枉法,也确实存在错划、漏划的情况。阜阳县一土地改革工作队员因与地主小老婆有私情,私自将地主划为中农成分。④ 虽然此事后来被查出,却给当地的土地改革工作造成不良影响。

　　在全面开展土地改革运动的后期,为及时纠正土地改革中出现的问题,皖北、皖南两区还分别开展了"查敌人,查翻身,查政策"的"三查"运动。⑤"查敌人",就是查在土地改革中是否有漏划的地主,尤其是恶霸地主。由于土地改革运动发展较快,有的土地改革工作队为赶

　　① 中共安徽省委办公厅、中共安徽省委党史工委、安徽省档案馆编:《中共皖北皖南区委文件选编》(1949—1951)[皖非正式出版字(93)第50号],第368页。
　　② 中共安徽省委办公厅、中共安徽省委党史工委、安徽省档案馆编:《中共皖北皖南区委文件选编》(1949—1951)[皖非正式出版字(93)第50号],第368页。
　　③ 中共安徽省委办公厅、中共安徽省委党史工委、安徽省档案馆编:《中共皖北皖南区委文件选编》(1949—1951)[皖非正式出版字(93)第50号],第150页。
　　④ 1951年1月13日《皖北日报》第二版。
　　⑤ 六安地委农委:《六安专区结束土改总结》,中共安徽省委农村工作部编《安徽省土地改革资料》(1953年内部资料),第167页。

进度,漏掉了一些本该划定为地主的人。六安县左大桥乡地主陈某在解放前犯有几条人命案,是典型的恶霸地主,土地改革中却被漏掉。土地改革工作队在复查过程中,贫农刘壮主动站出来揭发陈某的罪行,经土地改革工作队核实后交人民法庭公审,陈某被判死刑。"查翻身",就是查在划分阶级成分时是否准确,是否存在错划、漏划的情况,其中主要是查是否有农村中的流氓地痞、游手好闲的人被划定为贫农。这种情况,皖北、皖南的"三查"运动中都有发生,并得到了纠正,其中有些流氓地痞被当地人民政府集中起来进行劳动教育。"查政策",就是按照政策规定,看在土地改革过程中是否有不符合政策的情况,如把不该分的公田分了,把富农出租的部分土地也没收了,把工商业者在农村的财产也分掉了,等等。在南陵、芜湖、泾县的部分乡村,土地改革时把"超过当地每人平均土地数200%不多者也划成了地主……有些村庄把很多贫农错划为中农。"①对于这些不符合土地改革政策情况,土地改革工作队也在复查的时候予以纠正。

三、颁发土地证

1951年5月,华东军政委员会发出指示,要求华东地区土地改革运动要"善始善终,贯彻到底",并提出,各级领导不能放松工作,应巩固已取得的成果,解决土地改革工作中存在的问题,使土地改革工作全面、彻底的完成;各级人民政府"以生产为中心,进一步发动群众,彻底摧毁封建残余势力,从实际出发,处理遗留问题"。

中共皖北、皖南区委根据华东军政委员会的指示精神,立即展开土地改革复查工作。中共皖南区委于6月1日发出《关于华东农村工作会议的传达提纲》,要求所辖各地委、县委及土地改革工作队,根据实际情况,对已经进行土地改革的乡、村进行分类:第一种类型是群众已经充分发动,反动封建势力已彻底摧毁,没收征收的土地财产已合理分配,遗留问题不多,农民的生产积极性空前提高。这类乡、村约占

---

① 中共安徽省委办公厅、中共安徽省委党史工委、安徽省档案馆编:《中共皖北皖南区委文件选编》(1949—1951)[皖非正式出版字(93)第50号],第349页。

总体的 30%。第二类型乡、村是群众已经发动起来，地主阶级已基本打垮，但打得不够狠，管制不够严，基层组织中尚有个别不纯洁现象，土地改革中遗留的问题比较多，这类乡、村约占 50%。第三种类型是已经分配土地，但群众没有发动起来，封建统治没有摧毁，地主阶级不断进行反攻复辟，基层干部不纯，包庇地主，贪污或多得果实，没收征收不彻底，分配不公平，群众不满，这一类乡、村约占 20%。

中共皖南区委在全区范围内展开土地改革运动复查工作采取两种办法，一种是自上而下的派干部重点复查，从发现的问题中总结经验，作为指导全面结束土地改革工作的参考和依据；一种是自下而上组织群众复查，从中发现问题，教育土地改革工作队员和农村土地改革积极分子。县委、地委和皖南区委根据复查出来的材料，进行分析判断，评估乡、村的类型，并以此作为参考，再对其他乡、村做出评估。

在复查和上级党委分析评估以后，皖南区对三种类型的乡、村采取了有针对性的解决办法。对于第一类乡、村，问题遗留不多，在处理未了问题后，正式宣布结束土地改革，积极动员群众转入生产阶段。中共皖南区委规定，对于第一类型的乡、村要求结束土地改革运动，必须经有关部门检查，符合结束土地改革的具体要求，报县以上部门审核，才予以批准。对于第二类乡、村，遗留问题比较多，应教育基层干部和农民积极分子，指导群众，依据政策，妥善解决各类遗留问题。对于第三类乡、村，应严格进行复查，继续发动群众，彻底摧毁封建统治，整顿组织，改造基层领导机构，巩固人民民主专政；对不法地主及反革命分子，经批准后，有分别地加以惩办管制，征收没收的土地财产，达到公平合理的分配，务求将土地改革中遗留的问题一次性解决。

皖南区在这次大规模的土地改革复查中，着重把握以下几点。第一，清理积案。对漏网以及逃亡后逮捕到的恶霸和不法地主，分别予以惩治；对土地改革后反攻复辟的地主，坚决予以镇压；对一般地主，实行就地劳动改造；对可能不安分的地主，除实行就地劳动改造外，予以管制；对地主在生产中的实际困难，也给予帮助解决。第二，对错划、漏划的阶级成分，应通过复查、群众评议，经区审查，由县里批准，然后加以改订；对漏划的地主应补划，并依法没收其土地财产；对确系

第四章 土地改革

139

划错及被提升的成分,除去在政治上去掉地主帽子外,在经济上应依照《土地法》的规定,予以纠正。第三,及时处理尚未分配的土地、财产。对尚未分配的土地、粮食、农具,应按照分配原则迅速分配,属外地产业主的土地,不属没收征收范围而被没收征收的,予以补偿;在土地改革中应照顾而未照顾以及少分田、分坏田、分远田户,均从征收富农的出租土地、没收漏网地主的土地、依法没收反革命分子的土地、干部退出的多得土地中补给;对保留的公田,迅速出租给农民耕种。第四,凡有被干部贪污多得的土地改革果实,应予以收回,进行重新分配;凡是乡、村人民政府公用土地,也要经过群众同意,并办清相关手续。第五,颁发土地证。由乡级人民政府负责,采取群众自报公议,结合抽量,评定产量,核算登册的办法颁发土地证。第六,健全基层组织。凡基层组织中中农占主导优势的,则要将在土地改革中发现、培养、选拔的经过考验、立场坚定的贫雇农积极分子,补充到基层组织中来,要求贫雇农在基层组织中占三分之二的比例;对在土地改革运动中立场不稳、作风恶劣、包庇地主、贪污浪费者,则分别情况,加以处理;对混进来的阶级异己分子,坚决予以清除。第七,对土地改革的目的、情况、阶级关系、群众发动程度、封建势力摧毁程度、敌我力量变化消长等做出正确的总结,作为今后农村工作的可靠依据。

皖北区开展土地改革复查工作的情况,与皖南区基本一致,只是由于皖北区土地改革分两期进行,第二期土地改革进入复查、结束阶段时,已到了 1952 年 7 月。

通过复查,到 1952 年 7 月底皖北、皖南土地改革运动结束时,全省基本消灭了第三种类型的乡、村。在复查中通过各种努力,将原来的第三种类型的乡、村,提高至第二类型或第一类型,原来的第二类型乡、村,一般都提高到第一类型,基本达到了土地改革工作的预期目标。

颁发土地证,是人民政府用法令的形式将土地改革的成果确立下来,并交给分得土地的农民,使农民成为土地的主人;颁发土地证,更是标志着几千年来封建地主阶级土地所有制制度废除,广大农民翻身解放、当家做主,实现了农民土地所有制。

中共皖北、皖南区委和行署及此后成立的中共安徽省委、省人民政府,对向农民颁发土地证工作十分重视。1951 年底,中共皖北、皖南区委和行署分别制定了颁发土地所有证的实施细则,对发证的对象、原则、时间安排,等等,都做了详细、具体的规定。据统计,到 1952 年 4 月中旬,皖南区 3762 个开展土地改革运动的村庄全部完成了分配土地任务。此后,经过复查,到同年 12 月初,在 3762 个村庄中有 2751 个村庄颁发了土地证,到年底,其余的村庄也基本完成颁发土地证的工作。① 皖北区在同一时间内,完成了大部分村庄的土地证颁发工作,其余一部分村庄也于 1953 年上半年予以补发。

农民对土地证的要求十分迫切,对人民政府向他们颁发土地证的做法反响热烈。歙县一农民对前来颁发土地证的土地改革工作组干部说:"你们没有来以前,我们生产都不放心,现在好了,你们来发土地证,我们分得的土地有保障了。"农民凌家振指着土地证说:"几千年好容易拿到了张土地证。土地证领回家后,不知把它藏在何处好,用纸包起来怕烂掉了,又怕老鼠咬坏了。"②青阳县江梅村农民周恒正说:"去年土地改革分了土地,现在又来发证了,过去我帮工糊嘴,现在稻子快熟了,又要发证,真是双喜临门。"③

第三节　土地改革后的农村新气象

一、土地改革的成就

安徽的土地改革运动经历了两年时间,有 2945 万人参加,并胜利完成了任务。土地改革取得了伟大的成就。

首先,废除了封建地主阶级土地所有制,建立起农民土地所有制,

---

① 安徽省档案馆存:《皖南区土地改革总结》(皖南区档案 J001 - 000001 - 00010)。
② 安徽省档案馆存:《皖南区土地改革总结》(皖南区档案 J001 - 000001 - 00010)。
③ 安徽省档案馆存:《皖南区土地改革总结》(皖南区档案 J001 - 000001 - 00010)。

这是土地改革最直接的成果之一。据初步统计,全省没收土地 3005.8 万亩、耕牛 20.5 万头、房屋 223 万间和粮食 3.5 亿斤。全省 2530 万无地、少地的农民分得了土地、财产。[①] 经过土地改革,广大农民第一次拥有了自己的土地,成为土地的主人。这是中国几千年历史上前所未有的。

其次,彻底推翻了封建地主阶级在农村的政治统治。过去地主阶级不仅在经济上剥削农民,而且利用封建官僚体制和乡村保甲制度,在政治上压迫农民。据临泉县相关统计,仅在解放前几年,地主阶级利用其政治统治工具,杀害农民 1728 人,吊打农民不计其数。[②] 为彻底推翻地主阶级在农村的封建政治统治,人民政府通过发动农民诉苦、设立人民法庭,逮捕、公审了一批不法地主及反革命分子。据初步统计,在土地改革运动期间,全省共开大小斗争会 36436 次,参加斗争会的农民达 2000 余万人次,直接参加控诉地主罪行的有 116 万余人次。封建的乡村保甲制度被彻底摧毁,封建政治统治秩序被连根拔除。

第三,建立起农民自己的乡村政治自治组织。土地改革运动期间,农民在与地主阶级斗争中建立了自己的组织。据统计,全省农村有组织的农民达 1459 万余人,其中农会会员 772 万余人、妇联会会员 413 万余人,并在斗争中涌现了 41 万多名积极分子。[③] 经过党的培养,这批人中有很大一部分后来担任了乡村干部,成为农村中的领导骨干。民兵组织也日渐壮大。农会、妇联会、村委会这些在过去农村从未出现的政治组织,在农民中具有十分高的威信。农民学会了运用选举、开会、表决等形式,参加农村政治生活。同时,经过土地改革,中共各级组织、各级人民政府和广大干部也得到了锻炼,提高了政治觉悟和执政能力,农村各级人民政权更加巩固。

---

① 安徽省地方志编纂委员会编:《安徽省志·大事记》,方志出版社 1998 年版,第 395 页。
② 张立治:《安徽省土地改革的伟大成就》,中共安徽省委农村工作部编《安徽省土地改革资料》(1953 年内部资料),第 98 页。
③ 张立治:《安徽省土地改革的伟大成就》,中共安徽省委农村工作部编《安徽省土地改革资料》(1953 年内部资料),第 98—99 页。

二、土地改革后的农村新气象

经过翻天覆地的土地改革运动,安徽农村社会出现了新的气象。

在政治方面。土地改革后,封建地主阶级统治被推翻,贫苦农民开天辟地第一次有了政治发言权和参与权,成了村庄自治的主人。他们牢记阶级斗争,积极参与乡村管理,维护乡村治安,监督地主的活动。他们注意保持自身团结的重要性,"贫雇农不排斥中农,中农也不再歧视贫雇农,互相支持,团结起来,斗争地主"①,维护着乡村的政治新秩序。由于农民在土地改革运动中认识到组织起来的力量,加入农会、妇联会等农民自己组织的人越来越多。据统计,在皖南区参加土地改革的乡、村中,有30%~70%的农民参加了农会、妇联会等组织;到1950年底,皖南全区有农会人员160万人,比土地改革运动前增加了65万人,占全区总人口的41%还多。郎溪县蓬燕村有人口2480人,农会会员达884人,妇联会会员323人,还有民兵54人。在庆祝土地改革胜利的大会上,该村一次就有10多名青年要求参加民兵,还有14人加入共青团。② 农村政治面貌焕然一新。

妇女翻身、男女平等,妇女也能与男人一样当家做主,这是土地改革以后农村政治的又一个新气象。许多妇女说:"有了毛主席,有了人民政府替我们撑腰,什么都不怕了。"在土地改革运动的一些典型乡、村,妇女在斗争地主中起着推动与关键的作用,不论是生产和学习,都有妇女带头,民兵组织中也有许多妇女。过去妇女不参加开会、参加开会不敢说话的现象得到很大的改变。还有许多妇女主动提出取消不合理的婚姻制度。巢县有一个乡在土地改革后,妇女到乡政府提出离婚的案件有8宗,乡长问其中一位妇女:"为什么要离婚?"这个妇女说:"过去婚姻制度不合理!"其丈夫也说:"她不愿跟我做夫妇,感情已坏,我也不必勉强。"许多妇女反映说:"今日不同往时了,有政府替

---

① 安徽省档案馆存:《皖南区土地改革总结》(皖南区档案 J001－000001－00010)。
② 1950年12月10日《皖南日报》第一版。

我们做主,男人娶小老婆,就是犯法,就要受罚。"①

农村政治新面貌还表现在农民主动积极地向国家缴纳公粮上。土地改革以后,全省农民的爱党爱国热情空前提高,缴纳公粮成了他们表达爱国主义热情最直接、最明显的行动。他们说:"分田在先,交公粮落后就对不起人民政府了。"各村还相互比赛,看谁先交公粮。有的村星夜赶送公粮,一天便完成了任务。怀宁县的农民做出保证:"只要政府颁布征粮日期,我们一天便缴完。"旌德县南丰村农民在第一天太阳还未出来的时候,就把公粮挑到了乡政府的粮库门口,等着把公粮缴送入库。该村下辖的刘村农民两天就全部完成缴粮任务,争得了模范,还组织人员到相邻的自然村去帮助别人缴粮入库。许多分得田地的农民都急着问乡政府的干部:"公粮通知书为什么还不发下来?"在农会的领导下,农民还组织缴粮互助组,互相帮助。农会掀起缴粮模范户和缴粮模范村的评比活动,将缴粮光荣花为农民挂上,更鼓舞了农民的缴粮热情,挑战书在各乡村来回传递,相互竞赛。旌德县南丰村仅用 5 天的时间,就基本完成全村 13.3 万斤公粮入库任务。该村一农民在两天内全部完成缴粮任务挂上光荣花后,还去帮助别人缴粮。该村一富农的土地在土地改革时没有被剥夺,他很感慨,特意请了几个人,在缴粮的第一天就把应缴纳的 3500 斤公粮全部送到了乡政府粮库。农民们都说:"这也算是为国家出把力啊!"②

农民的政治觉悟和政治热情,还表现在积极参加抗美援朝上。过去,皖北、皖南农村流行"好铁不打钉,好男不当兵"的说法,现在,新国家、新社会,农民又分得了土地,只要是国家需要,他们就奋勇向前。土地改革开始时,正值中国人民开展轰轰烈烈的抗美援朝运动。皖北、皖南的农民和其他各阶层的人民一样,积极投身于保家卫国的运动中。安庆的农民说:"土匪、特务、蒋介石和美帝系一树之桠;树根就是地主恶霸。大家要热烈参军,拿起枪杆子,才能保得住田,保得住家,保得住国!"仅在安庆的 10 个乡,就有 526 名青年要求参军。有一

① 安徽省档案馆存:《皖南区一年来贯彻执行〈婚姻法〉基本情况综合报告》(皖南区档案 J020－01－0082)。
② 1950 年 11 月 28 日《皖南日报》第二版。

位 50 多岁的老太太把自己的独子送去参军,说:"现在的儿子不单是我的儿子,还是国家的儿子!"东流县滨湖村陈亲银到区政府报名参军,区干部听说他没有得到家庭同意自己偷偷跑来的,就劝他回去。他说:"人人都要抗美援朝,保家卫国,有国才有家,我翻了身,要保卫胜利果实,当兵打美帝是我应尽责任,谁都不能挡我。"①年轻妻子黄义英送丈夫,在欢送会上唱《送郎当红军》歌。五坑村农会会长叶雨才带头参军,父母妻子都来欢送。在动员会上,还有 20 多个女民兵也要求参军入伍。一时间,父母送子、妻送夫、兄弟争先的事情遍及各乡、村。有的青年因为体检不合格,没能参上军,认为是耻辱,不敢回家;有的农民说,当解放军比选秀才还难。对于那些因身体条件、年龄原因未能参军的农民来说,他们用订立爱国公约、增产捐献计划等各种方式表达自己保家卫国、抗击侵略的决心,农民们还积极参加"五一"、"七一"及"国庆"纪念节日等活动,表达自己的爱国热忱。他们认为,要想保卫胜利果实,就要抗美援朝、巩固国防,因此,群众都踊跃参加捐献飞机大炮的活动。

土地改革以后,农民分得了土地,生产积极性空前高涨。在各级政府的号召下,全省农村掀起了积肥、修水利的高潮。旌德县贫农张富修说:"现在样样都有了,还不认真努力大生产一场!"贫农杨元发分到 13.5 亩田,"也是很早就种上春季作物 8.5 亩,其余的全撒了红花草"②。村农会主任郑万春号召大家努力积肥,得到全村农民的响应。有些农民把从来都不肯割草的所谓"风水"山也割光了,用来沤制绿肥。芜湖县元山村农民决议修筑一条大堤坝。该县有些村还组织翻土队,准备为全乡的农民翻田、秋种。有位 50 多岁的妇女在分得土地后,一早就拿着锄头到田里去翻土,工作组问她,她说:"同志! 我好喜欢! 多谢毛主席,得到田,昨晚夜睡不着,天一亮就出来锄田呀!"广德县东亭村农民为预备明年灾荒,全村 3880 多亩地在土地改革后就全部犁好,其中有 1600 亩已种上了春季作物。该村在人民政府扶

---

① 安徽省档案馆存:《皖南区土地改革总结》(皖南区档案 J001 - 000001 - 00010)。
② 1950 年 12 月 10 日《皖南日报》第三版。

助下,修筑湖堤,全村男女老少齐上阵,每天平均有 250 人上堤劳动。在芦塘村,农民积极收集肥料,还向别人借牛翻耕分得的土地。

皖南山地较多,大部分县、乡没有冬耕的习惯。但土地改革以后,从事冬耕的农民越来越多,在有些县、乡,冬耕的土地竟占到土地总面积的一半以上。广德县农民还编了个顺口溜:"冬浇麦子春浇菜,庄稼才会发得好。"①在广德县的一些乡、村,冬耕面积竟达全乡土地总面积的 67%。

土地改革后的农民生产积极性的提高还反映在发展副业生产上。宣城县梅南村的农民普遍从事养鸡、养猪、养鸭。贫雇农们说:"再过三两年,我们可以造新屋了。一个人就有了 3 担多谷田,加上茶油山、柿树,又养猪、又养鸡,一家人勤勤俭俭过有什么不可以?"该县的农民写信给毛主席,高兴地说:"……再过三几年,我们的光景也就好得多了! 到那时,我们希望你老人家能亲自来我们这里走一趟!"②

土地改革后的农民,对文化知识的需求越来越强烈,农村文化学习由此开展起来。据统计,皖南在土地改革中成立的冬校有 7000 多处,参加学习的农民达 10 万多人。此后,由冬校转为常年农民学校的有 1800 处,学员达 100 余万人。还有许多翻身农民积极要求送子女上学,掀起了大家主动筹款办学的高潮,也得到了各级人民政府的支持。1951 年,皖南区自办公助小学占所有小学的 80% 以上。许多过去上不起学的农民,主动要求识字受教育。③ 宣城农民张大妈说:"别看我 50 多岁了,我也要去学认字,再也不做睁眼瞎子了。"该县诚德村 300 多农民白天从事生产,晚上一齐上冬学。在教材一时无法解决的情况下,农民们自己出钱买纸印识字教材,进行学习。很多农村出现全家老少一齐读书认字的场景。妻子和丈夫,爷爷和孙子,婆婆和媳妇成为一个班的同学。大家一起去认字,回家后还一边干活一边讨论,讨论学习中遇到的问题。一些地方还组织了读报组,把报纸上的

① 1950 年 12 月 10 日《皖南日报》第三版。

② 安徽省档案馆存:《皖南宣城专区关于土地改革工作总结报告》(皖南区档案 J001 - 000001 - 00076)。

③ 安徽省档案馆存:《皖南区土地改革总结》(皖南区档案 J001 - 000001 - 00010)。

新闻读给大家听，既教了大家读书认字，也提高了农民的政治觉悟，帮助农民了解了政策，统一了思想。合肥市的德胜、金斗、北外等乡，没有一所小学，土地改革后，每乡都办了五六所小学，贫雇农的子女都能上学读书。

土地改革后的农民，卫生常识也有了提高。1951 年春天，合肥市卫生部门在为农民种牛痘时，少数农民还害怕得把门关起来，1952 年再种牛痘时，再也没有农民害怕、关门了。许多农民很注意家庭卫生，因病死亡的人也大大减少了。①

土地改革的顺利完成，不仅标志着安徽恢复时期的结束，也为从1953 年开始的社会主义建设打下了基础。

---

① 1952 年 1 月 31 日《皖北日报》第三版。

第五章

治理淮河与建设长江堤防

安徽地跨淮河、长江、新安江三个流域，气候多变，水文复杂，是洪、涝、旱等自然灾害频繁发生之地。

从 1950 年开始，安徽人民在中国共产党和人民政府的领导下，开展了治水斗争，先后培修了淮河大堤、长江大堤，兴建了大、中、小型水库和蓄洪、排灌工程，开挖了河道。尤其是毛泽东发出"一定要把淮河修好"的号召后，治理淮河，不仅为安徽的头等大事，而且是新中国成立初期全国最重要的治水工程之一，堪称新中国治理大江大河的开篇之作，举国瞩目。

第一节　治理淮河的决策与初步规划

一、严峻的淮河水患

安徽大别山以北的广大地区处于淮河流域中游,亦即江淮分水岭以北,包括淮北平原在内的大部分皖北区。淮河源出河南桐柏山,东经皖、苏入洪泽湖,洪泽湖以下,主流合于运河,经高邮湖、江都县入长江,干流全长 1000 公里,流域面积 18.7 万平方公里。淮河干流主要流经安徽,流长 465 公里,流域面积 6.7 万平方公里。淮河本来是条通畅的大河,水系比较完整,干流直接入海。自南宋绍熙五年(1194)黄河南泛夺淮入海后,由于河水夹带大量泥沙,淮河流域的地形和河道发生巨大变化,淮河水系遭到破坏,河道淤塞,沟洫淤平,淮河失去了自身入海的通道,被迫借助大运河流经长江然后入海,致使水灾频临,淮河从此成为历史上一条著名的"灾河"。

沿淮人民要求治淮的迫切愿望,迫使历代统治阶级不得不对这一关系政权兴衰的问题而苦思良策。早在明代中叶,就曾有人提出"分黄导淮"之议。清康熙三十五年(1696),总河董安国曾提出"导淮注江"的意见。咸丰五年(1855),黄河改道北徙后,导淮呼声再起。10年以后,曾国藩创设导淮局,提出导淮分泄入海。光绪三十二年(1906),张謇建议设立导淮局,宣统三年(1911),组织江淮水利测量局,开展治淮的准备工作。民国元年(1912),安徽督军柏文蔚提出"裁兵导淮"意见。次年,张謇出任全国水利局总裁,至民国十年(1921),多次提出导淮意见,主张江海分疏。之前,美国工程师弗礼门也加入了治淮方略的大讨论。由于军阀混战,政局动荡,经费匮缺,各种方案均未能付诸实施。民国十八年(1929),国民政府成立导淮委员会,拟定了江海分疏的导淮原则,确定淮河中游以筑堤为主,兴建必要的涵闸工程。民国二十一年(1932),淮河流域发生特大洪水,安徽损

失惨重。洪水过后,国民政府设立救济水灾委员会,筹办工赈工程,在安徽淮河流域设立了3个工赈工程局,培修淮河干支流堤防,在支流入淮口兴建一些小型涵闸,对淮河干流部分淤浅河段实施疏浚。至民国二十三年(1934),培修淮河干支流土方达919.6万立方米,干流淮北大堤基本形成。民国二十七年(1938),为阻止日本侵略军西进,国民党军队奉命扒开黄河花园口大堤,滔滔黄水漫流南下入淮,其中安徽有18个县受灾,淹没土地1.6万平方公里,灾民300余万。淮北的颍河、涡河、西淝河之间成了主泛道,造成了豫东、皖北和苏北广大范围内历时9年的黄泛区。黄泛发生后,国民政府以工代赈,在服从军事需要的前提下,兴办防黄工程,但收效甚微。这次黄泛,对安徽淮河流域破坏极大,原有的水利工程几乎全部失去了效能。至新中国成立前,淮河流域中游地区"大雨大灾,小雨小灾,无雨旱灾"。安徽淮河流域的水利事业已是江河日下,衰败不堪。

淮河水害主要是洪灾。但是,除洪灾外,还有一个对农业威胁更为严重的"涝灾"。史料中涝灾记载较少,且与洪灾记在一起,称为"洪涝灾害"。实际上,淮河中游在洪水泛滥前后,内水在很长时间都无法排泄出去,就是无洪灾的正常年份,涝灾也时有发生。淮河中游地区,旱灾也经常发生。

世世代代的安徽人民为治理淮河付出了巨大努力和牺牲,但收效甚微。直到解放前夕,淮河水系紊乱、河道淤塞、堤防破碎的情况仍很严重,水旱灾害频繁发生。

1949年夏季,刚刚获得解放的淮河流域人民遭到一场严重的水灾。皖北区受灾农田1290多万亩,受灾人口800多万人。[①] 中国共产党和人民政府关心人民疾苦,在洪灾发生后,及时组织人民抗洪抢险,安排人民生活。在华东军政委员会领导下,成立淮河水利工程总局,着手整修千疮百孔的淮河。10月下旬,为了配合皖北复堤疏浚工程,淮河水利工程总局组织了两个复堤测量队和阜阳地区的内河测量队,于12月中旬完成测量工作。同年冬季,皖北地区的淮河中游冬修堤

---

① 侯永、欧远方主编:《当代安徽纪年》,当代中国出版社1992年版,第3页。

防工程陆续开工,修堤工程分冬春两个阶段,按专署、县、区、乡成立水利指挥机构。12月上旬,皖北境内江淮堤圩冬修开始动工,中央人民政府拨粮9690万斤,行署拨粮8000万斤,实行以工代赈。皖北人民银行贷款1750万斤原粮,协助兴修内圩。当时,皖北地区上堤民工达13.5万人,共完成土方210万立方米。1950年春,皖北地区上堤民工14万人,共完成修复淮河干支流堤防土方431万立方米。

　　1950年6月下旬以前,淮河流域久旱不雨,农民群众正在大力抗旱。但6月26日至7月19日,淮河流域连降3场暴雨,上中游干支流水位迅速上涨,淮河流域再次暴发洪水,灾害非常严重。7月18日,正阳关水位24.91米,相应洪峰流量为12770立方米/秒;7月24日,蚌埠站水位21.15米,相应洪峰流量为8900立方米/秒;8月2日,浮山站洪峰流量为7520立方米/秒,都超过了1921年和1931年的洪水水位,从6月27日到7月21日,流域降雨499毫米。上中游干支流共峰叠合,浩瀚奔腾,异常汹涌。沿淮堤防虽经奋力抢险,终因标准过低,相继漫溢崩溃,平地水深丈余。自洪河口至正阳关东西长153公里、南北20至40公里,一望水面渺无边际。正阳关以下至怀远除淮南八公山矿区7公里堤防外,已无完整堤圈。7月20日,蚌埠以下方邱湖堤上的玻璃涵闸溃决,淮水从背后袭入蚌埠市区。据统计,淮河全流域受灾面积达4687万亩,灾民约1300多万,倒塌房屋89万余间。[1]其中皖北灾情最为严重,淹没土地3161万亩,受灾人口达998万,死亡为489人。

　　淮河洪灾发生后,中共中央非常重视,7月20日至9月21日的两个月内,毛泽东主席连续4次就根治淮河问题作出批示。第一次批示是7月20日。7月18日,华东防汛总指挥部在给中央防汛总指挥部的电报中说:淮河中游水势仍在猛涨,估计可能超过1931年最高洪水水位。7月20日,毛泽东看了这封电报,心情十分焦急,当即将这封电报批给政务院总理周恩来:"周:除目前防救外,须考虑根治办法,现在开始准备,秋起组织大规模导淮工程,期以一年完成导淮,免去明年水

---

① 淮河水利委员会编:《中国江河防洪丛书·淮河卷》,中国水利水电出版社1992年版,第46页。

患。请邀集有关人员讨论(一)目前防救,(二)根本导淮两问题。如何,请酌办。"①第二次批示是 8 月 5 日。8 月 1 日,中共皖北区委书记曾希圣等致电华东局、华东军政委员会并转报中央,报告皖北灾情及救生工作意见。电报中说,今年水势之大,受灾之惨,不仅重于去年,且为百年来所未有。淮北 20 个县、淮南沿岸 7 个县均受淹,被淹田亩总计 3100 余万亩,占皖北全区二分之一强。房屋被冲倒或淹塌已报告者 80 余万间,其中不少是全村沉没。耕牛、农具损失极重(群众口粮也被淹没)。由于水势凶猛,群众来不及逃走,或攀登树上、失足坠水(有在树上被毒蛇咬死者),或船小浪大、翻船而死者,统计 489 人。受灾人口共 990 余万,约占皖北人口之半。洪水东流下游,灾情尚在扩大,且秋汛尚长,今后水灾威胁仍极严重。由于这些原因,干群均极悲观,灾民遇着干部多抱头大哭,干部亦垂头流泪。8 月 5 日,毛泽东看到这封电报,落了眼泪。他在电文"不少是全村沉没"、"被毒蛇咬死者"、"今后水灾威胁仍极严重"、"多抱头大哭"等处画了横线,并给政务院总理周恩来写了批语:"周:请令水利部限日作出导淮计划,送我一阅。此计划八月份务须作好,由政务院通过,秋初即开始动工。如何,望酌办。"②第三次批示是 8 月 31 日。8 月 28 日,华东军政委员会在电报中转报了苏北区党委关于治淮的意见,其中第三条提出:如果今年实行导淮的话,原定的土地改革等工作部署就要改变,苏北今年整个工作方针就要重新考虑,而且导淮的各项准备工作"均感仓促"。8 月 31 日,毛泽东看到这份电报后批示道:"此电第三项有关改变苏北工作计划问题,请加注意。导淮必苏、皖、豫三省同时动手,三省党委的工作计划,均须以此为中心,并早日告诉他们。"第四次批示是 9 月 21 日。9 月 16 日,曾希圣向华东局和中央报告皖北地区灾民积极拥护治淮的情况,并提出调配粮食的建议。9 月 21 日,毛泽东将这份电报给周恩来:"现已九月底,治淮开工期不宜久延,请督促早日

① 中共中央文献研究室编:《建国以来毛泽东文稿》(第一册),中央文献出版社 1987 年版,第 440 页。

② 中共中央文献研究室编:《建国以来重要文献选编》(第一册),中央文献出版社 1992 年版,第 356 页。

勘测,早日做好计划,早日开工。"①

8 月 24 日,周恩来在中华全国自然科学工作者代表会议讲话中,特别强调兴修水利的重要性,阐发了毛泽东根治淮河的思想。他说:"我们不能只求治标,一定要治本,要把几条主要河流,如淮河、汉水、黄河、长江等修治好。"由此,新中国拉开了全面治淮的帷幕。

二、初步的治淮规划

根据毛泽东根治淮河的指示精神,在周恩来亲自指导与参与下,1950 年 8 月 25 日至 9 月 12 日,中央人民政府政务院在北京召开治淮会议,由水利部负责主持。参加会议者有淮河流域的华东军政委员会水利部、中南军政委员会水利部、皖北行署、苏北行署、河南省人民政府、淮河水利工程总局、河南黄泛区复兴局等负责干部及专家 40 余人。治理淮河事关上、中、下游不同地区的切身利益。会议期间,河南、皖北、苏北三省区在治淮解决办法上存在着意见分歧,发生了蓄泄之争。地处上、中游的河南、安徽希望洪水能够迅速下泄,减少蓄涝;地处下游的江苏担心把洪水泄到苏北不能顺利入海,将加深苏北的水患。为统一豫、皖、苏的行动,以治淮为中心,周恩来做了许多深入细致的协调工作。他反复召集各地负责干部讨论、协商,并个别谈话、征求意见;先后 3 次听取水利部部长傅作义和副部长李葆华、张含英,华东水利部副部长刘宠光以及河南省政府主席吴芝圃、中共皖北区委书记曾希圣、中共苏北区委书记萧望东等参加的关于淮河流域灾情和治理规划的汇报,就治淮工作的方针问题提出指导意见。他对三省区负责人说:"只要你们三个诸侯统一了,就好办了。"苏北是周恩来的故乡,但他反复告诫干部们要吸取国民党治淮时期的江浙人管事只顾下游,不顾中、上游,闹地方主义的教训。② 治淮会议分析研究了淮河的最大流量和淮河各段的危险水位,决定以"蓄泄兼筹"为治淮方针,确定上游以拦蓄洪水发展水利为长远目标,中游蓄泄并重,下游则开辟

① 中共中央文献研究室编:《建国以来毛泽东文稿》(第一册),中央文献出版社 1987 年版,第 530 页。

② 曹应旺著:《周恩来与治水》,中央文献出版社 1991 年版,第 17 页。

入海水道,以利宣泄。会议还制定了淮河上中下游的治理步骤。

政务院治淮会议后,水利部起草了《关于治理淮河工作的决定》,提出了治淮方案,最后由周恩来亲自修改审定。10月14日,发布了由周恩来签署的政务院《关于治理淮河的决定》(以下简称《决定》)。《决定》共6部分,进一步阐明了治淮的方针、步骤、机构及豫皖苏配合、工程经费、以工代赈等问题。关于主要涉及安徽境内淮河流域治理,《决定》指出:"中游,湖泊洼地蓄洪工程,蓄洪量应争取50亿公方。正阳关以上,淮河干堤,按最大洪水设计,堵口复堤,部分退建。正阳关以下,北坡高度应按最大洪水设计,在必要修筑遥堤地段,其原堤堤顶高度平于1950年洪水位,南堤堤顶高度,除正阳关、蚌埠、淮南煤矿三地区,应按最大洪水设计外,其余暂以平于1931年洪水位为原则。"关于治淮机构,《决定》指出:"为加强统一领导,贯彻治淮方针,应加强治淮机构,以现有水利工程总局为基础,成立治淮委员会,由华东、中南两军政委员会及有关省、区人民政府代表参加,统一领导治淮工作,主任、副主任及委员人选由政务院任命,下分设河南、皖北、苏北三省区治淮指挥部。另设上、中、下游三工程局,分别参加各指挥部为其组成部分。"[1]

1950年11月6日,根据《决定》要求,治淮委员会(以下简称淮委)在蚌埠正式成立。淮委是以淮河水利工程总局为基础组建,旨在统一领导治淮工作,协调豫、皖、苏三省区统筹兼顾、互相配合,齐心协力把淮河治理好。淮委下设办公厅及政治、工程、财务3个部。政务院任命曾山为治淮委员会主任,曾希圣、吴芝圃、刘宠光、惠浴宇为副主任,吴觉任秘书长,汪胡桢、钱正英分任淮委工程部正、副部长。曾山调往北京后,谭震林、曾希圣先后任淮委主任。

11月7日至12日,淮委召开了第一次全体委员会议,研究如何贯彻政务院《关于治理淮河的决定》。会议认为应首先进行治淮工程的流域性规划,决定由淮委工程部部长汪胡桢、副部长钱正英及水利专家萧开瀛、王祖烈等负责拟定淮河流域治理规划。规划工作从1951

---

① 1950年10月15日《人民日报》第一版。

年1月开始,在原淮河水利工程总局规划的基础上展开。规划工作以工程部规划处为主,水文计算以工程部测验处为主。水利部专派部顾问苏联水利专家布可夫来淮委帮助规划工作。至1951年4月底,工程部完成了《关于治淮方略的初步报告》(以下简称《治淮方略》)。《治淮方略》中的润河集蓄洪工程、洪泽湖蓄洪工程及中游河道整理部分,主要在布可夫顾问指导下进行。[①]

《治淮方略》中涉及淮河中游、安徽境内的规划主要有:关于修建山谷水库。这次规划根据淮河来水查勘结果,确定在淮、洪及南岸各支流共修建16座水库,其中包括安徽境内的史河梅山、淠河东源佛子岭等。关于修建润河集蓄洪工程。润河集在淮河左岸润河出口处。润河集蓄洪工程的规划设计是以1950年洪水作为推算的依据。该工程的目的在于控制正阳关以上淮河的洪水,使颍河口以下的淮河干流的洪水流量最大不超过6500立方米/秒,正阳关最高水位不超过24.4米。要达到以上目的,需要在城西湖、城东湖、濛河洼地及周边湖泊洼地蓄洪72.12亿立方米。其中城西湖蓄洪量28.94亿立方米,蓄洪水位26.55米;城东湖蓄洪量10.55亿立方米,蓄洪水位24.37米。这两个湖经过修建工程后,成为有控制蓄洪湖泊,其余湖泊洼地均为非控制的滞洪湖泊。关于中游河道整理。淮河中流河道整理的范围主要包括从正阳关至洪泽湖出口的蒋坝段。整理的目的,一为使上游来水不致为患,二为降低水位便利内水排泄,三为缩短航道,便利航运。拟定了四种整理办法:第一,利用滩地行洪。淮河南岸除淮南矿区和蚌埠市区处,都利用作为排洪孔道。第二,疏浚河道。疏浚五河至浮山一段的干流以及龙集以下的河道。第三,裁弯取直。在上草湾切岗,使双沟淮河可以直接入洪泽湖,可以缩短水道35~65公里。浮山以下小龙涧至龙集间开一排洪新道,可以缩短水道12公里。

1950年8月25日,中央召开治淮会议,并确定"三省共保,蓄泄兼筹,互相配合"的治淮方针。随后,工赈粮开始拨发。皖北行署和皖北

---

① 王祖烈编著:《淮河流域治理综述》,水利电力部治淮委员会淮河志编纂办公室1987年版(内部资料),第138页。

军区立即向皖北军民发出了《治淮动员令》,并确定皖北区第一期治淮计划,即包括六安、宿县、阜阳、滁县 4 个专区及蚌埠市和淮南矿区的若干地段复堤工程,共长 22.7 公里,计需民工 28 万多人、土方 2023 万立方米。皖北人民积极投入到治淮的宏大工程中。

皖北区先后建立宿县、阜阳、六安、滁县、淮南、蚌埠等 6 个治淮指挥部、14 个县总队、107 个大队、1338 个中队,建立财粮、物资、运输、保管组织,训练 7392 名财粮、运输、文教、医务等方面工作人员和 3000 名收方员,集中 500 名水利技术员,组织 12 个测量队和 5 个防疫队。水利工程技术人员对淮河中游干支流又一次进行勘测,制订了比较符合实际的施工计划。

皖北区治淮工程需要的粮食、物资多,大部分要从外地调进,困难更大。在那个缺粮的年代,粮食是关键的物资。而治淮工程大部分是土工,主要是靠投入人力。只要有了粮食,就能动员和组织大批民工投入到治淮工地上去,治淮就能顺利进行。因此可以说,有足够的粮食是治淮的关键点。中央人民政府和毛泽东决定,在各方面都缺少粮食的情况下,也要调大批粮食到治淮工程工地去。政务院按照毛泽东的指示,于当年 11 月拨出治淮工程粮食 4 亿多斤。大批粮食的调入,保证了治淮工程按时开工。

遭受水患之苦的淮河流域约 80 万民工,在各地政府的统一组织下,投入到治淮工程中。他们在淮河两岸搭起了帐篷和其他简易房屋,按军事建制组织起来。据 1951 年 2 月 26 日《人民日报》报道,在皖北冬修中,宿县、阜阳、六安、滁县 4 个专区及淮南、蚌埠两市,疏浚和复堤完成 1088 万立方米,1951 年春种之后,治淮工地又集中了数十万民工和当地驻军投入治淮工程的劳动中。一时间,淮河两岸红旗招展、口号震天,工地上热火朝天。

1951 年 5 月,由中央人民政府政务院政务委员邵力子担任团长的中央治淮视察团到治淮工地视察。行前,毛泽东会见邵力子,向他了解组团的情况,嘱咐他们视察中要了解的情况和需要详细询问的问题。会见后,毛泽东亲笔题词:"一定要把淮河修好",叫身边工作人员把题词制成 4 面锦旗,由邵力子代表他把这 4 面锦旗分送给在治淮前线的淮委和河南、皖北、苏北治淮指挥部。以邵力子为团长的中央治淮视察团到达治淮工地时,把毛泽东的亲笔题词送给治淮指挥机关,治淮指挥机关迅速把这一消息和毛泽东的题词传到全工地,工地上的民工们一片欢腾,干劲倍增。

《治淮动员令》下达后,皖北区的工、农、青、妇等群众团体联合发表《告工、农、青、妇会员书》,拥护中央人民政府治理淮河的伟大决策,要求会员在治淮斗争中努力做出贡献。

皖北区在解放之初连续两年受严重水灾,灾民外出逃荒的很多。淮委及时宣传治淮结合工赈的做法,稳定灾民情绪,提高干部信心。中共皖北区委和行署及各群众团体,召开各种会议,传达中央人民政府关于治理淮河的决定。中共皖北区委还决定,沿淮地区推迟土地改革,并向沿淮群众说明淮河水患不解决,土地改革是无法进行的,即使进行了土地改革农业生产也不能发展。经广泛宣传动员,很快形成了治淮热潮,想外出的灾民不走了,已逃荒的灾民也陆续回家。在统一组织下,准备治淮工具,争先报名上堤。凤台县万余灾民主动请求开石炸山作治水材料。灵璧县的灾民听到治淮的消息后,许多人立刻修造船只,准备运粮草。颍上县和蚌埠郊区的许多妇女也组织起来,要求上堤参加治淮。城市和非灾区也掀起了支援治淮的热潮。

从 1950 年 10 月开始,皖北区抓紧交通工具的准备,先后筹调轮船 14 只、机帆船 50 艘。沿长江的皖北、皖南各县组织部分民船计容量达 1 万吨。宿县、阜阳两专区组织汽车 100 余辆、马车 440 余辆。皖北沿淮铁路建立 4 个粮草接收站,各专区设立 10 个总站;施工地段每隔 20 公里设一个供应站。整个皖北区参加治淮运输的大小船只 8314 只、大小车辆 7349 辆,参加陆运的民工 10 多万人、船工 6 万人、码头搬运工 3.1 万人,组成了一个庞大的运输网,把 27 亿斤的治淮物资从东北和渤海之滨、山东半岛以及中原大地,源源不断地运到治淮工地。

第二节　淮河中游干支流的治理

一、治理淮河中游的四大措施

淮河中游主要在安徽省境内,包括洪河口以下至洪泽湖之间的淮河干流和南岸淮南丘陵区及北岸淮北平原区各河流,其中以淮河干流的防洪和淮北平原区的除涝最难治理。这有历史和自然等方面原因。从历史原因看,由于 12 世纪到 19 世纪 700 多年的黄河夺淮,淮河干流下游失去入海通道,形成了洪泽湖,抬高了淮河干流中游的洪水位,使淮河堤防容易溃决,造成洪水灾害,而淮北平原排水不畅,造成内涝灾害。黄河夺淮期间,黄水多次在淮北平原泛滥,致使淮北平原河沟都被淤废,水系紊乱,排水系统被破坏。加上国民党统治时期,历经 1938 年至 1947 年的 9 年黄泛,更加重了淮北平原河沟的毁坏,因而造成了淮河干流和淮北平原区多灾局面。从自然原因看,在地理上,上游河南省的山丘平原来水均集中流到中游安徽境内。淮河干流来水,峰高量大;淮北平原上游的客水,先占据了所有排涝河道,使本地区的主水无从排出,容易造成涝灾。在气象上,淮河流域是中国南北冷热气团经常交锋地区,平均年降雨量为 880 毫米,时空分布极其悬殊。冬春季节常干旱少雨,夏秋 6 月至 9 月的雨量常占年雨量的 80% 以上,且常以暴雨形式短期集中下降,故汛期淮北平原地区容易出现大暴雨。这使得淮北平原地区由于上游来水压境、下游排水不畅、本区汛期雨量集中,因而经常造成严重洪涝灾害。

按照政务院《关于治理淮河的决定》精神,安徽确定采取四大措施治理淮河中游。

第一项措施:修筑堤防。淮河干流治理以筑堤为主,包括淮河干堤、行洪堤和淮南、蚌埠两市圈堤,其中以淮北大堤为重点。淮河干流堤防经过了两次大培修。第一次是 1950 年冬至 1951 年春,按 1950

年洪水位修建的,堤防标准低,堤顶宽 3～6 米,总长 903 公里,共筑堤土方 2281 万立方米。第二次是在 1954 年大洪水以后。

修筑淮北大堤。淮北大堤是淮河中游规模最大、最为重要的堤防。它与颍河左堤、西淝河左堤和涡河左、右堤连成堤圈,形成了保护淮北平原的防洪屏障。淮北大堤及其堤圈建成,经历了明、清、民国的断续筑堤。新中国成立后,1950 年汛后至 1954 年,培修了自正阳关至五河的淮河左干堤以及与之相连接的颍河左堤、涡河左堤、涡河右堤,并兴建涵闸封闭了以上堤防的所有河沟口。随着五河以下干支流分流工程的建成,于 1954 年汛前又将涡河口以下的淮河左干堤向下延伸至泗洪县下草湾与岗地封闭。至此,完整的淮北大堤堤圈全部建成。这是沿淮人民用生命和汗水与洪灾斗争的结晶。

开挖泊岗引河工程。1951 年 4 月至 5 月,淮委召开第二次全体委员会议,决定了淮河在五河以下干支流分治的原则,要求五河内外水分流,以解决内水排涝问题。故开挖泊岗引河工程将淮河干流在浮山窑河口、泊岗集和下草湾三处分别堵断,淮河另由泊岗以南开挖引河下泄,使五河地区的内水全部经由浍潼河、窑河、下草湾引河直入洪泽湖,以解决宿县地区的内涝问题。泊岗引河在浮山以下,自浮山至泊岗进行切滩放宽河槽,泊岗以下开挖新河,长 7.35 公里、底宽 262 米、中泓水深 9.26 米。该工程包括引河、切滩、拦河坝及退建堤等,共计土方 2747 万立方米,是淮河干流的一项巨大工程。工程于 1952 年 10 月动工,1954 年汛前完成。

行蓄洪区修建庄台工程。修建庄台是为了保住行蓄洪区的人民群众在行蓄洪水时的居住安全,使他们不至于流离失所。1952 年至 1954 年期间,在 4 个蓄洪区和部分行洪区修建了一些低标准的庄台,每人居住面积 8～10 平方米,共计土方 1163 万立方米。

第二项措施:拦蓄洪水。从 1951 年开始,兴建佛子岭等 4 座山谷水库,总库容 57.41 亿立方米,对于控制山区洪水、削减洪峰流量、减轻淮河压力起了很大作用。同时,还修建了城西湖、城东湖、濛河洼地 3 个蓄洪区,蓄洪量 52.6 亿立方米。正阳关以下的东淝河出口修筑了瓦埠湖蓄洪区,蓄洪量为 12.9 亿立方米。1951 年春,在润河集修建了

【新中国卷】

润河积蓄洪控制工程,包括进水闸、拦河闸、固定河槽及堤防培修等工程。1953 年增建船闸。

第三项措施:治理淮河支流。淮河中游支流治理工程主要在淮北平原区。在 1950 年冬至 1952 年期间进行治理的河道有西淝河、濉河、沱河、安河、赵王河、港河、奎河、拖尾河等,并开始进行五河内外水分流中的潼潼河治理工程。潼潼河疏浚工程包括潼潼河扩大、峰山切岭和护坡、下草湾引河工程等,于 1951 年冬开工,1954 年汛前全部完成,共计土石方 2524 万立方米,使淮北平原增加了一条直接入洪泽湖的排水河道。根据 1952 年 11 月淮委召开的三省治淮除涝代表会议精神,从 1953 年起,在淮北平原区各支流进行全面查勘和规划,开始对各支流进一步治理。除继续进行五河内外水分流工程外,对濉河、北淝河、泉河、泥黑河、西淝河与港河等进行全面治理,包括开挖部分大、中、小沟,在入淮河口建闸,防止淮水倒灌等。以上各支流治理工程在 1951 年至 1956 年期间共做土方 19426 万立方米,初步改善了淮北平原区的排水条件。

第四项措施:修建湖泊洼地蓄洪工程。治淮初期,根据政务院《决定》,在洪河口至正阳关之间,修建了城西湖、城东湖、濛河洼地 3 个蓄洪区;在正阳关以下的东淝河出口,修建了瓦埠湖蓄洪区。城西湖蓄洪区在淮河右岸沣河出口处,于 1950 年冬初动工,蓄洪量为 28.7 亿立方米,蓄洪水位 26.5 米。在润河集修建了润河积蓄洪控制工程,1951 年春季建成,包括进湖闸、拦河闸、固定河槽及堤防培修等工程。城东湖蓄洪区在淮河右岸汲河出口处,于 1950 年动工,1951 年完成拦河堤坝工程,先用临时拦河坝启闭蓄洪,至 1953 年建成城东湖闸,可以进洪和退水。城东湖蓄洪量在蓄洪水位 26 米时为 15.8 亿立方米。瓦埠湖蓄洪区在淮河右岸东淝河出口处,1951 年动工,1952 年汛前建成,主要工程有拦河堤坝与东淝河闸。瓦埠湖蓄洪水位没有明确规定,治淮初期曾定为 22.0 米,蓄洪量为 13.5 亿立方米。濛河洼地蓄洪区在淮河左岸,王家坝至史灌河入淮处之间,于 1951 年冬开工,至 1953 年汛前建成,蓄洪工程包括筑堤与进洪闸和退水闸,当洪水位 27.5 米时蓄洪量为 17 亿立方米。以上 4 个湖泊洼地蓄洪区以濛河洼地使用次数最多,其次为城东湖与城西湖,拦洪作用以城西湖为最大。瓦埠湖未经有计划蓄洪。

润河积蓄洪控制工程是控制淮河中游洪水的锁钥。淮河中游的根本问题是蓄泄不当。安徽正阳关以上可泄12000立方米/秒,以下则仅6500立方米/秒,相差达一倍。正阳关以上原有城西湖、城东湖、濛河洼地8个湖泊,总容量72.12亿立方米,但因没有控制,先期到来的洪水,虽河道尚可下泄,湖中却已蓄满,待高峰到来,河、湖均已饱和,无能为力,容易造成破堤成灾。而润河积蓄洪控制工程使河、湖分家,控制正阳关以下泄量不超过安全泄量。该控制工程位于皖北霍邱县淮河干流上,由拦河闸、进湖闸、固定河床、拦河土坝组成。平水时由固定河床下泄,涨水时利用河闸启闭,调节入淮水量及濛河洼地蓄量。当来水超过下游安全泄量时,开启进湖闸,分水到城西湖等地。该控制工程由水利部顾问苏联水利专家布可夫具体设计。润河积蓄洪控制工程于1951年3月开工,7月基本完成。1952年继续修建闸下静水池。

二、山谷水库的兴建

淮河中游水灾,一部分是由山洪暴发造成的。为了控制洪水,治淮一开始就着手兴建山谷水库,拦蓄山区洪水,减轻淮河洪水压力。从1951年开始,安徽境内先后在淠河上游修建了佛子岭、响洪甸、磨子潭3座大型水库,在史河上游修建了梅山水库。

佛子岭水库最早施工,它坐落在大别山区淠河上游的佛子岭镇,距霍山县城17公里,水库大坝长510米,由20个垛21个拱组成,称连拱坝。坝顶高程129.96米,坝高74.8米,顶宽1.8米,是新中国第一座开工建设的具有当时国际先进水平的大型连拱坝,也是当时亚洲第一大坝。

1951年10月10日,佛子岭水库工程指挥部成立,汪胡桢任指挥,张支峰为政治委员,后增任马长炎为第一副指挥。佛子岭水库的大坝采用混凝土连拱坝型。当时,世界上采用连拱坝型的水库大坝还很少,仅美国及非洲法属阿尔及利亚殖民地各有一个连拱坝。汪胡桢提

出佛子岭水库采取连拱坝型,有的工程技术人员觉得没有把握,领导也难以决策。1951 年 11 月,淮委邀请茅以升、钱令希、黄文熙、黄万里、张光斗、须恺、谷德振等专家到佛子岭工地考察,做可行性论证。经过讨论,大家认为采取连拱坝这种坝型,在好、快、省方面占有突出的优势,比用平板坝减少垛的数目,节约用材;专家们又对坝垛防地震、坝面板渗漏等问题进行了科学的、全面的分析。论证结果,最后一致主张佛子岭水库应建连拱坝。会后由淮委工程部副部长钱正英到上海华东军政委员会水利部汇报,得到华东军政委员会水利部部长曾山的支持。

佛子岭水库建连拱坝,引起强烈反响,催动千军万马。刚结束在寿县土地改革的中国人民解放军第九十师由马长炎、张雷平、徐速之率领,开赴大别山区。北京、上海、天津、青岛等地的工程技术人员,云集佛子岭脚下。一时间,千年沉睡的山沟沸腾了,马达轰鸣,炮声隆隆,与来自上海音乐学院师生在工地上设立的宣传站的歌声鼓动声交织在一起,汇成了一曲建设新中国的交响乐。作家陈登科想为佛子岭写本书,从城市卷起铺盖,住到佛子岭,出任灌浆大队教导员,和劳动者一起分享建设社会主义大厦的幸福。

为了修建这座"争气坝",担任佛子岭水库建设工程总工程师、总指挥的中国水利专家汪胡桢,发出了"与连拱坝共存亡"的铿锵誓言。霍山多地震,而离佛子岭 10 公里的落儿岭又是全国地震中心区之一。为确保大坝安全,汪胡桢和技术人员一起熬过一个又一个不眠之夜,终于解决了技术上的难题。从 1951 年到 1954 年的 3 年多时间里,这座 500 多米长、相当于上海国际饭店 24 层楼高、举世闻名的新中国第一座钢筋混凝土空心连拱坝,像条巨龙横跨于佛子岭与打渔冲两山之间,拦腰截断了淠河水。总长 20 多公里的人造湖遇旱放水,灌溉下游万亩农田;汛期拦洪,减轻山洪对淮河的压力。水库控制流域面积 1840 平方公里,占淠河全流域的 27.5%,总库容 5 亿立方米。水库以防洪、灌溉、发电为主,还可以改善航运和发展水产养殖业。

如此宏伟的连拱坝,在中国水利建设史上还未曾有过,而刚刚起步的新中国首建成功,吸引了国内外知名人士、水利电力专家、大专院校师生来工地参观,报纸、广播等宣传媒体更是大量给予报道。一时间,引起全国人民乃至一部分亚非拉国家和地区人民的热烈关注。

佛子岭水库建成后,又开始筹建梅山水库和响洪甸水库。1958年,这两个水库相继竣工。梅山水库位于史河上游金寨县城东侧,是当时国内大坝最高的水电站,在世界上也屈指可数。响洪甸水库位于金寨县境内的淠河西源,是安徽自行设计和施工的全国第一座大型重力拱坝水库,水库控制流域面积1400平方公里,库容26.32亿立方米,是安徽库容量最大的水库。1959年,在佛子岭水库上游25公里处,又建成了佛子岭水库配套工程磨子潭水库,控制流域面积570平方公里,库容3.5亿立方米。佛子岭、磨子潭两个水库实行统一管理,组成串联式梯级发电站,在当时国内外都享有很高的声誉。

4座山谷水库的兴建,是新中国成立初期安徽治淮工程的重要组成部分。它们不仅对控制山洪、拦蓄洪水、削减淮河洪水压力起到重要作用,在灌溉、发电、航运、养殖等方面产生综合效益,而且还给安徽人民留下了艰苦创业、奋发图强的优良传统。4座山谷水库都位于大别山区,树林茂密,人烟稀少,野兽出没。水库在勘测、规划阶段,工程技术人员大多借住在山区农民家里,借用农民的厨灶自己做饭。开工前夕,水利建设队伍纷纷从四面八方汇集于工地,其中有六安干部学校来的100多名干部和从淮委调来的数十名干部,从上海交通大学、同济大学、复旦大学、浙江大学、南京工学院等院校来的许多应届毕业生。从领导干部、工程技术人员到一般职工,大家都住在竹子搭成的茅棚里,白天沐浴汗水,晚上顶着星光,为创建社会主义大业,谁也不计较个人的得失,先进人物和先进事迹层出不穷。同时,水库建设工地也是一所学校,人们在这里学文化、学技术,特别是青年知识分子工作上有一股干劲、闯劲,又有旺盛的求知欲,不懂就学,学懂了就干。在佛子岭水库工地,青年知识分子一心扑在工作和学习上,没有休假日,没有8小时工作内外的区别。工程技术人员自动组织学习班,每晚都集中起来上课,听课的人自带一条小板凳,膝上铺一块木板写笔记,自称这个学习班是"佛子岭大学"。通过理论与实践紧密结合的学习方法,培养出一批水利技术人员。佛子岭水库完工后,这些技术

人员又参加梅山、响洪甸、磨子潭等水库的建设。后来分散到全国各地水利电力建设机构工作,多数成为工程技术骨干。

4 座山谷水库的兴建,也凝结着苏联专家布可夫、沃格宁及其他技术人员的智慧和汗水。当时抗美援朝战争正在进行,从国外引进的技术资料和施工机械统统被美国的盟国封锁禁运,国内水利建设资料缺乏。在技术人员和资料奇缺的情况下,苏联水利专家来到建设工地担任顾问,在规划、设计、施工等实践中,提出了许多有益建议,还通过学术报告传播了新的知识。

三、修建濛洼蓄洪区与王家坝闸

濛河洼地位于安徽与河南两省交界处,西起王家坝镇官沙湖,东至南照集,长约 40.5 公里;北起岗坡,南至淮河,平均宽度约 7.5 公里。地势西高东低,最低处高程约 20 米。淮河干流从河南省淮滨洪河口汇洪河后又汇白露河,进入安徽境内,流经王家坝、三河尖、东南照集,坡降平缓,河道狭窄弯曲,宣泄不畅。每遇大水,上游群众要挖开官沙湖堤放水入濛洼,下游则护堤保收,历史上上下游水事纠纷不断。濛洼下端有小涧河纳蒙河几岗坡、湖洼之水于南照集入淮,大水时淮河洪水也从小涧河倒灌濛河洼地,容易造成水灾。1951 年,淮委在涧河集分水闸完成后,即考虑该地区的治理。计划开辟分洪道,建濛洼控制蓄洪区,整治淮河干流,以降低洪水位,解决水事纠纷。这是中央人民政府政务院作出的利国利民、整治淮河的又一重大决策。1951 年 9 月,淮委会同河南省信阳、潢川和安徽省阜阳 3 个专区治淮指挥部人员共同查勘,讨论商定了初步规划原则,对上游来水量、下泄流量分配和设计水位、濛洼蓄洪区蓄洪水位及工程规划等方面作了原则性的规定。据此,相继做出各项设计。王家坝即为濛洼蓄洪区的进水闸。

濛洼蓄洪区土方工程于 1951 年 11 月开始施工,除圈堤工程于 1952 年汛前完成外,其余土方工程分别于 1952 年冬及 1953 年汛前完成。郜台子泄水闸 1952 年 4 月开工,当年 12 月完成。王家坝进水闸于 1953 年 1 月开工,当年 7 月完成。整个工程计做土方 2648 万立方米,砌石 2.34 万立方米,混凝土 0.93 万立方米,经费投入 1299.9 万元。

王家坝闸开工时动员了 3200 多民工开挖闸基,花了 20 天时间,完成土方 1.7 万立方米。时任王家坝工程施工处副主任的陈亚光回忆说,这种大闸工程,当时许多工程技术人员和工人都未见过,也不了解,更谈不上什么经验。为了启蒙,我们指导木工先做一个大闸模型,让大家看看样子,使他们心中有数。施工处的工程科又分设放样组、木工队、扎铁队、砌石队、土工队、军工队、杂工队等。工程科有两位科长,下有若干工程技术人员,每个队都有一名技术人员当队长,每一名技工至少带一名军工为学徒。我们每做一项工作,诸如设计形式、施工方法、先后次序、专业分工、劳动组合、定额费用等,都要经过小组仔细讨论,以保证质量,节省费用。每天晚上,由我主持召集各组组长开一次碰头会,布置第二天任务。

历经了千难万苦,建成后的王家坝闸为 13 孔,总净宽为 104 米,辐射式闸门,闸底闸墙都用钢筋混凝土,翼墙用浆砌块石,设计流量 1926 立方米每秒,为当时淮河上的第三大闸。

谈松曦,江苏宜兴人,1923 年 11 月出生,1947 年毕业于上海交通大学土木工程系,是一位在新中国成立初期就参与了濛洼进洪闸(即王家坝闸)和退水闸设计的全国著名水闸设计专家。耄耋之年他回忆道:独自轮流到各工地审查图纸。当时各工地不通公路,先乘公共汽车到阜阳,第二天乘脚踏三轮车到阜南县王家坝分洪闸施工现场,一路颠簸很不轻松。从王家坝到润河集再到霍邱城东湖分洪闸工地,没有任何车辆可乘,在王家坝指挥部借用一辆自行车,沿濛洼分洪道右堤骑车前行。当时,堤顶土质松软,坑洼不平,又遇迎面大风,花费 8 个多小时才到达,筋疲力尽。从润河集到霍邱城东湖工地要穿过城西湖,路况更差,决定舍车步行,当天到达,劳累程度反比骑车轻松。"那时,为了治好淮河,再累也没人叫累,越累干劲越大。"谈起往事,这位老人言语中流露出对那段"激情燃烧的岁月"的深深怀念之情。

王家坝闸工程量很大,有土方工程、混凝土工程、块石工程等,还有机电设备及闸门启闭机等约重 4 万多吨,除钢材、木材、紫铜片等由

中央调拨外,其余都要由工程施工处组织力量抢运。

王家坝地处豫皖两省边界,交通不便,不通汽车,冬末春初水浅只能用小木船运输。施工处派技术人员携带图纸前往上海订购闸门和启闭机,财务科派出大批人员分别到各地采购抢运。水泥是从江苏龙潭水泥厂订购的,由铁路运往蚌埠市码头,再由木船运往工地。黄沙(粗沙)由嘉山县管店集装火车运往淮南市码头,用船运到工地,还有一部分细沙则由河南省临水集用船直接运往工地。块石由凤台县用船运来工地。石子则在工地利用块石,分大、中、小三种规格,雇用农村妇女加工,按方付酬。还有一部分机电设备和工具分别到江苏和山东采购运来。另外,杉木、毛竹等则由大别山区和皖南山区调运。工程所需上万件器材,全部在两个月时间内调运齐全,确保了工程建设的需要。

四、五河以下淮河内外水分流工程

在淮河蚌埠以下的安徽省五河县境内,历史上曾有浍河、潼河、沱河、漴河与淮河在这里相汇,形成五河汇流的壮丽景观,五河县因此而得名。据历史记载,浍河,古名涣河,发源于河南省商丘县东南境,汇永城马长湖后经安徽宿县,过固镇入五河县,全长290公里。潼河发源于安徽灵璧县北25公里的潼山,东流入泗县界经丰山湖进五河县东潼口入淮,现改入窑河。漴河又名洮河,源于五河县治南1.5公里,故道原与张家沟连接,经南山北过南湖入淮,全长约15公里。清乾隆年间,淮黄交涨,南山冲圮,河已淤平,水无所泄,漴河无迹迄今200余年。沱河,即古交水,发源于河南虬龙沟,经安徽宿州柴芦湖,东注灵璧,入五河沱湖,全长270公里。

新中国成立前,五水相连,水患频繁。每当伏汛,淮水暴涨倒灌,内水排泄受阻,顷刻泛滥,顿成泽国。

1951年淮河大水后,淮委根据中央第二次治淮会议决定的五河以下淮河干支流分流原则,编制了五河内外水分流规划。规划要求自五河起疏浚潼河,切开峰山岭,开辟下草湾引河,利用峰山至下草湾段的窑河和淮河,建成漴潼新河,将浍、漴、潼、沱等支流的内水,全部改由新河直接排入洪泽湖溧河洼,以缩短洪水路径,杜绝淮水倒灌,降低内河水位,解除淮北东部地区的洪涝灾害。淮河则在浮山以下开辟泊岗引河,裁弯取直。另修建窑河、泊岗、下草湾等3座拦河坝,分隔内外水流,并相应进行浮山至泊岗段淮河切滩,加固大柳巷圈堤,新建小柳巷圈堤,使淮河洪水得以从泊岗引河安全排泄。内外水分流显著地改善了内水排泄条件,极大地减轻了洪涝灾害。此外,对流域内的唐河进行疏浚复堤,开挖唐滩河,实施分唐入滩工程;对沱河、北沱河也进行了河道疏浚、堤防加固和涵闸建设,充分发挥了防洪除涝、蓄水兴利的综合效益。

漴潼河疏浚是新中国成立后在淮北平原上新开挖的第一条底宽百米以上的人工河道。下草湾引河最大挖深27米、长4.6公里,仅及下草湾至老子山淮河河长的十五分之一,大大缩短了洪水路径,加快了汇流速度。工程自1951年10月开工至1954年汛前全部完成。这项工程,规划科学,设计合理,施工期短,质量好。尤其是峰山切岭护坡工程,经几十年运行,基本完好无损,对解除漴潼河水系内涝灾害和杜绝倒灌、顶托,效果十分显著,开创了治淮中内外水分流工程和裁弯取直工程的范例,并为流域内后来的大面积除涝、降渍、发展灌溉,奠定了坚实的基础。

五、淮河治理的成效与经验

新中国成立初期开展的治淮工程,重点放在防洪保堤上。在毛泽东"一定要把淮河修好"的伟大号召下,在中国共产党和人民政府的领导下,淮河流域的人民群众和工程技术人员以根治淮河、让淮河流域数千万人民和22万平方公里土地永绝水患的豪情壮志,展开了对淮河全流域、多目标的治理,从而迈出了根治淮河坚实的第一步。淮河防洪保堤取得了显著成绩,淮河中游地区"小雨小灾"可基本解决,"大雨大灾"也可减轻。

据统计,1951年和1952年两年,皖北区参加治淮工程建设的民工约330万人次,工程技术人员1万余人;治淮工程累计完成土石方约3亿立方米,完成容量79亿立方米蓄洪工程,培修河堤1035公里,疏浚

河道 1501 公里,完成大小涵闸 39 座,并着手兴建佛子岭水库。此外,通过除涝工程,平原地区大部分支流得到初步治理,局部地区进行了大中小沟配套工程,涝灾有所减轻,灌溉面积得以增加。

治理淮河是新中国成立初期第一个全流域的治水事业,取得的主要工作经验有以下几点。

首先,治淮决策体现了刚刚成立的人民政权对水患的科学认识和对人民群众生活的切实关怀。中央提出的治淮方针、决策,符合淮河流域实际情况,全流域各省区能以大局为重,团结治水。尤其是涉及跨省工程,在淮委的主持下,做到统一规划、统一治理;发生水利纠纷能够及时得以协调和化解。

其次,精心组织,确保质量。工程施工中,严格遵循基建程序,遵守规章制度,注重加强对民工的管理,做到精心施工,讲求质量。凡是没有批准的设计或没有批准的开工报告,工程单位都不准开工。经上级批准的设计文件是水利建设上的法律,施工单位或部门的任何人都不得任意更改。参建民工的劳动普遍实行按劳取酬制度,民工及时或提前保质保量完成任务的,有奖励,赏罚分明,从而激励了民工精心施工的积极性和主动性。在佛子岭水库建设中还首开流水作业的施工法,进一步保证了混凝土大坝的浇筑质量。

其三,尊重知识,尊重人才。新中国成立初期,国家百废待兴,大规模的治淮工程需要各种技术和行政管理人才。各级党委和政府对知识分子非常信任,委以重任,放手让其工作,如淮委工程部的部长汪胡桢及规划处、测验处、工务处、工管处的处长们都是中年或中年偏上的从旧社会过来的水利专家,淮委鼓励他们为赶超世界水利科技先进水平,提出科研奋斗目标,在此氛围中,科技人员雄心勃勃,斗志昂扬,钻研水利科技蔚然成风,在治淮工程建设中发挥出决定性的作用。淮委还注重青年人才的培养,从上海交通大学、同济大学、复旦大学、浙江大学、南京工学院等院校争取来许多应届毕业生,并选派优秀的大专毕业生去欧洲社会主义国家继续深造。1952 年 10 月,淮委在安徽怀远县正式成立淮河水利专科学校,为淮河流域各省培养了大批水利人才。这一时期,参加治淮的工程技术人员最多时达到 16000 人。

其四,各级领导干部作风民主,善于听取意见,特别是善于听取工程技术人员的意见,能深入考虑治淮问题,果断决策,发现问题能及时研究改正,且能严于律己,起表率作用。

其五,在治淮过程中,各地各级政府对于水利移民问题比较慎重,采取了比较稳妥的政策和措施。做到尽可能少迁移人口,努力保证被迁移人口的生活水平不低于迁移前的水平,保证有土地、有住所,并做了大量艰苦耐心的政治工作。

这一时期的治淮工作也存在若干教训。新中国建立之初,百废待兴,特别是大规模治理淮河几乎与抗美援朝战争处在同一时期,国家的财力、物力和人力负担有限,这就迫使新中国成立初期淮河流域规划标准偏低,工程留有余地不够;由于缺乏历史水文资料,原来就不完备的一点治淮资料,解放前夕又被国民党政府运到台湾,以致新中国的治淮工作完全是白手起家,从水文测站的布设、流域地形的测量到规划方案的探讨,一切都得从头来。加之经验不足,致使治淮工程水文资料依据偏小、防洪标准偏低。如初期《治淮方略》中干流规划是以 1931 年、1950 年洪水为标准,仅相当于 40 年及 10 年一遇。当遭遇 1954 年大洪水时,多处工程失事。此外,一些工程施工前期准备不足,施工中组织管理工作不细致不周密,以致造成浪费,工程遭受损失。1950 年冬修水利,"皖北泗洪等地,住房食粮工具物资均准备不充分,民工上堤后,吃饭不做工,有的因为没有房子住,吃完饭就走,粮食浪费有一百万斤"①。

新中国成立初期开展的治淮工程,只是长期治淮工程的第一步,为以后更好、更有效地治淮打下了坚实的基础。安徽人民为治理淮河做出了重大贡献,更坚定了根治淮河的信心。

---

① 《1950 年水利工作初步总结》,中华人民共和国水利部编《1949—1957 年历次全国水利会议报告文件》(水利部 1957 年印),第 58 页。

第三节　长江两岸的堤防建设

一、修筑六大江堤

长江干流安徽段,左岸上自鄂皖交界处段窑,下至和县驻马河口出境进入江苏省境;右岸上自赣皖交界处的牛矶,下至皖苏交界处的和尚港进入江苏省境。安徽省境内长江干流全长416公里,流域面积6.6万平方公里。

历史上长江流域安徽境内不断发生洪、涝、旱等严重自然灾害。1931年,江堤溃决,受灾田地900余万亩,被淹房屋70万间,灾民达500万人,死亡203万人。1934年,大旱,百日无雨,塘坝尽竭,田禾枯槁,赤地千里,受灾田地3700万亩,损失粮食56亿斤,灾民870余万人。

1949年4月,安徽全境解放。是年夏天,皖南山区和长江沿岸暴雨不断,山洪暴发,江水猛涨。长江干流主要江堤无为大堤、同马大堤溃决,江水冲入圩区,长江流域发生特大水灾,受灾田地170万亩,受灾人口72万人。

自1950年开始,在全面治理淮河的同时,安徽沿江地区广大人民在中国共产党和人民政府的领导下,展开了整修长江干堤的建设工程,对长江年久失修的大堤进行全面整修和加固,将堤防逐步加高培厚,填塘固基,抛石护岸,以提高防洪能力。

皖北、皖南两区的人民政府非常重视沿江防洪工程建设,发动群众兴修水利,提高防洪标准,增强堤防抗洪能力。从1949年到1952年,长江流域安徽境内的治理重点是修筑沿江堤防。长江安徽段两岸的堤防,原多系独立民圩,历代劳动人民在与自然斗争中不断总结经验,为增强堤防的防洪抗灾能力,逐渐将小圩合并连成大圩,形成长江两岸较大的堤防。长江安徽段共有大型堤防6个:同马大堤、广济圩大堤、枞阳大堤、无为大堤、芜当大堤、马鞍山市大堤等。6个大型堤防总长 472. 54 公里，保护农田 699. 15 万亩、人口 827. 93 万；中型堤防 6 个，堤长 159. 42 公里，保护农田 113. 54 万亩、人口 80 万；小型堤防 18 个，堤长 132. 81 公里，保护农田 46. 38 万亩、人口 46. 65 万。但是，长江两岸堤防普遍标准低、质量差，堆土成堤，抗御洪水能力弱。

修筑无为大堤。无为大堤在长江北岸，从无为县牛埠到和县黄山寺，全长 125 公里，是巢湖流域 8 县 1 市的防洪屏障，保护 427 万亩耕地、500 万人民生命财产安全和淮南铁路的运行，对国民经济建设关系极大，是安徽境内长江段最重要的大堤之一。新中国成立后，各级人民政府十分重视无为江堤的修筑。1949 年夏季大水，无为大堤溃决，损失惨重。汛后，巢湖专区决定对无为大堤进行整修。1949 年冬至 1950 年春对无为大堤做了全面测量，普遍培修和局部退建，新退建的堤段有：安定街段退建 1250 米，青山圩段退建 365 米，连同对其他堤坝的普遍培修，共完成土方 252. 8 万立方米，培修标准为堤顶超高 1931 年最高洪水位 0. 5 ~ 1. 0 米。由于经过一个冬春的整修尚未达到标准要求，1950 年至 1951 年冬春，无为江堤又完成土方 84. 4 万立方米。

修筑同马大堤。同马大堤由先后修筑的同仁堤和马华堤等 5 段堤组成，取同仁堤和马华堤之字首合称"同马大堤"。同马大堤系零星圩堤逐渐连接延伸而成，清道光年间，安庆地区境内开始先后沿江左岸筑堤，道光十八年（1838）至民国五年（1916），自上而下依次建成同仁堤、丁家口堤、初公堤、泾江长堤和马华堤，诸堤连接而成同马大堤雏形，总长 82 公里，为长江流域安徽段主要堤防之一。1949 年夏季，长江大水。7 月 19 日，安庆站长江最高水位 17. 28 米，同马大堤虽经沿江人民竭力抢修，宿松程营、套口，望江四合圩、合成圩、东兴圩、六合圩，怀宁三益圩等段相继溃口。10 月中旬，皖北行署决定以工代赈，堵口复堤。安庆专区及沿江各县均成立修堤指挥部，由各级党政主要领导分任各级指挥部政委和指挥长。12 月上旬，同马堤大堤望江江堤和怀宁三益圩江堤全线动工，上堤民工 8 万多人，加高培厚老堤，崩岸及溃口处则退建与堵复，碎土平铺，尺土层硪，硪打三遍。到1950 年清明前后，同马大堤各段相继修复，工程如期完成。全堤共完成土方 708 万立方米，其中汇口段退建长 7. 65 公里、套口段退建 4. 4

公里、顺合段新建堤长 14.9 公里。

修筑芜当大堤。芜当大堤位于长江下游右岸,上自芜湖青弋江入江口起,下至当涂姑溪河入江口止,江堤长 36.53 公里,通江河堤长 50.75 公里。整个堤圈承担着芜湖市及当涂县的 26.15 万亩农田、50.45 万人口和城市、铁路、公路的防洪任务。

芜当大堤各圩原为众多的小圩,大多建于南宋绍兴年间(1131—1162)。1949 年夏季,长江洪水,芜湖万春圩在桃园溃破,其他各圩也相继漫决,芜湖市区受淹。汛后堵口复堤,堤顶超高 1931 年洪水位达 11.87 米。鉴于堤线较长,多圩分治对修防颇为不利,于是着手建闸连圩。1950 年,芜湖县将南辛圩、永镇圩、张营圩、小卞圩、小屯圩等圩口全部并入万春圩。1951 年,当涂县在年陡等处建闸,将阜民、太仓、李家、长岑等圩连成一个圩口,取名一圩。兴建三马场、胭脂港两闸,将青山河西岸、姑溪河南岸堤防连成一体,取名三圩。1953 年,建秦河闸,连并 4 个圩口为 1 个圩口,取名四圩。宁国埠、军埠联为五圩,新城埠则称为六圩。

修筑广济圩大堤。广济圩大堤位于长江左岸,建于清嘉庆八年(1803),同治九年(1870)全圩江堤建成。此间,曾先后筑有护城圩、太平圩和三义圩等 38 个大小圩堤。广济圩大堤上起安庆市西门墩头坡,经市郊至梅林隔堤上,再接桐城江堤,讫于枞阳县莲花湖丘陵,全长 41.367 公里,保护 3 县 1 市农田 45 万亩及城市、交通的安全。但是,广济圩大堤圩堤破碎、堤身矮小、崩岸严重,只能保护农田 10 万多亩,16 米左右的长江水位便可能导致溃破,浸没广济圩区。1949 年解放后,中共安庆市委、市政府每年都组织大批民工对广济圩大堤进行整修,在 20 世纪 50 年代初期,年平均上堤民工约 4500 人,完成土方 20 万立方米。1952 年 12 月,安庆市动工修建城区沿江驳岸工程,自程良路沟儿口至老水厂崩岸口,建成了长 220 米、高 5.7 米与沿江地面基本相平的石砌驳岸。随后两年,又修建了大南门一带沿江石砌驳岸,初步控制了城区沿江崩岸的状况。

修复枞阳大堤。枞阳大堤位于长江安徽段干流左岸,滨江背湖,地势低洼,上起枞阳县幕旗山,下至无为县洪土庙,全长近 84 公里,由枞阳县的永登圩、永赖圩、永丰圩、永久圩及普济圩和无为县梳妆台至洪土庙堤段组成。上述圩堤先后修建于明嘉靖年间至民国时期,但圩堤大多矮小单薄,尚不足以成为防江汛体系。1949年洪水,永丰圩于6月溃破,永赖圩同月漫决。汛后,枞阳人民政府组织民工进行堵口复堤。从1955年开始修筑防洪体系,至1982年完成。

培修马鞍山大堤。马鞍山大堤位于长江安徽段干流右岸,上起人工矶头,下讫洋河嘴,全长11.2公里。马鞍山大堤在1952年前未有溃漫,1954年后又不断培高培厚、整修加固。

二、其他堤坊的修护

主要包括位于长江安徽段下游的广丰万兴圩江堤、麻凤圩江堤和长江安徽段中部的江堤等。广丰万兴圩江堤:广丰万兴圩江堤位于长江下游右岸,跨东至、贵池两县,是东至县的首圩,始建于清光绪二十九年(1903),江堤西起沿江的窑山脚、东到丝茅墩止,长20多公里。1949年洪水,广丰圩下段的裕丰圩漫溢。从1949年冬至1954年春约4年间,人民政府组织沿江人民,用以工代赈的办法,每年对江河堤防加高培厚,完成土方136.7万立方米,使江堤高程达18.8米,比1949年加高1.8米左右。

麻凤圩江堤。位于长江下游右岸,系原来芜湖县麻浦圩、凤林圩合并后的名称,是与江堤成圈的重点堤防之一。1951年冬至1952年春,人民政府组织民工,在大王庙退建江堤700米,完成土方9万立方米。

此外,从1949年到1952年,当地人民政府组织民工,对枞阳江堤、和县江堤等实施堵口复堤,加固江河堤防,提高长江大堤及重点大圩堤防的防洪、抗洪能力,同时着手修坝和修建小型涵闸。

从1949年皖南、皖北解放至1952年安徽恢复建制,由于受财力、物力条件的限制,长江安徽段的水利建设仅仅局限于江堤一般的加高加厚,还不能从整体上规划、实施较高标准的防洪江堤。即便如此,对安徽沿江的水利建设而言,还是迈出了可喜的第一步。

第六章

恢复和发展工商业

1949 年 4 月,皖北、皖南解放以后,中共皖北、皖南区委和行署面临的重要任务就是迅速恢复经济。从这时开始,到 1952 年底,在长达 3 年多的时间里,中共皖北、皖南区委和行署在全力抓好生产救灾、土地改革、兴修水利等各项措施以恢复农村经济的同时,对集中于城市的工商业经济予以高度重视,采取了没收官僚资本、建立国营企业、保护和扶持私营工商业以及积极沟通城乡物资交流、建立国营商业和集体性质的供销合作社等各项措施,努力恢复城乡经济,为安徽尔后的经济发展打下基础。

第一节 恢复和发展城市经济

一、没收官僚资本

1949 年,皖北、皖南的工业基础十分薄弱,共有企业 3813 个,其中私营小工厂、小作坊 3734 个,全部工业固定资产不足 1 亿元,职工人数 2.2 万人,工业总产值 3.63 亿元(按当年价格计算)。在这些企业中,主要是碾米、面粉、榨油、卷烟、酿酒、调味、火柴、印刷和小纺织等轻工企业,产值 3.10 亿元,占全部工业总产值的 89%;重工业只有几家小煤矿、小电厂和小炼铁厂等,产值 0.53 亿元,占全部工业总产值的 11%。当年的主要产品产量:生铁 1100 吨,原煤 114 万吨,发电量 2400 万千瓦时,棉纱 340 吨,棉布 3000 万米,火柴 1.76 万件,卷烟 11.48 万箱。[①]

上述为数不多的工业企业主要分布于蚌埠、芜湖、安庆、合肥、淮南等几个城市。合肥是刚刚成立的皖北人民行署所在地,1949 年市区人口约 5 万,城区面积 5 平方公里,只有几家小工厂和手工业作坊、一座 48 千瓦的小发电厂,工业总产值仅 0.09 亿元。蚌埠为津浦铁路线上的重要交通枢纽,亦是皖北地区最大城市,1949 年人口近 20 万,城区面积 4.7 平方公里,工业总产值 0.18 亿元。芜湖是皖南地区最大城市,也是皖南人民行署所在地,1949 年市区人口约 21 万,城区面积约 7 平方公里,有 1 家 2 万纱锭的纱厂、1 家年发电 2600 千瓦时的小发电厂和数十家手工业作坊等,工业总产值 0.3 亿元。安庆位于长江北岸,是皖西南商业重镇,1949 年市区人口 7.88 万,城区面积 3.52 平方公里,有 1 座小发电厂、1 家以米面加工为主的五洲公司、1 家织布厂及食品、五金类小企业 10 多家,工业总产值 0.022 亿元。淮南是

---

① 安徽省人民政府办公厅编:《安徽省情》(1949—1983),安徽人民出版社 1985 年版,第 363 页。

一座产煤矿区,1949 年仅有大通、九龙岗、田家庵 3 个小镇,算不上近代意义上的城市,有 3 个矿井、1 家 8200 千瓦的小发电厂和几家面粉、碾米作坊,工业总产值 0.315 亿元。除此之外,皖北、皖南广大农村地区还处于落后的农业社会阶段,基本没有近代工业企业。几十座县城内散布一些诸如铁匠铺、酱园店、缝纫铺、木器作坊等个体手工业,借以维系农业社会条件下极低的生产、生活需求。

根据 1949 年 3 月中共七届二中全会制定的方针和 1949 年 9 月中国人民政治协商会议第一届全体会议通过的《共同纲领》的要求,人民解放军在解放皖北、皖南各城市的同时,立即接管国民党官僚资本企业。据统计,至 1949 年 5 月皖北、皖南解放时止,共没收国民党官僚资本企业 79 个,[1]主要包括淮南煤矿、淮南铁路、马鞍山铁矿、铜官山铜矿以及各城市的发电厂、自来水厂等。但是,人民政府对这些官僚资本企业采取了与对待国民党机关不同的办法,即:不是将他们打碎推倒重来,而是先按照原来的组织机构和生产系统,"保持原职、原薪、原制度",由军事管制委员会把它们完整地接收下来,实行监督生产,然后交给当地新成立的人民政府,再由人民政府对这些企业进行民主改革和生产改革,统一管理。这个接收—监督生产—交给人民政府管理的过程,是随着这些官僚资本企业所在地的逐步解放而展开的,由于有当地中共组织、工人群众和爱国人士的支持、配合,基本没有发生停产和机器设备遭到破坏的现象。

从 1949 年 1 月 20 日蚌埠解放,到同年 4 月底屯溪解放,在短短 3 个多月的时间内,皖北、皖南区所有的国民党官僚资本企业悉数回到人民的手中。由于中国共产党和新生的人民政权缺少管理近代企业的经验,如何用较短的时间,保证这些企业正常运转,继而建立国营企业,是摆在中国共产党人面前的重大任务。1949 年 5 月 4 日,中共皖北区委召开工作会议,提出要把城市工作作为当前必须完成的四大任务之一:"恢复和发展蚌埠、安庆、合肥及稍具工商业基础的一切城市生产,以配合和推动农村生产的发展,特别是淮南煤矿应尽可能地提

---

① 安徽省人民政府办公厅编:《安徽省情》(1949—1983),安徽人民出版社 1985 年版,第 363 页。

高产量,以源源满足大城市的需要,为此我们必须反复研究二中全会决议,并依此来检讨我们今天以前的各种糊涂观念和某些错误做法,改正我们的缺点,特别要明确依靠工人的观念,加强工人组织教育工作及其他劳动者的工作,掌握公私兼顾劳资两利城乡结合的政策以发展生产,使各城市的工商业迅速恢复和发展,使煤产量大大提高,以保证华东局财办的生产任务之顺利完成。"①

皖北、皖南区接管国民党官僚资本企业的过程大体可分为三步。第一步,由军管会按照"原封不动"、"不打烂旧机构"、"保持原职原薪制度"的办法,按系统整套接收,以保持其技术组织和生产系统的完整。对企业原有人员如厂长、局长、经理、监工、职员及技术人员,除个别反革命分子、坏分子必须逮捕处理外,一律采取"包下来"的政策。第二步,由军管会交由当地人民政府,人民政府派出部分干部领导企业管理工作,并从企业中挑选拥护中国共产党、拥护新生人民政权、政治觉悟高,并有一定管理能力和技术水平的职工参与企业管理。第三步,在企业中开展民主改革和生产改革,为建立国营企业打下基础。在实践过程中,上述三步的时间界线并非截然分开,也有交叉或同步实施的情况,在推进的地域上,皖北、皖南也有先有后,不尽一致。

淮南煤矿原为国民党官僚宋子文经营,是皖北、皖南为数极少的在社会经济中占重要地位的官僚资本企业之一。1949 年 1 月 18 日,淮南矿区解放后,即由人民解放军实行军管,维持煤矿生产。随后不久即交由新成立的淮南矿区办事处,由办事处负责管理。3 月 1 日,淮南煤矿全面复工。3 月 29 日,成立淮南煤矿局,不久又更名为淮南煤矿公司。煤炭最高日产量达到 4000 吨,接近煤矿建成以来历史最高水平。1949 年全年,淮南煤矿产煤 112.5 万吨。

其他城市的官僚资本企业接管与恢复生产的过程,与淮南煤矿基本相似。合肥染织厂于 1949 年 2 月被接管,3 月初即顺利复工。4 月 22 日,安庆解放,25 日便开始接管五洲公司,并更名为裕民公司,下属

① 《关于皖北地区当前工作方针和任务的指示(草案)》(1949 年 5 月 4 日),中共安徽省委办公厅、中共安徽省委党史工委、安徽省档案馆编《中共皖北皖南区委文件选编》(1949—1951)[皖非正式出版字(93)第 50 号],第 3—4 页。

碾米厂很快恢复生产。4月24日,芜湖解放,军管会接管官僚资本企业7处、矿山5处、代管矿区1处,并很快交由芜湖市人民政府管理。马鞍山铁矿和铜官山铜矿则是由人民解放军南京军管会派出军事代表组接管,并很快交由华东工业部直接管理经营。到1949年5月,皖北人民行署成立工矿处、皖南人民行署成立工商处,分别负责统一管理两区接收的官僚资本企业,并提出改善企业经营方针、严格各种制度(如经济核算、成本计算和预决算)等,以提高工人的生产积极性,提高生产效率。到1949年下半年,皖北、皖南所有被接管的官僚资本企业都恢复了生产。

在金融资本方面。民国时期,安徽金融业特别是银行业主要由中央银行、中国银行、交通银行、农民银行、中央信托局、邮政储金汇业局和中央合作金库(总称"四行二局一库")所主宰,另有安徽省政府官办的安徽地方银行和各县、市自设的银行等。1949年5月1日,在解放区华中银行合肥分行基础上改组成立中国人民银行皖北分行;5月12日,又组建成立中国人民银行皖南分行。皖北、皖南分行成立后,把没收、接管国民党官僚金融资本作为首要任务,先是由人民解放军军管会派出军代表按自上而下、整套接收的方法,迅速实行初步接管,然后由分行派出干部进行全面点收。至当年7月底,皖北、皖南两家分行对所辖地区的官僚金融资本接管工作基本完成。安徽地方银行和各县、市银行也都被当地人民政府接收。与此同时,国民政府在皖北、皖南设立的邮电、交通等官僚资本企业也都"按照系统,整套接收,调查研究、逐渐改造的方针"①,顺利完成接收任务。1949年8月8日,安徽省邮政管理局在安庆成立,统一领导皖北、皖南的邮政工作。同年,皖北公路局、淮河运输公司,皖南轮船运输公司等管理机构和国营企业先后成立。

二、建立国营企业

皖北、皖南区的国营企业是在接管和没收国民党官僚资本企业的

---

① 《关于接管新解放城市有关工作的指示》,中共安徽省委办公厅、中共安徽省委党史工委、安徽省档案馆编《中共皖北皖南区委文件选编》(1949—1951)[皖非正式出版字(93)第50号],第256页。

基础上建立起来的。从此,这些企业的财产归全体人民所有,企业成为新民主主义经济的重要组成部分,工人群众成为企业的主人。但是,由于在接管、没收时采取了"原封不动,整套接收"的办法,原有的规章制度、管理程序、生产经营办法等没有进行改造,而是沿用保留下来。

为改变这种状况,真正建立国营企业,从 1949 年 7 月开始,中共皖北、皖南区委和皖北、皖南行署着手对这些企业进行民主改革和生产改革。在民主改革方面,一是选派一批基本了解企业经营管理的干部到这些企业去担任领导工作;二是从企业中提拔一批觉悟高、懂生产技术的原经营管理人员,充实管理队伍;三是"发动工人群众开展普遍深入的反封建把头运动,废除了长期对工人实行残酷统治和剥削的封建把头制度"[1];四是"通过开展诉苦回忆的自我教育",从中培养一大批先进积极分子,充分发挥他们的生产经营积极性;五是在企业中建立职工代表会议制度、企业管理委员会制度,号召和支持工人参加到企业民主管理中来。与此同时,结合在全社会开展的"镇压反革命"、"三反"运动,清除了一批"反革命残余分子和破坏分子",揭露了一批"贪污分子和盗窃分子",从而达到"提高中共在工人群众中的威信,确立工人阶级当家做主的"[2]目标。在生产改革方面,一是废除了旧的不合理的生产规章,制定新的规章制度,如适当提高工人工资标准、提高奖励额度,制定安全生产责任制、成本管理准则等;二是鼓励工人群众提出合理化建议,支持发明创造和技术革新;三是改善工人工作条件,如确定每日 8 小时工作制,改进劳动工具,改进生产技术等;四是持续不断地开展劳动竞赛活动,提高操作技能,表扬先进。

经过民主改革和生产改革,回到人民手中的原官僚资本企业开始凸显出国营企业所具有的强大优势。据统计,1952 年底,安徽全省国有企业人均劳动生产率由 1949 年的 1383 元,提高到 4938 元,增加3555 元。以淮南煤矿为例,1949 年,全矿区人均生产效率为 0.269

---

①　夏际霞:《三年来淮南煤矿的建设成就》,1952 年 10 月 3 日《安徽日报》第三版。
②　夏际霞:《三年来淮南煤矿的建设成就》,1952 年 10 月 3 日《安徽日报》第三版。

吨,到 1952 年已达到 0.842 吨,提高了 2.13 倍;每万吨煤的死亡率 1952 年比 1949 年降低 77.5%,受伤率降低 87.8%;1952 年,机械采煤量占总产量的 28.23%,机械运输量占总运输量的 63.29%,基本上消灭了解放前极其落后的残柱式采煤方法;一大批劳动模范和积极分子成为全矿职工学习的榜样,郫绪然、陈玉华、傅宿亭等劳动模范曾创造风镐采煤 146 吨、215 吨和 290 吨的新纪录。① 在芜湖纺织厂,80 多名工人被评为劳动模范,21 名工人积极分子被提拔任课长、技师、管理员、助理员等;每枚纱锭产量从 1949 年的 0.481 磅提高到 1952 年的 0.827 磅;每件纱用工人数比 1949 年减少 60%;每名工人看车数也从 1949 年的 12 台提高到 22 台;该厂细纱车间 220 多名工人中,已有 180 多人学会了"郝建秀工作法";全厂棉纱产量 1952 年比 1949 年增长 6.26 倍。②

然而,仅靠这 79 家接管、没收的国民党官僚资本企业来建立新民主主义的经济是远远不够的,要恢复经济,巩固国营企业,发展和壮大新民主主义的工业经济,就必须建立更多的国营企业,并使之在经济建设中发挥骨干作用。从 1949 年到 1952 年,皖北、皖南两区在财力、人力和物力允许的条件下,集中建立了一批煤炭、电力、纺织、机械、轻工等国营工业企业。

在煤炭工业方面:以皖北区的淮南煤矿扩建和新建作为重点。淮南矿区原来只有九龙岗、大通、新庄孜 3 座煤矿,1949 年 6 月,解放仅仅 4 个月的淮南煤矿开始新建设计年生产能力 30 万吨的蔡家岗矿,1952 年 11 月,该矿简易投产;再加上对原有矿井在采煤方法、运输手段和生产环境方面的改进,1952 年,淮南煤矿年产量达到 256.34 万吨,是 1949 年的 2.28 倍,吨煤成本比 1949 年下降 49%。③ 是时,淮南煤矿也是皖北、皖南唯一的国营煤矿。

电力工业方面:淮南电厂于 1950 年 1 月开始扩建,华东工业部批准将原"首都电厂"(南京下关)的一台 5000 千瓦汽轮发电机组调往

---

① 夏际霞:《三年来淮南煤矿的建设成就》,1952 年 10 月 3 日《安徽日报》第三版。

② 1952 年 10 月 19 日《安徽日报》第二版。

③ 安徽省地方志编纂委员会编:《安徽省志·煤炭工业志》,安徽人民出版社 1993 年版,第 8 页。

淮南安装,两年之后投产,淮南电厂因此成为皖中和皖北地区的主要发电基地。1951 年,皖北行署采纳淮南电厂提出的"淮南电力要北跨淮河、南过长江"的建议,决定在淮南至合肥间架设皖北第一条 35 千伏长距离输电线路,7 月 1 日开工,9 月 20 日开始向合肥输电,对于满足合肥的用电需求,起到了重要作用。不久,田(家庵)蚌(埠)、田(家庵)寿(县)等几条输电工程也相继完工,皖中电网基本形成。其他城市也纷纷新建和改建一批电厂:在铜陵,为了促进铜矿开发,新建了铜陵电厂。由中国自行安装成功的第一台 5000 千瓦机组,1950 年 2 月在马鞍山电厂顺利运行发电。随着马鞍山至南京 66 千伏输电线路架通,马鞍山至芜湖 35 千伏输电线路建成,皖南电网也已具雏形。马鞍山至南京的线路是当时华东地区投运最早、电压等级最高的输电线路。由于国营电力企业的新建和扩建,皖中和皖南电网的初步建立,至 1952 年底,安徽省国营电厂装机容量达 2.32 万千瓦,比 1949 年增加了 60% ,占全省装机容量的 77.5% ;发电量 5034 万千瓦时,比 1949 年增长 107.9% 。

冶金工业方面:1950 年 5 月,铜官山铜矿开始恢复建设,并先后从华东、东北地区抽调和招聘大批干部、工程技术人员和工人,组成基建工程队。7 月,恢复了矿山至江边的铁路;8 月,10 千瓦蒸汽电机组修复送电,加快了恢复生产的进度。1952 年 6 月,铜官山铜矿正式投产,日选矿石 400 吨。为使铜官山铜矿所产的铜精砂就地冶炼粗铜供应上海电线厂,中央重工业部决定,在铜陵增加建设一座年产 200 吨粗铜的冶炼厂。1952 年,该厂主体工程完工,11 月烧结机投料试车。三年经济恢复时间,铜官山铜矿工程处累计完成投资 730 万元,生产铜料 290 吨,并相继建成与生产配套的机修等辅助工厂,胜利完成恢复建设的任务。

机械工业方面:1949 年,皖北、皖南只有 7 个由官僚资本建立的小型铁工厂,448 名职工、40 台机床,工业总产值仅 55 万元,生产能力极低。自 1950 年起,先后兴建了皖北铁工厂、皖北机械总厂,改建和扩建了蔡家岗煤矿机械厂和芜湖造船厂,形成了机械工业的四大厂家。1951 年,国家投资 190 万元,将安庆铁工厂和皖北机械总厂合并组建合肥矿

山机械厂。1952年6月,该厂基本建成,被国家第一机械工业部列为生产矿山机械的重点企业。对淮南煤矿机械厂(原蔡家岗煤矿机械厂)进行扩建改造,达到年产5000吨煤矿机械的生产能力,使该厂与合肥矿山机械厂成为全省矿山机械的两大生产基地。由皖北铁工厂改扩建而来的蚌埠空压机厂、芜湖造船厂生产出空气压缩机和小型船舶等产品,农业机械生产能力也有所提高。到皖北、皖南行署合并恢复安徽省建置前夕,全省机械制造业已能制造机床、新农具、抽水机、榨油机、轧花机、打谷机、碾米机、麻纺机、制茶机以及矿山空压机等80余种产品。1952年底,全省已建有国营机械工业企业36家,拥有职工2779名,实现工业总产值582万元,比1949年有成倍的增加。①

纺织工业方面:1949年时,皖北、皖南仅有芜湖裕中纱厂为机器纺织企业,且为私营资本兴办。1951年9月,由于资方经营消极,皖南行署以190万元买下裕中纱厂。翌年,又将原安庆纱厂、芜湖染织厂和上海永德棉织厂的设备并入,形成一个拥有2.32万枚纱锭、285台织机、1900多名职工、既能纺纱又能织布的全能纺织企业,工厂也更名为"芜湖纺织厂"。1952年,芜湖纺织厂生产棉纱1.38万件,相当于1949年产量的7.26倍。②

轻工业方面:1949年4月,芜湖的大昌火柴厂收回国有后,皖北、皖南有了第一家国营火柴厂。芜湖在接收几家旧报馆印刷厂的基础上,组成了皖南(皖北空白)第一家国营印刷厂。同年10月,皖北、皖南对酿酒实行专酿专卖,赎买私人糟坊,成立了一批市、县国营酒厂。同年,江淮军区所属光华肥皂厂迁入蚌埠,成为皖北第一家国营肥皂厂。这批国营企业的建立,是皖北、皖南国营轻工企业发展的源头。

经过3年的艰难创业,安徽的国营企业有了一定的发展。1950年底,皖北、皖南两区的国营企业实现工业产值0.48亿元,仅占两区工业总产值的14.28%。到1952年时,安徽全省已建立国营企业650

① 安徽省地方志编纂委员会编:《安徽省志·机械工业志》,安徽人民出版社1996年版,第11页。
② 安徽省地方志编纂委员会编:《安徽省志·纺织工业志》,安徽人民出版社1993年版,第14页。

家,职工 4.63 万人;实现工业产值 2.18 亿元,占全省工业总产值的 33.5%[1];煤炭、电力、生铁、棉纱等主要工业品产量都比 1949 年有成倍地增长。国营企业已经成长为全省经济恢复与发展的骨干力量。

三、保护和改造私营工商业

1949 年 4 月,皖北、皖南先后解放时,社会经济已经濒于崩溃,市场物价飞涨,秩序混乱,私营工商业难以为继,大批企业和商店倒闭,少数仅能勉强支撑。据统计,当年皖北区私营工商业户仅 6.05 万户,比解放前的 1936 年最高户数减少了五分之一左右。而主要由私营商业承担的社会商品零售业,实现销售额仅有 5.31 亿元。皖北、皖南两区的私营企业仅 3734 家,且绝大多数为手工作坊生产。[2]

新中国经济建设的根本方针是"以公私兼顾、劳资两利、城乡互助、内外交流的政策,达到发展生产、繁荣经济之目的。国家应调剂国营经济、合作社经济、农民和手工业者的个体经济、私人资本主义经济和国家资本主义经济,使各种社会经济成分在国营经济领导之下,分工合作,各得其所,以促进整个社会经济的发展"[3]。中共皖北、皖南区委和行署积极贯彻这个根本方针,在接管和没收官僚资本企业、建立国营企业的同时,采取多种措施,大力保护和扶持私营工商业,促使其恢复并有所发展。

首先,采取加工订货和产品收购的办法,促使私营商业能够继续维持经营。在人民解放军发起渡江战役之前,解放军各部队和新生的皖北区各级人民政府就从包括私营工商业户那里采购了大量的物资,包括:鞋袜、绳索、茶叶、糖酒、日用五金等,在一定程度上挽救了濒临破产的私营工商业。此后,人民政府扩大了对私营工商业者的加工订货和产品收购,再一次挽救了惨淡经营的私营工商业。以合肥市为

---

[1]　安徽省地方志编纂委员会编:《安徽省志·计划统计志(计划)》,方志出版社 1998 年版,第 194 页。

[2]　安徽省地方志编纂委员会编:《安徽省志·商业志》,安徽人民出版社 1995 年版,第 12 页。

[3]　房维中主编:《中华人民共和国经济大事记》(1949—1980),中国社会科学出版社 1984 年版(内部发行),第 2 页。

例,1949 年 1 月,全市仅有 800 多家经营工商业者,到当年 12 月已增至 1600 多家;蚌埠市有些私营工商企业的生产已恢复到抗日战争前的水平;安庆、六安、阜阳、巢县、滁县、宿县、界首等城镇的私营工商业,均有不同程度的恢复与发展。① 在皖南,中共皖南区委于 1949 年 5 月发出指示:"对私人经营的企业如工厂、公司、商店、仓库、货栈……及一切民族工商业的财产,应一律保护不受侵犯……对私营企业应坚持'公私兼顾、劳资两利'的方针。一方面要教育说服工人不要提出过高的劳动条件,致使生产降低,经济衰落,工人失业;另一方面要严重警惕资本家故意消极怠工,或借故降低工人的实际工资及其他待遇。……必须防止将农村中斗争地富消灭封建的办法错误的应用到城市"。② 当年,皖南行署委托 14 家私营茶厂制茶 2 万担,全部予以收购。芜湖市人民政府采取预定产品的办法,委托私营的美隆、益新面粉厂加工小麦;还通过供给原材料交给私营企业加工的办法,扶持私营工商业;当年共收购土布 14.39 万匹,使包括裕中纱厂在内的芜湖私营纺织业起死回生。

其次,把一部分零售业务交给私营商业和小商贩经营。安徽的商品零售业历来以私营、个体为主。由于战乱不断,人民生活贫困,经济凋敝,到解放时,私营零售业极为萧条,许多已经倒闭。解放后,皖北、皖南行署为恢复经济、恢复市场贸易,在商品十分匮乏的情况下,采取措施,积极鼓励和扶持私营工商户恢复商品零售业务,特别是在农村地区,商品零售主要交给私营、个体工商户经营。零售的商品包括农产品、土产、一般生活资料、日用品等。允许私营、个体工商户用以货易货的形式,与农民进行商品交换,并集中收购私营个体工商户换回的农副产品,从而起到扶持和恢复农村零售业的作用。

第三,对私营工商业进行适当改组。这是针对私营工商业经营困难和管理落后的情况而采取的措施。1949 年 12 月,皖北、皖南行署分别发出文件,要求各私营工商企业废除沿用已久的封建"把头"制度

---

① 安徽省档案局编:《安徽经济建设文献资料》(第一辑)(内部发行),第 12 页。
② 中共安徽省委办公厅、中共安徽省委党史工委、安徽省档案馆编:《中共皖北皖南区委文件选编》(1949—1951)[皖非正式出版字(93)第 50 号],第 257 页。

和陈规陋习,并适当提高工人工资和福利待遇,借以改善劳资关系,改善落后的管理方法。同时,由于市场货币波动较大,一批私营工商企业出现了商品滞销、生产萎缩的情况。皖北、皖南行署及时采取措施,在经营范围、原料供应、销售市场等方面对他们给予必要的照顾,甚至采取代销、包销的办法,帮助他们摆脱困境。在此基础上,因为经营、生产需要而主动要求合并、改组的一些私营工商企业,由人民政府出面协调,帮助制定相关的规则,合理改组、合并。

第四,根据市场情况,适时调整商品批零、地区差价,使私营工商业有利可图。1950 年上半年,由于通货膨胀所造成的虚假购买力迅速消失,银根出现紧缩,商品相对过剩,私营工商业面临资金短缺、产品滞销、经营萎缩的困难。当年 3 月,芜湖市有 2000 户工商户报请歇业;8 月,蚌埠、安庆、合肥 3 市共 680 户私营工商业户要求歇业,被资方解雇的工人达 7000 多人。在这种情况下,皖北、皖南行署按照中共中央关于调整工商业的指示精神,在统筹兼顾的方针下,合理地调整了商品的批零差价、地区差价和批发起点价。对主要商品的批零差价予以扩大,如百货由原来的 5% 扩大为 5% ~ 20%,棉布由 5% 扩大为 5% ~ 10%,食盐由 3% 扩大为 8.2%。地区差价根据不同商品及运输条件确定,皖北、皖南区内差价一般定为 5% ~ 20%。同时,税征减少 25% 左右。对一些确有困难的私营企业通过委托加工、代购、代销等形式予以扶持;对有发展前途的私营企业则通过加工订货,促进其提高产品质量,降低生产成本。通过这些措施,皖北、皖南私营工商业逐渐克服困难,得以恢复。1951 年,皖北区私营工商业户达到 10.2 万户,比 1949 年增加了 4.15 万户;1952 年七八两个月,皖北区私营工商业的经营额超过了上年全年的经营总额。①

第五,适当缩减国营商业和供销社商品经营范围,扩大私营工商业经营范围。1951 年底至 1952 年,中共皖北、皖南区委按照中央的部署,开展"三反"、"五反"运动,对不法商人予以应有的打击。但在斗争中出现了国营商品零售业务前进太快,批发价起点降得太低,批零

---

① 安徽省地方志编纂委员会编:《安徽省志·商业志》,安徽人民出版社 1995 年版,第 12 页。

差价不适当地缩小等偏向,在一定程度上影响了私营工商业者的经营积极性,于是在 1952 年下半年,又进行第二次商品批零价格调整。这次调整主要是对大米等 45 种商品批零价差率在原有基础上再扩大 2%~7%,同时调整批发价起点。国营商业和供销社商业适当缩减商品经营范围,对土产公司原经营的 125 种商品缩减一半,对百货公司原经营商品减少 160 种。供销社系统除调整商品经营外,还将农村地区的部分饮食服务业转让给私商经营。国营商业将原有 188 个经营机构缩减为 75 个,各地信托公司一律撤销。① 人民银行对私营工商业也给予一定扶持,1952 年对私营工商业发放的贷款总额比 1950 年增长了两倍。

皖北、皖南行署在短短 3 年多的时间内,不失时机地采取不同的政策措施,促进私营工商业的恢复与发展,并且取得了明显的成效。据统计,到 1952 年底,在国营商业和供销社系统实现社会商品零售总额迅速增加的同时,安徽全省的私营个体工商业实现社会商品零售总额也明显增加,达到 6.03 亿元,比 1949 年增长 20% 以上。全省共有私营商业 11.24 万户,从业人员 32.44 万人,均比 1949 年有了不同程度的增加;有 1500 多户私营商业与国营商业建立稳定的经销、代销、批购业务。私营企业在人民政府保护和扶持下,度过难关,恢复生产,壮大实力,企业总数仍有 3789 家,比 1949 年还略有增加。

第二节　沟通城乡物资交流

一、建立国营商业和供销合作社

1949 年 4 月,皖北、皖南先后解放时,城乡市场仍然承受着 1948 年以来物价飞涨、秩序混乱的重压。以合肥市场粮食价格为例,当年

---

① 安徽省地方志编纂委员会编:《安徽省志·商业志》,安徽人民出版社 1995 年版,第 12 页。

7月4日,100斤上熟米的价格为0.73元,10月20日,上涨到1.15元,11月5日再涨至1.6元,5个月内上涨1倍以上①;皖北区的市场物价在5月底至6月初的半个月内,总体上涨了270%②。由于包括粮食、棉布等各种生活生产资料的贸易都以私商经营为主,除人民解放军后勤保障机构和解放战争时期各根据地民主政权建立的少量工商企业外,基本没有国营商业,新建立的人民政权调控市场物价、规范市场秩序的能力尚未完全显现。为巩固人民政权、控制物价上涨、安定人民生活,皖北行署和皖南行署于1949年4月和6月在蚌埠、芜湖分别组建国营的皖北贸易总公司和皖南贸易总公司。6月4日,中共皖北区委发出《关于加强对贸易工作领导、建立统一机构及收购物资的决定》,明确皖北贸易总公司的任务是加强和统一全区贸易工作,力争在全区商业贸易中发挥主导作用。③

皖北、皖南贸易总公司成立后,迅速承担了支援人民解放军南下的粮食和副食品供应任务。皖北贸易总公司在1949年4月至1950年3月近1年的时间内,采取各种办法,组织人力收购粮食1.3亿斤,大部分运往上海支援人民解放军南下并及时换回皖北市场急需的工业品。皖南贸易总公司1949年下半年共收购茶叶4.77万担及大量桐油、菜油、棉花、烟叶、蚕茧等农副产品,运往沪、苏等地,又从沪、苏等地运回工业品,供应皖南市场。④ 与此同时,两家贸易总公司在中共皖北、皖南区委和行署统一指挥下,担负起繁重的生产救灾任务,主要包括向灾区调入粮食、盐、种子等灾民急需的物资。皖北贸易总公司在1950年春,共调入灾区各类粮食5100万斤;皖南贸易总公司在当地采购茶叶等土产,运往区外换回粮食支援灾区,并以适当的价格收购部分油脂、明矾、皮毛等,以维持一定的生产水平。

---

① 1949年7月5日《皖北日报》第二版,10月21日《皖北日报》第二版,11月6日《皖北日报》第二版。

② 中共安徽省委办公厅、中共安徽省委党史工委、安徽省档案馆编:《中共皖北皖南区委文件选编》(1949—1951)[皖非正式出版字(93)第50号],第19页。

③ 安徽省地方志编纂委员会编:《安徽省志·计划统计志(计划)》,方志出版社1998年版,第373页。

④ 安徽省地方志编纂委员会编:《安徽省志·商业志》,安徽人民出版1995年版,第10—11页。

1949 年 4 月、7 月、10 月 3 个月,全国各地,尤其是华东地区投机商人和不法分子趁市场物价上涨之时,大肆收集游资、囤积物资,造成市场 3 次大混乱。皖北、皖南贸易总公司根据中央和皖北、皖南区委统一部署,开展了打击投机商人的斗争,通过从区外调运粮食、棉纱、棉布等主要物资及时在市场抛售,积极参与市场管理,终于使物价波动在较短时间内得到平抑。同年底,在皖北、皖南两区 5.31 亿元的社会商品零售总额中,两区的贸易总公司只有 28 万元,虽然微不足道,但毕竟建立起来并站稳了脚跟。

1950 年 3 月,政务院先后发布《关于统一国家财政经济工作的决定》和《关于统一全国国营贸易实施办法的决定》。根据《决定》精神,皖北、皖南行署于同年 4 月撤销皖北、皖南贸易总公司,并在此基础上正式组建国营的商业专业公司,如中国百货公司皖北分公司、皖南分公司等,每个分公司又根据各地情况,设立支公司及县网点,形成垂直的自上而下的业务系统。国营商业专业公司的业务范围与物资调动,均由中央贸易部统一指挥,亦即在全国范围内经销、调剂各专业公司经营的商品,如粮食、棉布、盐业、百货,等等,市场商品调控权开始为国营商业所掌握。同年底,皖北、皖南两区社会商品批发总额的 18% 已被国营商业控制,零售额更比上年猛增 90 多倍,达到 2571 万元。①

1952 年,安徽省人民政府成立后,设立商业厅,统一管理全省内外贸易和市场。同年底止,全省已建有粮食、花纱布、百货、油脂、茶叶、盐业、土产、畜产、食品、专卖、煤业建材、五交化、文化用品、医药、烟麻、石油等 10 多个省级专业公司及其下属分(支)公司和县公司。国营商业机构和从业人员数量分别占全省商业机构的从业人员总数的 5.1% 和 13.3%。国营商业在全省社会商品批发总额中所占比重更上升到 67.8%,实现社会商品零售额 9740 万元,比上年增加了两倍。新建立的国营商业以其高度集中的管理体制,迅速果断地收购和销售重要物资,使持续上涨几年的市场物价终于得到完全控制。1952 年 10 月,安徽全省 8 个主要市场的 33 种主要商品批发价格指数平均较上年 12 月下跌

---

① 安徽省地方志编纂委员会编:《安徽省志·商业志》,安徽人民出版社 1995 年版,第 31 页。

3.22%,物价全面稳定,保障了城乡人民经济生活的安定。

在建立国营商业的同时,皖北、皖南还着手建立和发展供销社商业组织。供销社全称为供销合作社,是农民集资入股组织起来的一种集体所有制商业合作经济组织,是联结城乡商业贸易的重要纽带,担负国家计划产品的购销业务,为农民推销产品、供应生产和生活资料。1949年6月,皖南区刚刚解放,在中共皖南区委、行署的统一领导下,全区自上而下建立起区、市、县供销合作社,县以下再组建基层合作社。到1950年9月,皖南区共建立农村基层合作社(包括消费合作社、手工业生产合作社)406个,入社社员161万人,占全区总人口的36%以上。皖南区的基层合作社主要以购销土特产和手工业产品为主,开展赊销预购业务,帮助入社社员稳定生活、维持生产。1950年5月,皖北供销合作总社成立,9月,召开代表大会,选举产生理事会、监事会,健全领导机构。当年底,皖北区建立专区、市、县供销合作社58个,县以下基层合作社1134个,入社社员61.6万。① 皖北区的基层合作社是在连续两年展开大规模生产救灾的基础上建立起来的,鼓励农民入社主要是开展生产自救,疏通救灾物资渠道,减除中间剥削,并培养农民互助合作的精神。

1949年5月,皖北、皖南刚刚解放,新生的人民政权面临着一系列重大的全局性的问题。然而,面对99%以上的物资交易和商品流通被私营、个体控制,广大农民深受私商盘剥;面对广大灾民急切盼望人民政府给予粮食和生活资料支援;面对百废待兴的社会需要人民政府鼎力重建,中共皖北、皖南区各级党组织和人民政府果断地决定建立集体所有制的供销合作社,帮助农民以互助合作的形式,开展物资交流和商品流通,打破私营个体商业一统天下的局面,使广大农民摆脱私商盘剥。事实上,皖北、皖南区的供销合作社在建立一开始就融入大规模的生产救灾、重建经济秩序和恢复经济的斗争中。1949年下半年至1950年上半年,皖南区各级供销社积极参与到稳定市场物价的斗争中,组织土特产品供应上海市场,换回日用工业品和粮食,打击了

① 安徽省地方志编纂委员会编:《安徽省志·供销合作社志》,方志出版社1997年版,第2页。

私商的囤积居奇。1950年,皖北区各级供销社在沿淮地区积极开展赊销预购业务,将灾区急需的粮食、食盐、草袋、芦席等物资供应给灾民,从灾民手中购销或代养家畜家禽等;还在灾区设立固定和临时供应站、收购站,为沿淮灾民生产救灾提供了物资保障。从1950年至1951年,皖北区各级供销社组织300多万灾民从事编席、榨油、织布、捕鱼等70多种副业生产。供销社以最大力量帮助推销这些产品,帮助灾民度过难关。①

供销合作社的经营范围主要在农村,服务对象又主要是农民,因此,供销合作社是农村商业的重要组成部分。供销合作社的资金主要来自社员股金和银行贷款。最初成立时,社员入股可以用实物形式缴纳,但主要是以货币现金入股。1950年,随着土地改革的开展,加上各级供销合作社积极宣传、组织,农民入股发展合作社的意愿明显提高。各级合作社在人民政府的统一安排下,开展购销业务,积极向农民供应生产生活资料,帮助灾区恢复生产;同时,接受国家委托,收购粮食、棉花、茶叶及其他重要的工业原料;对其他农副土特产品和手工业产品,则采取签订预购合同,建立贸易货栈,召开物资交流会等多种形式,进行收购和推销,广泛开展地区之间、产销之间的物资交流。通过这些措施,不仅满足了农民的商品购销需求,而且使国家基本上掌握了关系国计民生的重要物资,为稳定物价、安定人民生活提供了物质基础。同时,供销合作社也实现了在建立中发展、在发展中巩固的目标。到1950年底,经过淘汰、合并和剔除一些临时性的合作社,皖北、皖南两区共建立基层供销合作社1296个,入股社员87万人,股金71万元,合作社干部4500人。②

皖北、皖南供销合作社在最初的发展过程中还得到了国营商业给予的照顾,如在货源的安排上给予优先考虑,在棉花、油脂、粮食、百货、煤油、食盐、煤炭、白糖等生活必需品的价格上实行优惠政策。有关部门还在税收、贷款、利息和物资运输等方面给供销社实行优待,促

---

① 1952年10月2日《安徽日报》第二版。
② 安徽省人民政府办公厅编:《安徽省情》(1949—1983),安徽人民出版社1985年版,第597页。

使其在发展的目标下,先整顿、再前进,逐步健全民主管理和财务管理制度,落实上级社为下级社服务,基层社为社员服务的方针。到1951年底,皖北、皖南共建立基层供销合作社1616个,社员469.5万人,股金489.7万元,基本实现了一乡一社。[①]

经过3年多的发展,安徽全省的供销合作社商业不断壮大。1949年,皖北、皖南集体所有制商业社会商品零售额仅有25万元,1950年猛增到1524万元,1951年再增加到5062万元。到1952年底,全省供销合作系统共建立1个省级总社、9个专区社、2个矿区社、74个县(市)社和1126个基层社;社员640多万人;合作社干部2万多人;实现社会商品零售额1.23亿元,收购农副产品1.22亿元,销售生活资料1.1亿元,销售生产资料0.13亿元。作为一种新的集体所有制商业合作组织,安徽的供销合作社已经完全建立并巩固下来。

二、组织城乡物资交流

中共皖北、皖南区委和行署在着手建立和发展国营商业和供销合作社的同时,按照中央人民政府提出的"调剂物资、统一贸易"[②]的要求,结合皖北、皖南商业贸易99%以上的零售份额历来由私营个体经营的实际情况,开始组织筹办以土特产换日用工业品等为主的大大小小物资交流大会。借此为刚建立的国营商业、供销合作社和私营个体商业之间的交流,搭建一个平台,为物资的地域性交易建立一个渠道,为最终控制市场物价、实现主要商品的计划性经营,逐渐打破商业贸易易被私营控制的局面,开辟新的途径。

规范市场交易规则、取缔封建陋规是各级人民政府开展城乡物资交流最初采取的办法。

蚌埠位于津浦铁路线上,水路、铁路交通便利,是皖北地区最大的物资集散地,又是通往上海、北京的物资交流通道。1949年初,全市有4000多家大小商铺,其中以经营盐、粮为主的中间商(时称牙行)有

---

① 安徽省地方志编纂委员会编:《安徽省志·供销合作社志》,方志出版社1997年版,第19页。

② 房维中主编:《中华人民共和国经济大事记》(1949—1980),中国社会科学出版社1984年版(内部发行),第6页。

1084 家。按照牙行不成文的规定,农村来的粮食都要投到牙行,由行商到市场交易,买卖双方并不实际接触。因此,行商除收取买卖双方的佣金外,还套取额外的价格差额利润,有时高达 10% 以上,致使粮价大幅上涨。此外,外地船只来蚌埠装卸货物,必须由本地船上驳运;外地汽车来蚌运输货物也必须经本地平车转运;加上封建把头和不法商人欺行霸市,致使蚌埠的城乡物资贸易十分萧条。为恢复蚌埠作为皖北地区商品集散地的作用,蚌埠市人民政府采取了多种措施。1949 年下半年,成立盐粮市场管理所,对从事盐粮交易的牙行经营行为予以规范,不准其任意抬高交易价格;随后,成立城乡物资介绍所,为来往客商代储货、代存款、代理进行交易等业务;取消了外地船只货物必须由本地车船转运的陋规;采取行政手段,坚决取缔封建把头、打击不法商人。不久,又成立煤油联营成交处、牲畜交易所等市场管理机构。采取这些措施后,蚌埠的商品贸易逐步回升,仅 1949 年 7 月、8 月、9 月 3 个月,就成交大米 1183 万斤、小麦 1847 万斤、其他杂粮 351 万斤、烟叶 188 万斤、牛皮 9 万多张,其中 80% 以上均出口外地尤其是运往上海,又从上海运回棉纱、布匹、火柴、肥皂、纸张、日用品等,总值约 20 万元以上。[①]

芜湖是皖南地区最大的商业城市,又是历史上著名的米市。1949 年 5 月芜湖解放后,市人民政府提出:"组织供销合作社如何以公道价格把工业品卖给乡村,而又以公道的价格收买农产品,这样把城市与乡村沟通起来",并组织供销社和私营商业收购土特产,运往上海等地,换回人民生活必需品。考虑到历史上芜湖米市贸易的重要地位,重点对 840 家经营粮食为主的牙行进行教育改造,规范他们的交易行为,使之逐步转为新型的货栈。到 1952 年,经批准组织起来的芜湖米行、蛋行、猪行、水果地货行、烟叶行、竹木柴行有 17 个,私营商业基本纳入到有计划的、有秩序的市场范围内经营。

1949 年 12 月 5 日,皖北各界人民代表会议第一届全体会议通过《关于沟通城乡内外关系发展工商业的决议》,提出了"发展工业必须解决资本原料和销路等问题。要解决这些问题,则必须发展农业,要使农

---

① 1949 年 9 月 12 日《皖北日报》第二版。

业发展,提高山货土产之生产,故必须由运销土产,进到土产加工之工业生产……因此加强城乡贸易和互助,大力发展有关国计民生的商业……实为目前皖北经济工作中当务之急"。《决议》还提出了"加强城乡贸易的方案",包括"加强对工商业组织领导与管理;大力扶持、推动与鼓励私资经营工商业;保障正当工商业者合法利润","加强运输事业","解决货物转运中的障碍与困难","货物流转中之收购、包装、转运、堆栈、信托、贷款、汇兑等问题均须有妥善之解决","便利公私商业之流通"等。①《决议》的公布与实施,对中小城镇的物资交流和公私营商业贸易恢复与发展,起到了积极的作用。1950 年,皖北区举办了 110 余次的物资交流活动。这些物资交流活动绝大多数都是在 3000 人以上至10 万人以下的中小城镇展开的,不仅交易额小、交易地域狭窄,而且对带动整个皖北区物资贸易量的增加也十分有限。虽然没有获得明显增长,但却使萧条多年的私营商业走出低谷,得以恢复。

　　1951 年 3 月 22 日,中共中央发出《关于召开土产会议加强推销土产的指示》,要求各地"组织城市与乡村、地区与地区间的物资交流,打开国内市场,活跃城乡经济"。中共皖北、皖南区委和行署积极贯彻这一要求,立即采取多项措施。首先是建立并完善《工商业登记办法》,加强工商部门管理力度。规定国营工商企业不得擅自调整价格,凡自行调价的国营工商企业,工商行政管理部门有权责令停业或作出处罚;凡国营工商企业经营的主要物资,私商都应按照国营牌价出售,不属国营工商企业经营的物资,由工业、商业同业公会议定统一价格,报工商行政管理部门审核同意后执行。其次是发出文件,要求各级工商行政管理部门要"积极扩大生产交流,活跃城乡经济,疏导游资下乡,经营土产运销业务","并有计划有步骤的建立与恢复新旧商业网,较大城市成立信托公司和交易所,较小城市和城镇成立货栈及市场管理委员会,并组织各业联营,尤其对土产运销的联营组织应予放宽尺度,加以必要之扶助"②。第三是明确要求各级人民政府重视城乡物资交流,积极行动起

---

① 安徽省档案局编:《安徽经济建设文献资料》(第一辑)(内部发行),第 12—15 页。

② 安徽省档案局编:《安徽经济建设文献资料》(第一辑)(内部发行),第 79—80 页。

来，为发展生产、繁荣经济而努力。

在经过比较充分的筹备后，1951年5月，由皖北行署主办的全区土特产物资展览交流大会在合肥举行，这也是皖北区解放后第一次召开全区范围的物资交流大会。大会历时半个多月，参会的国营、供销社及私营客商有数百人，来自全区各地，有的市县还组织代表团集体参会。大会取得了较为丰硕的成果，实现商品零售营业额4.6万元，主要包括皖北地区的土特产品和加工品；商品批发成交额43万多元，主要产品为铁锅、雨伞、竹子、草帽、牙具、火柴、豆饼、桐油、食油、木耳、中药材、各种土纸等。此外，国营、供销社和私营商业之间及私营与私营之间的商品交易额163万多元，主要包括除零售和批发类商品外的粮食、食油、肥料、布匹等。剔除重复统计部分，此次大会总成交额达62.7万元。皖南行署也在芜湖举办全区土特产展览交流大会。主要商品包括杂粮、茶叶、蚕茧、木材及火柴、肥皂、食盐、煤油、百货，等等，总成交额约40多万元。皖南区的国营商业、供销社商业和私营个体商业大多参加大会，其中私营商业参会人数占总参会人数的70%以上。

皖北、皖南区对首次举办的全区性物资交流大会及时进行总结、查找问题，发现大会的前期准备仍然不够充分，如一些物资只登记无成交，一些私营个体商业经营者因本金少和对市场把握不准，在物资交流会上缩手缩脚，不敢做买卖；大会规定的单笔批发标准量过大，不少私商受限于资金和销路，不得不放弃，等等。此外，如何理顺物价，掌握物资交流方向，也是大会组织者需要着手解决的复杂问题；物价不合理，不但影响参会者的积极性，也会阻碍今后进一步开展城乡物资交流。在此次皖北区交流会上，六安毛竹由原来的滞销变为畅销，需求很旺，价格涨得快，很多货主只求眼前利益，忽视了通过合理价格、薄利多销，以保住与客户的长远关系。大会组织者发现问题后，及时制止了乱涨价的做法，鼓励商户薄利多销。既然是由人民政府出面主办的物资交流大会，就必须发挥国营商业的带头作用。合肥、蚌埠、六安、阜阳等地区的国营商业企业率先行动，轰轰烈烈地开展商品推销活动，以此带动私营商业和个体商贩，促成公私营商业共同推进城乡物资系统的局面。

1951 年下半年至 1952 年初,按照中央人民政府调整商业的指示要求,全国各地陆续降低了大量商品的零售牌价,降价的商品多达 1 万多种,降价幅度在 2% ~40% 之间。《人民日报》于 1952 年 4 月 15 日发表《降低商品牌价的重大意义》的社论,强调降价的目的是为了"使广大人民群众在实际上增加了收入,提高了生活水平,对发展生产、繁荣经济起重要的作用"[1]。4 月 25 日,中央贸易部召开全国土产交流会议,总结上年全国各地物资交流的情况,提出 1952 年的工作任务,要求各地继续举办物资交流大会,扩大物资交流的规模。这次会议之后,皖北、皖南两区在 1952 年上半年先后有 47 个县和芜湖、蚌埠、合肥、屯溪等城市召开土产交流座谈会,并组织了近距离的物资交流,成交总额约 200 余万元。皖北、皖南两区还联合组团参加在上海举办的华东区城乡物资交流大会,成交总额近 1000 万元,其中推销土特产 500 万元。[2] 至此,城乡物资交流大会作为商业贸易的常态化平台,已经被人们普遍接受和使用。

为进一步贯彻中央提出的"发展生产,繁荣经济,城乡互助,内外交流"[3]的方针,1952 年 6 月 20 日至 7 月 3 日,皖北、皖南行署在合肥共同举办两区城乡物资交流大会,这也是两个行署首次联合举办的规模最大的物资交流大会,来自皖北、皖南各专区(市)和山东、湖南、苏南的客商代表约 700 余人参加了大会。有国营商业、供销合作社系统的客商,更多的则是私营个体商业的经营者。皖北行署主任黄岩专门到会致辞祝贺。由于这次大会是在"三反"、"五反"运动结束不久召开的,为打消私营个体商业经营者的顾虑,大会特别提出,私营工商业者"只要没有'五毒',一切有利于国计民生的业务经营,均应当受到鼓励,当前参加城乡物资交流,从事土产运销,正是私营工商业者取得合理利润与本身发展的良好机会"[4]。

---

①　房维中主编:《中华人民共和国经济大事记》(1949—1980),中国社会科学出版社 1984 年版(内部发行),第 67 页。

②　1952 年 6 月 21 日《安徽日报》第一版。

③　安徽省地方志编纂委员会编:《安徽省志·供销合作社志》,方志出版社 1997 年版,第 2 页。

④　1952 年 6 月 21 日《安徽日报》第一版。

这次历时 13 天的城乡物资交流大会,交易的主要商品包括纱布、黄豆、茶叶、蚕茧、麻皮、木材、烟叶、日用百货,等等。在这次物资交流大会上,国营商业继续发挥着带头作用,主动购进一些冷门货,如石膏、木材等;抛售一批热销货,如布匹、茶叶等。供销社大量收购本地滞销的土产,以信誉担保与外地客商达成买卖合同。由于单笔批发商品标准量的降低,符合了私营工商业者的经营条件,调动了他们的积极性。芜湖剪刀业与多家客商达成销售合同几十份,总成交额 2.7 万多元,创下参加历次交流大会的新高,他们高兴地说:"销得多,销路广,信誉提高,这就赚了大钱。"①由于各方面的共同努力,交流大会成交总额高达 1738 万多元,加上供销社内部上下级社之间的交易额,实际购销总额超过 2000 万元,是举办方原先计划成交额的 144.9%,取得了意想不到的效果。在各地举办城乡物资交流大会已经日趋成熟、规范的基础上,中共安徽省委借此东风,因势利导,结合皖北、皖南农村地区农民传统上有赶庙会、赶集市购物和交流的习俗,于 1952 年 8 月及时批复省财政经济委员会《关于运用庙会集场形式活跃初级市场的部署》的建议,对民间以集贸市场形式扩大物资交流予充分肯定,并指示各地"党委都必须集中力量,加强领导,财委和工商、贸易、合作、银行、交通、邮电、税务、公案、宣教、卫生、群团等部门均应配合,各司其职,采取各地已行之有效的将'收购、供应、宣传'三者相结合的办法协力进行,既做到围绕当前各种任务,加强宣传活动,又做到促进物资交流工作。"②省委还提出,在运用庙会、集市等固有形式时,应重视:"1. 不仅应如省财委所提在事前就地成立包括私商在内的筹委会,及在交流期间召开专业的产销座谈会,还应在不妨碍生产原则下,着重召集当地农民代表会议……2. 在初级市场交流方针上,一般应以零星小宗短距离交流为主,至于邀集远道客商参加,应根据历史习惯及上特产销售范围而定……"③

中共安徽省委将庙会、集市纳入到物资交流大会的范畴内,对扩

① 1952 年 7 月 14 日《安徽日报》第二版。
② 安徽省档案局编:《安徽经济建设文献资料》(第一辑)(内部发行),第 142 页。
③ 安徽省档案局编:《安徽经济建设文献资料》(第一辑)(内部发行),第 142 页。

展物资交流的地域范围、满足广大农民的生产需求、发展生产,都具有积极的引导、推动作用。省财委为此专门成立物资交流办公室,统一协调皖北、皖南区举办的各级物资交流大会。据统计,1952年,全省举办的各种规模的物资交流会达345次,购销总额达1.6亿元。根据其中225次大会的统计,按工农产品分,工业品占36.61%,农土产品占63.39%。在其中147次统计中,按经济形式分,国营商业占29.3%,供销合作社占23%,私营商业占47.7%。此外,安徽还组织了包括国营、供销社和私营在内的贸易代表团,先后参加华东、华北、东北、中南、华南各地的物资交流大会,成交总额1000多万元。[①]

到1952年底,由于各种经济形式的商业共同发展,加上不失时机地搭建覆盖面更广的物资交流大会这个贸易平台,安徽全省社会商品零售额达到8.86亿元,比1949年净增3.5亿多元。安徽市场渡过萧条,恢复商业的任务基本完成。

第三节　建立农村基层供销合作社

一、早期的农村合作社含义

农村合作社的最初起源,是农民在自愿的原则上联合组成的互助性集体、股份制经济组织。它大致分为三类:一类是生产型的合作社,包括从事农业生产的合作社(亦即与1953年以后农村兴起的初级农业生产合作社大体相似)和从事手工业或副业生产的合作社。再一类是消费合作社,主要从事商业和物资供销,农民可以将自己多余的农副产品交由合作社经营,也可从合作社换回自己需要的物资。消费合作社与解放后建立的供销合作社基本一致,或者说,前者就是后者的源头,后者是由前者演化、发展而来的。还有一类合作社以从事金融

---

① 安徽省地方志编纂委员会编:《安徽省志·商业志》,安徽人民出版社1995年版,第13页。

业务为主,即信用合作社,主要是为农民提供金融存贷款服务。3 个类型的合作社通称为农村合作社,共同点有:集体性质,股份合作,主体是农民;不同点在于业务上的分工和经营方式、经营手段互有区别。由于生产型的农村合作社主要从 1953 年以后才普遍兴起,并不是解放后三年恢复时期农村合作社的主体,而对三年恢复时期的农村合作社而言,主要是指由消费合作社演化、发展而来的供销合作社以及信用合作社,并非后来通常所说 1953 年以后的初级农业生产合作社。所以,对安徽解放初期三年多时间的农村合作社而言,主要是指基层供销合作社和基层信用合作社。

农村合作社的建立最早可追溯到民国时期。当时,主要分为由中国共产党创立的革命根据地农村合作社、由国民政府创立的农村合作社两大部分。1927 年 10 月,中国共产党在皖西革命根据地金家寨附近建立了红石岩生产合作社,有 370 多户农民入股,社员约 2500 人,入社者主要是贫雇农和中农,这是安徽成立最早的农村生产合作社。1930 年 10 月,金寨县老街成立红星经济公社,公社资金来自于红军攻打寿县正阳关胜利后收缴的物资,这是安徽成立最早的农村消费合作社。抗日战争时期,中国共产党在淮南、淮北和皖江抗日民主根据地成立一批以商业经营为主的农村合作社,同时从事运输、手工业及副业生产、售货等业务。其中最著名的有来安县半塔合作社,被称为淮南合作社运动的旗帜。与此同时,安徽省国民政府也开始创立合作事业,从 1932—1944 年,共建有各类农村合作社 10045 个,社员 80 多万人,[①]主要是从事农业、手工业、副业及商业经营。

1949 年 4 月,皖北、皖南先后解放,原国民政府时期的农村合作社早已解体。中共皖北、皖南区委和行署按照中共中央的指示并根据当时形势,对革命根据地和抗日民主根据地时期的农村合作社模式进行了较大的调整,以建立商业经营、产品购销的合作社为主要方向,对其他类型的合作社则因还未开展土地改革等原因而列为次要方向。1949 年 6 月,皖南合作总社在屯溪市成立,后随皖南行署迁至芜湖市。

---

① 安徽省地方志编纂委员会编:《安徽省志·供销合作社志》,方志出版社 1997 年版,第 1 页。

在其后一年多时间里，皖南区芜湖、歙县等22个市县先后都建立了市县一级的合作社。次年5月，皖北合作总社在合肥市成立。其后，皖北区亳县、无为等49个市县都建立了市县一级的合作社。

与此同时，由上而下推动起来的乡村一级合作社纷纷建立，亦称为基层合作社。基层合作社的上级主管是区、县合作社，区、县合作社又归专区合作社领导，专区一级合作社统归皖北区或皖南区的合作总社领导，由此形成了皖北、皖南两区的合作社系统。由于还存在如手工业生产合作社等其他类型的合作社，所以，"供销"两字还没有加在农村合作社的名称内。1953年以后，随着初级农业生产合作社的广泛建立，为使之区别开来，"供销"两字才挂上恢复时期成立的农村合作社的名称里，1953年以后被统一称为供销合作社。

二、基层供销合作社的建立与业务活动

解放初期，皖南、皖北农村商业以私营为主，网点很少。为了方便群众出售农副产品和购买生产、生活资料，促进农村经济发展，皖南、皖北区合作总社及所属的市、县合作总社，在农村大力发展基层供销合作社，建立商业网点。基层合作社是自上而下由县级合作社派出建社工作组，深入到乡村发动群众，集资组建起来的。广大翻身农民响应人民政府号召，踊跃集资入股办社，形成基层供销合作社的雏形。

地处皖西北的蒙城县到1949年底，已经建立基层合作社91个，发展社员3.2万人、股金3.25万元。入社人交纳股金，每股0.5～1元，100股即可成社。为了防止少数人对合作社的操纵，规定个人入股金额不超过全社股金总额的20%。入社者发给社员证、股金证，享有分取红利、优惠购买商品、享受福利和参加民主管理等权利。由于合作社享有人民政府给予的种种优惠政策，如经营的商品由国营商业按比批发价布类降2%、百货煤油降3%、食盐降5%、煤炭降6%的价格优先供应，交通运输部门降低一级运费，银行提供短期贷款利率降低10%等。群众入社积极，有的以实物作股金入社，有的兑粮兑鸡蛋

入社。全年购销总额达到 27.77 万元。①

地处皖中的无为县,在县合作社的统一部署下,到 1951 年组建了 17 个基层合作社,其中 16 个为农村合作社、1 个为城关镇消费合作社,共有社员 3.947 万人,集资股金 41751 元。平均每个合作社有社员 2321 人、股金 2455 元。城乡居民自愿入社,每人入 1 股,每股 1 元,也可入多股。1952 年,无为基层合作社增至 23 个,零售点达到 38 个。基层社共有社员 10 万多人,股金近 18 万元。② 入社的社员和股金都有较大幅度的增加。入股人凭入股证在合作社可以享受优先购买商品以及最大可以买到九折的商品。

地处皖南的歙县,1949 年 5 月,建立县合作社和潜口乡东山村第一个联村合作社。1951 年夏,合作社进入大发展时期,全县成立合作社 36 个,社员 2.3 万人,占全县人口 6.5%,股金 17343 元。合作商业在农村占据了主渠道的地位。③

地处皖东的来安县,1949 年初刚解放时,人民政府以半塔区作试点,按照民众合作社的模式,成立了半塔合作社,扶植农民发展生产。1950 年,人民政府规定,对合作社实行低息贷款,保证资金需要,国营商业委托代购代销。在人民政府的支持下,城区、屯仓、施官、水口 4 个区合作社先后成立。1951 年,合作社网点扩展到全县 16 个集市。④

1951 年,皖南区已有 98% 的集镇有了基层合作社,皖北区建立农村基层社 1259 个。皖北、皖南两区的基层合作社总数发展到 1616 个,社员 469.5 万人,股金 489.7 万元,基本上实现了一乡一社。以当时皖北、皖南两区农业人口 2700 万左右计,参加合作社的人数已接近全部农村人口的 1/5。

合作社建立之初,主要业务是为方便农民的生产、生活而组织日用品和小型生产用具货源,销售的对象也主要是农民。随着生产发展,农民需要更多的农具和生活用品。于是,手工业生产合作社也随

① 蒙城县地方志编纂委员会编:《蒙城县志》,黄山书社 1994 年版,第 198 页。
② 无为县地方志编纂委员会编:《无为县志》,社会科学文献出版社 1993 年版,第 265—266 页。
③ 歙县地方志编纂委员会编纂:《歙县志》,中华书局 1995 年版,第 300 页。
④ 来安县地方志编纂委员会编纂:《来安县志》,中国城市经济社会出版社 1990 年版,第 205 页。

之发展起来。皖北、皖南手工业合作社的业务以土布纺织为多;其次是经营各种手工业的作坊,如染坊、榨油、皮匠、铁匠、木匠店铺等。手工业产品主要有棉纱、土布、酱、油等日用品和农具修造。这些对活跃农村市场、满足农民生产和生活需要,起着重要作用。

多数基层手工业生产合作社最初是由合作社组织的。如巢县柘皋合作社1951年成立时,即组织农具供应,因不能满足农民对农具的需求,于是在1952年建立铁木农具生产合作社,生产供应诸如锄头、铁锹、扬叉、镰刀等铁木竹制中小型农具。1951年10月,合肥市13名铁匠以两套半打铁工具和60元资金,办起了皖北区第一家手工业生产合作社。[①] 1952年8月,安徽复省时,全省已组织成立了手工业生产合作社188个,手工业小组604个。

1950年9月至1952年10月,合作社还经营粮油等业务。合作社受县粮食局委托承担公粮的征收和支用(主要是军需和民政用粮);受中国粮食公司在产粮地区设立的办事处委托,代办粮食的征收、调拨、购买和售卖等业务。直至1953年以后,国家实行粮食统购统销,粮食的购销业务才收归各县的粮食局及其下属机构统一经营。

三、合作社的管理

解放初期,各级合作社是一个组织系统独立的群众组织,一方面各自独立经营,自负盈亏;另一方面又贯彻民主集中制原则。合作社开始时实行民主管理,合作社的店面由农民负责经营,干部基本上都是土地改革中涌现出来的积极分子。为更好地管理、监督合作社的业务开展与高效运转,合作社普遍成立理事会、监事会。理事会、监事会受社员代表大会的委托,对合作社业务进行具体管理和监督。如无为县合作社1950年11月召开临时理事会、监事会,选出两会成员,1951年2月,举行第一届临时监事会;1952年8月,召开第一届社员代表会,与会代表150人,对合作社的业务、发展进行规划和决策。无为县合作社每逢召开理事会、监事会,中共无为县委、县人民政府主要负责

---

① 安徽省地方志编纂委员会编:《安徽省志·大事记》,方志出版社1998年版,第391页。

人都参加,以示对合作社工作的重视。20世纪50年代初期,中共无为县委书记、县长还分别被选为合作社的监事会主任和理事会主任。①

皖北、皖南的合作总社,制定了一系列的规章制度,用以加强基层合作社业务的规范化、制度化。如对社员股金分红作出统一规定,1951年起,各级合作社按年在税后盈利中提取一定比例"股金分红",用于偿付社员股金利息和红利。提取的比例各年不同,1951年为税后盈利15%、1952年为税后盈利20%,但最高不得超过社员股金额20%。

1951年下半年,根据全国合作总社提出的计划管理工作"由简到繁,逐步提高"的方针,各专市(县)社开始编制年度、季度计划。1952年9月,安徽省合作总社建立各级合作社的计划工作制度,并制订年度、季度计划。1952年10月,根据全国合作总社《关于合作社计划工作暂行办法(草案)》,基层社编制组织发展、零售商品流转、农副产品推销、劳动工资及财务等计划,均报上级联社逐级审核汇总。由县社起报、逐级编出综合的和环节的年度计划草案上报。省逐级审核批复下级社计划,同时上报全国合作总社。

1952年5月,根据全国合作总社《关于整顿基层合作社的指示》精神,开展整顿基层合作社工作,落实"上级社为下级社服务,基层社为社员服务"的方针,按照"以集镇为中心建社"的原则,对于社员少、资金少、业务小的合作社,经过说服,在社员自愿的基础上,实行合并。基层合作社通过整并,数量有所减少,规模有所扩大。截至11月末统计,全省有基层社1216个,其中供销合作社1167个、消费合作社48个、其他社1个。平均每个县辖区有1.5个社,每个集镇有0.9个社,每4个乡有1个零售店。是年,安徽省合作总社在7个规模较大的基层社进行试点,社内设供应、推销、生产、信贷、文化、卫生等6个部,为群众生产、生活开展多方面的服务。

1952年9月,省合作总社召开第一次财务会计会议,根据全国合作总社制定的统一会计制度,确定县以上各级合作社实行独立核算,

---

① 无为县地方志编纂委员会编:《无为县志》,社会科学文献出版社1993年版,第266页。

财务计划、银行借款、盈余分配、损耗处理均由上级社批准执行。系统内实行"互助合作,基金调剂",基层合作社为报账制,确立了合作社实行"独立核算、自负盈亏、资金调剂"的财务管理体制。[①]

四、农村信用合作社的建立与发展

农村信用合作社是农村集体性质的互助合作金融组织。安徽省农村信用合作社早在 20 世纪 50 年代初期即实现了乡乡建社,但发展道路曲折。

1949 年 11 月,中国人民银行颁布《合作社信用部今后推进办法》和《信用合作社组织试验工作大纲》。皖北、皖南于 1951 年 4 月着手实施,先进行试点。人民银行皖南分行在芜湖县清水镇试办第一个附设于清水联村合作社的信用部,成员即合作社社员,股金由社员在原有股金基础上每股增加大米 5 斤(原有股金大米 10 斤)作为信用部资金,共筹集大米 6000 余斤。在此基础上,合作社召开理、监事会和社员代表大会讨论通过信用部章程、存款简章和农业生产贷款简则,选举信用社主任和会计员。各项准备工作完成后,于 1951 年 4 月 25 日正式开业。1951 年 6 月,皖北区在六安县苏家埠试办第一个信用合作社,以贫、佃农和手工业工人为主体,并吸收中农参加,有社员 2300 余人,股金 2000 多元。

到 1951 年底,皖南区办起 5 个信用合作社,皖北区办起 4 个信用合作社,共组建信用互助小组 50 个。1952 年和 1953 年两年,全省县县试办。到 1953 年底,共试办起信用社 70 个、信用互助组 7689 个,合作社内附设的信用部 120 个,共有社(组)员 10 万多户,占全省总农户的 1.2%。

总的来说,这个时期信用合作社由于处在试办阶段,业务量不大,3 年共筹集股金 13.8 万元,吸收存款 88 万元。

农村信用社建立之初,实行社员代表大会和理事会、监事会制度。社员代表大会是信用社的最高权力机关。社员代表大会行使的职权

---

① 安徽省地方志编纂委员会编:《安徽省志·供销合作社志》,方志出版社 1997 年版,第 500 页。

有:通过和修改社章;选举和罢免理事会主任、副主任和监事会主任、监事;审查和通过各项制度、业务计划、财务计划、存放款利率;审查和批准理事会、监事会的工作报告及预算、决算;审查和通过盈余分配或弥补亏损方案;审查和通过信用社需要设置的机构和工作人员及其报酬;审查和通过信用社干部的奖励和处分;其他重要问题的讨论和决议。有关人事机构、职工福利待遇、奖惩、规章制度、业务计划和财务预、决算等重大问题,按规定程序报县联社批准备案;没有成立县联社的地方报县农业银行批准备案。理事会是社员代表大会的常设机构。理事会的职权有:贯彻执行国家有关方针、政策和联社(或县农行)的指示,执行社员大会或社员代表大会的决议;按期向社员大会或社员代表大会报告工作、公布账目,并提出业务、财务等工作计划和各项制度以及预算、决算;领导社内工作人员经营业务、处理日常工作;领导社员小组进行工作;对外代表信用社签订合同、契约;聘任和撤换信用社的工作人员;审查和批准新社员,对社员、干部进行社会主义思想教育。监事会是社员代表大会的监察机构。监事会的职权有:监督理事会对社员大会或社员代表大会决议的执行;检查社主任、理事会贯彻政策和联社的指示、经营业务、管理财务等情况,如发现违法失职等行为,应立即要求理事会纠正,必要时召开社员大会或社员代表大会进行处理;收集社员要求和反映,向理事会提出建议或查询;列席理事会会议;按期向社员大会或社员代表大会报告工作。

随着皖北、皖南的土地改革运动,农村信用合作社逐步发展壮大。皖北、皖南人民银行在不断加强对农村信用合作社的领导和管理的同时,把贷款支持农村信用合作社作为自己的一项长期任务。1950年,皖北、皖南人民银行分行开始发放支持信用社贷款,年末余额为16万元,至1952年底,支持信用社贷款余额为41.9万元,较1950年增长了1.6倍。

1951年,在皖北、皖南人民银行的帮助和指导下,农村信用合作社经营农业贷款,以扶植生产互助为主,对农民生活上的需要,亦给予合理的照顾。贷款方式分为现金和实物两种(实物按放出收回时牌价折算)形式。贷款种类分为农业贷款(包括肥料、种子、农具、牲畜、农药、开渠、水车修理等)。副业贷款(包括农具制造、加工、运输、纺织、饲养、榨油、商贩等）和其他贷款,包括婚、丧、疾病、生活急需等。贷款对象原则上是信用社社员,但在满足社员要求后,经人民银行同意,也可以同样利率贷给积极从事生产的非社员,其额度以不超过社员最高信用额度为限。贷款的程序为:社员贷款由社员提出申请,村委会或团体介绍,经理事会同意后办理借款手续。社员与非社员贷款须另觅信用社认可的1—2名保证人负保证偿还责任。贷款期限根据生产情况及季节决定,一般农业贷款不得超过3个月。借款未到期前,可随时偿还一部或全部,息随本减。贷款必须按规定用途使用,对浪费或挪用者,信用社有权随时追回本息。贷款户如因特殊情况,贷款可以申请延期,经信用社批准后可分期或延期归还,但须付清到期利息。过期未办延期手续者,除加收逾期利息外,还责成保证人督促偿还。借实物者按到期日及归还日的实物最高价格为折收标准。[①]

这一时期的信用合作社社员的股金都有红利,而且是到期派发,但后来到社会主义改造时期陆续停发。

---

① 安徽省地方志编纂委员会编:《安徽省志·金融志》,方志出版社1999年版,第261页。

第七章

重建经济秩序

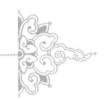

19₄₉ 年,旧中国经济崩溃的颓
势并没有随着人民政权的建立而立即
停止。4 月,当皖北、皖南解放时,市
场物价飞涨,各种物资匮乏,投机商人
囤积居奇,经济秩序混乱,给共产党人
和刚刚建立的人民政权带来严峻的挑
战。战胜经济危机,平抑市场物价,重
建经济秩序,成为党和政府必须予以
解决的重大问题。在此后 3 年多的时
间里,中共皖北、皖南区委和行署在中
共中央和中央人民政府统一指挥下,
开展了以人民币统一市场货币;稳定
市场物价;统一财政税收;反对贪污、
反对浪费、反对官僚主义;反对行贿、
反对偷税漏税、反对盗骗国家财产、反
对偷工减料、反对盗窃经济情报的斗
争,取得了重建经济秩序、恢复经济社
会发展的阶段性胜利。

第一节　统一货币　稳定物价

一、以人民币统一货币

1949 年 4 月,皖北、皖南先后解放时,全国还有许多地方没有获得解放,各地市场上发行、流通和使用的货币相当混乱。以上海为例,国民党政府于 1948 年推行所谓"币制改革",发行金圆券,代替抗日战争前夕发行的、已经流通 13 年、并且极度贬值了的法币,规定 1 元金圆券等于 300 万元法币。这种币制改革,只是数字改小了,而面额却提高了,除在携带上有所方便外,本质上与先前的法币没有区别,反而加速通货膨胀,对物价的飞涨,更是火上浇油。1949 年 5 月,上海解放前夕,金圆券已贬值到 1 元金圆券仅等于 1 美元的一亿分之三,基本上失去了购买力,成为一堆废纸。在走投无路的情况下,国民党政府又匆忙将金圆券改为银元兑换券,用货币联系银元的办法维持战争开销,但还未来得及普遍推行,就败局已定。

安徽紧邻江、浙、沪,历史上与江、浙、沪有着十分紧密的经济联系,上海市场一有风吹草动,安徽市场就会狂风暴雨。上海市场从金圆券大贬到改币为银元兑换券及至干脆使用银元,都极大地冲击着安徽市场的稳定。皖北、皖南刚解放时,市场上已经基本不流通金圆券了。在商品流通领域,除了部分解放区货币和用银元作币值外,多数是以货易货的原始交易方式,商业流通和贸易基本上处于瘫痪状态。

1949 年 1 月以后,随着皖北区各地陆续解放,由中国共产党和人民武装建立的各根据地、解放区发行的货币进入流通市场。其中,华中币在蚌埠、合肥及周边市场流通,中州币在淮北市场流通,皖西流通券则在皖西地区使用。此外,随着人民解放军各部队集结于皖北沿江地区,带来了大量华北、西北、东北各解放区发行的货币。同时,黄金、

白银、银元和金圆券、银元兑换券也在市场上流通。这就造成了市场上各种货币混杂使用、不易兑换的问题。为统一货币、稳定市场，在蚌埠、合肥等市人民政府的统一部署下，华中银行和中州农民银行于1月底分别宣布"取缔金圆券，禁止金银买卖和银元流通"，同时发出通告："江淮地区以华中币和北海币为本位币，皖西和淮北路西一带以中州币和皖西流通券为本位币。华中币、北海币等值与中州币按40：1比价并行流通。对市场上遗留的金圆券自2月10日起一律禁止流通，由华中银行限期用华中币收回，收兑比价逐日挂牌公布。"①

禁止流通金圆券的通告发布后，华中银行以华中币与金圆券比价100：4，100：6，100：10的变化兑换值，大量收回金圆券。从3月中旬起，淮北、皖西地区逐步停止使用并收回中州币和皖西流通券。3月1日起，华中银行在蚌埠、合肥等市及人民解放军南下渡江沿线设立兑换点，以华中币收兑南下部队携带的中州、冀南、东北、晋察冀、西北、鲁西、陕甘宁、长城币等各解放区货币，共兑出华中币197.97亿元。从1949年1月到3月，华中银行蚌埠发行库共出库华中币694.4亿元。到3月底止，华中（含北海）币初步统一了皖北区的市场。

同年4月底，皖南全境解放，刚刚成立的芜湖、屯溪市军事管制委员会立即颁布命令，公告人民币为法定货币，废止金圆券，人民币与金圆券以1：10万的比价收兑，禁止以金银计价和以银元从事私自买卖活动。至此，国民党政府发行的货币全面禁止流通，各根据地、解放区发行的货币除保留少数可在市场流通外，其余的也都退出了流通领域。

人民币是中共中央1948年12月1日在合并原华北银行、北海银行和西北农民银行的基础上，在河北石家庄成立中国人民银行时发行的货币。随着解放战争的胜利步伐，人民币在全国越来越广大的地区流通，皖北、皖南也不例外。1949年2月13日，华中银行华中地区行政办事处发布命令："凡华东解放区内，限定人民币与华中币、北海币

---

① 安徽省地方志编纂委员会编：《安徽省志·金融志》，方志出版社1999年版，第54页。

以 1:100 比价，三种货币同时流通使用。"①亦即当时的皖北区和 4 月以后的皖南区法定货币为人民币、华中币、北海币。其中，人民币主要在皖南区流通，皖北区则包括人民币、华中币和北海币。5 月 1 日，中国人民银行皖北分行成立；12 日，皖南分行成立，原根据地、解放区建立的各银行同时撤销。皖北、皖南行署根据中央人民政府指示分别发出通告："从 5 月 1 日开始，以人民币为本位币，一切公私收支款项统一以人民币为记账单位，华中币、北海币与人民币以 100:1 作为辅币流通。"②也就是说，人民币在解放了的皖北、皖南被确立为法定本位币。

人民币被确定为本位币之初，由于票券不足，加之一部分人对人民政权能否保持稳定和巩固存在疑问，商品物资流通领域还对人民币存在怀疑，人民币一时还难于起到统一市场货币的作用。针对这种情况，除了稳定和巩固新生的人民政权外，人民银行皖北、皖南分行迅速采取措施，抓紧在城镇设立机构，开展的业务一律以扩大人民币流通为中心。鉴于当时存在的金银黑市活动猖獗，物价波动大，华中币和北海币等仍然较多的实际情况，皖北、皖南分行在中共皖北、皖南区委和行署的统一指挥下，采取果断措施：一是实行金银市场限制，打击金银和银元贩卖活动，规定一切金银和银元买卖只允许由人民银行挂牌收购，不允许任何其他银行、钱庄、典当行等经营。合肥市查处了荣记凤宝银楼私自出售黄金的案件，取缔九狮桥、十字街、四牌楼等地的银元黑市交易市场。安庆市查出地下银元数万元。二是举办"折实储蓄"，亦即将储户的存款折合成存入时的物价存入银行，储户提取存款时再将物价的涨价因素计算进去。同时，还开展"保本保值储蓄"。三是组织收兑地方币，主要是各根据地、解放区发行的货币，以解决市场上货币种类多、比值不一、不便交易等问题。据统计，从 1949 年 5 月中旬到 10 月，共收回中州币 1.6 亿多元、冀南币 0.14 亿元、晋察冀币 0.08 万元、皖西流通券 1.92 万元，共兑出人民币 0.44 亿元。四是

---

① 安徽省地方志编纂委员会编：《安徽省志·金融志》，方志出版社 1999 年版，第 54 页。
② 安徽省地方志编纂委员会编：《安徽省志·金融志》，方志出版社 1999 年版，第 55 页。

以人民币发放到有利于国计民生和物资交流的工商信贷。1949 年 8 月，人民银行总行在华东区行设立发行分库，直接发行上海印钞厂印制的人民币，大大便利了人民币在包括皖北、皖南区内的整个华东区的发行调拨。①

通过上述果断办法，扩大了人民币的发行。至 1949 年 11 月下旬，皖北、皖南的主要城市、乡镇、水陆交通要道沿线，均已实现了人民币为主要流通货币。人民银行皖北、皖南分行又适时停止华中币、北海币的流通，收回华中、北海币 101 亿元，②使皖北、皖南两区内流通货币人民币的唯一性得到进一步巩固。在皖北、皖南行署和相关部门的全力支持下，两分行贯彻集中打击银元投机和金银低价冻结的政策，进一步加强金融市场管理。为继续巩固和扩大人民币在市面流通的影响力，按照人民银行华东区行的部署，两分行采取提高利率、加速开办城镇"折实储蓄"、强化为党政机关和各类企业现金收付服务、吸收存款、集中游资等方式，加快了排除其他各类货币在市场流通的力度。

1949 年 12 月，全国的金融市场趋于平稳，基本实现了人民币作为法定统一货币在市场上流通的地位。在皖北、皖南区各城镇市场上，人民币已成为唯一流通的货币。

但是，在皖北、皖南一些偏僻的乡村，由于受交通不便、人们旧的交易习惯和生活贫困等因素的制约，仍然存在以物易物的现象。1950 年春，人民银行皖北、皖南分行抓紧普遍设置机构，开展农村金融业务，农业贷款的发放亦由实物改为现金，并结合农副产品收购，大力组织人民币下乡，占领农村地区，使人民币尽可能地流入偏远地区。同年，国家发行人民币折实公债，前两期共 2 亿份，每份所含实物为大米 6 市斤，或面粉 1.5 市斤，或白细布 4 市尺，或煤炭 16 市斤。人民银行皖北、皖南分行在积极推销公债时，考虑到农村偏僻地区的实际情况，将当地特产折算成大米等实物，再将这些实物折算成公债或直接兑付人民币。这

---

① 安徽省地方志编纂委员会编：《安徽省志·金融志》，方志出版社 1999 年版，第 55 页。
② 安徽省地方志编纂委员会编：《安徽省志·金融志》，方志出版社 1999 年版，第 55 页。

种办法不仅受到农民的欢迎,还拓展了人民币的流通范围,又完成了公债销售任务。

到 1952 年底,皖北、皖南两区人民币市场流通量已达 4188 万元,比 1950 年增加 40~50 倍①。至此,人民币完全占领了安徽全省城乡流通市场。

二、稳定市场物价的斗争

物价在短时期内无法控制、急剧上涨,导致通货膨胀、货币贬值,是旧中国留下的"顽症"。1949 年 4 月,皖北、皖南解放时,全国市场物价正在经历第二次上涨过程。以后,在同年 7 月、10 月和 1950 年 2 月,全国又发生 3 次涨价风潮,尤其是 1949 年 10 月的第四次涨价风潮和 1950 年 2 月的第五次涨价风潮,给刚刚诞生的新中国重建经济秩序带来了严峻的挑战,考验着中国共产党和人民政府恢复国民经济的决心和能力。

第一次全国性物价飞涨发生在 1949 年 1 月,当时正值淮海战役刚刚结束,人民解放军迅速向长江以北地区推进。前线聚集了百万以上的人民解放军,急需大量的粮食、马料和战争必需品;被人民解放军刚刚解放的地区,人民政权立足未稳,好不容易征收上来的粮草,要尽力满足前线部队的渡江战役准备,因此,粮食十分短缺。投机商人、国民党政府的残余分子大肆抢购黄金、银元,扰乱市场,致使市场物价快速上涨。春节前后,合肥、蚌埠等地每两黄金价格急升至北海币 10 万元以上,比 1 月初上涨了近两倍。同时,物价指数也上涨了两倍多。但是,就全国来看,皖北并不是物价涨幅最高的地方,天津、北平等华北地区物价更高。受华北地区物价居高不下的影响,皖北物价的上涨趋势难以抑制,其严重后果在 1949 年 4 月的第二次上涨时明显地显现出来了,以当时皖北区最大的城市蚌埠为例,5 月 24 日的物价与 1 个多月前的 4 月 3 日相比较,按照中州币标价的商品价格变化是:每市斤小麦由 17.1 元升至 85.5 元,涨了 4 倍;每市斤小米由 17 元升至

---

① 安徽省地方志编纂委员会编:《安徽省志·金融志》,方志出版社 1999 年版,第 55 页。

79.3元,涨了3.6倍;每市斤食盐由17.3元升至90元,涨了4.19倍;每匹棉布由4333元升至23800元,涨了4.49倍;每市斤棉花由100元升至507.5元,涨了4.07倍。①

这次物价上涨的一个重要原因是不法商人的投机倒把、兴风作浪。他们在大城市套购国家的平价粮食,待价而沽。加上皖北、皖南的国营粮食经营机构还很少,人民政府为了稳定市场和便利群众,只好委托一些私营粮店代销粮食。粮价上升时,不法商人不但不按国营贸易公司规定的价格出售,反而把粮食运往外地,或乘机套购,囤积居奇,借机哄抬粮食、棉布和棉纱的价格,牟取暴利。

面对物价第二次上涨,皖北、皖南行署采取了很多措施来平抑物价:一是对影响物价波动的大宗商品如粮食、棉布、棉纱等,实行大量抛售。不仅平价销售,而且在适当时机降价销售。皖北、皖南的几个主要城市都采取一致行动,收到了很好效果。二是对困难职工和人民群众给予更多的关心,为了使他们的生活不受涨价因素的影响,人民政府在企业、机关、学校等居住集中地通过组织供销或消费合作社的办法,低价供应粮食、棉布、煤炭等商品。三是从东北等地粮食产区调运粮食和组织农村多余粮食进城销售。四是通过新成立的国营贸易公司迅速扩大机构,增设商铺,开展广泛的城乡物资交流。通过这些措施,这次物价上涨从5月下旬开始,自北向南陆续趋缓,粮、棉、布的价格小幅回落。1949年5月,上海解放,全国人民为之振奋,市场上商品供求矛盾暂时得到缓解。

第三次物价上涨发生在1949年7月初,源头来自全国最大的商业城市上海。上海解放后,人民解放军迅速投入到解放江南的战斗中,上海市支前任务很重。同时,就满目疮痍的上海本身来说,也需立即着手治理,财政上要求中央支持。因此,增加一些货币发行,也是必需的。这时候,新解放区迅速扩大,经济工作跟不上,人民币还不能广泛地进入农村,而在城市又过于集中,从而使得购买力与商品供应数量不足的矛盾很快显露。加上南逃的国民党政府勾结美

---

① 1949年5月25日《皖北日报》第二版;1949年5月26日《皖南日报》第二版。

国实行全面封锁,使上海历来依靠进口的一部分商品和工业原料(如原棉占70%以上)失去供应,工厂陷于停顿。恰在7月份,华东、华北又先后暴雨成灾,粮食大幅度减产(全国被淹耕地1亿亩,减产粮食120亿斤,灾民约4000万人)。在这些因素相互作用下,作为旧中国投机活动中心的上海,不法奸商必然兴风作浪。6月上旬,投机商人即把持金银买卖,大宗交易都以金银计价。在第一周金银价格很快猛涨1~2倍。7月份的粮食价格,月末比月初上涨152%,棉纱上涨107%,日用品上涨114%。在上海市军事管制委员会对金银买卖实行管制后,金银投机商又很快转向粮食、纱布的炒买炒卖。天津、北平、南京、杭州等地物价也迅速上涨。6月第三周的情况是:上海龙头棉布(匹)1.385元,天津五福白布(匹)1.226元;到8月第一周,上海升为2.778元,天津升为3.152元。无锡、济南、汉口、芜湖、合肥也大体如此。这个时候,地下钱庄及黑市交易十分猖獗,上海的证券大楼已成为投机中心。这次物价上涨,波及新老解放区,范围比上次物价上涨大得多。

对这次物价上涨,各地人民政权重拳出击,措施得力。6月,中共中央颁布《华东金银和外币管理办法》之后,上海市军管会检查封闭了金融投机的大本营证券大楼,当场被拘的千余人都是金银外币的投机者。当天的银元价格即由0.2元跌至0.12元,下降40%。7月中旬,上海又统一划定了棉纱、粮食等市场的交易时间,米面杂粮市场实行当天交割制度,取缔期货、栈单交易,限制退交行为。皖南、皖北行署配合上海的打击投机活动,一是于7月初颁布《金银管理暂行办法》,同时,开展收兑银元业务。仅皖南区在2个月内即收兑银元131.4万枚。银元价格从最高0.2元降至7月20日的0.12元。二是鼓励国营贸易公司集中物资大量抛售。皖南、皖北行署下发紧急通知,要求"放手抛售,平稳物价",到7月中旬,米价下降了40%以上。三是开展反封锁和活跃流通等系列活动。迅速恢复航运业,主要铁路线均已通车。中共中央指示各解放区人民政权,积极从江苏、安徽、河南及华北、东北调运粮、油、盐、煤、木材等支持上海市及新解放地区,并保证上海急需的棉花等工业原料供应,以恢复生产。四是吸收游

资,引导投向生产。除了开展折实存款外,还举办了金银折实存兑、金银折实储蓄等。并组织商业部门下乡收购粮、棉,支援工业生产,供应城市市场。

随着华北、华东铁路、公路运输逐步通畅,被国民党破坏的部分工业企业开始恢复生产,尤其是纺织业改变了依赖进口原棉的状况,对外贸易实行了"奖出限入,量出为入,独立自主,自力更生"的方针,粉碎了国民党政府和美国的经济封锁,越来越多的日用工业品供应市场,农业生产也开始恢复。第三次物价上涨风潮被打了回去。

1949 年 10 月,第四次物价上涨风潮猛烈袭来,这也是新中国成立后的第一次物价上涨。在 10 月份的 1 个月内,全国物价平均上涨44.0%。以大米价格为例,11 月中旬与 10 月中旬相比,芜湖上涨1.4 倍,上海上涨 1.8 倍,天津上涨 3.06 倍,汉口上涨 2.1 倍;纱布的价格上涨更高,全国各地都有 1~3 倍的涨幅。其他各类如食盐、百货、煤炭、油料等商品均有不同程度的上涨。这次物价上涨的主要原因是:全国解放战争还在进行,支援战争开支浩大;为了社会稳定,人民政府对旧政府留下来的几百万军、政、公、教人员,只要他们不反抗新秩序,一律采取包下来的政策,由此而使人民政府供给或支付薪金的全国脱产人员突破 900 万人,加重了负担;为恢复生产,恢复铁路交通,也需要大量资金。而当时全国大部分地区基本上还没有正规的税收制度,人民政府的收入远远入不敷出,暂时只能靠增发货币弥补财政亏空。8 月至 10 月,人民币发行量为 7 月底发行量的两倍,①导致货币与实际商品供应不平衡的矛盾加大。加上国民党统治时期长期恶性通货膨胀的影响和不法商人投机资本的操纵,物价必然大幅度上涨。

为稳定物价、扼制通货膨胀,政务院财政经济委员会(简称中财委)于 11 月 1 日决定:由财政部拨出部分粮食给贸易公司,用粮食收购棉花,减少货币投放,迅速运输棉花到上海,以平抑纱布价格。11

---

① 房维中主编:《中华人民共和国经济大事记》(1949—1980),中国社会科学出版社 1984 年版(内部发行),第 2 页。

月 5 日,中财委采取紧急措施:冻结未入市场货币 10 天,以稳定人心;各国营贸易公司抛售物资 10 天,以收回货币;停止各机关购存物资;检查各银行存款,收缩贷款;加强市场管理。20 日,中财委又发出《关于 11 月 25 日起平稳物价具体措施的指示》,从调集物资和收紧货币两个方面双管齐下,确定:银行一律暂停贷款并按约收回贷款;从 25 日开始启征税收,暂停支付工矿投资和收购资金;地方经费一律推迟半月至 20 天发放;从东北调 6000 万斤粮食,京、津、沪、汉等城市准备 215 万匹布和 4.1 万件纱,以备抛售市场。又规定:各地国营贸易公司从 11 月 20 日起逐渐提高商品价格,到 24 日使其与黑市价格持平,然后于 25 日起统一抛售商品,抛售时的价格要逐日下降,以达到平抑物价之目的。①

中财委在短短 20 天内连续 3 次作出部署,全国各地立即执行。当 11 月 25 日物价上涨最猛的时候,全国各大城市统一行动,敞开抛售重要商品物资,使物价大跌,同时又收紧银根,使投机商人资金周转失灵,纷纷破产。到 12 月 10 日,全国物价涨幅趋于稳定。上海、天津两地的物价仅比 7 月底时上涨 2～2.2 倍,被控制在一定的范围内。北京、上海等地一些"粮老虎"、奸商被人民政府依法处理。

第四次物价上涨风潮同样波及皖北、皖南两区,除芜湖市场大米、纱布价格急速上涨外,其他城市的市场物价也猛烈上涨。以安庆市场为例,10 月 16 日至 11 月 24 日,中熟米上涨 4.2 倍,小麦上涨 2.6 倍,20 支纱上涨 3 倍,龙头细布上涨 3.4 倍。合肥市场物价更是自 1949年 1 月以来上涨了近 19 倍。加上受上海、南京等大城市物价上涨的影响,整个皖北、皖南市场凸显商品匮乏、货币贬值、市场萧条的严峻局面。在中央人民政府的指挥下,皖北、皖南行署积极落实中财委的各项措施,安排国营贸易公司大力收购农产品,又在规定时间统一集中抛售商品,包括大米、面粉、食盐、百货等人民生活必需品。皖北区还紧急调运大米 1400 万斤、小麦 380 多万斤及相当数量的食油、黄

---

① 房维中主编:《中华人民共和国经济大事记》(1949—1980),中国社会科学出版社 1984 年版(内部发行),第 3 页。

豆、茶叶等,支援上海,稳定物价。① 皖南区的土特产品也不断远销沪、宁等地。到 12 月底,皖北、皖南两区的物价在全国各大城市物价涨幅被基本控制 10 多天后,也显现出稳定的迹象。第四次物价上涨风潮终于被打退。

第五次物价上涨发生在 1950 年 2 月,这是新中国成立后遭遇到的第二次物价上涨。这次物价上涨的主要原因是由于国家财政收入没有完成计划指标,支出超过概算,不得不大量发行货币,而且,新中国刚成立不久,国家财经制度不健全,现金管理、物资管理制度还未建立,各地自收自用、各自为政的财政收支现象普遍存在,以致物价难以控制。1 月 20 日,人民银行发行万元大钞(旧人民币)。2 月初,货币发行量高达 4.1 亿元,为上年 11 月发行量的两倍多。当时又逢全国许多地区春荒抬头,社会游资大量流入城市,1 月 30 日,仅上海一地存款就达 4700 万元,其中私人占 3500 万元。加之国民党空军飞机轰炸上海,发电厂被炸,14 万千瓦的发电设备被毁,上海大部分工厂停工;国民党特务乘机大肆造谣,蛊惑人心;一些私商见利忘义,只购不售,囤积居奇。从 1 月下旬起,全国物价急速上涨,到 2 月中旬达到高峰。以 1 月中旬物价指数为 100,到 2 月中旬,天津达到 183.1,上海为 170.6,汉口为 167.6,西安为 232.2,其中副食品类价格涨幅最高,上述四大城市副食品价格指数分别达到 257.9、195.8、252.3、246.2,纱布价格涨幅仅次于副食品类,居第二。

中央人民政府对这次物价上涨风潮采取了双管齐下的办法。一方面是从建立长期制度着手,建立统一的国家财政经济收入制度,加强税收,发行公债,严格控制人民币发行,力图从解决财政收支问题入手,从根本上解决物价上涨问题。另一方面是采取针锋相对的策略,抛售物资,抑制物价上涨幅度;组织力量,迅速恢复生产;节约用布,规定当年暂时减发人民解放军单衣一套,驻南方的部队不发棉衣;调整粮棉比价等。中财委指示全国各地,严格按照国家的规定和要求,迅速采取行动,坚决打退物价上涨风潮。

---

① 侯永主编:《当代安徽简史》,当代中国出版社 2001 年版,第 60 页。

3月,全国物价趋于稳定,并开始下降,上海、天津、汉口等六大城市比2月底下降15%,4月份又有较大的下降。到10月,通货膨胀戛然而止,国家财政收支接近平衡。以1950年3月全国批发物价指数为100,到同年12月降为85.4,表明物价已得到有效地控制,从此未再出现反弹。新中国成立前后,持续多年的物价上涨顽症,终于被中国共产党和人民政府所治愈,创造了重建经济秩序的奇迹。

发生第五次物价上涨时,正逢1949年秋以来皖北、皖南农村地区连遭水、旱等自然灾害,50多个县受灾,平均减少粮食收成35%,导致广大农村地区遭受严重的春荒,可谓雪上加霜。在此情况下,中共皖北、皖南区委和行署,一方面坚决执行中央关于统一财经的规定,另一方面把生产救灾、帮助农民度过春荒与扼制通货膨胀三者结合起来,组织国营商业和供销合作社、动员私营商业经营者,运销商品物资到农村地区;人民政府还赊账收购粮食等发放给灾民;对国营商业进行清仓查库,所有库存物资统一调配,以供应市场和灾民;并坚决服从中央统一指挥,调运部分棉花、米面支援上海市场。1950年3月以后,皖北、皖南区的市场物价也与全国一样,趋于稳定,从此再没有出现无法控制的物价上涨情况。

三、统一财政税收

新的人民政权在连续两次打退了通货膨胀、物价上涨风潮后,急需尽快建立全国统一的财政经济制度和统一的税收制度。1949年12月2日,中央人民政府委员会举行第四次会议,集中研究财经问题。中央人民政府主席毛泽东在听取陈云、薄一波的报告后指出:"我们的情况概括地说来就是:有困难的,有办法的,有希望的。……我们的情况会一年比一年好起来,估计明年要比今年好。在三年五年的时间内,我们的经济事业可以完全恢复。"[①]

1950年3月3日,政务院通过并颁布《关于统一全国财政经济工作的决定》(简称《决定》),主要内容有:成立全国编制委员会,制订并

---

① 《毛泽东文集》第6卷,人民出版社1999年版,第24页。

颁布各级军政机关人员、车辆等编制；开展清仓查库，所查出物资由中财委统一调度使用；规定各类人员的工作定额、生产定额及原材料消耗定额，提高资金周转率；全国各地所收公粮，除地方附加外，全部归财政部统一调度使用；除批准征收的地方税收，所有关税、盐税、货物税、工商税的一切收入，均归财政部统一调度使用；人民银行为国家现金调度的总机构，增设分支机构，代理国库；财政部必须保证军队与地方政府的开支及恢复经济所必需的资金；不实行、不遵守该决定者，中央人民政府将给予必要的制裁。①《决定》的主要目的是统一全国财政收支，统一全国税收和物资调配，同时也是从根底铲除物价上涨、通货膨胀的治本之策。

同日，中共中央专门向各级党委发出《关于保证统一国家财政经济工作的通知》，要求各级党委用一切办法保障《决定》的全部实施。

中共中央和政务院的指示下达后，中共皖北、皖南区委和行署迅速行动起来。3月29日至4月5日，中共皖北区委和皖北行署召开全区县以上干部大会，全区党政财经干部452人参加会议，会议对包括统一财政和整编人员在内的各项工作进行部署。中共皖北区委要求"弄通文件，检查自己。各地、市、矿委经这样初步的检查后，均暴露了过去对财经工作重视不够，制度不严，甚至各自为政的现象，以致造成许多不应有的损失，从而使大家进一步认识到统一是完全必要的。但亦有些同志认为：'统一是要统上面，下级没有什么不统一'的思想，有些则表示拥护统一，但又强调'上级要照顾下面困难'，这些实际上的抵抗思想，经继续说服解释，已有转变。但估计今后统一财经工作中，仍然会遇到各种不同的思想抵抗，而必须不断的加强思想领导。"②这次会议对全区党政机关及需要国家财政供给的人员进行了调查统计。全区共有干部3.31万人，按全区2350万人口计算，平均700余人中有1个干部，"说明了我们的现有干部是非常不够的，只是勤杂与

---

① 房维中主编：《中华人民共和国经济大事记》(1949—1980)，中国社会科学出版社1984年版(内部发行)，第13—14页。

② 中共安徽省委办公厅、中共安徽省委党史工委、安徽省档案馆编：《中共皖北皖南区委文件选编》(1949—1951)[皖非正式出版字(93)第50号]，第77—78页。

非编制人员多了一些……经过会议反复研究,最后已通过了新的编制草案……总计区以上党、政、民机构编制人数为 33290 人。"①中共皖北区委还要求所属各市、县党委和人民政府,一定要重视税收工作,力争完成税收任务。会后,中共皖北区委将会议情况作了总结,上报中共中央华东局。

皖北、皖南区统一财经、统一编制的工作大体上分为几个方面。一是端正思想、重视财经。"今天财经工作等于军事工作,而将来会超过军事工作……就其复杂性来说,更甚于军事斗争,但财经工作在今天还是正在开步走,军事斗争便是一个普通农民都可以搞,而财经工作更带科学性,就不容易搞,例如发动群众剿匪反霸,都比财经工作容易搞好。"②要求各级党委要重视财经工作,学习懂得财经工作。二是成立区及各市、县财政经济委员会,"不但掌握原则问题,而且要全面领导"③,并专门负责财政收支、预决算、税收和审计等经济工作。各级党委上报的综合报告中,都必须增加经济动态一项。三是坚决执行按批准的人员编制拨付财政经费,不允许扩大编制,更不允许虚报经费。同时严格控制党、政、民各机关经费,力求节约。四是继续抓好金融工作,要求各级党委支持人民银行开展人民币业务。人民银行皖北、皖南分行要加快在市、县、区设立机构的进度,加大打击地下钱庄、黑市的力度,取缔一批银楼、金店、当铺,令其转行经营他业。五是所有党、政、民机关开展清仓查库,把查出的物资集中交由国营贸易公司,再按计划统一调配。

上述各项统一财经工作的要求,到 1950 年下半年就得到了全面执行、落实,很快改变了皖北、皖南解放以来各党、政、民机关财政分割、管理混乱的局面,初步实现了人员编制和财政收支的制度化、规范化。

---

① 中共安徽省委办公厅、中共安徽省委党史工委、安徽省档案馆编:《中共皖北皖南区委文件选编》(1949—1951)[皖非正式出版字(93)第 50 号],第 78 页。
② 中共安徽省委办公厅、中共安徽省委党史工委、安徽省档案馆编:《中共皖北皖南区委文件选编》(1949—1951)[皖非正式出版字(93)第 50 号],第 119 页。
③ 中共安徽省委办公厅、中共安徽省委党史工委、安徽省档案馆编:《中共皖北皖南区委文件选编》(1949—1951)[皖非正式出版字(93)第 50 号],第 120 页。

解放前,安徽是落后的农业省份,财政税收主要靠农业税。皖北、皖南解放后,旧社会留下的农业税率标准被取消,取而代之的是以征收公粮的形式代替农业税。但是由于原安徽境内各根据地的公粮征收标准不一,且有临时性,加上洪涝灾害、生产救灾、支援前线等紧急任务繁多,致使皖北、皖南两区到1949年下半年税收工作都没能实现统一。两区所辖各地不仅税收标准不一,税收政策也不一,存在着相互矛盾、混乱的现象,影响了税收工作的正常开展。

为解决上述问题,贯彻落实中共中央、政务院关于统一税收的一系列规定,1950年3月底至4月初,中共皖北、皖南区委和行署分别召开县以上干部大会,按照政务院制定的统一税法、税率和税收政策,部署税收工作。5月,皖北、皖南两区明确农业税征收方式为"一年一次分配,两次征收"。从1950年夏征开始,皖北、皖南两区结合当地实际,调整了农业税负担比例,按"总负担额不超过总收入百分之二十"①的原则,采取"群众自报公议、民主讨论、领导决定的方法"②进行任务分配和征收。改变了国民党政府时期转嫁负担给农民的不合理状况,得到广大农民的拥护,一时间掀起了农民群众积极交纳农业税的热潮。

1951年,皖北、皖南行署又根据中央人民政府1950年公布的有关农业税征收规定,并参照中共中央华东局制定的农业税税率标准,分别制定了《农业税暂行条例施行细则》(简称《实施细则》),确定农业税"以户为单位,按农业人口每人全年平均农业收入,依率计征"。确定的税率,由全年收入150斤(稻谷)征收8%至2000斤以上征收30%;农业税地方附加,一律按正税的20%征收。③ 该《施行细则》的颁布,使皖北、皖南两区的农业税税率得以统一、规范,并在以后一段时期内固定下来,农业税征收工作开始步入正常化轨道。

在工商税收方面。皖北、皖南行署积极贯彻"在巩固财经工作的统一管理和统一领导,巩固财政收支的平衡和物价的稳定方针下,调

---

① 安徽省档案局编:《安徽经济建设文献资料》(第一辑)(内部发行),第48页。
② 侯永主编:《当代安徽简史》,当代中国出版社2001年版,第60页。
③ 安徽省档案局编:《安徽经济建设文献资料》(第一辑)(内部发行),第89页。

整税收、酌量减轻民负"①的原则,根据政务院颁布的新税法和税率,执行征收任务。皖南区征收工商税的办法分为三类:一类是"对工商企业有健全的会计制度可资为征收确据的,采用自报实征配合查账";二类是对工商企业会计制度尚不健全者,采用自报公议、民主评定的办法,但仍须根据税率征收;三类是对"小工商业及小城镇用查账和民主评议两项办法都有困难的,采用定期定额的征税办法"②。总体而言,第一类办法主要在国营工商企业间实行;第二、三类办法主要在私营工商业和个体经营者间实行,并要求他们尽快建立健全会计制度,争取做到自报查账,依率计征。

由于工商税收标准统一、税率合理,加上财税工商部门规范收税、立场公正,广大工商业者十分理解、支持,各地工商联合会、同业工会也大力协助。到 1950 年底,皖北、皖南两区的工商税收呈现大幅上升的局面,达到 3248 万元,比 1949 年的 334 万元增加了 8 倍。

在中共中央、中央人民政府的统一领导下,中共皖北、皖南区委和行署通过一年多的努力,终于完成了财政统一和税收统一的任务,增强了领导经济工作的能力。1952 年,安徽全省财政税收 26971 万元,比 1950 年净增 15282 万元,其中农业税 10704 万元,比 1949 年净增 5903 万元,③为安徽随后开始的社会主义建设提供了初步的财力支持。

第二节　开展"三反"运动

一、开展"三反"运动的背景

1950 年 3 月,中央人民政府政务院颁布了《关于统一国家财政经

---

① 安徽省档案局编:《安徽经济建设文献资料》(第一辑)(内部发行),第 56 页。
② 安徽省档案局编:《安徽经济建设文献资料》(第一辑)(内部发行),第 57 页
③ 安徽省人民政府办公厅编:《安徽省情》(1949—1983),安徽人民出版社 1985 年版,第 662 页。

济工作的决定》,在全国范围内实行统一财政收支,集中使用财力,确保收支平衡;统一调度粮食、棉布、工业器材等重要物资;统一管理现金,各单位现金由国家银行统一管理,集中调度使用以及建立统一的金库、粮库和预算决算制度,并加强干部纪律教育,反对财经工作的无组织、无纪律和贪污浪费及渎职行为,并由此而着手重建新中国的经济秩序。

1950 年 10 月,为保家卫国、抗美援朝,中国人民志愿军赴朝鲜参战,致使军费大幅度增加,国防费用 28000 万亿元[1],当年军费占全年财政总收入的 42.9% 。为支援抗美援朝战争,必须继续增加军费,而国家财政又十分困难。为此,1951 年 10 月,中共中央政治局扩大会议明确要求各地从当年的 11 月起全面开展增产节约运动,以解决财政困难,支持抗美援朝,支持国家经济建设。

然而,就是在这种经济困难、战事吃紧的情况下,党内、政府内仍有一些干部包括一些领导干部,没有充分警惕资产阶级思想对革命的侵蚀,没有经得起考验,存在比较严重的贪污、浪费、生活腐化等腐败现象。如 1950 年华北地区有"三害"(即贪污、浪费、官僚主义)问题的干部 303 人,1951 年上半年增至 531 人。东北人民政府财政部查处了 2318 名干部的贪污行为,共贪污 520 余亿元。12 名县级以上干部人均贪污达 1.2 亿元以上。

1951 年 11 月 29 日,中共中央华北局报告,时任天津地委书记兼专员张子善和前任地委书记刘青山,先后用全专区地方粮拆款 25 亿元,宝坻县救济粮 4 亿元,干部家属补助粮 1.4 亿元;从修潮白河民工供应站中,苛剥获利 22 亿元;贪污修飞机场节余款和发给群众房地补价 45 亿元;假借修建名义,向银行骗贷款 40 亿元,并把贪污得来的总计 200 亿元公款,挪作投机倒把的违法活动。

高层领导干部的贪污、腐化令党中央和毛泽东主席强烈的震撼。毛泽东为此夜不能寐,在经过慎重考虑后亲自批准了处决刘、张两人的决定。11 月 30 日,在听完中共中央华北局报告的第二天,毛泽东就

---

① 为便于读者直观地理解当时的货币实情,本章中的人民币全部为旧人民币。

明确指出："华北天津地委前书记刘青山及现书记张子善均是大贪污犯……这件事给中央、中央局、分局、省市区党委提出了警告。必须严重地注意干部被资产阶级腐蚀发生严重贪污行为这一事实，注意发现、揭露和惩处，并须当作一场大斗争来处理。"①

1951 年 12 月 1 日和 8 日，中共中央分别发出《关于实行精兵简政，增产节约，反对贪污，反对浪费和反对官僚主义的决定》及《关于反贪污斗争必须大张旗鼓地去进行的指示》，强调必须把反对贪污、反对浪费、反对官僚主义（简称"三反"）的斗争看作像镇压反革命运动一样重要，要大张旗鼓、雷厉风行地发动广大群众，以形成有力的社会舆论和群众威力。从此，"三反"运动在全国各地党、政机关干部群众中迅速展开。

二、开展"三反"运动的过程

中共皖北、皖南区委接到中央的指示后，立即行动起来，进行部署。首先是进行思想动员。1951 年 12 月 24 日，刚刚合署办公的皖南、皖北区直属机关和团体负责人在合肥举行动员大会，号召大张旗鼓地在各机关、团体进行一次反对贪污、反对浪费、反对官僚主义的整风运动，以保证和展开增产节约运动。大会宣布成立以曾希圣为主任的直属机关整风委员会。

1952 年 1 月 4 日，中共中央《关于立即限期发动群众开展"三反"斗争的指示》，号召在全国开展"三反"斗争。1 月 8 日，皖北、皖南区直属机关召开党员代表会，是时中共安徽省委刚成立，新任省委书记的曾希圣，以身作则，带头检查，就自己对贪污、浪费、官僚主义的严重性和危害性认识不足等问题，诚恳地作了自我批评。曾希圣在大会上的自我批评，在省委机关和皖北、皖南区内引起了很大反响。随后各机关负责人、各专市县负责同志亦先后作了自我批评，轰轰烈烈的民主检查运动由此在皖北、皖南区全面展开。

皖北、皖南区的"三反"运动分成三个阶段。第一阶段是以反对

① 《毛泽东文集》第 6 卷，人民出版社 1999 年版，第 190—191 页。

官僚主义和浪费为主的民主检查阶段,时间从 1951 年 12 月到 1952 年 1 月中旬。首先在行署、专区(市)、县(市)三级机关和国营工矿企业中展开运动。各级党委组宣部门集中一切宣传教育力量,如宣传员、报告员、文化馆、夜校、冬学、广播台、报纸、墙报、黑板报、文工团等,展开反贪污、反浪费、反官僚主义的宣传鼓动,召开检举大会,壮大声势,以此造成强大的社会舆论攻势,促使有"三害"行为的人坦白交代问题。在这个阶段的开始,皖北、皖南的干部群众最初是进行"温和方式的学习"。在学习过程中,思想水平虽然有所提高,但也暴露出一些错误认识,如一般下层工作人员把增产节约当成是财经机关、企业部门和负责干部的事,认为与自己无关,有的人还认为:"今天胜利了,多花了一点,也是可以理解的"、"贪污可耻,浪费应予原谅";或说:"官僚主义并未亲身参加贪污浪费,不应相提并论";一些麻痹自满的人则说:"皖北是灾区,已够苦了,浪费也不大,大城市比我们厉害多了",等等。针对这些错误认识,曾希圣予以严肃批评,他说:"皖北地区的贪污、浪费和官僚主义现象是相当严重的。因救灾、治淮,财政开支甚大,因而更容易予贪污蜕化分子以可乘之机。仅皖北行署监察委员会一年来直接受理案件共 317 件,属于贪污浪费和官僚主义所引起的重大损失案件即有 125 件,占全案件的 34.2%,其损失达 92 亿之多。若进一步揭发和加上铺张浪费、超越制度以及可办可不办的数目,当远远地超过此数。其贪污方法、浪费形式亦与各地一样,应有尽有,足见所谓'皖北贪污浪费不严重'的说法毫无根据。"①经过深入学习和反复进行宣传解释,干部群众对"三反"斗争的意义和任务,有了充分的认识和明确的了解,真正意识到贪污、浪费、官僚主义的严重危害性。机关干部普遍反映"民主大门打开了"、"想说的话均说出来了"。

第二阶段从 1952 年 1 月中旬开始,主要是集中开展反对贪污、打"老虎"的斗争,"三反"运动进入高潮。"三反"运动开始后,"贪污、浪费、官僚主义"被称之为"三害"。"三反"运动的重点是反贪污,因此,

① 1952 年 1 月 9 日《皖北日报皖南日报联合版》第一版。

打击"贪污犯"被形象地比喻为打"老虎"。

在打"老虎"之前要找"老虎"、捉"老虎"。皖北、皖南区的各级领导机关和领导干部发动工作人员和群众,大胆地站出来,对"三害"行为进行检举揭发,并做到言者无罪,告者不究,压制民主者必办。广大干部群众纷纷起来,用口头或书面、公开或秘密的方式,检举贪污分子,积极揭发浪费和官僚主义问题,出现了一个检举和揭发的高潮。

根据自己坦白交代和群众检举揭发打"老虎",是"三反"运动初期比较普遍采取的方式。强调"打虎"务尽,运动声势甚为浩大。合肥市机关团体共揭发出 706 人有贪污问题,经查实其中贪污额在千万元以上的 34 人,百万元以上的 117 人,百万元以下的 555 人,贪污金额总计达 10.2857 亿元。合肥市对贪官的违法所得作出坚决的追退,在很短的时间里追退赃款 4.5329 亿元,占应退款总数 44%。中共安庆市委为方便群众的检举、揭发,专门设立直通书记、市长的"202 信箱",同时市委和法院设检举贪污分子接待处。据坦白检举材料,全市 500 多名干部,有贪污行为的占 2.5%。2 月,中共安庆市委组织党团员和积极分子成立"打老虎"队。3 月 25 日,召开全市坦白检举大会,大打围歼战。挖出贪污百万元以上、千万元以下的"老虎"132 人,贪污款为 6.0356 亿元,追回赃款 2.8863 亿元,占应退款总数 47.8%。桐城县成立"打虎"指挥部,采取群众检举揭发、个人坦白交代等方式,深挖暗藏"老虎"114 人。

"打虎"运动开始不久,就出现了过火斗争的行为,如有的单位硬逼着所谓的"老虎"交代贪污罪行,不交代就采用车轮战术,不让"老虎"吃饭、睡觉、回家,甚至出现打骂等精神的、肉体的折磨。有的人为了过关,就胡编乱说一通,接着又翻供。中共安徽省委了解到这些情况后,对各地的"打虎"方式提出具体要求,强调说情说理,预防任何打骂、通宵战、逼供等行为,并要求"打老虎"队须耐心地研究,运用攻心斗智、政策开导、实事求是地反复对证材料的办法,将运动健康地向前推进。但各地在"打老虎"运动中,过火、过左的行为并未得到有效

制止,如安庆市出现捆打逼供行为,运动中有5人自杀。① 中共芜湖地委、专署机关尤为突出,仅被打被吊被捆者就占"老虎"数的72%。"在干部中造成了混乱,在群众中造成了极坏影响。"② 由于用"逼供信"、严刑吊打,芜湖市挖出大小"老虎"4525人,竟占参加运动人数的40.8%,机关干部参加运动1782名,有贪污行为的484人,占参加运动人数的27%。但最后处理时,在批准立案的4472人中,免予处分的为3551人,占立案人数的72%。③

第三阶段为定案处理阶段。在审理、定案阶段,为了慎重、严肃地处理揭发出来的"三害"问题,准确而及时地处理贪污分子,更好地教育干部、团结同志,中共中央于1952年3月6日发出了《关于处理贪污浪费问题的若干决定》,其中特别强调:要"争取多数,孤立少数","对贪污分子的处理,各地应尽可能地在各级贪污分子总人数中,使摘掉贪污分子帽子、免予行政处分者达到70%","判死刑者,应占极少数"。3月28日,中央人民政府政务院通过的《中华人民共和国惩治贪污条例》,根据"严肃与宽大相结合、改造与惩治相结合"的方针,规定了对贪污分子的处理办法。随后,皖北、皖南区各级人民政府根据中共安徽省委的部署,进入定案处理阶段。

在处理阶段,被立案的数目较大的贪污案件主要是由各地专门成立的"三反"、"五反"人民法庭依据事实、法律,进行审判和定罪。4月8日,皖北、皖南区直属机关第一人民法庭召开公审大会,审判16名贪污分子。5月3日,皖北、皖南区直属机关第二人民法庭召开公审大会,审判一批大贪污犯。④ 蚌埠市检察机关全程参与审查定案工作,全市作定案处理的114人,占有贪污行为483人的23.6%。其中,对罪行严重决定起诉判刑的只有5人,占定案处理的4.4%;对不构成犯罪或属轻微犯罪的分别建议作了行政和纪律处分。

在定案处理阶段,中共安徽省委要求各机关团体、各专区要认真

① 安庆市地方志编纂委员会编:《安庆市志》(下册),方志出版社1997年版,第1024页。
② 1952年8月28日《安徽日报》第一版。
③ 芜湖市地方志编纂委员会编:《芜湖市志》(上册),科学文献出版社1993年版,第268页。
④ 侯永、欧远方主编:《当代安徽纪年》,当代中国出版社1992年版,第41页。

掌握"实事求是、不枉不纵"的方针,坚决克服审理定案工作中的粗糙现象。因此在这个阶段,不论定案追赃或处理,都要遵循"三定"步骤,即先定型(依案情难易分类型),后定量、定质(贪污数量与情节)。对追赃则按照"应缴者缴之,应减者减之,应免者免之"的原则进行控制。在具体处理时则制定"四不缺"、"四不收"(即送省审理的个案都必须附有原始材料,干部简历,本人检讨和意见,支部或群众意见)的办法,以防止出现轻率、错误的定案现象。同时,派出检查组帮助问题多的单位,保证了这一阶段的工作做到不走过场、善始善终。

"三反"运动中,皖北、皖南区参加运动的总人数达到了 125126 人,其中党员 18806 人;共查处贪污分子 57554 人,其中"老虎"2469 人,占总贪污人数的 4.3%。通过"三反"、"五反"人民法庭,共审结贪污案 808 件、1058 人;受党纪处分的党员 1556 人,占党员总数的 8.27%,其中开除党籍 419 人、留党察看 266 人、撤销工作 72 人、警告 633 人、劝告 166 人。[①]

到 1952 年 7 月底,皖北、皖南区的"三反"运动基本结束。8 月 28 日,中共安徽省委作了安徽"三反"运动总结报告。

三、"三反"运动结束后的制度建设

"三反"运动结束后,皖北、皖南和 1952 年 8 月合并复建的安徽省,对"三反"运动的遗留问题进行了复查和甄别。同时,按照中央的部署,针对运动中暴露出来的问题,加强思想、组织、制度方面的建设。

在"三反"运动过程中曾有过右的和"左"的偏差。由于发现及时,这些偏差得到纠正,基本上保证了运动的健康发展。1952 年 7 月,根据中共中央的指示,中共安徽省委纪律检查委员会发出《关于"三反"运动中党纪处理的通报》,要求各地及时、认真、彻底地纠正党纪处理中粗糙和偏重的现象。8 月,又召开地、市纪委检查室主任会议,研究"三反"运动中党纪处理问题。根据上级指示精神,对"三反"运

---

① 安徽省地方志编纂委员会编:《安徽省志·政党志》,方志出版社 1998 年版,第 493 页。

动进行全面复查。复查工作贯彻执行了"认真负责,提高群众,不枉不纵,争取人心"的方针和"实事求是"的政策精神,全省范围内存在的一些强迫命令和处理粗糙、偏重的现象,基本得到纠正。至下半年,全省复查1109人,其中减轻处分和免予处分271人。① 如安庆市通过复查,受刑事处分的11人、行政处分的111人得到甄别。"三反"运动中,由于采取了实事求是的态度,使真正的贪污分子受到应有的惩罚,绝大多数不够划为贪污分子的人尽快解脱出来,这样不仅达到了团结争取多数,孤立打击少数的目的,挽救了一批犯错误的干部,也教育了广大干部和群众,进一步提高了党在群众中的威信。

从思想上筑牢拒腐防变的堤防,铲除腐败滋生的土壤,利用强大的群众运动声势对腐败现象进行全面监督,形成强有力的党内监督、群众监督和舆论监督体系,建立健全各项规章制度,是这场反腐败斗争取得的最宝贵的经验。在"三反"运动后期,中共中央转发中央直属机关党委书记安子文《关于中央机关"三反"处理阶段工作情况报告》时指出,下一阶段工作的基本关键在于做好思想上、组织上和制度上的建设工作,从根本上杜绝贪污、浪费和官僚主义现象的重新生长。思想建设,基本要求是划清工人阶级与资产阶级的思想界限。组织建设,按精简组织机构,提高工作效率的原则,普遍进行一次整编。制度建设,"主要是根据'三反'中发现的问题,建立和健全财政、基建等各种制度,制度建设的中心环节是建立和健全民主制度"。

"三反"运动的开展,有效地堵塞了贪污浪费的漏洞,在各方面出现新的气象。从经费使用方面来说,皖北、皖南行署不仅消灭了透支,而且从1952年1月到6月,节余经费300余亿元。从公私关系方面来说,不仅消灭了过去"揩公家油"现象,而且在制度规定范围内的费用,有多余的亦能主动缴给公家,如到上海旅费规定两天,现在只报一天。从工作效率方面来说,一般均有提高,有的增加 倍以上。②

"三反"运动的实质是在中国共产党执政的情况下,保持党和国

---

① 安徽省地方志编纂委员会编:《安徽省志·政党志》,方志出版社1998年版,第493页。

② 1952年8月28日《安徽日报》第一版。

家机关工作人员更好地廉洁自律、执政为民。这是一个重建经济秩序的问题，更是一个重大的政治问题。执政党和人民政权，必须坚持不懈地同贪污浪费等腐败现象进行长期的斗争。"三反"采取群众性政治运动的方式取决于当时的历史条件和历史经验，在运动的"打老虎"阶段，曾发生过一些过火的现象，由于对偏差的发现和纠正及时、处理得当，基本上保证了运动健康发展。总的说来，"三反"运动在强大的政治攻势威慑下，揭发出了一些严重贪污犯罪分子，教育了干部的大多数，挽救了犯错误的同志，清除了党员干部队伍中的腐败分子，有力地抵制了旧社会的恶习和资产阶级的腐蚀，广大干部受到了一次深刻的为人民服务教育。

第三节　开展"五反"运动

一、开展"五反"运动的背景

1950 年，中国共产党七届三中全会以后，中共中央和中央人民政府政务院为恢复国民经济、重建经济秩序，采取了一系列的政治经济措施，其中之一是调整工商业中的公私、劳资、产销关系。经过调整，资本主义工商业得到迅速发展，但资本家中的不法分子不满足于用正常方式获得一般利润，力图利用和国营经济的联系，以行贿、偷税漏税、盗骗国家财产、偷工减料、盗窃国家经济情报（俗称"五毒"）等手段牟取暴利，企图抗拒国营经济的领导，削弱国营经济。特别是在抗美援朝战争期间，有的不法商人甚至用废烂棉花制作急救包卖给在前线浴血奋战的志愿军，激起全国人民公愤。不法商人的恶劣行为，在经济上给国家造成重大损失；在政治上、思想上腐蚀了工人阶级和国家工作人员；在社会生活中造成了生命财产的损失。在"三反"运动中，也暴露出一些国家机关干部的贪污盗窃与社会上不法资本家的"五毒"行为密切相连。要彻底铲除"三害"，取得"三反"运动的胜利，

就必须反掉"五毒"。为此,1952年1月26日,中共中央发出了《关于在城市中限期展开大规模的坚决彻底的"五反"斗争的指示》,要求在全国一切城市,首先是大中城市,依靠工人阶级,团结守法的资产阶级及其他市民,向违法的资产阶级开展一个大规模的坚决的彻底的反对行贿、反对偷税漏税、反对盗窃国家财产、反对偷工减料和反对盗窃经济情报的斗争(简称"五反")。2月上旬,"五反"运动从各大城市开始,很快在全国大张旗鼓地开展起来。

解放后,皖北、皖南区的私营工商业,在贯彻国家调整工商业政策和国营经济的扶植下,得到了恢复和发展,很多私营工商业者对共产党的政策表示拥护,爱国热情高涨。如1950年积极认购国家发行的胜利折实公债;抗美援朝中参加爱国示威游行,给志愿军捐款捐物等。但是,也有少数资本家或私营工商业者趁调整之机,进行行贿、偷税漏税、盗窃国家财产、偷工减料、盗窃国家经济情报等违法活动。如芜湖市,解放3年,工商业户违法所得总值达190亿余元。其中,偷漏税132亿多元,盗窃国家财产38亿多元,偷工减料20亿多元,盗窃国家经济情报获利7200多万元。另外,3年累计行贿8亿余元。这些"五毒"行为,严重地腐蚀了干部,扰乱了国家的经济秩序,给国家的经济建设造成了巨大损失,给人民带来了新的灾难。

二、"五反"运动的开展

皖北、皖南区的"五反"运动按照中央部署,分为3个阶段进行:一是宣传动员,学习文件,搜集材料,为运动的开展做准备;二是群众检举,不法资本家自我坦白交代问题;三是收缴不法资本家偷税漏税款项。

"五反"运动率先在合肥市展开。1952年1月31日,在中共安徽省委统战部、合肥市委统战部的协助下,合肥市工商界召开全市51个同业公会近3500人的大会,动员开展"五反"斗争。2月起,蚌埠市、芜湖市和进行试点的屯溪市、淮南市及阜阳城关镇,同时在工商界开始发动"五反"运动,很快便形成斗争高潮。2月,在中共安徽省委统战部机关的"三反"运动告一段落后,随即抽出部分人员参加合肥市工商界开展的"五反"运动。4月，又抽调6名干部组成两个工作组，分别到芜湖、蚌埠两市参加"五反"运动。在"五反"运动中，各地大张旗鼓地开展宣传活动，揭露不法资本家的"五毒"行为；同时，进行调查情况，搜集材料，对私营工商业户分类排队，确定重点。各级政府抽调机关干部和工人、店员中的积极分子组成"五反"工作队，进驻私营厂店，依靠工人，团结职员，争取和团结守法的资本家及其家庭，组成以工人阶级为主体的包括守法资本家在内的"五反"统一战线，向不法的资本家开展面对面的说理斗争。在党的政策的震慑和教育下，在声势浩大的群众运动攻势下，许多不法资本家坦白交代了自己的"五毒"行为。

合肥市的"五反"运动采取了不轻易出击、出击必胜的策略。第一步展开政治攻势，搜集材料；第二步进行威力侦察，即逮捕几个最坏的不法商人以听取反映；第三步实行出击。2月8日，合肥市召开检举坦白大会，到会的市民达4万多人。大会受理现场检举、坦白，当场收到市民递交的检举书2万多份。对不愿坦白的4名奸商，由于举报材料确实，同时有检举人对证，大会当场宣布予以逮捕，并宣布对一些主动坦白的私商，按其坦白程度减轻或免予处分。接着，大会宣布，在会后的五六天里，如能彻底坦白，仍以坦白论处，若被检举则不再以坦白论处。这次大会对无良商人形成了强大的舆论压力与政策攻势。一些原先在坦白问题时避重就轻、想蒙混过关、抱着侥幸心理、有"五毒"行为的无良商人，这时在会场坐不住了，纷纷在大会上表明态度，要求重新坦白，彻底交代自己的"五毒"行为。

1952年2月1日，作为"五反"运动试点的屯溪市主要负责人向全市工商界作了《关于开展"五反"运动的动员报告》，宣传党的政策，号召工商界自我检查、坦白交代，阐明开展"五反"运动的政治意义与资产阶级猖狂进攻的事实，争取社会舆论的同情和支持，以形成强大的政治攻势和压力。为加强对"五反"运动的领导，将全市12个工商同业会组成36个学习组，抽调党政机关科长以上干部8人、一般干部63人，领导各个组的学习。2月11日，进入坦白、检举阶段，徽州专区暨屯溪市在市体育场召开15000余人参加的声势浩大的"五反"运动

坦白检举大会。不少职工和工商业者纷纷上台检举和坦白,大会当场收到检举信 152 件,根据资方老板"五毒"行为的轻重和坦白交代是否彻底,徽州专区专员陈敬之当场宣布对一部分人宽大处理,同时宣布逮捕 7 名罪行严重的不法资方老板。

这次大会对屯溪市工商界震动很大,原先一些工商业者只是简单认为,共产党搞"五反"是要从自己的口袋里掏钱,思想上有抵触情绪,会后,大多数工商业者对自己的"五毒"行为有了初步的认识,开始放下思想包袱,纷纷坦白交代,并检举他人。在运动开始后的 10 天中,先后坦白交代有各种违法行为的信件 3846 件,不少工商业者多次补充交代,有的补充五六次,有的达 10 次之多。此后,"五反"工作组又在私营工商户的职工中普遍开展诉苦、启发教育,先后收到检举信6000 多件。少数没有坦白的资方老板,惶惶不可终日,采用探口气、利诱、解雇、殴打等手段涣散职工店员的斗志,企图蒙混过关。"五反"工作组召开劳资见面会与不法资本家展开了面对面的检举揭发斗争。如大新衣庄经理姚佐邦,开始拒绝交代,在劳资见面会上,见有不少知情者在场,只好坦白交代偷税 5000 万元的事实。①

随着运动的深入和进入高潮,皖北、皖南的其他市、县也相继展开了"五反"斗争,而且火力极猛。安庆市成立节约检查委员会为"五反"领导机构。安庆市总工会和青年团安庆市委派出两个工作小组分驻糖杂、绸布两个重点行业开展运动。2 月 20 日,中共安庆市委召开工商业店员代表大会,进一步发动店员制订"五反"爱国公约,控诉不法资本家坑害国家的罪行。会后,中共安庆市委分两批抽调 290 名机关干部和中小学教师,调查了解工商业户的不法行为,宣传"五反"的政策,团结大多数,孤立打击极少数严重违法户。2 月,桐城县召开有3700 余人参加的"五反"动员大会,决定在全县私营工商业中开展"五反"运动。桐城县总工会多次召开群众大会,检举揭发不法资本家的罪行。桐城县工商科严禁违法经营的工商业者歇业或转业,以防其逃避惩处。无为县首先在城关镇、随后在全县 1170 余户私营工商业者

---

① 中共黄山市委党史工委办公室编:《中国共产党黄山市大事记》(2002 年内部资料)。

中开展了"五反"运动。在运动中,无为各级党组织依靠工人阶级、团结守法的资产阶级和其他市民,集中打击资本主义势力的投机性和破坏性,揭露出诸多"五毒"行为,诸如抢购套购物资、商品掺假、抬价压价、偷税漏税、偷工减料等。①

　　在运动中,一些地区发生"逼、供、信"等偏向,中共中央及时地纠正,并对具体方针和政策作出了明确的规定。3月5日,毛泽东根据"五反"运动进展情况,适时地提出了在"五反"运动中对工商户处理的五条基本原则,即"过去从宽,今后从严;多数从宽,少数从严;坦白从宽,抗拒从严;工业从宽,商业从严;普通商业从宽,投机商业从严",并指出不得采用肉刑逼供方法。3月11日,政务院批准公布了北京市人民政府《在"五反"运动中关于工商户分类处理的标准和方法》,并根据有无违法行为和违法行为的轻重大小及违法性质的恶劣程度,把私营工商业户分别划分为守法户、基本守法户、半守法半违法户、严重违法户和完全违法户5种类型。北京市定案处理的结果是:守法户占总户数的10%～15%;基本守法户占50%～60%;半守法半违法户占20%～30%;严重违法户约占4%;完全违法户约占1%。北京市的审查定案处理结果,对其他城市具有示范意义。

　　1952年3月以后,全国"五反"运动转入定案处理阶段。中共中央作出"严肃与宽大相结合,改造与惩治相结合"的方针,规定了对贪污分子和违法工商业者的处理办法。根据中共中央精神和中共安徽省委的部署,1952年4月以后,皖北、皖南的"五反"运动进入定案处理阶段。

　　合肥市4月27日召开"五反"斗争胜利大会,彻底坦白的工商户得到宽大处理,极少数严重违法户和完全违法户受到应得处分。合肥市通过清查,私营工商业者中有649户为守法户,1462户为基本守法户,632户为守法户,498户为一般违法户,43户为严重违法户(后复查改为21户)。严重违法户占工商企业总户数的0.8%。

---

①　中共无为县委党史研究室、政协无为县文史资料委员会著:《中国共产党无为地方史》(内部资料)。

芜湖市,在6950户(包括歇业827户)私营工商业中,守法4091户,占59%;基本守法2116户,占30%;半违法715户,占10.6%;严重违法20户,占0.28%;完全违法8户,占0.12%。全市补退款为592户,补退款额为55亿余元。对偷漏税、盗窃国家资财产、偷工减料的三类工商户,发出补退缴款通知书。8月16日,芜湖市人民法院对18户盗窃国家经济情报、贿赂国家工作人员的18起案件进行了审理,对18户商户进行了有罪宣判。1952年,芜湖市人民法院"三反"、"五反"法庭共审理经济犯罪案件136起,其中贪污16件,盗窃国家财产87件,伪造货币、扰乱金融4件,偷税抗税17件,破坏生产10件,投机倒把2件。判处5年以上有期徒刑3人,不满5年有期徒刑57人,劳役22人,有期徒刑缓刑3人,管制2人,单科罚金4人,免予刑事处分或作其他处理45人。

蚌埠市,在开展"五反"运动中,受理群众揭露不法资本家有"五毒"犯罪行为的案件56起,经侦查决定起诉11起。"五反"结束后,偷税漏税、抽逃资金的情况仍时有发生。市检察机关及时配合税务、工商管理部门,集中打击一批偷漏税的犯罪分子;对德康棉布批发店和鸿康油行这两户资本家偷漏税典型案件进行侦查起诉,配合人民法院公开宣判,收到了敲山震虎的明显效果。随后,有886户商户自报偷漏税收72亿余元,并补交了税款。

安庆市,定案处理的结果,守法2287户,占49.3%;基本守法1914户,占41.2%;半守法386户,占8.3%;严重违法36户,占0.8%;完全违法19户,占0.4%。"五反"结束后,中共安庆市委召开工代会、商代会,说明结束"五反"及恢复生产的意义,确定全市工商业的发展方针。

屯溪市,集中确定了一批守法户、基本守法户、半守法半违法户,约占全市工商业总数的95%。不少工商户把政府发给的《守法通知书》用镜框装起来挂在墙上。3月31日,屯溪市人民政府集中全部"五反"工作组的成员,结合优秀店员职工组成18个战斗小组,4月5日,召开联合作战大会,再次阐明党的政策,号召有"五毒"行为的工商户尽快坦白交代。在大会上,有52户工商业者继续坦白交代,累计偷漏税和违法所得超过 183 亿元。4 月中旬,工作组成员兵分两路,以一小部分成员做好三类工商户的退补和组织他们搞好生产经营,集中大部分成员对重点案件进行调查核实,并根据中共中央华东局指示,参照上海市的做法和经验,对前段工作进行全面检查和补课。4 月下旬开始,对已坦白交代的工商户,追查他们违法的来龙去脉,做好甄别定案。全市除留下 17 户专案处理外,其他 1850 户均已分别定案。5 月上旬,进入组织建设阶段,整顿了各行业的基层工会,清除异己分子20 人,吸收 268 名职工加入工会组织,69 名青年积极分子加入青年团。整顿各个行业协会和市工商联组织,清除了原工商联中几个常(执)委,重新组建屯溪市工商业联合会。

1952 年 6 月 13 日,周恩来签署发布政务院《关于结束"五反"运动中几个问题的指示》,要求各地实事求是地进行定案处理工作。《指示》中把私营工商业户划为五类,其中守法户约占总户数的 10%~15%,基本守法户占 50%~60%,半守法半违法户占 25%~30%,严重违法户占 4%,完全违法户占 1%。对基本守法户只要求退赔违法所得中的一部分,对半守法半违法户只要求退赔违法所得而不再罚款。

皖北、皖南区"五反"运动的结果表明,在私营工商户中守法户和基本守法户占 86%,半守法半违法户占 13%,违法和严重违法的不足1%,而真正触犯法律的只是极少数。人民法院负责"三反"、"五反"的法庭共审结偷工减料案 22 件、31 人,偷税漏税案 542 件、724 人,总体处理情况比较妥当,稳定并团结了 95% 以上的私营工商业者。据合肥、芜湖、蚌埠 3 市统计,不法资本家和违法工商户盗窃国家财产、偷税漏税计 294.83 亿元(经复查,减免 12.46 亿元),予以追收。合肥、芜湖、蚌埠、淮南、屯溪 5 市和阜阳城关镇共有工商业 16322 户,处理的结果:守法 6657 户,占 40.78%;基本守法 7408 户,占 45.38%;半守法 2130 户,占 13.04%;严重违法 103 户,占 0.63%;完全违法 24 户,占 0.15%。

对于在运动高潮中发生的斗争扩大化和"逼、供、信"现象,在定案处理时也基本上得到纠正。如屯溪市工商户在初次审理定案中,原

应退补罚总数为 105.4 亿元,经过认真核减后应退补罚为 60.99 亿元,补税 436 户,补 19.35 亿元;退财 267 户,退财 37.8 亿元;罚款 34 户,罚 3.85 亿元。核减率分别约为 40%、50%、60%。同时,为活跃市场,屯溪市决定对工商户的退款时间给予适当延长,最迟可以延长到 1953 年底,加上银行贷款、国营公司加工订货等给予扶助,私商的资金周转困难和思想顾虑逐步消除,经营有了信心。全市市场销售额 6 月份比 5 月份增加 13.8%,7 月份又比 6 月份增加 4%,8 月份再比 7 月份增加 16%。

为巩固"五反"运动的成果,纯洁工商联组织,根据中共中央《关于改组工商业联合会》的意见,安徽省各级统战部门从 1952 年 3 月起,配合和协助各地工商管理组织对工商联和同业公会进行改组,重点是对合肥、芜湖、安庆、蚌埠 4 市的工商联组织和同业公会进行改组。1952 年 3 月 28 日,在中共安徽省委统战部、合肥市委统战部的协助下,合肥市工商界代表在举行的协商扩大会上,对原工商联筹委会一些人的非法活动进行了检举、揭发和控诉,发现在 21 名成员中就有不法分子 13 人;盐业同业公会一名主委,幕后策划 16 家盐行违法经营牟取暴利,属于顶风作案,该主委被交司法部门处理并受到应有的惩罚。在掌握了大量事实的基础上,会议宣布原合肥市工商联筹委会立即解散,由合肥市增产节约检查委员会指定在 20 个正当行业中推举筹委会候选人,成立工商联筹委会。4 月 24 日,中共安徽省委统战部又组成两个工作组,分别去芜湖、蚌埠等市,对工商联筹委会和工商界上层人士进行摸底排队,为工商联改组做准备。到 1952 年底,合肥、芜湖、蚌埠、安庆 4 市工商联均已实现改组。

在对合肥、芜湖、蚌埠、安庆等几个主要城市的工商联进行改组的同时,对这几个主要城市的同业公会也进行了整顿改组。"五反"运动后期,合肥市对 54 个同业公会进行了一次彻底改造。对在运动中被打烂的同业公会一律取消,局部被打烂的予以改组,并成立临时工作委员会,组织、协调同业公会的活动。临时工作委员会的委员多数是从运动中选拔出来的守法户和基本守法户。

随着市场活跃、经济繁荣,广大工商户提出要正式成立同业公会。

根据工商户的要求,在1952年7月,中共安徽省委统战部门协同工商联又对合肥市同业公会进行了全面改组。以临时工作委员会为基础,照顾各行业大、中、小户的适当比例,以工商联职工和各同业公会中经过学习、觉悟较高的32名干部为基本人选,吸收工商联委员9人,统一编成小组,对全市重新划分的36个行业集中进行改组。与此同时,蚌埠的53个同业公会,芜湖、安庆的同业公会,也参照省里的做法,相继完成了改组任务。通过改组,同业公会肃清了残留的封建行会性质,改善了行业的内部关系,有利于各级人民政府加强对工商业的管理。

在完成对几个主要城市的工商联和同业公会改组的基础上,1952年8月10日,安徽省工商联筹委会筹备处成立。11月18日,工商联筹备代表会议召开,成立了安徽省工商联筹委会。

1952年7月底,"五反"运动胜利结束。

三、"五反"运动带来新变化

"五反"运动以后,安徽全省广泛地开展组织私营工商业者参加政治学习的活动。据合肥、蚌埠、芜湖、安庆、淮南、屯溪6市统计,经常参加学习的有2241人,参加临时学习的有19991人,组织学习小组102个。另据53个县统计,经常参加学习的私营工商业者17138人,参加临时学习的有69140人,组织学习小组2652个。辅导学习的工商界骨干,6个市共有424人,60个县共有6914人。

经过政治教育和长期的思想工作,私营工商业者队伍在政治上发生了较大的变化,据合肥、蚌埠、芜湖、安庆、淮南、屯溪6市调查,在22255个私营工商业从业人员中,愿意接受和积极参加改造的进步分子逐步增多,落后分子日益减少,抗拒改造的顽固分子陷于孤立。

"五反"运动结束后,安徽全省大多数工商户积极开展生产经营,极少数歇业,还有一些(如货栈、商行等)因市场变化而转业经营。人民政府进一步采取措施,在新的基础上重新调整公私关系和劳资关系,扩大加工订货和统购包销,保证工商户的合理利益,使安徽的资本主义工商业继续有所发展。

　　"五反"运动是新中国成立初期中国共产党向资产阶级开展的一场严重的阶级斗争,是重建经济秩序所采取的必要措施。"五反"运动不仅打击了不法资本家的"五毒"行为,也对广大私营工商业者进行了一次普遍的爱国守法教育。"五反"运动的胜利,巩固了工人阶级和国营经济的领导地位,在私营工商业中开始建立工人、店员监督生产和参与管理的制度,为开展私营工商业的社会主义改造创造了有利条件。

第八章

建设新文化

　　解放前,安徽同全国各地一样,社会秩序紊乱,社会风气恶劣,各种封建流毒,诸如卖淫、嫖娼、吸毒、赌博盛行。在农村,由于长期受封建宗法思想的控制,封建宗法势力相当强大,各种陈规陋习普遍流行。

　　从 1949 年底开始,中共皖北、皖南区委和行署,把整顿社会风尚和建立革命的社会新秩序,作为社会民主改革的一项重要任务。在此期间,公安部门大张旗鼓地开展了禁毒、封闭妓院、戒赌等工作。在农村,各基层人民政权发动群众学习、贯彻《中华人民共和国婚姻法》(以下简称《婚姻法》),向各种封建习俗作斗争,开展大规模、群众性的爱国卫生运动。同时,全省开始改造旧的教育和文化,建立新的教育体系和新文化。这些措施,得到广大人民群众的拥护和支持,净化了社会风气,稳定了社会秩序,为即将开始的社会主义改造和大规模经济建设创造了条件。

第一节　净化社会风气

一、扫除烟毒

鸦片战争后,英国将鸦片公开输入中国。清廷为防止白银外流,抵制进口,乃提倡自种鸦片。随后,罂粟种植在中国大肆蔓延,安徽的亳县、寿县、凤台、阜阳、颍上、宿县、太湖、宿松、桐城、肥东等县成为产烟区。贵池、泾县、祁门、黟县等地亦有种植。[①]安庆、芜湖、蚌埠成为烟土集散地,销售鸦片的烟土行、土膏店以及官办的官土行等应运而生。维护烟土行业利益的特行公会亦有成立。民国十一年(1922),仅安庆市就有"公记土行"、"和记土行"、"钧记土行"和"成记土行"等鸦片烟行七八家之多。亳县、阜阳等地更是烟行林立,出售鸦片的摊点比比皆是。与罂粟种植蔓延和鸦片烟行林立相联系的是,吸食鸦片的丑恶现象几乎遍及所有城市和农村。一些豪门富户在花天酒地之余,摆开烟灯,吞云吐雾,以为享受。许多官僚政客、工商业者以此为交际品。一般民众和其他阶层,有的为消愁解闷、有的为解除病痛而吸食。鸦片销售量日益增大,烟馆也由少到多。人们久吸成瘾,欲罢不能,以致倾家荡产、妻离子散;有的最终骨瘦如柴,衣不蔽体,沿街乞讨;有的沦为娼妓、盗匪。20世纪30年代,安徽省内毒品犯罪仅次于盗窃犯罪,高居各种犯罪的第二位,有的城市毒品犯罪竟占各种犯罪的首位。

对于烟毒的危害,曾引起一些当政者的注意,试图禁除。一些有识之士,亦曾力主禁烟,但均中途夭折,虎头蛇尾,不了了之。

皖北、皖南刚刚解放时,鸦片依旧流行于城乡,各地仍有大批毒贩和烟民。为彻底铲除烟毒危害,各级公安机关即着手禁止和取缔,明

---

① 安徽省地方志编纂委员会编:《安徽省志·公安志》,安徽人民出版社1993年版,第209页。

令禁种,烟馆、烟行一律禁止经营;对烟馆、烟贩调查登记,对继续贩卖者进行查缉。1949年8月,安庆市公安局印发查禁鸦片布告,然后将吸毒者集中起来,对其宣传教育,劝其交出烟土和烟具。对吸毒成瘾、恶习不改者,予以收审,强制戒烟;对教育不改的烟贩子予以狠狠打击。至1949年底,仅蚌埠市即查获烟毒犯1273人。

1950年2月24日,中央人民政府政务院颁布了《关于严禁鸦片烟毒的通令》,要求各级人民政府同人民团体,进行广泛的禁毒宣传,动员人民起来一致行动,禁绝种烟,戒除烟毒。但许多烟民因久吸成瘾,受毒太深,戒烟禁毒难以一蹴而就。为此,皖北、皖南各地采取不同的方式,惩治毒犯,规劝烟民戒毒。铜陵县大通镇的做法则是:先用口头和文字宣传政府禁烟禁毒的决定,再鸣锣通知烟民限期登记,随之在各阶层召开大小不同的会议,通过群众进一步搜集掌握情况,结合调查户口工作,把烟民、烟馆、烟毒犯的姓名全部公布,该管的管,该劝诫的劝诫,该劳改的劳改。烟民张某说:"在反动政府的时候,只讲钱,不讲理,我老是戒不掉,自己又不想戒;现在不行了,人民政府的干部入情入理地劝说,使得我非戒不可。"芜湖县大闸村烟民邓某在家人的朝夕相劝后,深受感动,经过思想斗争,闭门不出,直至把烟瘾戒掉才走出家门。后来邓某由于表现良好,得到了村民们的一致赞许。大家都说:"共产党真伟大,硬是苦口婆心地把一个废人教育改造成为新人。"邓某的妻子感叹说:"过去劝他戒烟,我还老挨骂、挨打。他现在可不敢了,新社会真是把鸦片烟鬼变成了人。"①

1952年4月,中共中央发出了《关于肃清毒品流行的指示》,号召全国人民结合"三反"运动,在全国范围内开展一场群众性的肃毒运动。根据中共中央指示精神,中央人民政府政务院于5月21日再次发布《严禁鸦片烟毒的通令》。7月,公安部召开全国禁毒工作会议,确定开展禁毒运动,彻底禁绝烟毒。以公安部门为主体,统一行动,集中破案,一网打尽。是时,皖北、皖南两区尚有制、贩、运毒集团138个(其中主犯255人,从犯934人),单独从事贩毒活动的3373人,烟馆

---

① 资料见《皖南行署民政处关于严禁烟毒工作的文件》。

745 家。8 月 6 日至 7 日,皖北、皖南行署公安局联合召开两区专市公安处(局)长、科长会议,部署在全省开展禁毒运动。会议决定,运动中打击的重点是集体性大量制毒、贩毒、运毒的主犯以及惯犯和现行犯;具有"五个方面"反革命分子身份的毒犯和流氓、地痞及国民党军、警、宪身份的毒犯;严重违法的国家工作人员。凡是 1951 年 1 月以前确已停止活动的毒犯,一律从宽处理;1951 年 1 月以后继续进行制、贩、运毒品活动者,计算其违法数字时,得追查至 1950 年 2 月 24 日政务院公布禁毒令之日止。对于少数罪大恶极、非杀不足以平民愤的毒犯,处以死刑。

1952 年 8 月 11 日,皖北、皖南两区联合制定《皖北、皖南行署公安局禁毒行动计划》,上报华东公安部。按照全国禁毒会议的决定,在摸清情况的基础上,皖北、皖南预计逮捕 800 名,占各类毒犯总数的 15.7%。整个禁毒运动分三期进行,第一期 10 天,第二期 20 天,第三期 10—15 天,9 月底大体结束。

1952 年 8 月 13 日拂晓前,皖北、皖南公安部门统一行动,将各烟毒重点县应该逮捕的主要烟毒案犯全部逮捕。捕后进行身体检查,责令交出所存毒品、毒具及有关制毒、贩运证件等。对毒犯的住所及隐蔽毒品、毒具的场所进行仔细搜查,没收所有毒品、毒具。8 月 16 日至 20 日,广泛开展对人民群众的禁烟政策教育,召开群众大会,宣传禁毒意义;说明坦白从宽、抗拒从严的政策,号召大家检举毒贩;动员一切毒犯及其家属交出毒品、毒具,彻底坦白,立功赎罪。8 月 21 日到 9 月 9 日,发动毒犯坦白交代,立功赎罪,然后将只需判轻刑的、重大嫌疑犯分子及其他需要集中管训的分子集中管训。从 9 月 10 日到 20 日,主要搜捕漏网的毒犯和处理案犯。

这次禁毒运动以蚌埠、合肥、芜湖、淮南、滁县、安庆、屯溪、亳县、界首、阜阳、宿县、固镇、临涣等地为重点,明光、六安、正阳关、巢县、大通为次点。其他未列为重点、次点的城镇,凡有烟毒犯存在者,亦根据政策予以处理。

自 1952 年禁毒运动始至当年年底,全省共计逮捕制、贩、运等毒犯 1505 人,其中判处死刑 22 人、判处有期徒刑 930 人。缴获烟土(其

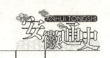

中一部分为海洛因折算）34460两、副品2998两,收缴烟具6589件。全省所有烟馆、烟行等全部摧毁,制、贩、运毒品等烟毒犯受到毁灭性打击。在农村,结合土地改革,根除了罂粟种植,烟毒在全省基本禁绝。在短短3年多时间里,安徽基本禁止了危害人民百余年的鸦片毒害,创造了历史上的奇迹。

二、禁绝娼妓

清代末期,安徽芜湖、蚌埠便开设妓院。民国初年,其他少数县城亦有妓女出现。民国五年(1916),亳县城内天棚、磁器两街,即设妓院数处。日军入侵安徽后,蚌埠、芜湖、安庆相继沦陷,有的商人为发不义之财,一些汉奸为讨好日本军队,给日军提供取乐场所,妓院与日俱增。抗日战争胜利后,民国三十六年(1947)7月,蚌埠市登记营业的妓女253人,妓女需交管理费,甲等3万元,乙等2.4万元(国民党发行的纸币)。①

1949年4月,皖北、皖南解放后,仍有妓女1000余人,而实际从事卖淫者则大于此数。妓女来自扬州、苏州、河南及本省各地。安庆开始出现的几家妓院从龟头、鸨儿、妓女乃至勤杂人员多为扬州人,称为"扬州班"。蚌埠称来自扬州的妓女为"扬州帮",来自苏州的妓女称"苏州帮",来自河南难民中的妓女称"河南帮"。此外,各地还有一家一户招引嫖客来家过夜的暗妓。

妓女有自身、卖身、押身三种:"自身",即自卖自身,可以选择妓院或自租房屋,其卖淫收入与妓院老板按成分账,嫖客额外馈赠归妓女所有;被妓院买来的妇女(娼者),或自幼被老鸨收养成人的妓女称卖身,接客赚来的钱归妓院老板所有;妇女将身体典押给妓院,签订契约,规定押身时间,称押身,由妓院付给押身钱,押身期间,与卖身妓女同,押身期满后,可以离开妓院。

娼妓制度是一种极其残酷、野蛮的制度,妓女的悲惨命运,是近代社会文明史上可怖而又可耻的一页。无论是自身、卖身,还是押身,其

---

① 安徽省地方志编纂委员会编:《安徽省志·公安志》,安徽人民出版社1993年版,第213页。

人格均受到侮辱,身心健康遭受摧残,精神亦受到折磨。自身妓女较之卖身、押身妓女处境稍好,但其既要缴纳苛捐杂税,又要应酬军、警、特务及地方势力,稍有不慎,即遭凌辱、敲诈。至于卖身、押身妓女,毫无人身自由可言,除外出应酬客人外,平时不准随便出门,即使奉命出去陪伴嫖客游玩取乐,也有专人监视,以防逃跑。在接待嫖客时,如表情冷淡,嫖客则认为看不起他,除要向嫖客赔礼道歉外,还要受龟头、老鸨的训斥,甚至受到体罚。如对嫖客过分热情,也要受罚,因恐与嫖客建立感情而随嫖客逃跑。如较长时间接不到嫖客,更要受到责骂,有的还要关在房间挨饿。常有妓女忍受不了这种折磨而自杀。妓女一旦青春消逝、容颜衰老,即被老鸨一脚踢开。有的被转卖给他人为妻为妾,有的身染性病、体质虚弱、无人愿买,只能沿街乞讨,饿死于路旁。

　　皖北、皖南解放不久,各市、县公安机关即对妓院加以管理、限制。1949 年下半年,即着手取缔,解救生活在社会最底层的妓女。11 月 26 日,蚌埠市人民政府发布布告,决定立即封闭妓院,对所有妓院老板、鸨儿等加以审查处理,集中所有妓女加以训练,改造其思想,医治其性病。当日晚,蚌埠市公安局取缔娼妓指挥所集中公安干部 200 余人,由公安局长统一指挥,分别组成龟头管训组、妓女收容组以及若干封查小组,一夜间将全市所有妓院全部查封。共管训龟头 119 名,收容妓女 162 名,依法逮捕龟头 4 名。同月 30 日,蚌埠市成立妇女生产教养所,将收容的妓女集中教育改造。经过月余时间的教育,将有家可归的资遣返籍 133 人,助其成婚 4 人,其余 25 名无家可归者由市政府妥善安置。

　　娼妓改造是一件十分困难和复杂的事。一方面妓女是最苦难的阶层,受尽凌辱和摧残;另一方面娼妓身上又集中了人世间的种种不良习性。正是妓女的这种双重特征,所以解放后对娼妓的改造政策是,在指导思想上既要明确妓女是极需同情帮助的对象,在改造方法上又要借助某些特殊的强制手段。

　　至 1952 年底,安徽各城市的数十家妓院全部查封,1012 名妓女在公安机关教育帮助下分别返回原籍从事正当职业,获得完全自由。娼

妓这一罪恶行业在安徽被彻底铲除。

三、取缔赌博

赌博是旧时代的一种社会瘟疫,传染性极强,常常蔓延到社会各阶层,形成痼疾。赌风是不良世风的重要表征,也是一种危害严重的社会病,腐蚀社会,涣散人心。其最大祸害就是致使许多赌徒倾家荡产,卖妻鬻子,继而引发偷盗、凶杀,酿成无数悲剧。由于赌博给社会带来严重危害,不利于封建统治的稳定,所以历代都不乏禁赌的法令和举措。但法令也好、措施也罢,都无法改变人吃人的剥削制度,而这个制度,正是滋生赌博毒害的肥沃土壤。民国时期,赌博之风在安徽盛行。抗日战争胜利后至解放前夕,合肥、蚌埠、安庆、芜湖等市开设的赌场日趋增多。

1949 年 5 月,皖北、皖南解放不久,人民政府迅速颁发布告,阐述赌博是严重的社会公害,既是导致盗窃、抢劫、凶杀等案的一大根源,又是破坏家庭关系、造成社会动荡、阻碍社会进步的重要因素之一,必须立即制止。所有赌场应立即关闭。

同年 9 月,安庆市公安局发出通告,严禁开设赌场,禁止聚众赌博。对已开设的赌场,一律取缔。责令 34 名赌场老板即行停止营业,对 84 名赌棍,分别予以拘留、劳教、罚款、没收赌具。蚌埠市公安局于该市解放后数月内,抓获赌头、赌棍 426 名,限令赌场立即关闭。芜湖市公安局对开设赌场、聚赌抽头、以赌为生且屡教不改分子,列为刑事案件办理。至 1949 年 12 月,芜湖市共查处赌案 73 起。是年,民国时期所遗赌场均为公安机关查禁。[①]

1950 年 3 月 10 日,皖北行署公安局发出《关于改造游民指示》,对于赌棍等连续 3 年未改者,列为劳动改造对象,加以收容改造。6 月,皖南行署公安局亦发出禁赌指示,要求各地迅速开展禁赌活动。是年,两区逮捕赌头、赌棍达 200 余人。[②]

---

① 安徽省地方志编纂委员会编:《安徽省志·公安志》,安徽人民出版社 1993 年版,第 215 页。
② 安徽省地方志编纂委员会编:《安徽省志·公安志》,安徽人民出版社 1993 年版,第 215 页。

赌博,既是社会陋习,又混杂有民众的娱乐和消遣。这一痼疾,非一朝一夕禁止可以奏效。1953 年初,赌博在安徽全省各地仍有发生。5 月,安徽省公安厅对赌况开展调查。5 月下旬,安徽省公安厅发出《关于禁赌的指示》,要求各级公安机关应通过县、区人民政府及有关组织,教育参赌人员认识错误,责令深刻检讨,保证不再重犯;对一般参赌群众应坚持说服教育;对屡教不改的赌棍、流氓,要在群众大会上开展批评,强迫其劳动生产;个别情节恶劣、民愤大的,应予逮捕,判处半年以下劳动改造。对于地主分子、被管制分子聚众赌博者,应严加处分。据统计,到当年年底,全省公安机关冲击赌博场所抓赌 5000 余次,治安处罚赌徒 450 余人,依法逮捕赌头、赌棍 100 余人。从此,赌风锐减。

第二节　宣传贯彻《婚姻法》

一、封建制度下的婚姻与妇女地位

封建婚姻总的说来是夫权统治、重男轻女,广大女子要受政权、族权、神权和夫权的支配。解放前,安徽封建婚姻制度盛行,形态复杂。青年男女的婚姻,主要靠"父母之命,媒妁之言",男女双方只能听凭摆布,不少人遗恨终身。包办婚姻在农村约占 90% 以上,买卖婚姻和诱骗拐带妇女强迫成婚等情况,很多地方也都存在。封建婚姻对妇女的摧残最为突出、最为严重的现象如下:

买卖妇女。在婚姻中把妇女当作商品买卖是一件常事,全省大部分地区普遍存在。如巢湖专区,婚姻中买卖或变相买卖妇女占 95% 以上;六安专区亦是按聘礼轻重,决定婚姻之成败。女儿出嫁必须得到男方很重的聘礼,一般的是姑娘出嫁"周岁担米"。因此男方结婚需

花米 20 石至 50 石不等。① 据调查,无为县的妇女订婚普遍是"一岁两礼",即一岁两块银元,或 5 石至 40 石米;和县买卖妇女的身价有 40 石至 100 石稻,以致男方有因结婚而倾家荡产的,有因贫困而出卖老婆的,也有因男子生活腐化、浮荡、亏空太多卖掉妻子的。买卖妇女的恶劣习俗也相沿成风,有的妇女竟然被卖到四五次。涡阳县在 1950 年 5 月至 1951 年 4 月的一年时间,共发生拐骗案件 99 件。许多地方还有专干买卖妇女的媒婆,以哄吓诈骗等恶劣手段从中得利。解放前,当涂县甚至还有买卖妇女的市场,每逢农历初二、十六两日集中为市,公开买卖。

童养媳、等郎媳。这是封建社会包办婚姻中最普遍、最不合理的形式。童养媳、等郎媳在六安专区占婚姻妇女总数的 97%,其中童养媳占 50%;在巢湖专区,童养媳占 70% 以上,个别县占 90% 以上;安庆专区的等郎媳、童养媳占婚姻妇女的 70% ~ 80%。② 童养媳形成的主要原因是农村普遍贫困,有男孩的农家唯恐儿子长大娶不起媳妇,所以儿子才几岁,就早早地"抱个童养媳,跟穷人捉小猪一样,从小抱来既省钱又贴心"。有女孩的农家,孩子多养不活,受重男轻女观念的支配,为了减轻生活负担,尽早就把女孩子抱出去。童养媳在婆家被当作女儿养的,过得较好也有,但很少,大部分童养媳均受到虐待。等郎媳是童养媳的另一种形态,就是一般人家在尚未生下儿子以前,便抱一个女孩到家里养着,等到生下的男孩长大后再配为夫妻,有些妇女等了 10 ~ 20 年,丈夫还未生出来,极其荒唐。等郎媳婚姻关系中女大男小,甚至妻大如母、夫小如子的等郎媳的命运比童养媳还要悲惨。

歧视寡妇。青年妇女,若不幸失去丈夫,她们便将过着忧愁苦痛的生活。在长久岁月里,寡妇总是遭受人们的歧视,被认为是"铁扫帚"、"白虎星"、"不祥之物",往往连言语、行动都失去自由。在劳动贫苦人家,寡妇一般都是被迫卖出,很少有权利自己选择对象改嫁。

---

① 安徽省档案馆存:《皖南区一年来贯彻执行〈婚姻法〉基本情况综合报告》(皖南区档案 J020 - 01 - 0082)。

② 安徽省档案馆存:《皖北区检查〈婚姻法〉执行情况初步总结》(皖北区档案 J021 - 00002 - 00252)。

在地主家庭,则必须为"门第增光"终身守寡。另一种所谓"抱灵拜"（又称"望门寡"）,是在未婚夫死后抱灵拜堂。这种守活寡的封建习俗,极端残酷地葬送了无数妇女的青春和终生幸福。

早婚。这在皖南和皖西山区较为普遍,一般的是女大男小,如歙县密川村妇女吴某在15岁时与一个11岁男孩子结了婚,阳产村郑某16岁时与一个9岁男孩结了婚。

解放前,在皖北、皖南,由于封建婚姻思想积弊深重,有的人认为父母包办儿女婚姻是"天经地义"、"自古流传",妇女要求婚姻自由则是"天翻地覆、大逆不道"。至于嫁女勒索财物,寡妇改嫁,出卖妇女等,则普遍认为"权在父母","别人不能过问",妇女可以当成"私产"任意处置。做丈夫和公婆的,可以虐待、打骂,甚至杀害妇女,对方不得反抗,否则就是"天理不容"、"人神共愤"。在农村,普遍把"三从四德"、"七出之条"、"嫁鸡随鸡、嫁狗随狗"等封建礼教作为惩治妇女的"家法"。

旧的婚姻制度充满了苦难和辛酸,压抑了人民群众尤其是妇女的积极性和创造性,成为阻碍社会进步的一大障碍。

二、宣传贯彻《婚姻法》

1950年5月1日,中央人民政府颁布了《婚姻法》,这是新中国成立不久颁布的第一部法律。《婚姻法》明确规定:"废除包办强迫、男尊女卑、漠视子女利益的封建主义婚姻制度。实行男女婚姻自由、一夫一妻、男女权利平等、保护妇女和子女合法利益的新民主主义婚姻制度。"

《婚姻法》刚颁布,皖南行署就召开了全区第一次民政工作会议,讨论和贯彻《婚姻法》;皖北行署也于6月10日发布制定《皖北区婚姻登记暂行规则(草案)》。随后,皖北、皖南各地广泛开展了形式多样、声势热烈的关于《婚姻法》的宣传。皖南行署陆续编印《婚姻法》及《婚姻法通俗讲话》数千份,发放到各乡、村进行学习,同时在各系统召开会议,进行宣传、教育。中共宣城地委强调贯彻《婚姻法》,应从上到下形成群众性的运动。在宣传方式上,各地创造了很多新的形

式,如芜湖市就采用报告会、绘制大幅画报、各电影院放幻灯、黑板报、艺人宣传、盲人说唱等10多种方式。许多地方就地取材,通过真人真事进行宣传,收效很大。皖北行署,除了指示各级地方法院组织学习与集中力量清理婚姻案件外,还结合改判工作,组织了一个12人的流动宣传队,以照片、漫画、连环画、典型判决、统计图表为主要形式,举办展览,演出《女儿的亲事》和《买卖婚姻》两个歌舞剧,对《婚姻法》进行广泛的宣传。

延续了2000多年的封建主义婚姻制度,影响深广。1950年,皖北、皖南在刚刚开始宣传、学习、落实《婚姻法》时,暴露出一些错误的思想,如极少数人认为,婚姻自由就是要使妇女翻身,但"妇女翻身,就要离婚";有些人还采取所谓的诉苦方式,指使媳妇控诉公婆、丈夫;有的地方扩大"包办婚姻"的解释范围,对已有的合法婚姻,一律否认生效,使一些家庭内部产生纠纷。在《婚姻法》执行过程中,各地还出现了虐杀和逼死妇女现象。《婚姻法》颁布后仅10天内,六安县新安区就有5名妇女因要求自主婚姻而被迫自杀。据不完全统计,自《婚姻法》颁布9个月内,六安专区妇女被杀、自杀的有106人;和县、庐江、无为等县逼死或被杀死妇女252人;滁县专区1950年妇女自杀90人、被杀的15人,1951年,妇女自杀和被杀62人。

针对以上情况,皖北行署采取了进一步深入宣传《婚姻法》的措施:要求各级人民政府在召开各界人代会或群代会上,必须做一次《婚姻法》执行情况的报告,让代表进行充分讨论,更好地理解《婚姻法》,更正确地执行《婚姻法》;在各地开办的干部训练班和农民冬学里,都加入讲解《婚姻法》的内容,进行系统的学习;各地应通过更多的行之有效的形式进行《婚姻法》宣传讲解;各地法院、民政部门要通过处理婚姻纠纷、结合典型判决进行宣传。阜阳专区立即行动,印制了《婚姻法》广告画,张贴到每个乡村集镇。专区妇联还写了《告全区姐妹的一封信》,针对实际,通俗易懂,宣传效果很好。妇女们对这封信十分珍惜,有些妇女代表接到这封信后,担心会被姐妹们抢来抢去弄破了,便用纸裱起来,拿着到处宣传。阜阳县六里棚乡,在群众大会上将硬逼儿子早婚的农民王某的案件,送交法院处理,第二天便有18名妇女来到乡政府要求婚姻自主,有的提出退婚,有的回了娘家。凤台县古沟区为处理虐待 7 岁童养媳的事件召开了 600 人的大会,反映很好。群众说:"以后再也不能虐待童养媳了。"

《婚姻法》的宣传深入人心,广大青年男女热爱《婚姻法》、拥护《婚姻法》,无论皖南、皖北,男女双方自主自愿,按《婚姻法》的规定,到政府登记结婚风行一时。皖南区太平县西案村,一年登记结婚的便有 42 对,17 名妇女取消了原有婚约。妇女们一谈起《婚姻法》,很多人都会说:"过去包办的婚姻,夫妻感情不和,该做的事也不愿做。现在自由结婚,两人情感好,不想做的事也愿做,不会做的事也愿学。"《婚姻法》宣传贯彻好的地方,也受到老年人的欢迎。石埭县一位老太说:"还是《婚姻法》好,小两口和和气气的,连家事也不用我烦神了。"贵池县尧田村村民陈某说:"以前夫妻不和,天天吵架,离了婚当然是好事。"当涂县道西村村民陈某是颁布《婚姻法》后自由恋爱自由结婚,深感婚姻的美满,他高兴地唱道:"一个螺丝一个盖,自己的老婆自己爱。"宣城县华阳村妇女高某与老实农民赖某,摆脱了以前的包办婚姻自由结婚后,高某说:"这下子可真出了头,今后只要我丈夫把我当人待,我累死了也情愿。"宣城县北极村妇女朱某自由选择对象,嫁给一个和她年龄相仿的青年团员,俩人天不亮就烧饭下地,太阳落山后才双双回家,晚上小两口一起上农民夜校,生活非常美满幸福。①

由于《婚姻法》颁布实施,皖北、皖南广大妇女欢欣鼓舞,各级人民法院通过对典型婚姻案件的审判,激发起妇女向封建婚姻作斗争的勇气。据统计,皖南行署截至 1950 年 10 月份,全区离婚案占一般民事案件的 80.7%,其中女方提出的占 78.3%。皖北行署截至 1950 年 9 月份,各级法院受理婚姻案件 1181 起。至 1951 年底,皖北、皖南各级法院受理婚姻案件已达 3 万余件,比上年增加了 91%,当年办结 2 万余件,其中准予离婚的占结案数的 90%。1952 年,受理婚姻案件数更有大幅度上升。

---

①　安徽省档案馆存:《皖南区一年来贯彻执行〈婚姻法〉基本情况综合报告》(皖南区档案 J020－01－0082)。

《婚姻法》的正确贯彻执行,新型家庭关系的普遍建立,使安徽广大妇女欢天喜地,她们走出家庭,投入到保卫和建设祖国的伟大实践中,"妇女能顶半边天"随之逐步变成现实。新的婚姻制度使广大青年男女欢欣鼓舞,很多新婚夫妇因为家庭和睦幸福,生产积极性高涨。全省城乡社会风气焕然一新。《婚姻法》的施行,使妇女彻底从封建婚姻制度的束缚和压迫中解放出来,新婚姻制度从此在安徽大地深深扎下了根。

第三节　开展爱国卫生运动

一、大规模宣传爱国卫生运动

历史上,安徽自然灾害多。淮河流域、长江流域极易发生水、旱灾害。安徽又居战略要冲,扼中原咽喉,为兵家必争之地,战争烽火不断。连年天灾战祸的直接后果,必然是饿殍遍野,疫病流行。各地旧方志中,不断记有"大饥疫,人相食"、"灾疫交作,死亡无数"等惨痛史实,触目惊心。到解放前,由于反动统治造成的贫苦落后,安徽城乡卫生条件极差,常常发生重大疫病流行。

据解放初期调查资料,天花、霍乱等烈性传染病,省内几乎每年都有发生和流行,有时是全省性大流行,病死率极高。民国三十五年(1946)全省流行霍乱,病死的人不计其数,仅砀山县阚寨一个村就死亡近80人,毛堂村人口死了一半,全家灭绝的有5户。血吸虫病长期流行于省内长江两岸、皖南山区和江淮丘陵地区的39个县、市,受威胁人口近千万,直接受危害的有600多万人,疫区居民感染率一般为18%~20%,重疫区在80%以上。血吸虫病严重流行的地方人烟稀少,大片良田荒芜,灭门绝户的"无人村"和"罗汉村"(血吸虫病晚期腹水型病人状如大肚罗汉)、"寡妇村"比比皆是。黑热病流行于皖北20个县、市,患者主要为儿童和青少年。民国三十年(1941)前后,泗

左侧竖排文字：【新中国卷】

县斜路郭庄 110 户中 101 户有黑热病人。当时每治疗一个病人需花费 10 石小麦（当地每石 100 公斤），斜路郭庄因无钱求治而死于黑热病的有 120 人，40 余户举家外迁避祸。疫区长期流传着"得了黑热病，倾家荡产丢性命"的民谣。疟疾遍及全省，时有大面积暴发性流行，危害极为严重。结核病在省内也是一种危害最严重的疾病，民间流传"十痨九死"。斑疹伤寒和虱性回归热流行于淮北一带。痢疾、伤寒及副伤寒、白喉、麻疹、百日咳、流行性感冒、流行性脑脊髓膜炎、丝虫病、钩虫病、蛔虫病、麻风、头癣、性病等，危害也都非常严重。解放前，安徽广大城乡几乎全是旧法接生，产妇常因产褥热、难产而死亡，新生儿常因破伤风、早产夭折，婴儿疾病死亡率很高。因为灾乱瘟疫的沉重打击，造成安徽历史上人口大量流离与死亡。经测算，解放前安徽人均期望寿命在 35 岁以下。

1949 年 5 月，皖北、皖南解放后，疫病流行依然严重威胁广大人民群众身体健康。1950 年，皖南行署根据华东军政委员会卫生部《传染病管理暂行办法》，制定了《传染病防治暂行办法草案》，规定鼠疫、霍乱、天花为甲类传染病；斑疹伤寒、回归热、伤寒、副伤寒、痢疾、流脑、白喉、猩红热、麻疹为乙类传染病；血吸虫病、流行性乙性脑炎、疟疾为丙类传染病，共计 14 种。从 1950 年起，皖北、皖南两区对传染病进行法制管理，在较短的时间内建立起从乡村到县、地市和区（省）的疫情报告网以及较为完备的疫情报告制度，并在城乡各地普遍开展预防接种。血吸虫病、天花、白喉等危害最严重的疾病被列入防治的重点。

1952 年 4 月 5 日，皖北、皖南行署（已合署办公）防疫委员会成立，下设办公室。之后，各市、县也相继成立防疫委员会并下设防疫队及战时卫生勤务预防队。随后，安徽省防疫委员会成立。当时，正值抗美援朝时期，安徽省防疫委员会的主要任务是组织群众粉碎侵朝美军的细菌战。5 月 12 日夜，台湾国民党军用飞机在六安、肥西、宣城、郎溪、合肥等 8 个县、市投下带菌昆虫。各县、市由公安、武装部门迅即封锁空投现场，安徽省防疫大队配合当地卫生医疗部门进行搜索和

检疫。由于措施得力,行动迅速,台湾国民党的细菌战阴谋被迅速粉碎。①

同年,毛泽东主席发出"动员起来,讲究卫生,减少疾病,提高人民健康水平,粉碎敌人的细菌战争"的号召。安徽广大城乡即时贯彻"以预防为主"、"卫生工作与群众运动相结合"的方针,开展了以除四害、讲卫生、消灭疾病为中心的大规模的爱国卫生运动。

开展爱国卫生运动,首要的是广泛宣传。安徽省防疫委员会成立后,随即组建了一个7人的电影放映队,安徽省卫生厅内设宣传组,统管全省卫生宣教工作。全省各级党政机关层层负责,新闻、文化、教育、驻军、工矿企业、社会团体与卫生部门紧密配合,全面发动,通过以传单、画刊、墙报、黑板报、活报剧、报纸、广播、幻灯、电影、科普读物等各种形式,利用集市、民校、夜校、车站码头、剧场、候诊室等各种场所,大规模开展卫生宣传。

安徽爱国卫生运动的开展,显著改善了各地的卫生状况,环境卫生有了很大的改观。蚌埠市男女老幼都发动起来了,走路都带着拍子,见到苍蝇就打,市区已经很少见到苍蝇、蛆和蚊虫。全省各地还训练大批防疫人员,组织宣传队,举办演讲会、展览会及放映幻灯,普及科学卫生知识,组织广大群众自觉讲究卫生,预防疾病,同各种陋习作斗争。这些举措,大大改变了全省城乡的卫生面貌,有效地控制了一些危害严重的流行病,提高了人民的健康水平。

与此同时,遵照以预防为主、防治结合的方针,全省先后建立了卫生防疫和防治机构,从抓危害最烈的传染病、地方病入手,积极开展防疫治病工作。实行专家队伍和群众运动相结合,广泛推行人群预防接种,并建立急性传染病疫情报告和传染病管理制度等。自1950年开始,根据中央人民政府《关于发动秋季种痘的指示》,皖北、皖南普遍为老百姓种痘,成效显著。1952年比1950年天花病下降了98.4%。短短几年中,严重危害人民健康的霍乱、鼠疫、天花、黑热病、回归热和梅毒等传染病,基本上得到控制,为尔后彻底消灭各类传染病创造了

① 安徽省地方志编纂委员会编:《安徽省志·卫生志》,安徽人民出版社1996年版,第272页。

条件。

二、改善农村卫生条件

解放前,安徽卫生机构稀少。在几个主要城市,接管的医院、卫生院和诊所仅 31 个,病床 190 张,卫生技术人员 310 人,[①]其中医师 72 人、医士 8 人,护士 106 人。各县城官办的卫生院每院几人至十几人不等,全省共计不到 400 人;国民政府在地方原有的医疗卫生机构和专业人员,大都随国民政府的垮台而解体散失,残存省内的一些医院、卫生院和诊疗所规模很小,设备简陋,技术水平极低。在农村和集镇,只有少数分散开业的中西医,经过登记注册的中西医务人员约 1100 人(内有一半是中医)。这些分散在各地的个体行医者,医疗设备和技术条件本已有限,还囿于门户之见,相互排斥。

皖北、皖南行署相继于 1949 年夏秋间设立卫生局、科,认真贯彻"以预防为主,卫生工作的重点应放在保证生产建设和国防建设方面,面向农村、工矿,依靠群众,开展卫生保健工作"的全国卫生建设总方针。为适应生产救灾的迫切需要,通过就地动员吸收、部队调派、区外支援和在苏沪招聘等多种渠道,积极扩充医务技术力量。在先抓县以上重点医疗卫生单位设置的同时,大力组建多支医疗防疫队,与兄弟省、市及人民解放军支援皖北、皖南的救灾卫生队伍,统一协调配合,深入灾区、病区、老区和边远地区,开展巡回医疗和卫生防疫工作。

1950 年,根据全国卫生工作会议《关于健全和发展全国卫生基层组织的决定》、《关于调整医药卫生事业中公私关系的决定》,皖北、皖南继续大力组建县以上医院和卫生防疫、妇幼保健专业机构。两区共有县卫生院 65 所,之后,县卫生院逐年增加,到 1952 年,安徽全省基本上达到每县一所卫生院。县卫生院可以诊治一些常见疾病。[②] 在黑热病、血吸虫病最严重疫区,重点建立专业防治机构,并有重点地发展区、乡卫生组织。加强对社会医务人员的领导和组织管理,普遍建立

---

① 侯永主编:《当代安徽简史》,当代中国出版社 2001 年版,第 73 页。
② 安徽省地方志编纂委员会编:《安徽省志·卫生志》,安徽人民出版社 1996 年版,第 89 页。

卫生群众团体,做好中西医的团结教育工作,鼓励与扶持他们发展业务,参加基层卫生组织建设,为当地公共卫生和防病治病服务。在皖北、皖南两区,开始重点建立卫生试验所、交通检疫站、卫生防疫队和消毒站等初期卫生防疫专业机构。其后,随着各地卫生防疫站的设立,对这些站所相继进行调整归并。

为尽快改变农村严重缺医少药状况,从1951年开始,皖北、皖南开办各种短期训练班,大量培训卫生防疫、地方病防治和妇幼保健等基层卫生人员。据1950年至1952年不完全统计,共培训卫生员、防疫员、种痘员、血防员、新法接生员和乡村保育员、卫生宣传员、学校卫生指导员、反细菌战急救防护员,以及对旧产婆进行改造培训等达45765人。这些人员,在全省迅速控制天花、霍乱等烈性传染病,普及新法接生、预防接种和改变城乡环境卫生面貌等方面,发挥了重要作用。与此同时,调整、充实市县已有卫生医疗机构,并放手发动社会医务力量,以民办公助和私人联合的方式,建立县属区、乡和城镇街道卫生组织。

淮北地区因地表水少,居民多饮井水,其他地区多饮江、湖、河、溪水。20世纪50年代初期,结合反细菌战,皖北、皖南各地普遍开展饮水消毒工作。1952年,在徽州、安庆等血吸虫流行区,采取人、畜饮用水分塘、分段(河渠)提水的办法管理水源。分别建立标志,订立公约,专人管理。在地面水污染较重的地方,则由政府资助建立公用井或沙滤塘、沙滤坝。这些措施在各地推广,并长期沿用。据统计,1952年,安徽全省改良汲水码头11503处、改井15682口。从1952年开始,安徽还在农村持续开展"改造厕所、改灶、改畜圈、改良环境"的活动。据统计,1952年,安徽全省改建厕所共186392所。①

---

① 安徽省地方志编纂委员会编:《安徽省志·卫生志》,安徽人民出版社1996年版,第277页。

第四节 改造文化教育

一、改造旧的教育体制

解放前的安徽教育,规模小、基础弱、发展缓慢,至解放前夕,更是衰败、落后。无论是高等教育、中小学校、公私立学校数量,还是每万人口中的学生比例,安徽都远远落后于沿海省市,也落后于全国平均水平。1949 年 5 月,皖北、皖南解放时,共有人口 2786 万人,但高等学校仅 3 所,在校学生 1052 人;各类中等学校 167 所、在校学生 1.6 万多人;小学 1.24 万所、在校学生 6.6 万多人,青壮年文盲高达 1000 万人以上。①

解放后,中共皖北、皖南各级组织和各级人民政府以及广大教育工作者,励精图治,接管、接收、接办了境内的教育事业。1949 年 4 月25 日,人民解放军总部发出布告,宣告"保护一切公私立学校、医院、文化教育机构、体育场所和其他一切公益事业。凡在这些机关供职的人员,均望照顾供职,人民解放军一律保护,不受侵犯"。对新解放区的各类各级公立学校,由人民解放军军事管制委员会接管,采取"维持现状,立即开学"的办法。遵照这一办法,皖北、皖南各级政府对原有的各类各级公立学校进行了接收和接管,并使之继续开课办学。

高等教育方面。在国民政府时期,安徽有 3 所高等学校——国立安徽大学、省立安徽学院、省立淮南工业专科学校。省立淮南工业专科学校前身是抗日战争时期成立的安徽省立工业职业学校,后更名为安徽省立工业专科学校。1949 年 1 月,淮南解放、淮南煤矿特区人民政府成立之时,教育行政部门接管了该校,并迅速恢复上课。在渡江战役后的 1949 年 6 月,人民解放军军管会先后接管了国民政府时期

---

① 侯永主编:《当代安徽简史》,当代中国出版社 2001 年版,第 69 页。

校址在安庆的国立安徽大学和校址在芜湖的省立安徽学院,并分别派驻了军代表,着手进行恢复和整顿。同年 9 月,华东军政委员会决定,将原国立安徽大学、省立安徽学院合并改组,建立新的安徽大学。12 月 5 日,安徽大学由安庆迁至芜湖与安徽学院合并,新的安徽大学由许杰任校务委员会主任,废除学院制,改设中文、教育、历史、物理等 13 个系(组),成为一所系科比较齐全的综合性大学。

中等学校方面。各级人民政府共接收了 72 所公立中学,其中省立中学 22 所、县立中学 50 所。接收工作完成后,立即着手理顺并明确学校的领导关系,取消了原省、县立的区别,将所有公立中学统统置于人民政府领导之下。1949 年 7 月 12 日,皖南行署发布《关于公立中等学校设置、领导、编制等问题的决定》,要求将省立中学归行署领导,县立中学由县人民政府领导,私立中学由当地市、县人民政府领导。1951 年 7 月 4 日,皖南行署又发布了《皖南区中等学校领导关系的决定》,规定全区公私立中等学校一律由行署文教处统一领导,从而初步规范了中等学校的管理体制和隶属关系。

小学教育方面。民国时期的公立小学,按隶属关系划为省立小学、市(县)立小学、乡(镇)立小学和保育小学 4 种。按教育层次划分,可分为初级小学和高级小学两级。1949 年 4 月,皖北、皖南解放时,有近 1.24 万所小学,其中公立小学 2300 所。同年 5 月,皖北、皖南行署文教处及时颁发《小学教育暂时实施办法(草案)》,对新解放区的小学开展接收、恢复工作,对原有小学教职员工继续留用。6 月,皖北行署还决定,将公立初级小学一律改为民办。1952 年,安徽财政状况刚刚有所好转,立即将民办小学改为公办,民办小学教职工改为公办教职工,从而完成了对全部民办小学的接收、接管工作。皖北、皖南行署还接收了 16 所教会学校。在接收、接管、接办各类学校的同时,积极慎重地对各类学校逐步进行改造,如废除旧的课本,整顿教师队伍等。

新的政治制度和经济制度的建立,必定要求改造旧的教育制度,建立与之相适应的新的教育制度。安徽在恢复和发展国民经济的同时,开始建立新民主主义的教育制度。改造旧教育,主要是肃清封建性、买办性，树立为人民服务的思想，使教育为工农服务，为生产建设服务，使受教育者得到全面发展。由此，必须对旧教育的教学内容及教学计划进行彻底的改造。

普通中学的教学改革。解放初期，安徽中学教学计划经过了多次变动，几乎是一年一变，说明中学课程设置一直在探索之中。1949年8月，皖北、皖南行署分别制发了《中学课程配备和教学时间暂行规定》，其主要内容是：取消中小学的"党义"、"公民"、"童子军"、"军训"等旧课程，开设"社会发展史"、"新民主主义论"等马列主义、毛泽东思想的新课程；外语课改为选修；部分中学仍然实行高中文理分科，有的高中还设有职业课；大体维持原有课程配备，以求教学上的衔接；制定临时性的、过渡性的教学计划。随后几年，教学计划还时有改变。

为了彻底废除旧教育中的反动内容，重点抓了政治课教学的改革。1949年8月，在新学期开学前夕，皖南行署发布了《关于中等学校政治课等项工作的指示》，要求各中等学校从新学期开始，不论中学、师范、职业学校，不论年级，都要开设政治课，教授中国革命、中国现状等课，每周2课时。1951年8月，按照中央人民政府教育部要求，皖北、皖南行署文教处决定初中一、二年级停开政治课，改授中国革命故事、中国革命常识或卫生常识等课程。1950年10月，皖南行署发出《关于各级学校进行土地改革教育的指示》，要求各级学校的政治思想教育，应以土地改革教育为中心，深入学习土地改革的基本理论和方针政策。抗美援朝运动开展后，1951年4月，皖南行署文教处又发出指示，要求各级学校的政治课应以抗美援朝的爱国主义教育为主。1951年7月，皖北行署发出通知，要求加强对抗美援朝、土地改革、镇压反革命的学习，提高各级教师和全体学生的政治思想水平。

小学及其他各类学校的改革。小学的改革，除政治课外，就是课程名称的逐步规范和课时的适量增加。国语被改为语文，增设了卫生；取消教会学校的"教义"、"圣经"等课程，彻底清除旧的教育内容，废除旧的训育制度和管理制度。在改造私塾的过程中，强调不能一律取缔，而是贯彻新的教育方针，逐渐转化为新型小学。首先，动员塾师与学生家长根据自愿的原则改用新课本，减掉"四书五经"、"女儿经"

等课程;私塾一律进行登记,新成立的私塾要经人民政府批准,教员要加以审查;从团结改造塾师及发动群众两方面入手,逐步将私塾转变为小学。

解放初期的教育改革,是新旧教育的根本转变。教育改革过程中,坚持基本教育是基础、政治教育是灵魂、提高发展智能是目的的基本方针,突出思想品德课程的改造。解放初期的教学内容改革,被称为新中国第一次大规模的课程改革,在教育史上影响深远,它所建立起来的学校教学模式和内容体系,大部分被沿用下来。

二、建立新的教育体系

通过对旧教育的接收、接管、接办,依靠中国共产党建立的解放区教育事业的优良传统,并学习苏联教育经验,安徽初步建立了新的教育体系。

(一)省级教育行政机构成立

1952 年 1 月 2 日,中共中央批准成立中共安徽省委和安徽省人民政府。随后,原皖南行署撤销,其文教处迁至合肥,与原皖北行署文教处合署办公。经过半年多的筹备,1952 年 8 月正式成立安徽省教育厅,主管全省的教育行政工作。安徽省教育厅的具体职能是:管理各级各类学校教育;扫除文盲及工农教育计划的拟定与具体指导事项;各级教育视察、考核、督导;各种教育调查、统计、研究事项;各种补充教材的编审;教育经费的分配、审核及校产管理事项;组织开展国民体育活动;师资训练、调配及其他有关事项。

省级教育行政机构的成立,使安徽全省的教育事业有了统一的领导机构。

(二)学习苏联教育经验,制定新学制和学校规程

1949 年 12 月,中央人民政府教育部在北京召开全国第一次教育工作会议,明确提出新中国的教育工作必须借助苏联教育的先进经验,以革命根据地教育经验为基础,吸收旧中国教育的某些有用的经验。

安徽教育界迅速贯彻执行全国教育工作会议精神。一是进行学制

改革。为了使学校教育同革命和建设更好地结合,贯彻"教育为生产建设服务,学校向工农开门"的方针,全省将各种形式的干部学校、补习学校、训练班和工农速成学校置于重要地位。新学制的显著特点就是大力发展工农群众的文化教育。二是制定学校规程。1950年6月,全国第一次高等教育会议召开,通过了《高等学校暂行规程》和《专科学校暂行规程》,规定高等学校的宗旨是以理论联系实际的教育方法,培养有高级文化水平,掌握现代科学和技术成就,全心全意为人民服务的高级建设人才。1952年3月,中央人民政府教育部正式颁发《中学暂行规程》(草案),规定中等教育的任务是用马列主义、毛泽东思想和普通文化知识教育青年一代,使他们身心获得全面发展,以便为升入高等学校或参加建设工作打好基础。

中国共产党和人民政府确立的教育方针是要求学生在德育、智育、体育几方面都得到发展。安徽各级各类学校认真贯彻毛泽东关于"健康第一、学习第二"和"要使青少年身体好、学习好、工作好"的指示,加强了学校的体育、卫生等课程。

(三)发展基础教育

基础教育包括小学教育、初中教育和高中教育3个层次。发展基础教育,必须整顿教育秩序,树立以教学为中心的观念。皖北、皖南刚解放时,干部少、文化水平也低,工作忙不过来,曾出现乱拉城乡中小学教师做校外工作和乱占教师名额现象,影响了正常的教学秩序。1951年,皖北、皖南行署文教处提出:"教学工作是学校压倒一切的中心任务"。制止了乱拉中小学教师做其他行政工作的现象,保证了教学的正常进行。在整顿教育秩序时,还从当时的实际出发,因地制宜,采取灵活多样的办学形式办好小学。解放初期,安徽小学全日制教学占主导地位,也有半日制、二部制、早晚班、巡回小学和季节性小学等灵活形式,这些特别的教学形式,主要在农村和山区。为了解决教室不足的困难,皖北、皖南不少城市实行二部制。这些二部制小学,有的实行半日制,学生半天到校上课,半天在校外或在家自习;有的全天到校,两个班交叉上课。

土地改革以后,皖北、皖南农民学习积极性很高,各地小学尤其是

民办小学如雨后春笋,纷纷建立。民办小学校长,大部分是农会主任、村干部。土地改革中所分得的房屋、家具、押板金作为民办小学的基础经费,民办小学教师大部分是本地失学、失业的知识分子,也有一部分是旧职员、私塾教师。除广大农民出人、出力帮助民办小学之外,人民政府还加强了对民办小学的支持和领导,所谓"民办公助"——不仅向民办小学介绍国家文教政策,提供一定的经费、教材、书报,还加强对民办小学的管理监督。至 1952 年,安徽全省小学增至 2.3 万多所,学生人数比解放前增加 5 倍。

这一期间,皖北、皖南经受了连续水灾。从 1949 年秋到 1951 年,皖北地区遭受严重自然灾害,全区有 6449 所小学遭灾,占全区小学校的 72.6%。皖北行署发出《关于坚持灾区教育工作的指示》,灾区学校采取多种形式坚持教学,同时结合生产救灾,开展生产劳动,坚持勤工俭学、勤俭办学,克服困难。1951 年 10 月,中央人民政府教育部长马叙伦电慰皖北灾区教师,并表彰皖北坚持灾区教育工作的成就。

1952 年 7 月 5 日,根据中央人民政府教育部指示,安徽的高级中学首次进行全省统一招生。

(四)高等学校院系调整

从 1952 年下半年开始,国家对高等院校进行院系调整。淮南煤矿工业专科学校维持原状。上海东南医学院迁至合肥,改为公办,更名为安徽医学院。安徽大学的经济系、园艺系、法律系分别调入复旦大学、浙江大学和华东政法学院;复旦大学茶叶专修科、南京大学和金陵大学的蚕桑专修科调入安徽大学。同时将成立不久的安徽师范专科并入安徽大学。调整后的安徽大学设师范、农学两院,共 9 个系、11 个专修科、7 个师训班和 1 个专业技术班。这次院系调整,对于根本改变旧的高等学校在学科设置上存在的严重混乱和脱离实际的状况,对于促进高等教育的发展,起到了积极作用。全省高等学校学生人数比解放前增加了 3 倍,增强了安徽高等教育的实力。[1]

---

① 侯永主编:《当代安徽简史》,当代中国出版社 2001 年版,第 72 页。

（五）开始成人扫盲教育

安徽全省城乡文盲率很高。据统计，解放初期，全省人口中青壮年文盲率高达 85% 以上，农村的文盲率几乎达到 100%，即使是芜湖裕中纱厂，工人的文盲率也高达 89.4%；经济较为发达的当涂县城区 61 个工会的会员，文盲率竟高达 96.7%。安徽扫盲任务十分严峻，扫盲对象包括农民、职工和干部。

中央人民政府确定，扫盲工作宗旨是"开展识字教育、逐步减少文盲"。从 1950 年起，皖北、皖南在城乡发起了扫盲运动。因为农业人口众多，农民一直是扫盲的重点和难点。1950 年 10 月，皖北、皖南行署相继召开首届农民教育会议，讨论利用冬闲时间创办冬学事宜，就冬学的组织领导、教材、师资、经费等问题作出规定，并部署各地在冬学结束时选择条件好的冬学建立常年农民学校，转为常年学习，继续提高农民的文化水平。1951 年，土地改革基本完成后，皖北、皖南区城乡工农群众在学人数近 500 万人，是解放后群众学习文化的一个高潮。1952 年 9 月 18 日，安徽省人民政府发出《关于推行"速成识字法"，开展扫除文盲运动的指示》，规定以工农干部、产业工人和有组织的青壮年农民中的文盲为扫盲重点，首先在国营、公私合营厂矿企业中全面推进"速成识字法"，私营企业在民主改革补课结束后也应大力推进，职工教育以产业工人为重点。

（六）各类干部学校的创立和干部教育事业的开展

解放初期，中共皖北、皖南各级组织和各级人民政府把提高工农干部的文化水平作为教育工作的战略任务。安徽老解放区原有干部学校 7 所，主要有豫皖苏建国学院、江淮公学和安徽公学，以培养、培训各类干部为主要任务。1945 年至 1949 年 4 月，在皖北、皖南解放过程中，中共安徽各级机构又分别创办了一些干部学校——华东大学皖北分校、皖南革命干部学校和安徽省干部文化学校。1950 年，中共皖北区委提出"创办人民大学、工农速成中学，培养建设人才"的口号，试办工农速成中学班，学员毕业后回原机关工作或由政府另行分配工作。1952 年，合肥、芜湖分别开办工农速成中学各 1 所。嗣后，安徽大学、淮南工业专科学校也曾附设工农速成中学班，学制 3 年，相当于普

通中学的学业水平。解放初期的干部教育,迅速提高了工农干部的政治理论水平和文化水平,为完成恢复时期的各项任务奠定了组织基础。

经过3年的国民经济恢复,安徽全省各级各类教育事业有了较大发展。到1952年底,全省共有高等学校3所、在校学生2621人,中等专业学校78所、学生2万多人、普通中学147所、学生7万余人,小学2300多所、学生19万多人;全省各级各类学校在校学生总数近27万人,比解放初期的1949年增长近两倍。同时还有工农群众学习文化的在学数达200万人。

三、改造旧文化,建立新文化

解放前,安徽文化园地凋敝不堪,全省没有像样的文化设施。解放后,皖北、皖南各级人民政府对良莠不齐、鱼龙混杂的旧文化进行彻底改造,同时开始了新民主主义的文化建设。

解放初期,皖北、皖南各类文化事业机构只有194个,其中电影院9个、剧团77个(全为私营及合作剧团)、剧场55个、文化馆2个、图书馆4个、新华书店47家,从业人数不到200人。① 解放后,人民解放军部队文工团和一批新的地方文工团相继建立。同时,对原国民政府时期的文化事业单位进行接管改造,并在人口集中的城镇建立起人民文化活动的机构和场所。从1949年开始,文化部门开始建立文化站、文化馆、俱乐部、图书馆等基层文化网,开展了新文化建设。

文学方面。安徽自古文人辈出,文风昌盛。解放初期的安徽当代文学是在比较薄弱的基础上起步的,因为"五四"以来崛起的皖籍作家,没有多少人留在本土,大多在京津乃至海外拓展自己的事业。而在解放区或人民解放军部队中,虽有一些人曾经或正在从事文学创作,但一时间难以形成较大气候。1950年前后,安徽当代文学创作处于起步阶段、初创阶段。初创时期的主要任务是建立相应的专业组织和团体,发现人才、延揽和培育人才,为随后的安徽文学创作奠定基

---

① 安徽省地方志编纂委员会编:《安徽省志·文化艺术志》,方志出版社1999年版,第973页。

础。1949 年底至 1950 年 9 月,皖北、皖南区文联筹委会先后建立,抽调创作人员创办文艺刊物,改变了解放前无专业创作队伍、无专业文学刊物、无文学社团组织的局面,文学事业得到发展。1952 年,皖北文联筹委会主办的《安徽文艺》(后改为《江淮文学》、《安徽文学》)创刊。

戏曲方面。安徽地方戏历史悠久,种类繁多,发源于安徽的徽剧艺术在中国戏剧史上占有重要地位。清乾隆五十年(1786),四大徽班进京,影响极大,成为近代京剧艺术的主要源流。安徽地方戏较有影响的有:黄梅戏、庐剧、徽剧、泗州戏、淮北梆子、坠子剧、花鼓戏。这些剧种植根民间,有广泛的群众基础,深受群众喜爱。皖北、皖南解放时有 77 个民间戏剧班社,但旧社会艺人生活贫苦,流动不定。解放后,各级人民政府采取一系列措施,恢复、扶持戏剧艺术,抢救一些濒临灭绝的剧种,提高艺人的社会地位,改善他们的工作和生活条件,安徽戏剧出现前所未有的繁荣景象。1950 年 8 月,皖北区举办了第一届戏曲研究会,贯彻落实"推陈出新"的戏剧改革方针。1951 年 3 月,皖北行署文教处发布皖北区戏曲改进工作要点,提出"广泛团结戏曲艺人及新文艺工作者,为人民的戏曲事业服务,建立各级戏曲改进协会,审定改编传统剧目与创作新戏曲等具体措施"。1951 年 6 月,合肥的民间班社平民剧社改组,吸收了一批新文艺工作者,建立皖北地方戏实验剧场。翌年,对民间班社和大批民间艺人普遍开展"改人改戏制"的工作,废除了职业戏班老板制、养女等封建陋规。文化部门把流散在各地的戏剧班社、民间艺人集中起来,安排他们的生活,组织他们学习。合肥及一些地、市、县相继成立了庐剧、黄梅戏、泗州戏、徽剧、京剧等剧团。一些熟悉戏剧业务的新文艺工作者和有实践经验的艺人合作,对各剧种的传统剧目进行整理、改造、创新,去芜存菁,推陈出新,净化舞台。各种剧种都获得旺盛的活力,一批优秀的演员和技艺精湛的表演艺术家脱颖而出,受到人民的喜爱和尊敬。1952 年,皖北地方戏实验剧场新文艺工作者与艺人合作移植《梁山伯与祝英台》,在合肥演出 81 场,引起广泛影响。11 月,安徽省文化局组织安庆民众、胜利两剧场的民间演出班社演员成立地方戏观摩演出团赴上海演

出黄梅戏。这次演出,有经过整理的传统小戏《打猪草》、《夫妻观灯》、《路遇》;还有一些新剧目,受到热烈欢迎。上海报刊纷纷发表文章,对演员严凤英、王少舫的表演评价很高,电台不断播放他俩的录音,唱片厂将他俩的唱腔灌成唱片,轰动一时。随后,华东地区人民解放军部队文工团和一些地方文艺表演团体分批派人到安庆学习,黄梅戏从此开始广为流传。[①] 此次表演的泗州戏也受到上海观众的欢迎。在上海演出的成功,推动了安徽戏曲事业的进一步发展,随后成立了专门机构对安徽戏曲剧种进行深入调研,又选调从事文学、戏剧、音乐、美术专业的文艺工作者参加地方戏的改革。1953 年,安徽省黄梅戏剧团成立,集中了严凤英、王少舫等一大批优秀演员。

电影放映方面。解放初期,皖北、皖南只有 9 家简陋的私营电影院。1951 年,在南京、无锡培训的两批电影放映人员回来后,组建起皖北、皖南第一支国营电影放映队。翌年,省放映队下分 12 个小队,在全省各地农村免费巡回放映。电影队的活动,对于配合当时的中心任务,宣传中国共产党和人民政府的政策,丰富群众的文化生活,起到了积极作用。

其他文艺形式如音乐、舞蹈、杂技等,在解放初期都得到了振兴和发展。

群众文化方面。1949 年,合肥、芜湖解放时,人民群众纷纷上街游行,表演腰鼓、秧歌,进行庆祝。解放后,皖北、皖南群众文化组织发展很快。1951 年 10 月,皖北、皖南已建立业余剧团 2000 多个。1952 年 8 月,安徽省人民政府成立,皖北、皖南文教处合并,成立安徽省文化局。翌年 7 月,开始组建全省群众文化网,并组织文化干部先后赴肥西、巢县协助建网工作,随后全省县、区、乡村三级文化网形成。群众文化组织的建立和健全,推动了群众文化活动的开展。解放初期,群众文化活动突出的是文化宣传,其形式主要有讲演、讲座、黑板报、宣传橱窗、大幅宣传画、土广播等,合肥、蚌埠还有有线广播。此外,普遍采用的还有小型展览、幻灯和文艺演出等文艺形式,收效也很好。

---

① 安徽省地方志编纂委员会编:《安徽省志·文化艺术志》,方志出版社 1999 年版,第 131 页。

六安县文化馆站配合土地改革、抗美援朝、"三反"、"五反"、镇压反革命运动,利用礼堂、会场、展览室、橱窗、画廊、街头、村头等场所,举办专题或综合性的小型展览,直观形象,群众乐于接受。反响大的还有公安局、法院举办的治安展览,展品有查获犯罪分子的枪支、毒品、假证件、反动道会门的符号等实物,因为社会治安关系千家万户,所以参观者众多,反响强烈。幻灯被群众誉为"土电影"。幻灯片内容多为时事新闻、农业基础知识等。1952 年,安徽省文化局专门成立幻灯厂,为基层制作幻灯片和机具,各地文化馆站都配有幻灯机。巢县开始由文化站干部带机子下乡放映,后由群众自己组织放映。全县共有幻灯机 49 部,一般集镇都能够看到幻灯。解放初期,城乡业余剧团的戏剧演出很活跃,演出寓教于乐,适应群众的观赏要求,农民特别喜欢自己的庄户小剧团。1950 年,合肥市文化馆直接掌握了 3 个业余剧团,此外,还辅导工厂、街道、学校建立起 35 个业余剧团。上演的节目除少量古装戏外,主要是反映各个时期中心任务的现代戏曲。如配合抗美援朝运动演出的《美帝暴行史》、《打倒侵略者》,宣传婚姻法的《婆媳之间》、《美满姻缘》等。现代戏曲的上演,还促进了业余现代戏的创作。新的社会带来了人民群众新的思想风貌,人们都喜欢唱歌,用歌声来表达自己的喜悦心情,皖北、皖南城乡都流行传唱革命歌曲,如《东方红》、《没有共产党就没有新中国》等。许多工厂、农村、机关、学校都成立有歌咏队,逢会必相互拉歌,自发形成了厂与厂、村与村唱歌比赛。合肥三十头村与邻村之间的赛歌会通宵达旦,不唱重复歌曲。1952 年,蚌埠市已建立合唱团 73 个,学唱《黄河大合唱》、《咱们工人有力量》等 70 多首歌,市文化馆还利用有线广播定期教唱。随着工厂、农村扫盲的深入开展,识字的人多了,许多人自己拿起笔来从事诗歌和歌词创作。舒城县枫香村有唱山歌的传统,解放初期,在全县歌咏活动的影响下,建立了山歌联唱小组,采取"旧瓶装新酒"的办法,选用老曲调,填上新歌词,自编自唱,发展了山歌创作,也培养了农民歌手和歌词作者。贵池农民歌手姜秀珍、肥东农民歌手殷光兰等,开始崭露头角。

第九章

抗美援朝运动

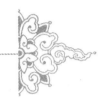

$19$50 年 10 月,抗美援朝战争开始后,在中共中央和中央人民政府的统一领导下,中共皖北、皖南区委号召全区各阶层人民积极行动起来,参加抗美援朝、保家卫国运动。1950 年 10 月 26 日,中国人民保卫世界和平反对美国侵略委员会①成立。中共中央发出《关于时事宣传的指示》,要求全国各地广泛、深入地进行抗美援朝的宣传教育。皖北、皖南区积极响应,分别成立了分会,有组织、有计划地在工厂、农村、部队、机关、学校、商店及宗教界开展时事宣传和学习活动,通过宣传教育,使人民群众认清抗美援朝的重大意义,树立抗美援朝必胜的信心。随着宣传学习运动的深入,皖北、皖南掀起了支援中国人民志愿军赴朝作战的热潮,形成了以时事宣传,制订爱国公约,捐助飞机、大炮,增产节约等为主要内容的抗美援朝运动。

---

① 从 1951 年 3 月 14 日起,该会简称"中国人民抗美援朝总会"。

第一节　爱国主义宣传动员

一、开展时事宣传运动

1950 年 11 月 4 日,中国共产党和各民主党派联合发表宣言:"誓以全力拥护全国人民的正义要求,拥护全国人民在志愿的基础上为着抗美援朝、保家卫国的神圣任务而奋斗。"11 月 22 日,中国人民保卫世界和平反对美国侵略委员会发出通告,要求各地向人民群众进行宣传教育,以普及抗美援朝、保家卫国的时事政治教育,推广仇视、鄙视和蔑视美国侵略者的运动,把群众的爱国热情正确引导到实际工作中去;同时要求各大行政区、省市区应立即成立中国人民保卫世界和平反对美国侵略委员会分会(以下简称抗美援朝分会),以更有效地开展抗美援朝、保家卫国行动。当月,皖北、皖南区相继成立抗美援朝分会。

12 月 3 日,中共皖北区委发出《关于大力开展时事宣传运动的指示》之后,各地先后成立市、县、区抗美援朝分会,积极作出响应部署。1951 年 1 月之前,时事宣传工作主要集中在县以上城镇和部分农村。经过组织动员,蚌埠、合肥、安庆等较大城市及淮南矿区,初则形成了抗美援朝、保家卫国的宣传热潮,继则转入轰轰烈烈的抗美援朝的爱国实际行动当中。淮南矿区、工厂掀起了爱国主义生产竞赛,全区近7000 名青年报名投考军事学校,工商界、教育界、学生界纷纷举行了反美爱国游行和制订爱国公约,教会学校和宗教界开展了反美控诉运动和宗教革新的"三自"运动。

1951 年初,中共皖北区各级组织和青年团协助文教部门,利用寒假组织学生,实施多种形式的时事宣传。对城市中等以上学校学生进行时事宣传和土地改革的教育,使他们对抗美援朝运动有比较系统地了解,对家乡正在进行的土地改革运动有比较正确的态度,同时,向学

生提供由区委宣传部编印的时事宣传讲话材料,发动党、团员学生集体报名投考军校。对报考军校未被录取的学生和贫苦学生,鼓励他们订出爱国宣传公约或计划,在寒假期间深入农村,在县、区、乡政府统一领导下,协助干部进行宣传。在广大农村,主要是通过春节文娱活动、集体读报、漫画、地图、化装流动宣传等形式,向农民群众广泛宣传抗美援朝、保家卫国运动。另外,还在春节期间结合拥军优属工作,集中组织群众举行军民大会、联欢会,加强军民关系,将拥军优属作为抗美援朝实际行动的重要组成部分。

1951年4月开始,皖北区各城市的抗美援朝、保家卫国时事宣传运动转入经常化,各城市的工厂、学校、机关、街道都有计划有步骤地按照上级指示,制定了时事宣传提纲,组织了自己的宣传队伍,时事宣传的成果得到巩固和发展。工厂企业的爱国主义生产竞赛轰轰烈烈地开展起来了。工商界认真执行爱国公约、踊跃纳税、反对投机。宗教界在召开合肥、蚌埠、阜阳等地基督教徒抗美援朝与宗教革新座谈会后,又以专区为单位召开座谈会,控诉美帝国主义的侵略罪行,用签名的形式来声援抗美援朝运动。学校师生利用寒假期间进行了各种形式的抗美援朝宣传工作。妇女界、医学界也结合自身特点,以实际行动,参与抗美援朝运动。

1951年11月以后,皖北区的抗美援朝、保家卫国时事宣传向纵深方向发展。中共皖北各级党委要求农村各级干部,按照中共中央提出的把抗美援朝运动提高到"当前全党和全国人民的重大政治任务"的高度来认识,组织各级干部、土地改革工作队、生产自救工作队与治淮工作队队员、党团员、农民代表和乡村教师到农村去,通过各种形式向广大农民进行宣传,把运动从城市推向农村。农村正在进行土地改革,结合土地改革的各种会议、土地改革夜校以及其他各种场合,广泛进行抗美援朝的时事宣传,在宣传内容上把反封建和反美侵略密切结合起来,把保卫土地改革胜利成果和响应祖国号召、参加抗美援朝结合起来,通过及时传播朝鲜前线胜利消息进一步激发广大群众的爱国热情。在开展生产自救的沿淮地区,通过诉灾苦、追灾根,引导群众仇视支持蒋匪造成灾根的美帝国主义,以人民政府大力领导灾民生产救灾、根治淮河的事实来激发人民群众对祖国的热爱；以志愿军在朝鲜战场打败美帝侵略的战例来激发和提高群众的民族自尊心与自豪感，从而在各条战线广泛开展夺旗竞赛与立功运动。

和皖北一样，皖南区人民在中共皖南区委统一领导下，抗美援朝运动开展得轰轰烈烈。从 1950 年 11 月到 1952 年期间，大致分为两个阶段：第一阶段从 1950 年 11 月至 1951 年 4 月上旬，以时事宣传为主，对人民群众开展抗美援朝爱国主义教育；第二阶段从 1951 年 4 月下旬起，在人民群众政治觉悟和爱国热情高涨的基础上，有领导、有步骤地开展了订立爱国公约、捐献飞机大炮和增产节约三大运动。

1950 年 11 月 19 日，中国人民保卫世界和平反对美国侵略委员会皖南分会召开首次常委会议，① 会议讨论了开展抗美援朝、保家卫国运动的宣传与方针。中共皖南区各级组织又从各地机关中抽调大批干部下乡，与当地干部和土地改革工作队结合起来，把时事宣传运动由城市推向农村，基本普及了抗美援朝、保家卫国的宣传教育运动。

1951 年 4 月 9 日，中共皖南区委抽调区级机关干部及党校学员 400 多人组成工作组，分别到各县检查时事宣传运动开展情况。徽州、池州、宣城 3 个专区以及各县相继于 1951 年 4 月中旬召开干部大会，制订扩大时事宣传的计划。中共宣城地委在 4 月 14 日发布关于深入普及抗美援朝运动的计划，并抽调 140 名干部组成了 17 个工作小组，分别到宣城、郎溪、泾县、广德 4 县，动员人民群众进一步开展抗美援朝运动。4 月 20 日前，宣城、郎溪、泾县、广德都分别召开了宣传动员大会或代表会，向人民群众进一步宣传抗美援朝运动。在中共皖南区委的部署和推动之下，皖南各县抗美援朝分会纷纷成立，并召开抗美援朝代表会议。据不完全统计，到 1952 年，皖南全区各阶层人民举行游行示威大会 52 次，参加者 39 万人次。据宣城县统计，全县 228 个村庄中有 219 个村庄进行过抗美援朝宣传活动。宣城县土山村在短短的半年里，有 2833 人接受 5～6 次抗美援朝爱国主义教育，占全村人口的 67%。

---

① 1950 年 11 月 20 日《皖南日报》。

在整个抗美援朝运动中，皖北、皖南两区的抗美援朝分会及其他社会团体以多种形式开展宣传动员活动，使两区广大人民群众对抗美援朝的目的、意义有了深刻的认识，从而大大激发了两区人民的爱国热情，他们和全国人民一样，纷纷以实际行动支援抗美援朝，为抗美援朝的最后胜利奠定了基础。

二、时事宣传运动的特点

皖北、皖南两区开展抗美援朝运动的时事宣传工作的做法与步骤与全国各地大体一致，但也有自己的特点，其特点主要表现在三方面。

其一，在组织领导方面。为使抗美援朝运动更加有序、顺利地开展，在中共中央统一部署下，各级抗美援朝分会相继成立。1950 年 11 月，皖北区、皖南区抗美援朝分会分别成立，两区各市、县也纷纷成立抗美援朝分会。有些地方甚至成立村一级的抗美援朝分会。这些分会的成立，为皖北、皖南两区的抗美援朝运动提供了组织领导保障。

其二，在宣传形式方面。抗美援朝运动开始后，皖北、皖南两区根据抗美援朝运动的发展形势和需要，多次组织大规模的游行示威及签名活动。其中，规模较大的有：1950 年 11 月 5 日，合肥市开展了全市规模的抗美援朝、保家卫国群众游行；1950 年 11 月，宿州全城开展和平签名活动，有 4.95 万人签名；1950 年 12 月 26 日，蚌埠市举行了 1 万余人参加的抗美援朝示威大游行；1950 年 12 月，南陵县城乡 20 万人在《和平宣言》上签名；1951 年 4 月 25 日，合肥市 40 个工商行业的 3000 多人举行集体纳税游行；1951 年 6 月 30 日，合肥市各界 7 万人隆重集会，热烈欢迎中国人民志愿军归国代表来肥作报告。特别值得一提的是，1951 年上半年开展的反对美国重新武装日本的和平签名活动以及"五一"国际劳动节期间开展的全省范围的反美示威大游行，两项活动参加人数之众、代表范围之广、场面之热烈，都是空前的。

1951 年初，美国出于自身战略利益的考虑，联合英国等西方国家企图单方面与日本媾和，旨在重新武装日本。1951 年 2 月 2 日，中共中央发出《关于进一步开展抗美援朝爱国运动的指示》，提出抗美援朝爱国运动应以发起订立爱国公约、慰劳中国人民志愿军和朝鲜人民军、争取全面的公正的对日和约为中心。根据这一指示,皖北、皖南区在 2 月至 6 月期间展开了大规模反对美国重新武装日本的和平签名活动,同时为响应中华全国总工会 3 月 8 日发出的《关于进一步开展抗美援朝爱国教育、准备今年"五一"全国大示威的指示》,在皖北、皖南筹备组织大规模游行示威活动。1951 年 3 月中旬,合肥、蚌埠等市召开了抗美援朝代表会,号召人民起来反对"美帝武装日本"的罪恶行径。各地运用各种形式,组织群众召开对美、日、蒋罪行的控诉大会,订立爱国公约,举行签名活动,教唱抗美援朝歌曲,举办抗美援朝展览会等。据统计,到 4 月 21 日止,合肥市有 6.8 万人参加签名,占市区人口总数的 95%。

　　1951 年 5 月 1 日,空前热烈的"五一"示威游行在皖北、皖南区各地举行。参加游行的人们群情激昂,场面壮观。皖北区参加游行的人数达 1401 万人。当天肥东全县城乡 30 多万人游行示威,反对美国武装日本、侵略朝鲜;霍邱全县 34.8 万人集会游行,33.5 万人参加保卫世界和平签名活动;肥西全县有 49 万人参加"五一"游行示威,反对美国重新武装日本;郎溪县抗美援朝分会组织全县 8 个区的群众,分 11 处举行反美爱国示威游行,有 7.75 万人参加和平签名活动;太湖全县开展控诉美国帝国主义罪行的活动,有 19.5 万人参加游行示威,19.28 万人参加和平签名活动。据统计,到 1951 年 5 月 10 日,皖北区已有 1380 万人签名拥护缔结世界和平公约,反对美国武装日本;皖南区至 5 月 8 日已有 265 万人签名。①

　　其三,在时间安排方面。皖北、皖南两区开展的时事宣传运动大致可分为两个高潮段。从抗美援朝战争爆发至 1950 年 12 月 7 日平壤解放,构成皖北、皖南区抗美援朝运动的第一高潮。运动的重点是在城市,这一时期的主要内容为:开展控诉美帝国主义暴行运动;教会学校开展反侮辱、反诽谤斗争;青年学生和工人报名参加军事学校;工商界、大学教授和宗教界参加游行示威、集会控诉和订立爱国公约;工人开展爱国生产竞赛,农民积极参加土地改革。第二次高潮在 1951

---

　　①　候永、欧远方主编:《当代安徽纪年》,当代中国出版社 1992 年版,第 31 页。

年3月。这一时期的主要内容包括:以反对美国重新武装日本为中心口号的游行示威和集会控诉运动;开展慰问中朝两国军队战士和救济朝鲜难民的活动;开展订立爱国公约运动;广大农民踊跃报名参军;工人继续掀起爱国生产竞赛热潮,农民积极完成征粮任务,学生在努力学习的同时着重进行爱国主义教育;工商界方面展开反投机、反拖欠、反瞒报、按章纳税的活动;宗教界也举行游行示威,并大力开展"三自"运动。

时事宣传运动的开展,大大激发了前方中国人民志愿军战士抗美援朝、保家卫国的斗志,更动员起人民群众的爱国主义热情。时事宣传运动的开展,还使皖北、皖南区广大人民的思想发生巨大变化。"美国鬼子"成为"坏蛋"的代名词,谁也不说美国好了;"不受二遍罪"成为遍及城乡的口号;"爱祖国"、"反美帝"已成为社会共识。在机关、工厂、农村,如果谁的工作做不好,旁边就会有人批评道:"你抗美援朝是怎样抗的?"这也可以看出,抗美援朝运动已经普遍开展起来,并深入人心,深入社会的方方面面。

第二节 用行动体现爱国热忱

一、订立爱国公约

1951年2月2日,中共中央发出《关于进一步开展抗美援朝爱国运动的指示》,号召广大人民订立爱国公约。皖北、皖南人民立即响应,开展了全民性的订立爱国公约的运动。

中共皖北、皖南区委对订立爱国公约运动十分重视,分别多次召开会议进行讨论、部署,并将订立爱国公约与正在开展的土地改革、生产救灾、重建经济秩序等重大任务联系起来,将订立爱国公约作为抗美援朝、保家卫国运动的重要组成部分,以充分激发广大人民群众的爱国热忱。在具体如何开展订立爱国公约方面,中共皖南区委提出:

"爱国公约要求城乡各界人民及机关干部普遍制定。但必须是在做好宣传教育工作的基础上,经过群众充分酝酿,自下向上实事求是地制订的切实可行的公约。此项爱国公约不订则已,一旦制定,必须保证贯彻到底。""所有爱国公约的订立,必须是真正经过思考成熟,要真正在抗美援朝爱国主义政治觉悟基础上,由群众自觉自愿的订立,绝对不要形式主义,同时也不要条件提得太高,不要太复杂,不要脱离现实。"①中共皖北区委也提出:"订立爱国公约,应分共同性与具体性的两种,前者是保证具体性的实现,后者则是充实共同性的内容,二者必须互相结合。"②

按照统一的规定,订立的爱国公约主要包含两个方面的内容。一个方面是共同性的内容,包括订立人表达对中国共产党、人民政府和毛泽东的热爱,对中国人民志愿军抗美援朝的支持等;另一个方面是订立人结合自身的岗位、工作等具体情况,从自身政治水平、能力和努力目标出发,订立较为可行的内容。如,工人在订立爱国公约时提出:"祖国需要什么,我们就生产什么,前后方一致行动起来,就能打败美国鬼子!"学生在爱国公约上写道:"学好本领,锻炼身体,随时响应祖国号召";农民在订立爱国公约时"保证加紧生产,多打粮食,支援前线";医药界在订立爱国公约时强调"做好卫生工作,保证人民身体健康";工商界订立爱国公约的主要内容是"拥护人民政府的政策法令,遵纪守法,增产节约,踊跃纳税,买卖公平"等。

由于前一段时间广泛开展的抗美援朝时事宣传运动深入人心,广大人民群众的爱国热情空前高涨,订立爱国公约的运动很快在皖北、皖南的各个城市、乡村、机关、工厂、学校、商店铺开。与开展和平签名活动不同,爱国公约并没有采取大规模集中订立的形式,而是由人民政府号召,各舆论机构大力宣传,人民群众自发地开展起来。《皖北日报》、《皖南日报》每天都用一部分版面宣传报道各地订立爱国公约的

①　中共安徽省委办公厅、中共安徽省委党史工委、安徽省档案馆编:《中共皖北皖南区委文件选编》(1949—1951)[皖非正式出版字(93)第50号],第407、408、414页。

②　中共安徽省委办公厅、中共安徽省委党史工委、安徽省档案馆编:《中共皖北皖南区委文件选编》(1949—1951)[皖非正式出版字(93)第50号],第154页。

事例,再将这些事例一个个地汇总,大张旗鼓地宣传人民群众的爱国热情,在社会上造成以人人订立爱国公约为荣的氛围。一时间,订立爱国公约运动如火如荼,涌现出许多感人的事迹。宣城县土山村农民订立爱国公约后,很快修好42个土坝、挖完36条水渠,使8420亩水田免遭旱灾;秋收后,他们按照爱国公约上的承诺,在4天内就缴公粮40660斤,超过原订数的27%。蒙城县冷涧乡治淮民工侯兴民班订立7条爱国公约后,把挖土方量从每天2.6立方米提高到6.5立方米,成为治淮工地上的先锋班。霍邱县杜母乡妇女主任丁其兰,儿子是人民志愿军战士,她自己在55天的春修水利时间内,3次到治淮工地上慰问本乡民工,来回路程达70余里。她还率领妇女姐妹用5天时间,把各家民工的高粱地全部播种完毕,民工们十分感动,当夜就订立了10条治淮爱国公约。①

据不完全统计,到1951年9月初,皖南区已有7372个工厂、学校、机关团体、村庄和街道订立了爱国公约,参加订立的人数占全区总人口的一半以上。皖北区参加订立爱国公约的人数更是超过总人口数的60%以上。

二、捐献飞机大炮与增产节约运动

在广大人民群众积极订立爱国公约的同时,还开展了全民捐款捐物、增产节约的运动。这项运动也是抗美援朝运动的重要组成部分,在中国人民志愿军入朝作战时就已经开始了。皖北、皖南人民在各级党组织和人民政府领导下,本着自愿的原则,积极捐款捐物,开展"一信一袋"(给中国人民志愿军写一封慰问信、送一袋慰问品)活动。据统计,抗美援朝运动初期,在"一切为了前方、为了前方一切","有钱出钱、有力出力"等宣传口号鼓舞下,到1951年5月,皖北区各界人民捐献现金7.2亿元②,写慰问信3.6万封、寄慰问品4万余件;到同年3月底,皖南各界人民捐献现金10.2亿多元,寄出的慰问信、慰问品、书

---

① 1951年4月17日《皖北日报》第三版;1951年4月23日《皖南日报》第三版等。
② 为便于读者直观地理解当时的货币情况,本节中的人民币全部为旧人民币。

刊、文具等达数万件。

为更加深入地开展抗美援朝运动，1951 年 6 月 1 日，中国人民抗美援朝总会向全国人民发出《关于推行爱国公约、捐献飞机大炮和优待烈属军属的号召》（时称"六一号召"），提出在全国普遍开展订立爱国公约运动的同时，更深入持久地开展捐献款物和增产节约运动，以支援中国人民志愿军入朝作战。"六一号召"发出后，皖北、皖南人民把捐献款物和增产节约运动推向一个新的高潮。社会各界和各民主党派、人民团体纷纷发表书面声明，号召所属各单位和个人立即行动起来，结合订立爱国公约运动，增加捐款捐物、增产节约、支援前线的内容。到 1951 年底，皖北、皖南的所有工厂、商店、街道，农业互助组、生产组及家庭，普遍订立了单位、个人的增产增收、节约开支、捐款捐物的计划，并付诸实施。

为更加形象、直接地让人民群众了解捐献和增产节约运动对支持人民志愿军前线作战的作用，中国人民抗美援朝总会把捐献运动通俗地称为捐献飞机大炮运动。当时，一架飞机价值 15 亿元，一门大炮价值 9 亿元，一辆坦克价值 25 亿元。① 于是，皖北、皖南的人民在捐献时就订立具体目标：捐一架飞机，捐一门大炮或捐一支枪，等等。往往是几个单位、几个行业、一个县、一个城市，把捐款集中起来，上交国家。用这些捐款购买的飞机，可以由捐款人命名。芜湖市工商业主翟本槐在动员儿子参加中国人民志愿军后，带头捐款 5000 万元，芜湖工商界在他的带动下，纷纷捐款，仅用两天时间就筹集购买两架飞机的现金 32 亿元，并将飞机命名为"芜工商 1 号"、"芜工商 2 号"。蚌埠市工商界在很短时间内筹得捐款 45 亿元，安庆、合肥工商界各捐献 15.4 亿元，屯溪市工商界捐献 13 亿元。② 广大的农民、工人、学生虽然很贫困，也纷纷捐款。当涂县有些农民每天只吃两顿稀饭，把节衣缩食省下的钱捐献出来。芜湖铁工厂的工人和学徒每月工资除留下吃饭钱外全部捐出。界首县老中医刘慎卿毅然捐出传家珍宝、重达 48 两的

---

① 有林等主编：《中华人民共和国国史通鉴》（第一卷），红旗出版社 1993 年版，第 191 页。

② 安徽省地方志编纂委员会编：《安徽省志·群众团体志》，方志出版社 1999 年版，第 474 页。

金元宝 1 枚,被同行誉为"医学界的开明人士"。皖北区工人发起捐献"皖北工人号"飞机的活动。皖南区少年儿童从节省零用钱,节省 1 张纸、1 支笔做起,开展捐献"皖南少年儿童号"飞机的活动。含山县妇联会发动全县妇女为"含山号大炮"捐款 1981.9 万元。歙县妇女捐献"歙县妇女号飞机"1 架,并在县城妇女中发起每人捐献 1 颗子弹活动。皖北、皖南捐献运动高潮迭起,事迹频传,"一切为了前方"的号召已经化为人民群众的实际行动,有力地支援了人民志愿军在朝鲜前线的作战。

据统计,截至 1951 年 10 月底,皖北人民共捐款 995.7 亿元,这些捐款可购买飞机 54 架、大炮 13 门、高射炮 2 门、坦克 5 辆。[1] 截至同年 11 月,皖南人民共捐款 222.8 亿元。到 1951 年底皖北、皖南两区人民共计捐款 1402 亿多元。

增产节约全称是增加生产、厉行节约。增产节约运动从 1950 年 10 月中国人民志愿军入朝作战后就已经开始。1951 年"六一号召"发出后,增产节约运动在皖北、皖南的工厂、商店、医院、乡村等生产经营单位普遍开展起来。1951 年 10 月,毛泽东在中国人民政治协商会议第三次全体会议上向全国人民发出号召:"增加生产,厉行节约,以支持中国人民志愿军。"[2]由此,全国范围的、规模巨大的增产节约运动进入新的高潮。

皖北、皖南各行业开展增产节约运动的形式不尽相同,但实质都是开展劳动竞赛、提高生产量、节约生产成本。1951 年 1 月 20 日,皖南区总工会筹备委员会发出《关于响应齐齐哈尔第二机床厂马恒昌小组的挑战告全区工人书》,号召全区工人"以工厂当战场,机器当刀枪",积极投入爱国主义劳动竞赛,增加生产,厉行节约,支援抗美援朝运动。皖南区有 300 多个生产小组开展了竞赛,160 个小组向马恒昌小组应战;皖北区也有 1109 个小组向马恒昌小组发出应战书。竞赛中,芜湖汽车保养厂提前 3 天完成 4 辆客车的装配任务;芜湖新华印

① 侯永、欧远方主编:《当代安徽纪年》,当代中国出版社 1992 年版,第 36 页。
② 房维中主编:《中华人民共和国经济大事记》(1949—1980),中国社会科学出版社 1984 年版(内部发行),第 57 页。

刷厂劳动模范李怀喜改装工具提高了工效；淮南九龙岗二分矿 5 个小组在向马恒昌小组应战后，努力增产节约，扫拣遗煤 2615 吨。[①] 芜湖人民医院职工采取延长 X 光透视时间以增加就诊病人、合并员工宿舍以增加病房的办法，来增加医院收入，并将这些工作以外时间获得的收入捐献出来。芜湖弋矶山医院职工在已经捐献 3000 万元的情况下，还向全国医务工作者发出共同捐献"白衣战士号"飞机的倡议。安庆市铁工厂工人组织劳动竞赛，把卷板机效率提高了 60 倍；通过改进化铁技术，把翻砂时间缩短 59 个工时；又将煤炭利用率提高近 20 倍，取得明显的增产节约效果。芜湖明远电厂职工每月捐出 1 天加班工资，又捐出生产节约资金 88 万元。屯溪市搬运工人将工余时间从事修路所得捐出一半。皖南农业劳动模范罗光明带领 33 个互助组的农民，将利用农闲时间打柴所得收入 306 万元全数捐献。蚌埠市的一些家庭妇女在市妇联的组织领导下，在赴朝鲜的中国人民志愿军路过蚌埠时，送去慰问袋 1700 多个，赠图书 2300 册，拆洗衣服 5800 件。[②]

1952 年，安徽全省继续开展抗美援朝运动，增产节约和捐款捐物持续开展。到年底，全省人民共计捐款 1516 亿元，寄送慰问品 18.4 万件、慰问袋 16.8 万个、慰问信 15.4 万封。

第三节　参军报国

一、城乡青年踊跃参军

1950 年 10 月，中国人民志愿军赴朝作战，新中国开展了轰轰烈烈的抗美援朝、保家卫国运动。在皖北、皖南城乡各地，人民群众纷纷以各种方式参加到抗美援朝运动中去，其中，尤以青年学生、工人、农民

① 安徽省地方志编纂委员会编：《安徽省志·群众团体志》，方志出版社 1999 年版，第 80 页。
② 安徽省地方志编纂委员会编：《安徽省志·群众团体志》，方志出版社 1999 年版，第 396 页。

报名参军最为踊跃。

抗美援朝运动期间，皖北、皖南青年报名参军过程大致分为两个阶段。第一阶段是从 1950 年 11 月至 1951 年春季，主要是城市中的青年工人、学生纷纷报考人民解放军的各种军事学校，并准备随时奔赴朝鲜前线；第二阶段是 1951 年春季以后，广大农村青年踊跃报名参加志愿军，掀起参军的高潮。

抗美援朝运动刚刚开始的 1950 年 11 月，皖北、皖南各地的青年干部首先积极带头报名参加中国人民志愿军，以自己的实际行动影响和教育青年学生。同时，中国新民主主义青年团皖北、皖南区工作委员会响应中共皖北、皖南区委和行署的号召，动员团员青年报名参军参战，动员青年学生参加军事干部学校。1950 年，皖北、皖南两区就有 1.22 万名学生报名参加军事干校，占两区青年学生（指适龄参军的学生）数的 90% 以上。在 1950 年 11 月，皖北区青年、学生报名参军的有 700 多人，12 月，又有更多的青年、学生报名参军，在最终被录取参军的 1033 名学生中，青年团员占 54.4%。合肥市报名参军的学生 95% 是青年团员。肥西县在半个月内有 2400 多名青年报名参军。安庆市青年学生积极响应号召，纷纷报考军事干校，全市原计划招收 120 名学生，但在招生委员会成立前，各中学和安徽大学就自己成立预招生小队，报名人数达 618 人，大大超过招收人数。安徽大学森林系学生陈将干咬破手指，血书"坚决报名"4 个字，报考军事干校。安徽大学的老教师也积极支持自己的学生报考军事干校。在皖南区，据统计，从 1950 年 11 月至 1951 年 4 月，有 4300 多名学生报考军事干校，占全区学生总数的三分之一以上。皖北区仅在 1951 年 1 月的 1 个月内，就有近 7000 名学生报考军事干校。

皖北、皖南农村的广大青年农民将直接报名参军参加抗美援朝看做是莫大的光荣。从 1950 年冬到 1951 年春，皖南区正在进行土地改革，分得土地的农民十分拥护中国共产党，响应人民政府的号召，广大青年农民纷纷踊跃报名，形成了报名参军的第二个高潮。由于农村青年大多没有上学、识字不多，他们不能直接报考军事干校，但他们对"保卫翻身果实、保卫国防"、"人民江山人民保"、"好男当兵，军属光荣"等标语、口号感触深切，因此报名参军十分踊跃。据统计，1951年，皖北区参军入伍的人数有 78028 人，皖南区 20868 人，合计近 10 万人。其中，90% 是农村青年。①

在城乡青年报名参军、报考军事干校的高潮中，涌现了许多父母送儿、妻送夫、兄弟争先参军、女青年勇当女兵的感人的故事。据统计，颍上县在抗美援朝运动期间，父母送子参军的有 657 人。该县半岗区 63 岁的孙大娘，让儿子孙玉虎用独轮车把她推到乡政府，面求乡政府让她儿子参加志愿军，当儿子被批准参军时，孙大娘亲手为儿子戴上大红花。② 凤台县古城村 57 岁的蒋大娘有 3 个儿子，她先后将两个儿子送上前线，参加人民解放军，抗美援朝运动开始后，她又义无反顾地将第三个儿子送去参加志愿军。三兄弟并肩战斗在朝鲜前线。当地政府问蒋大娘生活上有什么要求，她回答说什么要求也没有，就是要托人转告她的 3 个儿子"快快打败那些美国鬼子，好叫天下劳苦人都过上好日子"。萧县郝庄村女青年写信动员未婚夫参军，表示等他胜利回来再结婚。颍上县何台村何新德兄弟俩，1950 年底为参加志愿军争执不休，互不相让，最后，兄弟俩商定以抽签决定，当哥哥何新德中签参军时，弟弟何树德一直送哥哥到新兵集中地，来回行程 250 多公里。霍邱县周长村、周长富俩兄弟，争着报名参军，哥哥劝弟弟说："你还年轻，留在家里好好念书。"弟弟反劝哥哥说："你结了婚，有负担，家里全靠你这唯一劳动力，你不能去。"双方谁也说服不了谁，最后由乡长出面说服了哥哥，让弟弟参军才算了结。③ 蚌埠市有 321 名女青年报考军事干校，因文化程度较低，结果只录取 24 人，来安、凤阳两县有 225 名女青年报名参加志愿军。

皖北、皖南城乡广大青年踊跃参加志愿军的举动，为家乡带来了莫大的荣誉，更体现出皖北、皖南人民保家卫国的光荣传统，高扬着新中国青年一代崇高的爱国主义精神。

① 安徽省地方志编纂委员会编：《安徽省志·军事志》，安徽人民出版社 1995 年版，第 618 页。
② 安徽省地方志编纂委员会编：《安徽省志·军事志》，安徽人民出版社 1995 年版，第 616 页。
③ 安徽省地方志编纂委员会编：《安徽省志·军事志》，安徽人民出版社 1995 年版，第 617 页。

二、志愿军中的皖籍战斗英雄

在中国人民志愿军队伍中,有许许多多的皖籍战士,他们在朝鲜前线英勇作战、奋勇杀敌,谱写了伟大的爱国主义颂歌;他们以血肉之躯抗击美帝国主义的侵略,为抗美援朝、保家卫国贡献着青春与理想。战场上涌现出了许多英雄人物,许家朋、李家发、韩德彩、苏文俊、蒋道平、毕武斌、郑长华是他们的代表人物。

许家朋,绩溪县人,1931 年出生。1950 年,他的家乡实行土地改革。他参加诉苦大会,斗争地主恶霸,表现十分积极,并因此参加民兵组织,满腔热情地完成民兵组织交给的各项任务。轮到他值勤时,总是来得早、走得迟,不论刮风下雨,始终坚守岗位。1951 年 5 月,许家朋参加人民解放军,在皖南军区警卫部队当战士。7 月,他报名加入中国人民志愿军,在志愿军某部二支队九连二班当战士,并很快随部队开赴朝鲜前线。入朝后,许家朋随部队开始了连续 20 多天的急行军,他双脚起血泡,班长问他能不能坚持? 他答道:"艰苦就是光荣,克服困难就是胜利,如果行军任务都完不成,怎么能完成今后的战斗任务?"为了练好刺杀,他顶着朝鲜冬天刺骨的寒风,脱掉棉衣苦练杀敌本领,军事技术有了很大的提高。无论是投弹还是射击,都日趋准确。1952 年 12 月,许家朋所在部队由东线转赴中线,他所在的连队负责扛木头筑城。在向前沿运木头通过敌人封锁区时,许家朋因滑倒被扭伤,排长让他休息、治疗。他说:"人家轻伤不下火线,我又没流血,怎么就不能坚持呢?"1953 年 7 月 6 日夜,正值倾盆大雨,许家朋所在部队奉命向盘踞石砚洞山的美军第七师发起攻击。作为六连突击排的一名战士,许家朋与全排战友一起担负着以最快速度攻入主峰,为后续部队开辟前进道路的任务。一阵猛烈的炮火轰击后,人民志愿军发起攻击,突击排连续突破敌军 3 道铁丝网,飞也似的向主峰挺进。在将要到达主峰时,前方敌军从暗堡内疯狂射击,压着突击排无法前进。突击排战士孙伦球奉命上前爆破,刚跨出弹坑便被击中倒下。不能迅速扑灭这个火力点,敌军将乘机组织反扑,志愿军进攻部队将遭受很大的牺牲。这时,距敌人暗堡仅 20 米的许家朋,未等排长下令,抢上前去,从孙伦球手中取过炸药包,冒着枪林弹雨向暗堡冲去。就在他距暗堡仅几步远时,敌军的一枚手榴弹扔了过来,顿时,许家朋双腿血流如注,一头栽倒。他忍着剧痛,双手抓地,艰难地爬到敌暗堡跟前,放下炸药包、拉开导火索。不料,炸药包早已被水淋湿,没有爆炸。敌人的机枪不停地扫射,把突击排压得难以抬头。为迅速抢占主峰消灭敌人,许家朋很快观察了敌军暗堡周围环境,毫不犹豫地向暗堡的机枪孔扑去。只见他双手伸进暗堡,牢牢抓住敌军的机枪,用身体堵住敌人的机枪口,敌军的火力点被扑灭。突击排迅速拿下暗堡。志愿军进攻部队冲上主峰,歼敌3500余人,赢得了这场反击战的彻底胜利。可是,许家朋却献出了他年轻而又宝贵的生命,时年22岁。战斗胜利后,人民志愿军领导机关追记许家朋特等功,并授予他"一级战斗英雄"光荣称号,追认他为中共党员、"模范青年团员"。朝鲜民主主义人民共和国最高人民会议常务委员会授予他"朝鲜民主主义人民共和国英雄"称号,同时授予他"金星奖章"和"一级国旗勋章"。绩溪县人民政府将他的家乡命名为"家朋乡",立许家朋烈士纪念碑,以示纪念。①

李家发,南陵县人,1934年出生。1951年5月,他瞒着父母到乡政府报名参加志愿军。此时,他才17岁,身材矮小、瘦弱。在他苦苦要求下,乡政府同意了他的参军请求,随部队跨过鸭绿江,踏上朝鲜前线。入朝后,李家发被编入中国人民志愿军第六十七军一九九师五团一营一连二排六班当战士。1952年,他加入中国新民主主义青年团,不久调至二排任通讯联络员。是年冬,李家发所在部队坚守于庆坡岘阵地,他的主要任务就是传递战斗命令。每天,他都要从庆坡岘的山腰到玉女峰的前沿,来回传递,其中要通过一片200多米的开阔地。美军飞机每天都要轰炸这片开阔地、以阻止志愿军的战斗联络,李家发的联络任务更加危险,但他机灵顽强,每次都及时完成任务。为此,他荣立三等功。1953年7月,李家发所在的连队承担攻夺轿岩山主峰的战斗任务。李家发火线写好入党申请书,主动要求承担突击进攻任务。7月12日黄昏,李家发和全连战士一起,借着夜幕和雨帘,通过敌

---

① 安徽省地方志编纂委员会编:《安徽省志·人物志》,方志出版社1999年版,第311—312页。

军炮火封锁区,秘密潜伏到一三三高地。夜2时整,进攻开始,李家发和战友们直插敌前沿阵地,突破了敌军第一道封锁线,并顺着山脚向一六〇高地逼进。眼看就要冲上山顶时,敌军在山腰上的一座暗堡机枪狂射,压住了李家发和全连战友。关键时刻,李家发冲上前去,用手雷炸掉了敌军两座暗堡,他也身负重伤。战友们踏着李家发经过的血地,冲上了一六〇高地。盘踞在附近一六六高地的敌军,见一六〇高地失守,急忙派兵增援,而一六〇高地暗堡内的残余敌军,又疯狂地用机枪扫射,李家发和全连战友被压制在敌军的交叉火网下。连长迅速组织爆破组,力图炸掉残余敌军的暗堡,都因敌军火力太猛而无法接近,1名班长、两名战士先后伤亡。此时,离天亮只有4个小时,如果在天亮之前拿不下轿岩山,志愿军进攻部队只能撤退。关键时刻,李家发仰天大吼、张开双臂,俯身扑向敌军暗堡的机枪眼,用他年轻的生命铺平了通往轿岩山的通道,为全连战友和志愿军进攻部队夺取战斗胜利,做出了光荣的牺牲。战斗结束后,中国人民志愿军领导机关追记李家发特等功,并授予"一级战斗英雄"光荣称号,追认他为中共党员。朝鲜民主主义人民共和国最高人民会议常务委员会授予他"朝鲜民主主义人民共和国英雄"称号,同时授予他"金星奖章"和"一级国旗勋章"。朝鲜民主主义人民共和国轿岩山地区人民将李家发牺牲地附近的一条街命名为"家发街"。南陵县人民政府将他的家乡改名为"家发乡",立李家发烈士纪念碑,以示纪念。①

韩德彩,凤阳县人,1933年出生。1949年参加人民解放军,1951年从人民解放军空军学校毕业。1952年参加抗美援朝,任志愿军空军飞行员、飞行中队长。抗美援朝期间,他驾驶战斗机,起飞上百架次,执行飞行战斗任务,共击落敌机5架,其中有美军"双料王牌"飞行员驾驶的F-86型飞机,被中国人民志愿军领导机关授予"二级战斗英雄"称号。②

上述3位英雄是许多战斗在朝鲜前线志愿军皖籍战士、指挥员中

---

① 安徽省地方志编纂委员会编:《安徽省志·人物志》,方志出版社1999年版,第511—512页。
② 安徽省地方志编纂委员会编:《安徽省志·人物志》,方志出版社1999年版,第676页。

的杰出代表。据统计,共有 4151 名安徽籍志愿军官兵牺牲在朝鲜战场,有 26 名志愿军官兵获"朝鲜民主主义人民共和国英雄"称号和"中国人民志愿军一级英雄"、"二级英雄"、"二级模范"以及"特等功臣"称号。[①] 抗美援朝战争结束后,许多皖籍志愿军战士回国转业到地方工作,为新中国的建设继续做出新的贡献。所有志愿军皖籍战士、指挥员的事迹,都彰显出安徽人民是有着光荣传统的人民,安徽这块土地是有着光荣传统的土地。

---

① 周平:《抗美援朝中的皖籍战斗英雄》,《党史纵览》2010 年第 9 期,第 23 页。

第十章

恢复安徽省建制

19₅₁ 年,中央人民政府从安徽历史和统一行政区划的实际考虑,决定恢复安徽省建制。同年 12 月,皖北、皖南行署在合肥合署办公,迈出了恢复安徽省建制的第一步。1952 年 8 月 25 日,安徽省人民政府正式成立,安徽省制恢复。从此,安徽省行政区划再无大的变更,一直延续至今。安徽省制的恢复,为从 1953 年开始的社会主义建设打下了牢固的基础。

第一节　三年恢复时期经济社会的变化

一、经济社会的恢复与增长

1949 年,是安徽人民值得永远记忆的一年,安徽皖北、皖南先后解放,历史翻开了崭新的一页。

但是,新安徽接收的是旧安徽千疮百孔的烂摊子。就农业而言,1949 年,安徽粮食总产量 639.2 万吨,仅为 1936 年的 54.4%;棉花产量 1.74 万吨,仅为 1936 年的 48.3%;茶叶产量 0.7 万吨,仅为 1936 年的 31.1%;耕畜保有量仅为 1936 年的 68.9%。农业生产前所未有的衰退,直接导致了经济的全面衰退。在中共皖北、皖南区委和各级人民政府的坚强领导下,经过两区人民群众的艰苦努力,短短 3 年时间,农业生产得到迅速恢复和发展。1952 年,全省农业总产值达到 22.17 亿元,比 1949 年增长 25.6%,年平均增长 7.9%;粮食总产达到 891.43 万吨,比 1936 年增长 26.5%,比 1949 年增长 39.5%,年均递增 11.7%;棉花总产达到 3.63 万吨,比历史最高水平的 1937 年增长 41.2%,比 1949 年增长 108.6%,年均递增 27.8%;油料总产达 25.64 万吨,比 1949 年增长 71.7%,年均递增 19.8%;烟叶总产 3.24 万吨,比 1949 年增长 29.7%;麻类总产 2.83 万吨,比 1949 年增长 92.5%,年均递增 24.4%;蚕茧总产 545 吨,比 1949 年增长 57.5%,年均递增 18.6%;茶叶总产 1.38 万吨,比 1949 年增长 94.4%,年均递增 24.8%。大牲畜保有量 263.42 万头,比 1949 年增长 21.7%,平均年递增 6.8%;生猪存栏 317.73 万头,比 1949 年增长 30.3%,年平均递增 9.2%;水产品总产 5.5 万吨,比 1949 年增长 41%,年均递增 12.1%;造林面积 33.7 万亩,超过解放前造林面积的总和。农业经济的恢复与发展,为保证解放初期人民群众顺利度过灾荒和尔后开展的大规模社会主义建设,创造了必要的物质条件。

安徽解放时,工业经济一片凋敝。1949年,全省工业总产值仅3.63亿元,职工人数仅2.2万人。本来就为数不多的工厂企业几乎全部倒闭,大批工人和手工业者失业,城乡商业萧条,市场萎缩、混乱,社会发展处于停滞状态。为全面恢复和发展工业经济,重建经济秩序,促使社会发展,皖北、皖南各级人民政府采取了没收国民党官僚资本、建立和发展国营企业、恢复和促进私营工商业、统一财经秩序、发展城乡物资交流等各项措施。到1952年,全省工业总产值达到6.50亿元,比1949年增长86.9%,年均增长23.2%。主要工业品产量成倍增长,棉纱2472吨,为1949年的7.2倍;原煤261.06万吨,为1949年的2.3倍;生铁0.27吨,为1949年的2.5倍;发电量0.50亿千瓦时,为1949年的2.1倍;木材31.55万立方米,为1949年的28.2倍;棉布0.55亿米,为1949年的1.8倍;卷烟12.70万箱,比1949增加10.6%。

经过3年多时间的努力,到1952年底,安徽全省的经济实力有了明显增强,全省社会总产值达34.47亿元,比1949年的23.85亿元增加44.5%;国民收入22.80亿元,比1949年的16.86亿元增加35.2%;工农业总产值28.67亿元,农业比重由1949年的82.6%下降到77.3%;财政收入2.70亿元,为1949年的4倍。在工业总产值中,国营工业2.18亿元,占全部工业产值的33.5%;公私合营357万元,占0.5%;城镇合作经营和个体手工业3.34亿元,占51.4%;私营等其他类型工业9444万元,占14.6%。国营经济的领导地位逐渐得到确立和巩固。与此同时,社会文化教育事业也有了很大发展。全省有3所面向省内外招生的高等院校,在校学生人数比解放前增加3倍;中等学校达到68所,在校学生人数比解放前增加23%;小学达到2.3万多所,学生人数比解放前增加5倍。此外为适应工农干部学习文化知识的需要,还创办了工农速成中学和职工学校100余所。新闻、出版、电影、广播、体育、卫生事业都有较大发展。到1952年底,三年恢复时期结束时,安徽顺利完成了经济恢复、社会发展的各项指标,在很多领域内还超额完成了预定的指标。

三年恢复时期,安徽的城市建设也获得了恢复和发展。解放初期,安徽的城市人口不足 60 万人。各市城区面积之和不过 20 余平方公里。城市小而少,城内住房陈旧、简陋,市政建设近乎空白。全省除安庆吴樾街、蚌埠二马路和芜湖市 180 米的柏油路外,其余全是土路、炉渣和泥结石路,雨天全是泥,晴天则到处是灰。公用事业基本没有,除安庆、芜湖有极小规模的水厂供应生活用水外,市民多是吃井水、塘水;无公共汽车,无民用燃气,更没有公共厕所。小城镇也主要是农副产品集散地,仅有少量的手工作坊,没有像样的加工工业。解放后,经过 3 年的恢复、建设,安徽城市的市容市貌有了较大变化。一些城市生活所必需的公共设施开始规划、兴办,诸如公共汽车、自来水厂、发电厂,甚至公共厕所,都纳入市政统一规划、管理之中。合肥市从 1950年开始,在淮河路、安庆路、宿州路栽植第一批从南京购进的千余株行道树;1951 年,又兴建了第一座人民公园——逍遥津公园;1952 年,开始营造长 8.7 公里的环城路两侧的林带,并在南淝河两岸植树。合肥市还按省会城市的规划要求,绘制了《街道计划图》,确立了“重点改造老区,逐年向外发展”的方针,翻修了淮河路东段和安庆路东段,维修、拓宽了宿州路中段,将城区面积扩大到 9.8 平方公里,道路总长度增加到 27.2 公里;修建总长 89314 米的后大街等 23 条街道,修环城马路 4682 米,新建与翻修桥涵 9 座,新建与疏浚下水道 7387 米。同时,文化、教育、卫生等设施也有了很大发展,改变了过去留给人们的脏、乱、差形象,一座新型的中等城市的雏形初步展现在人们面前。[①]蚌埠、芜湖、安庆、淮南等城市的市政建设和文化、教育、卫生等事业也取得了很大的成就。芜湖市在重视生产的同时大力开展市政建设,芜湖市人民政府从有限的财力中拨款翻修碎石路面 4 万多平方米、煤渣路面 8 万多平方米、弹石路面 6.4 万平方米、码头石阶 80 丈,疏浚下水道 8400 多米,装修路灯 1442 盏,辟建陶塘公园,改善了居民生活环境和市容市貌。[②] 据统计,三年恢复时期,安徽各城市共完成公用事业基本建设投资 256.3 万元,城市铺装道路面积 33.21 万平方米,完成

---

① 1952 年 9 月 30 日《安徽日报》第三版。
② 1950 年 7 月 1 日《安徽日报》。

城市房屋建设面积 65.18 万平方米,其中住宅竣工面积为 20 多万平方米,增加了排水设施和路灯夜间照明,主要的几个省辖市都辟建了专门供市民游憩的公园。①

经过 3 年多的恢复和发展,到 1952 年恢复安徽省建制时,全省已有合肥、蚌埠、芜湖、安庆、淮南等 5 个省辖市,屯溪、界首、宿城 3 个专区辖市。全省城镇人口 277 万,占全省人口的 7.6%,5 个省辖市的工业产值达到 2.28 亿元,占全省工业总产值的 27.5%,②城市的中心作用得以凸显。省会合肥市,1952 年工业总产值达到 1671 万元,比 1949 年增长 6 倍多,社会商品批发额比 1949 年增长 10.48 倍,社会商品零售额比 1949 年增长 17 倍。淮南的煤、电优势开始显现,逐步发展为能源城市。芜湖的机械、轻纺工业也得到新的发展,1952 年,国家投资 74 万元扩建的芜湖铁工厂,机床增至 52 台,芜湖机械行业固定资产达到 85.4 万元,是解放初期的 23.5 倍。

二、人民生活初步改善

1949 年,安徽农村人口 2500 多万人,占全省人口的 93%。农业生产活动呈粗放型,基本上靠天吃饭。农作物品种、农业耕作技术长期停滞不前,农业生产方式多年没有进步,整个农业生产和农村经济都非常落后。1949 年,全省粮食平均亩产仅 127 斤,小麦亩产只有 80 斤,棉花单产仅 14 斤,油菜籽单产 68 斤左右。同年,全省主要农产品人均占有量:粮食 458 斤,棉花 1.2 斤,油料 10.7 斤。绝大多数农民终年劳碌,尚不能满足最低生活需求和简单再生产的需要。生活贫困,度日艰难,是广大农民普遍的生存状态。

为迅速减轻洪涝灾害对农民生活的影响,保证农民的正常生活。皖北、皖南解放后,各级人民政府竭尽全力开展了生产救灾、治理淮河、实行土地改革和一系列保护、鼓励农业生产的政策措施。经过三年多的努力,安徽农民的生活有所改善。据统计,到 1952 年底止,全

---

① 安徽省地方志编纂委员会编:《安徽省志·城乡建设志》,方志出版社 1998 年版,第 4 页。
② 安徽省地方志编纂委员会编:《安徽省志简本》,黄山书社 2005 年版,第 644 页。

省主要农产品人均占有量：粮食 606 斤，棉花 2.4 斤，油料 17.4 斤，水产品 3.7 斤；人均农业产值 22.11 元，比 1949 年有了一定的提高。农民的购买力同时增加。1950 年农民的购买力指数为 100，1951 年为 128，1952 年达 148。许许多多的贫苦农民一日三餐可以吃饱，过年过节也能吃上鱼肉、穿上新衣了。

休宁县漳前村有 186 户人家，其中 125 户是贫雇农，解放前，他们终年劳作也难求温饱。解放后，实行土地改革，贫雇农分得土地，生活水平迅速提高。贫农叶崑纲一家 7 口，解放前终年缺粮，过的是半饥半饱的生活。解放后，种上了自家的田，起早摸黑干了半年，秋收打下的稻谷缴完公粮，还留下 4286 斤供全家食用，多余的粮食拿到集市上出售换回一笔钱。22 年来从没有添置过新衣的他，用这笔钱为全家每个人添置了新衣、鞋袜和其他日常生活用品。潜山县罗汉乡女村民卢容香是一个因解放后实行土地改革而改变人生命运的农村妇女。卢容香 8 岁当童养媳，17 岁结婚后便与丈夫双双到地主家帮工。1938年，日军把她家房屋财物全部烧毁，从此全家 5 口人只剩 3 条裤子，有人外出、干活时穿上，另外就得有人睡在床上。那时，她将帮工所得的收入全数交给保甲长抵捐税还不够。走投无路的卢容香只得横下心卖掉 3 个男孩、溺死 2 个女婴，自己靠吃野菜度日。解放后，她分得田地 10 余亩、耕牛 1 头、农具数件，仅用两年耕作积余就盖起 3 间瓦房，生活水平大有好转。

贫农叶崑纲、雇农卢容香家的生活变化，是安徽解放初期广大农民生活变化的一个缩影，有着明显的时代性、代表性。

1949 年，安徽几乎没有工业，商业也十分萧条。据统计，当年，全省人均国民收入 60.52 元，人均财政收入 1.94 元；主要工业品人均占有量：煤炭 40.94 公斤，电 0.86 千瓦时；人均消费品零售额仅 18.05元；人均银行储蓄存款余额为零。① 经过 3 年多时间的恢复与发展，安徽的工业有所发展，商业贸易亦全面恢复。据统计，到 1952 年底，全

---

① 安徽省地方志编纂委员会编：《安徽省志·计划经济志（计划）》，方志出版社 1998 年版，第 22、23、57、58 页。

301

第十章　恢复安徽省建制

省人均国民收入 77.55 元,人均财政收入 9.17 元;主要工业品人均占有量:煤炭 187 斤,电 1.7 千瓦时;人均消费品零售额 28.25 元;人均储蓄存款余款 0.38 元,①都比 1949 年有了明显的增加。

工业的发展和商业的恢复不仅反映在人均经济数据的提高上,更反映在广大人民日常生活的变化上。据统计,1952 年,安徽全省职工工资收入比 1949 年增加了 60% ~ 100%。无论是工厂工人、商店人员、手工业者,还是城市其他居民,他们的家庭生活在解放后发生的重大变化,都深刻地反映出时代在进步、社会在发展,新安徽与旧安徽有着本质上的区别。

淮南新庄孜煤矿采煤工人黄龙庭,从 1941 年起就在矿上做苦工,每月工钱买不到 3 斗米,平时只能吃豆饼掺菜的窝头,下井干活时才自带干豆饼饭勉强撑饱肚子,渴了喝凉水,穿的是仅有的 1 套破衣服,脚上一年四季穿双草鞋,妻子一件打了许多补丁的破衣服穿了五六年。全家 3 口人住在蔡家岗一个猪圈里,晚上没有电灯,只能点煤油灯;睡的是稻草麦秸地铺,合盖一床破棉被;全家用的餐具是一口小锅、三只粗碗和一把勺子。黄龙庭一家三口都是文盲,一字不识。他还经常挨把头的打骂,从来没进过矿长室,在社会上被人瞧不起,被称为"臭窑户"、"窑黑子"。那时,他唯一的希望就是,不管吃好吃坏,只要不饿着就好。解放后,黄龙庭家的生活发生了巨大的变化。黄龙庭仍在煤矿上工作,但已成为七级工,每月工资 80 元到 140 元不等,至少可买 300 斤大米,银行还有 50 多元的存款。吃的方面:平时在家,一家 3 口人吃米饭、白馍,每星期至少吃两顿鱼、肉。他自己每天下井前都要吃三四个鸡蛋,还带上糖包子到井下干活时吃。穿的方面:上下井两套衣服,下井时,脚穿力士鞋,上井回家换上球鞋,雨天还有短筒胶靴;有 3 套卡其布制服,秋天有毛衣,冬天有大衣、棉袄;全家睡的有两张床、3 条被子,两条褥子、两顶蚊帐。住的方面:在新市场附近自己盖起 5 间房,分为明间、暗间、卧室、厨房,门窗齐全,也用上了电

---

① 安徽省地方志编纂委员会编:《安徽省志·计划经济志(计划)》,方志出版社 1998 年版,第 22、23 页。

灯。用的方面:家里锅碗盆勺样样齐全,茶壶菜碗都是细瓷,桌椅板凳样样有,还有暖水瓶、马蹄钟、怀表、留声机和新的脚踏车。黄龙庭自己参加业余学校学文化,妻子也上了文化补习学校学习,女儿上小学三年级读书,一家3口互相比赛,看谁认字更多、学习更好。自从打倒封建把头,黄龙庭从此也不再被人打骂,有事还直接到矿上找矿领导说说,矿长尊敬老工人,给他让座倒水。他曾在矿工大会上表态说:"我一定要好好生产,把国家建设得更好,我们的生活也会越来越好。"①芜湖纺纱厂女工杨先爱,解放前一个月工资买不到3斗米,家里生活非常艰难。解放后,她家生活发生了很大的变化,一家5口吃穿不愁,添置了时钟、橱柜、热水瓶等生活用品。没有了生活上的后顾之忧,杨先爱把主要精力放到工作中,在厂里组织的劳动竞赛中屡屡获奖。②

矿工黄龙庭、纺织女工杨先爱两家生活的变化,是安徽解放初期广大工人和城市职工家庭生活水平提高的一个缩影,反映出在中国共产党和人民政府的领导下,生活在新社会中的人民开始迈向了社会主义的康庄大道。

三、生机盎然的新社会

1949年10月1日,中华人民共和国成立,吹响了建设新中国的号角。在中国共产党和各级人民政府的领导下,安徽人民迅速地融入全国恢复经济、建立民主政治、建设新社会的洪流中。面对淮河洪灾,土匪肆虐,甚至敌特、反革命分子的扰乱、破坏,安徽人民众志成城,战胜困难;团结一致,重建家园;齐心协力,除旧布新。经过3年多时间的努力奋斗,安徽的经济得以恢复和发展,民主政权得以巩固,社会各项事业得到发展,新社会的道德规范、人文风气和价值观逐步形成。

在1950年的大规模生产救灾中,中共皖北、皖南区委和行署把生产救灾作为压倒一切的中心任务,各级干部深入灾区,深入抗洪第一

① 1952年10月1日《安徽日报》第六版。
② 1952年10月4日《安徽日报》第三版。

线,开展抗洪救灾工作。皖南区的干部群众节衣缩食,提出"多捐一件衣,多救一灾民"的口号,掀起"救济皖北同胞,募集粮衣"的热潮。这些,都体现出新社会融洽、和谐的干群关系,体现出皖北、皖南一方有难、八方支援的同胞情义。

在土地改革中,中国共产党和人民政府帮助农民实现了千百年来的梦想,分得了土地。广大农民以多打粮、多缴粮报答人民政府。土地改革后,安徽广大农民踊跃缴公粮,感人场景纷呈江淮。1949 年秋,萧县莲花乡的农民把应缴的公粮集中起来,打好包,装上车,在秧歌队、高跷队、锣鼓队的带领下,满载着公粮的 100 多辆大车小车一字排开,一辆接一辆地、热热闹闹地去缴公粮,一派节日气氛。全乡总共 16.5 万斤公粮任务,一次就全部缴完。① 1950 年秋,当涂县镇东村农民自发组织缴公粮的队伍,用车载、驴驮、人挑,一路欢歌笑语,像办喜事一样,提前完成全村缴公粮任务。② 这些在解放前不可想象的场景,充分展现出翻身解放的广大农民当家做主人的精神风貌和爱国热情。

在建立和发展国营企业过程中,广大工人开展了增产节约和劳动竞赛活动。1951 年,青岛国营第六棉纺厂细纱女工郝建秀发明"郝建秀工作法",芜湖纺纱厂等皖北、皖南的纺织行业立即掀起学习"郝建秀工作法"的热潮,在很短时间内就有 82% 的细纱女工学会了"郝建秀工作法",使工作效率平均提高 8%。1951 年,天津恒大烟草厂中包装部工人张淑云创造出"张淑云工作法",蚌埠东海卷烟厂有 51% 的职工很快学习并掌握了"张淑云工作法",使工作效率平均提高 20%。皖北、皖南的国营建筑企业不仅发明了新式粉墙器,使工作效率提高 2.5 倍,而且还在本行业内推广辽宁本溪钢铁公司建筑工人苏长有创造的"苏长有工作法",使每名技工的砌砖效率平均提高 28%。蚌埠宝兴面粉厂通过改进生产工具,产量提高了 50%,出粉率从 76% 提高到 81%。③ 从这些事例中可以看出,解放后的安徽工人阶级对企业、对国家的热爱,对工作、对恢复与发展经济所做出的贡献。

---

① 1949 年 11 月 26 日《拂晓报》第一版。
② 1950 年 12 月 3 日《皖南日报》第二版。
③ 1952 年 10 月 2 日《安徽日报》第二版。

　　获得解放的安徽,为建设一个人民当家做主的新社会,在中共皖北、皖南区委和行署的领导、支持下,还组织成立了确立工农地位、保障工农利益的人民群众团体,如工会、青年团、妇联等。

　　1949 年 10 月、11 月,皖北、皖南两区分别成立了总工会筹备委员会,并着手在国营企业中建立基层工会,到 1952 年 5 月,皖北、皖南两区共成立基层工会 2499 个,加入工会的会员近 22 万人,占全部职工总数的 58% 以上。同年 8 月 19 日,皖北、皖南两区的总工会筹备委员会合并,成立安徽省总工会筹备委员会。到 1953 年 3 月,安徽省第一次工会会员代表大会召开,安徽省总工会正式成立。工会作为工人职工自己的组织,在发挥工人阶级的领导作用、组织工人群众参加企事业单位的民主管理、保障职工合法权益方面,做了大量工作。在各类国营企事业单位中,还有许多工人被提拔到各级领导岗位上。淮南矿区在解放初期 3 年多的时间内,就有 1100 多名优秀工人被提拔担任厂长、科长、生产区长等领导职务,直接参与煤矿的生产管理,确立了工人当家做主的地位。这些在解放前被人瞧不起的挖煤工,不仅成为令人羡慕的工人阶级中的一员,许多人还走上领导岗位,这是只有在新社会才可能出现的新景象。

　　1949 年 7 月,中国新民主主义青年团(简称青年团)皖北、皖南工作委员会分别成立。这一时期,建团工作主要在城市、机关、学校、国营企业等部门展开。同时,配合剿匪反霸、生产救灾等,在部分农村开展吸收优秀青年加入青年团的工作。1950 年,皖北、皖南两区已有青年团员 14.25 万名,建有 6229 个基层团支部,有 1901 名专职干部。到 1952 年 2 月青年团皖北、皖南两区的工作委员会合并、成立青年团安徽省工作委员会时,安徽全省已发展有青年团员 36 万多名,建有1351 个基层团支部,有 3944 名专职干部。三年恢复时期,安徽的青年团组织紧紧围绕着中国共产党的中心工作开展活动,在土地改革、治理淮河、抗美援朝运动等各个重大事件中,始终保持和发扬五四运动的光荣传统,朝气蓬勃地开展工作,成为中国共产党的得力助手和后备军。在治淮初期,皖北区的青年团先后组织动员 56 万多名团员、青年参加修建抗洪工程,占民工总数的三分之一,涌现出青年治淮工程

模范 5303 人,占工程模范总数的二分之一。① 在抗美援朝运动中,无数的青年团员踊跃报名参军、保家卫国,仅在和县,1951 年春,全县就有 4.3 万名团员、青年要求参加人民志愿军。这些事实表明,解放后的安徽青年充满了活力和青春,反映出新社会青年的精神风貌。

1949 年 9 月、11 月,皖北、皖南区民主妇女联合会筹备委员会分别(简称妇联)成立。在三年经济恢复时期(1950 年至 1952 年),妇联组织在各地的城市、农村、机关、企业、商店、街道、学校迅速建立。1952 年,安徽全省 73 个县(市)、893 个区、9895 个乡先后建立了妇联组织,农村妇联会会员达 413 万人,城市妇职工参加妇联会人数达 4 万多人,共配备有专职妇女干部 1799 名。② 1953 年 1 月,安徽省第一届妇女代表大会召开,全省 580 名妇女代表参加大会,安徽省民主妇女联合会正式成立。三年恢复时期的安徽妇女,在解放的道路上勇敢地前行。在中共各级组织领导下,各级妇联贯彻"男女一齐发动"的工作方针,组织百万妇女参加剿匪反霸、生产救灾、镇压反革命、土地改革、抗美援朝、"三反"、"五反"、增产节约、治理淮河等各项运动,为完成三年恢复时期的任务做出了重要贡献。许许多多的基层劳动妇女挣脱束缚,积极参加各项运动,走上了社会,锻炼了自己,增长了才干,成为新社会的主人。全省妇联队伍的迅速扩大和妇女们在各项运动中展现出来的优秀事迹,都表明解放初期的妇女已经成为推动安徽经济发展、社会进步的重要力量。

农民协会(简称农会)是安徽解放初期参加人数最多、规模最大的组织。在中国共产党领导下,安徽各级基层农会会员积极参加剿匪反霸、生产救灾、土地改革、治理淮河、抗美援朝等运动。尤其是在土地改革中,广大农会会员热情高涨,发挥着骨干作用,有许多会员成了土地改革运动的积极分子。这些积极分子尔后大多成为各级乡村人民政权的重要力量。农会亦很快成为乡村人民政权的雏形。据统计,在土地改革结束后的 1952 年,安徽全省农村有组织的农民达 1459 万

① 苏桦、侯永主编:《当代中国的安徽》(下),当代中国出版社 1992 年版,第 366 页。
② 1952 年 10 月 1 日《安徽日报》第四版。

多人,其中农会会员 772 万多人。① 到同年底,全省已有 4194 个乡建立了乡人民代表会议并代行乡人民代表大会职权,占全省总乡数的 40%。②

此外,在文化、教育方面。解放以后,工人、农民成为新社会的主人,工农教育被普遍重视起来。1952 年,安徽全省各类学校学习的工农人数达 200 万人,为 1949 年的 2.5 倍。皖北、皖南创办的两所工农速成中学、8 所工农干部补习学校和 100 余所职工学校,先后共吸收了 1.3 万多名工人、农民参加学习,其中有 2160 名工农干部、部分劳动模范、治淮模范长期在校学习。为扫除农民文盲、提高农民学文化的积极性。3 年时间里,全省农村先后兴办了农民业余学校 1.8 万余所,农民学员达 75 万人。特别是利用冬季农闲时间创办的冬学,农民入学扫盲人数达 339 万多人,成为扫除农民文盲最有效、最快捷的形式。③农民在学习文化知识的同时,也受到一些民主和科学的启蒙教育。男女平等、移风易俗、破除迷信的思想观念逐渐扩散开来。新社会中的农民努力生产,积极向上、团结互助、扶贫救困等新的道德风尚开始形成。

解放初期的安徽文化艺术也发生了巨大的变化。中国共产党和人民政府提出的文艺方针是为工农兵服务、为生产建设服务,改变了旧社会艺人低人一等、被封建官僚和统治阶级欺压的状况。1951 年,文艺界开展改人、改剧、改戏的"三改"活动,把文艺面向农村、面向群众作为"三改"的主要方向,取得了明显的效果。滁县地区文工团是解放初期安徽文艺战线的一面旗帜。他们常年身背行李、脚穿草鞋、跋山涉水、走村串乡,白天参加土地改革、抗美援朝等运动,夜晚点起油灯为农民做宣传演出,取得了突出成绩。1951 年 12 月 10 日,毛泽东主席为滁县地区文工团亲笔题词"面向农村"四个大字,鼓励他们继续深入农村,为工农大众服务。

解放初期的 3 年,是安徽广大人民群众扫除旧社会一切污泥浊

---

① 安徽省地方志编纂委员会编:《安徽省志·大事记》,方志出版社 1998 年版,第 395 页。
② 安徽省地方志编纂委员会编:《安徽省志·大事记》,方志出版社 1998 年版,第 398 页。
③ 1952 年 10 月 3 日《安徽日报》第三版。

水,树立新思想、新观念,建设新社会的 3 年。从此,安徽城乡社会面貌焕然一新,人民群众意气风发,为即将开始的社会主义建设,彰显着良好的精神风貌。

第二节　恢复安徽省建制

一、安徽省人民政府成立

随着三年恢复时期各项任务即将顺利完成,社会主义建设时期即将开始,恢复安徽省建制事宜水到渠成,被提上议事日程。

1951 年 11 月,华东军政委员会第四次会议通过《关于皖南人民行政公署与皖北人民行政公署合并成立安徽省人民政府的决定》,决定将皖北行署、皖南行署及其管辖的区域合并,恢复安徽省建制和成立安徽省人民政府。并指示,为便利工作的统一部署,在中央人民政府明令公布成立安徽省人民政府以前,两行署先行在合肥合署办公。

12 月 9 日,华东军政委员会办公厅通知皖南行署,将驻地由芜湖市迁往合肥市,与皖北人民行政公署合署办公。12 月 19 日,皖南、皖北行署联名发出通知,在安徽省人民政府成立前,两行署先行在合肥合署办公。根据华东军政委员会办公厅发出的通知,中共皖南区委、皖南军区及各人民团体、司法机关也同时迁往合肥市,与相对应的单位合署办公。12 月 26 日,《皖北日报》和《皖南日报》改名为《皖北日报皖南日报联合版》出版发行。12 月 29 日,皖北、皖南行署召开第一次联合行政会议,正式合署办公。从华东军政委员会作出皖北与皖南合并,到中共皖南区委和行署机关搬迁至合肥,与中共皖北区委、行署机关正式实行合署办公,仅用了短短一个月时间便全部完成,整个过程十分顺利,没有对正常工作造成任何影响。皖北、皖南两区行政区划横跨长江南北,基本上为原安徽省的行政区划。皖北、皖南两行署的正式合署办公,标志着皖北、皖南区将实行统一的领导、统一的政策措施。在安徽省人民政府正式成立之前的过渡期内,皖北、皖南人民行政公署仍然作为皖北、皖南的最高行政机关,代行安徽省人民政府的职权。

1952 年 1 月 2 日,在中共皖北、皖南两区委和行署实行合署办公的第五天,经中共中央批准,中共安徽省委员会在合肥成立,中共安徽省委由曾希圣、牛树才、刘飞、黄岩、李世农、李世焱、胡明、孙仲德、苏毅然、桂林栖、张恺帆、曾庆梅、杨建新(未到职)等 13 名委员组成,曾希圣任书记,牛树才任副书记。中共安徽省委辖合肥、蚌埠、淮南、芜湖、安庆 5 个市委以及宿县、阜阳、滁县、六安、巢湖、宣城、池州、安庆、徽州 9 个地委。中共皖北区委和中共皖南区委同时撤销。

中共安徽省委成立时,即设办公厅、组织部、宣传部、统战部、纪律检查委员会、工业部、农村工作委员会、青年工作委员会、妇女工作委员会、党校、安徽日报社、省委直属机关党委等工作机构和直属单位。以后根据工作需要,又陆续增设了政策研究室。此后,安徽省委还根据中共中央的指示,结合开展工作的需要,陆续设立了一些临时机构,如 1952 年设立的整党委员会及其办公室。中共安徽省委的成立,使中国共产党皖北、皖南各级组织和党员有了统一的领导机构。

1952 年 1 月 10 日,人民解放军皖北、皖南军区合并组成安徽省军区,刘飞任安徽省军区司令员,曾希圣兼任安徽省军区第一政委。

1952 年 1 月 9 日,中共中央华东局向中共中央呈报安徽省人民政府组成人员名单。2 月 3 日,中共中央电告华东局对安徽省人民政府人选表示同意,并指示"由华东军政委员会报告政务院提请中央人民政府委员会批准"。3 月 28 日,华东军政委员会通知,撤销原属皖南行署的池州专区,其行政区域分别划归芜湖、安庆、徽州专区。撤销皖北、皖南行署的巢湖、宣城专区,在芜湖市新设芜湖专区,使两专区均分别地跨长江南北,初步奠定复省后的行政区划。此时的皖北、皖南行署,已基本停止行政运转,实际行使权力的是筹备中的安徽省人民政府。

1952 年 8 月 7 日,中央人民政府委员会第十七次会议决定成立安徽省人民政府,撤销皖北、皖南行署。1952 年 8 月 25 日,安徽省人民

政府在合肥正式成立,曾希圣任主席,牛树才、黄岩、许杰、沈子修任副主席。朱子帆、余立奎、余亚农、吴光(女)、李世焱、李世农、李任之、李则纲、李凤、李湘若、李云鹤、房秩五、唐辉、孙仲德、桂林栖、马长炎、马乐庭、张文秀(女)、张月潭、张恺帆、陈次权、陈雨田、陈粹吾、陈荫南、程士范、贺平、杨明、万金培、翟宗文、刘飞、刘健挺、潘锷鏳、郑伯川、郑抱真、操震球、戴戟、苏毅然、龚维蓉(女)等38人为安徽省人民政府委员。在人民政府组成人员中,民主人士22人,占总数的51.2%。同日,安徽省人民政府委员会第一次全体会议在合肥召开,宣布安徽省人民政府正式成立。

对于省人民政府的职权,安徽省人民政府组织条例有明确、具体的规定:在省人民代表大会闭会期间,省人民政府即为全省人民行使政权的最高行政机关,受华东军政委员会的领导和监督。[①]

安徽省人民政府下辖合肥市、芜湖市、蚌埠市、淮南市、安庆市人民政府和阜阳、宿县、滁县、六安、安庆、芜湖、徽州专员公署,专员公署是省人民政府派出机构,职能是监督、指导本专区所辖县、市人民政府的工作。各专员公署所主管的县、市具体为:

阜阳专员公署辖界首市人民政府和阜阳、太和、亳县、涡阳、蒙城、凤台、颍上、临泉、阜南县人民政府。

宿县专员公署辖宿城市人民政府和宿县、灵璧、泗县、泗洪、五河、怀远、濉溪县人民政府。

滁县专员公署辖滁县、来安、全椒、定远、凤阳、嘉山、盱眙、炳辉、肥东县人民政府。

六安专员公署辖六安、舒城、霍山、金寨、寿县、霍邱、肥西县人民政府。

安庆专员公署辖怀宁、望江、宿松、太湖、岳西、潜山、桐城、湖东、东流、至德、青阳、贵池、铜陵县人民政府。

芜湖专员公署辖巢县、无为、含山、和县、庐江、芜湖、宣城、当涂、南陵、郎溪、广德、泾县、繁昌县人民政府。

---

①　安徽省地方志编纂委员会编:《安徽省志·人大政府政协志》,方志出版社1999年版,第281页。

徽州专员公署辖屯溪市人民政府和歙县、旌德、绩溪、休宁、黟县、祁门、太平、石埭、宁国县人民政府。

恢复建制的安徽省共管辖 5 个省辖市、7 个专区和 3 个专区辖市、67 个县。省会设在合肥市。

安徽省人民政府成立之初,下设办公厅、民政厅、公安厅、财政厅、粮食厅、商业厅、工业厅、交通厅、农业厅、林业厅、水利厅、教育厅、卫生厅、人事厅、对外贸易局、建筑工程局、邮电管理局、劳动局、统计局、手工业管理局、气象局、机要交通局、文化事业管理局和体育运动、政法、文教、财经、监察 5 个委员会以及省人民法院、省人民检察署和中国人民银行安徽省分行,新华总社安徽省分社等工作机构和工作部门 30 个。

根据《安徽省人民政府专员公署试行组织规程(修正本)》第二条规定,专员公署为安徽省人民政府之派出机关,不是行使政权的机关,因此机构设置比较简单,统一设立 1 室 4 组:即办公室、政法组、财经组、文教组、监察组。专员由省人民政府委员会提请华东军政委员会转报中央人民政府政务院任命。①

县人民政府即为县的行使政权的机关,县人民政府委员会为县一级地方政权机关,受安徽省人民政府委员会的领导及专员公署的监督、指导。县长、副县长和县人民政府委员会委员由县人民代表大会选举产生。县人民政府下设秘书室、民政科、建设科、工商科、统计科、文教科、卫生科、公安局、税务局、粮食局、县人民监察委员会、县人民法院、县人民检察署。

至此,安徽省的复省工作顺利完成。复省后,本着简明、方便工作的原则,设置各级人民政府的办事机构。同时对各级人民政府工作人员职数也有较明确的规定,体现了精干、高效的原则。

安徽省人民政府的成立,初步解决了战争年代延续下来的党政不分、军政关系不明确的问题,理顺了全省的行政关系、管理体制,使省、市、县、乡各级行政机关更好地服务和适应社会经济的建设与发展。

---

① 安徽省地方志编纂委员会编:《安徽省志·人大政府政协志》,方志出版社 1999 年版,第 283 页。

二、安徽省第一届人民代表会议的召开

为适应民主建政的要求,使即将建立的安徽省人民政府拥有更广泛的群众基础和社会基础,早在1951年12月,皖北、皖南行署合署办公时期,即集中各界人士的智慧为建设新安徽献计献策,成立了安徽省第一届各界人民代表会议筹备委员会。筹委会随即举行会议,拟定于1952年2月召开安徽省第一届各界人民代表会议。后因开展"三反"、"五反"运动以及中央人民政府还没有完成安徽建省的行政批准程序等原因,安徽省第一届各界人民代表会议未能按预定时间召开。1952年8月7日,中央人民政府委员会第十七次会议决定成立安徽省人民政府,8月25日,在安徽省人民政府委员会第一次全体会议上,对安徽省第一届各界人民代表会议筹委会组成人员作了部分调整。调整后的筹委会由23人组成,曾希圣为主任委员,张恺帆为副主任委员。筹委会为安徽省第一届各界人民代表会议顺利召开进行各项具体筹备工作。

在安徽省第一届各界人民代表会议召开之前,1952年12月13日,中共安徽省第一次代表会议先期在合肥召开。出席会议的正式代表816人,列席代表57人,代表着全省103141名党员。曾希圣在会上作了《解放三年来的工作总结和今后工作任务》的报告[①]。有关方面负责人就财经、政法、整党建党、思想教育、人民武装、统一战线工作作了专题报告;与会代表就安徽省进行社会主义改造的方针,发展工业化和农业集体化的步骤、措施以及治理淮河、长江,增强抗御自然灾害的能力等重大问题进行了广泛、热烈的讨论。中共安徽省第一次代表会议的胜利召开,为安徽省第一届各界人民代表会议的顺利召开,提供了组织上的保证,也为安徽省顺利开展第一个五年计划建设确立了努力目标。

安徽省第一届各界人民代表会议,是恢复安徽建省后代行安徽省

---

① 中共安徽省委办公厅、中共安徽省委党史工委、安徽省档案馆编:《中共安徽省委文件选编》(1952—1954)[皖非正式出版字(93)第50号],第142页。

人民代表大会职能的第一次会议。在大会筹备过程中,筹委会表现出相当慎重的态度。筹委会先后3次举行会议,对代表人选进行了几上几下的酝酿、协商,在充分考虑代表的广泛性后,最终确定协商推选和直接邀请751人作为各界人民代表出席第一届各界人民代表会议。在751位代表中:人民政府代表35人,中国共产党代表10人,民主党派代表34人,人民解放军代表70人,地区代表478人,人民团体代表58人,少数民族代表10人,宗教界代表6人,特邀代表45人,治淮委员会代表3人,蚌埠铁路分局代表2人。依据中共中央关于安排民主党派人士的统一战线方针政策,结合安徽的具体情况,在代表总数751人中,民主党派人士204人,占代表总数的27.5%。

　　1952年12月23日至30日,3000万江淮儿女期待已久的安徽省第一届各界人民代表会议在合肥市隆重召开,会议实到代表728人。中共安徽省委书记、省人民政府主席曾希圣致开幕词,指出本届会议的任务:代行省人民代表大会的职能,审查人民政府的工作报告,决定今后工作任务,选举协商委员会主席、副主席和委员,讨论、决定各项事宜。曾希圣同时说明,由于中央人民政府已于8月任命了安徽省人民政府主席、副主席、委员,这次会议不再进行选举。[①] 曾希圣的开幕词为安徽省第一届各界人民代表会议确定的会议主题和任务,得到代表们的认可。

　　曾希圣主席代表省政府向大会作了《安徽省解放三年来的工作和1953年的任务》的报告。报告回顾了解放三年来,安徽人民在中国共产党和中央人民政府领导下进行的剿匪反霸、生产救灾、治理淮河、镇压反革命、土地改革、抗美援朝、"三反"、"五反"等运动,对在民主建政、工矿建设、交通运输、财经贸易等方面取得的显著成就进行了总结。报告认为,三年来,全省工农业生产全面增长,取得了令人瞩目的成绩,城市职工与农民的生活水平都有了显著提高。报告列举出来的具体数字具有很强的说服力。几年来的建设成就表明,安徽省已经基本完成国民经济恢复时期的各项任务,并为新一轮大规模的经济建

设,打下了较好的物质基础。报告提出 1953 年安徽省主要工作任务：一是要继续加强抗美援朝运动和公安、民兵工作；二是抓紧工业基本建设,发展工业生产,要求工业总产量比 1952 年增长 34%；三是抓紧农业生产,努力提高单位面积产量,在 1952 年总产量的基础上增产 15% ~ 20%；四是大力发展贸易、交通运输；五是切实做好财政税收工作；六是有计划地发展教育、文化、卫生、体育等事业；七是深入宣传贯彻《婚姻法》；八是加强民主政权建设。①

会议还听取了省军区副政委李世焱所作的军事工作报告,省人民政府副主席黄岩所作的政法工作报告,土地改革委员会主任李世农所作的土地改革工作报告,省人民政府副主席牛树才所作的财经工作报告,皖北、皖南各界人民代表会议协商委员会副主席陈荫南所作的协商委员会工作报告。各民主党派、人民团体和各界各地区的代表在大会上作了发言,充分肯定三年来各项工作取得的伟大成就,同时对过去工作中的缺点也进行了批评,对今后工作任务提出了一些有益的意见和建议。

这次会议是安徽省恢复建省后举行的第一次各界人民代表会议,会议开得热烈而庄重,民主气氛浓厚,与会代表本着当家做主、建设新安徽的热情,履行职责,畅所欲言,为安徽的发展献计献策,确定了安徽今后发展的方向与目标。

此次会议还通过了《安徽省各界人民代表会议协商委员会组织条例》,选出了安徽省第一届各界人民代表会议协商委员会主席、副主席、委员 91 人。其中民主党派人士 35 人,占总数的 38.5%。由协商委员会选出常务委员会委员 29 人,曾希圣为主席,孙仲德、张恺帆、余亚农、陈荫南为副主席,丁明志等 24 人为常务委员。安徽省各界人民代表会议协商委员会的主要任务是：协助省人民政府执行省各界人民代表会议的决定；协商并提出对省人民政府的提议；协助省人民政府动员人民支援前线,建立革命秩序,镇压反革命,参加建设工作；负责下届各界人民代表会议的准备工作；负责全省民主统一战线工作。

---

① 1952 年 12 月 25 日《安徽日报》第一版。

安徽省各界人民代表会议协商委员会实际上是安徽省政治协商会议的前身。

三、迈向社会主义的新安徽

三年恢复时期,安徽已经确立了中国共产党领导下的多党合作的基本政治制度,省、市、县、区、乡都建立了人民民主专政的政权,并且得到了巩固和加强。中共党员人数从 1949 年初的 4.3 万余人发展到 1952 年的 10 万余人,全省近一半的乡建立了党的基层组织,基层党支部达到 7164 个。安徽各级组织已成为安徽人民建设社会主义的领导力量。中国国民党革命委员会、中国民主同盟、农工民主党等民主党派也都有代表参加到各级人民政权中,充分体现出人民民主政权的民主性、代表性和广泛性。到 1952 年底,全省 5 个省辖市、67 个县、3 个专区辖市都先后召开了各界人民代表会议,会议围绕着中国共产党提出的重大任务和广大人民迫切的要求展开讨论,选出了各级人民政府组成人员。在省辖市建立区一级人民政府,合肥、蚌埠、芜湖、安庆 4 个市还建立了城市基层的居民委员会组织。在普选条件还不具备的情况下,安徽各级人民代表会议代行各级人民代表大会的职权,成为当地最高权力机构。广大人民真正感受到人民代表会议是代表人民管理国家和地方各项事务的权力机构,是人民自己的政权,从而使人民民主政权得到了最广泛的支持和空前的巩固。

三年恢复时期,安徽已经确定了国营经济领导下的合作社经济、国家资本主义经济、私人资本主义经济、小商品经济和半自然经济 5 种经济成分并存的基本经济制度。1952 年,安徽国营工业企业已发展到 221 家,产值 2.21 亿元,占全部工业总产值的 33.5%,城镇合作经济和私人经济工业产值 3.25 亿元,占 51.41%,集体所有制和其他经济类型工业产值 0.95 亿元,占 15.09%。国营经济的主导地位已经形成,并正在发挥越来越大的作用。1952 年,安徽国营商业和供销社商业实现社会商品零售额占全部零售总额的 24.84%,实现社会商品批发额占全部批发总额的 67.8%,关乎国计民生的重要

商品基本上被国营、供销社商业掌握。国营商品已经成为流通领域的主力军。

经过土地改革，延续了几千年的封建地主土地所有制被废除，实现了农民土地所有制。到1952年，安徽农民人均占有土地2亩多，其中，贫农人均占有土地2.52亩，雇农2.75亩，中农3.54亩，富农4.59亩，地主2.47亩。经过土地改革，实现了农村生产关系的根本变革和农民"耕者有其田"的千年梦想，地主阶级在农村的统治地位被彻底摧毁，广大贫雇农翻身做了主人，解放了农村生产力，促进了农村、农业的发展。农民土地所有制实际上是一种个体经济所有制。由于生产条件和经营能力的差别等原因，分得土地的农民中又出现了贫富不均的现象。由此，部分农民希望组织起来。1951年3月，皖南区在完成土地改革的基础上，有一些农民积极分子带头办起了农业生产互助组（简称互助组）。1951年4月，皖北区已完成土地改革的农村，也有一批农民积极分子办起了互助组。到1951年底，皖北、皖南区共组织互助组1.29万个，参加农户9.25万户，占两区总农户数的1.68%。这个时期，宣城县土山村农民李有安带头创办的互助组十分有名。1951年，李有安互助组共5户农民，38.2亩稻田，平均亩产611斤，获中央人民政府农业部颁发的爱国丰产奖状、奖章和奖金。[1] 到1952年6月底，安徽农村已组织互助组445175个，加入互助组农户占全省总农户的49.5%，其中，常年互助组7.5万多个，参加常年互助组的农户占参加互助组农户总数的16.8%。[2]

农业生产互助组是农民在自愿基础上组织起来从事农业生产劳动的组织。1951年底和1952年初，在有些成立较早、生产发展较快的互助组，农民将互助组提高一步，成立农业生产合作社。1952年初，李有安互助组带头联合相邻的几个互助组，成立了李有安农业生产合作社，为安徽最早成立的农业生产合作社之一。

---

① 1952年3月19日《皖北日报皖南日报联合版》第一版。
② 为了与1956年成立的高级农业生产合作社（简称高级社）区分，后将1956年前成立的农业生产合作社称之为初级农业生产合作社（简称初级社）。安徽省地方志编纂委员会编：《安徽省志·大事记》，方志出版社1998年版，第395页。

农业生产合作社(又称初级农业生产合作社)是农民在自愿基础上以土地入股、按劳分配为主,集体性质的农业经济组织,一般是在互助组发展的基础上联合几个甚至十几个互助组合并建立的,比互助组更具社会主义性质。1952年2月15日,中央人民政府政务院公布《关于1952年农业生产的决定》,提出"在群众互助经验丰富、又有坚强骨干的地区,可以有领导、有重点地发展土地入股的农业生产合作社"①。同年10月28日,中共安徽省委发出《关于今冬试办农业生产合作社的指示》,要求全省各县都要在冬季"试办一两个农业生产合作社,已试办的县再发展二至三个",并明确办社方针为"有领导、有重点、稳步前进"。② 到1952年底,安徽农村成立农业生产合作社106个,遍及全省各个县。其中,自上而下试办的有56个,自下向上、自发成立的有50个。李有安农业生产合作社就是自发成立的。1953年,李有安出席安徽省农业劳动模范代表会议,他和他的合作社被评为劳动模范和农业丰产模范单位。1952年试办农业生产合作社的热潮,为1953年开始的对个体农业的社会主义改造提供了经验,也是迈向建设社会主义农业的第一步。

1953年,带着希望、满怀信心的3000万安徽人民迈向了建设社会主义新安徽的伟大征程。

---

① 房维中主编:《中华人民共和国经济大事记》(1949—1980),中国社会科学出版社1984年版(内部发行),第65页。

② 中共安徽省委办公厅、中共安徽省委党史工委、安徽省档案馆编:《中共安徽省委文件选编》(1952—1954)[皖非正式出版字(93)第50号],第112页。

新中国卷

附录一　大事编年

1949 年

1 月 8 日　中共皖南地委发出指示,要求所属各级组织紧急动员一切力量迎接大军渡江。后又发出补充指示,督促工作进展。

1 月 18 日　淮南矿区和平解放。人民解放军豫皖苏军区第十二团进军淮南矿区,国民党守军南逃。淮南矿区暂由人民解放军实行军管,不久交给新成立的淮南矿区办事处管理。

△　人民解放军华东军区批准成立蚌埠市军事管制委员会,曹荻秋任军管会主任。

1 月 20 日　蚌埠市解放。人民解放军华东野战军第八纵队于 19 日夜进入蚌埠市区,蚌埠军管会随即进驻。

1 月 21 日　合肥和平解放。人民解放军华东野战军先遣纵队进入合肥,国民党合肥县县长龚兆庆等出城迎接,表示弃暗投明,合肥宣告解放。

2 月 5 日　人民解放军合肥军事管制委员会成立,华东野战军先遣纵队司令员孙仲德任军管会主任。

2 月 11 日　根据中央军委复电指示,中共淮海战役总前委和中共中央华东局、中原局负责人开会研究决定:成立中共安徽省委。中旬,经中共中央同意,中共安徽省委成立,宋任穷任书记,谭启龙任副书记。同时,安徽省人民政府、省军区亦成立。

2 月 13 日　中共江淮区委移驻蚌埠,华东支前委员会和华东支前司令部的主要部门亦随之迁入。

2月15日　华东支前委员会发布《支援大军过江,收复京沪地区的支前计划》。

2月19日起　中共江淮区委连续召开扩大会议,部署支前工作。

2月25日　从河北老解放区抽调组建的华北南下干部纵队从河北安国县出发,奔赴皖南各县,投身到皖南的政治、经济、文化与社会建设之中。

3月1日　江淮支前司令部合并到华东支前司令部,统一领导支援大军过江工作,并分别在合肥、滁县组建第一、第二办事处。第一办事处由张劲夫任主任、黄岩任政委;第二办事处由万金培任主任、谢晖任副主任。

3月3日　中共蚌埠市委召开万人参加的"庆祝蚌埠解放,动员全市人民投入支前大会",号召全市人民合力支援前线。随后,轰轰烈烈的支前活动在蚌埠展开。

3月29日　淮南煤矿局成立,5月初改名为淮南煤矿公司。

3月　中共皖西区委分别在六安、桐城宰相府多次召开地、县委书记会议,成立支前指挥部、部署支前工作。

4月2日　中共渡江战役总前委移驻肥东瑶岗村,组织指挥人民解放军第二、第三野战军及第四野战军第十二兵团共100万大军,准备渡江战役。

4月3日　中共中央华东局决定:暂不成立中共安徽省委,以长江为界分别成立皖北区委员会和中共皖南区委员会。

4月6日　中共皖北区委员会成立。曾希圣任书记,黄岩任副书记,李世农为第二副书记兼组织部部长,张恺帆为秘书长。

4月15日　皖北人民行政公署宣告成立。宋日昌任行署主任,郑抱真、李云鹤任副主任。行署驻合肥市,直辖长江安徽段以北的江淮地区、皖西地区以及豫皖苏地区所属安徽境内各行政区域。

△　中国人民解放军皖北军区成立。曾希圣任军区司令兼政治委员,黄岩任副政治委员,梁从学任第一副司令,孙仲德任第二副司令兼参谋长,严光任副参谋长,李世焱任政治部主任,何柱成任副主任。

4月23日　安庆宣告解放。人民解放军安庆市军事管制委员会

成立,第十军政委王维刚任军管会主任。至此,皖北的广大地区除金寨县外,悉数获得解放。

△ 人民解放军第三十军第八十八师进入芜湖市,芜湖解放。

△ 人民解放军江淮军区部队占领马鞍山,并接管矿警武装,马鞍山解放。

4月26日 国民党安徽省政府主席张义纯率领一批官员撤离屯溪,向浙江方向南逃。省府留守处主任兼警备司令方师岳率部接受投诚起义。

4月27日 人民解放军芜湖市军事管制委员会成立,第三十军军长谢振华任军管会主任。

4月28日 中共皖浙赣边区游击队战士列队开进屯溪市区,屯溪获得和平解放。

4月30日 人民解放军屯溪市军事管制委员会成立,中共皖浙赣工委副书记余华任军管会主任。

4月 皖北行署在蚌埠组建国营皖北贸易总公司。

5月1日 中国人民银行皖北分行在解放区华中银行合肥分行的基础上改组成立。

5月4日 中共皖北区委召开工作会议,发布《关于皖北地区当前工作方针和任务的指示(草案)》,确定了皖北地区当前需要完成的四项任务。

△ 蒙城县数千名天门道徒进行武装暴乱,攻占望町区人民政府,杀死区干部8人。

5月6日 人民解放军皖南军区成立。胡明任军区司令员兼第一副政委(后司令员一职改由刘飞担任),牛树才任政委,熊兆仁任副司令员,马天水任副政委,杨建新任副政委兼政治部主任,李矶山任参谋长。

5月7日 人民解放军在浙江开化山区一举将南逃的国民党安徽省政府主席张义纯和安徽省保安副司令兼皖南师管区司令阮云溪等捕获,同时俘虏国民党安徽保安部队5000余人。至此,国民党政权在安徽的统治被彻底消灭,皖南全境获得解放。

5 月 10 日　芜湖市人民政府正式成立。

5 月 12 日　中国人民银行皖南分行组建成立。

　△　中共中央华东局决定成立中共芜湖市委员会,隶属华东局领导,由中共南京市委代管。李步新任书记,石坚任副书记。

5 月 13 日　中共皖南区委正式宣告成立,谢富治任书记,牛树才、胡明、马天水分别任第一、第二、第三副书记。1949 年 8 月前,皖南区委由华东局委托中共南京市委代管,与中共芜湖市委处于同等级别。

　△　皖南人民行政公署正式成立,魏明任行署主任。行署驻屯溪市,下辖芜当、宣城、池州、徽州 4 个专区及屯溪市,分辖皖南 22 个县。

5 月 18 日　蚌埠市人民政府发出布告,明令所有反动道会门组织一律解散,不得再有任何活动。

5 月　国民党华中"剿匪"总司令白崇禧将活动于金家寨一带的土匪改编为"鄂豫皖边区人民自卫军",组成 14 个支队和 8 个独立团。

　△　皖北军区和皖北行署联合发布剿匪布告,公布剿匪有关政策法规。

6 月 4 日　中共皖北区委发出《关于加强对贸易工作领导、建立统一机构及收购物资的决定》,明确皖北贸易总公司的任务是加强和统一全区贸易工作,力争在全区商业贸易中发挥主导作用。

6 月 25 日　皖北行署、皖北军区发布《关于取缔反动道会门联合布告》,决定对一贯道、关门道、先天道等一律取缔,并根据"首恶必办,胁从从宽,有功必奖"的处理政策,针对不同情况予以不同处理。

6 月　皖南合作总社在屯溪市成立,后随皖南行署迁至芜湖市。

　△　皖南行署在芜湖组建国营皖南贸易总公司。

7 月 12 日　皖南行署发布《关于公立中等学校设置、领导、编制等问题的决定》,要求将省立中学划归行署领导,县立中学由县人民政府领导,私立中学由当地市、县人民政府领导。

7 月 31 日　中共皖南区委作出《关于紧急发动群众战胜灾患的决定》。

7 月　中共中央华东局决定,将中共芜湖市委与中共皖南区委合并。牛树才任中共皖南区委书记,李步新调任副书记。中共皖南区委

机关从屯溪迁至芜湖。

8月6日 皖北、皖南行署改由华东军政委员会直辖,芜湖市改为皖南行署直辖市。

8月8日 安徽省邮政管理局在安庆成立,统一领导皖北、皖南的邮政工作。

8月25日 皖北军区司令部、政治部发布剿匪动员令。鄂豫皖剿匪指挥部所属东线剿匪指挥部同时宣告成立,梁从学任司令员,何柱成任政委。

8月31日 中共皖北区委作出《关于肃清大别山土匪及开辟山区工作的决定》。

9月1日 中国人民解放军第七十四师第二二一团和池州军分区独立团及贵池县大队,在当地公安部门配合下,分兵两路向洪国顺股匪的大本营丁香胡村挺进。10月28日,洪畏罪自杀。至此,皖南最大的土匪武装"中国人民自救军池徽边区指挥部"被彻底歼灭。

9月5日 鄂豫皖三省东、西、南线剿匪部队同时对金家寨及其以南地区的土匪进行分进合击,向土匪武装发起全面进攻。

△ 中共皖南区委发出《关于加强农村工作的决定》,部署各地在进行剿匪的同时,亦要开展反霸斗争。

9月6日 国民党军与土匪在安徽的最后一个据点——金家寨县城解放。

9月20日 中共皖北区委发出《关于反霸几个问题的指示》,指出剿匪反霸是皖北区当前不可跨越的斗争过程,并规定了反霸斗争的策略和政策。11月,皖北、皖南区的反霸斗争进入高潮。到1952年土地改革结束时,反霸斗争基本结束。皖北、皖南两区共斗争恶霸63610人,其中逮捕27551人,交群众管制7334人。

10月1日 中央人民政府主席毛泽东在开国大典上宣读《中华人民共和国中央人民政府公告》,宣告中华人民共和国成立。

10月2日至3日 合肥、芜湖人民分别举行大会和游行,庆祝中华人民共和国成立。

10月10日 安庆市撤销,其行政区域并入怀宁县。

11 月底　皖南全区 90% 的村庄都建立了农会,农会会员发展到 50 多万。保甲制度被普遍废除,经过改造的村政权占全区的 90% 以上。

11 月 30 日至 12 月 6 日　皖北区第一届各界人民代表会议在合肥召开。曾希圣致开幕词并作了关于皖北当前情况和任务的报告,宋日昌作了政府工作报告。会议选出皖北各界人民代表会议协商委员会委员 44 人,选举曾希圣为主席,黄岩、梁从学、宋日昌、沈子修、陈荫南为副主席。

12 月 5 日　皖北各界人民代表会议第一届全体会议通过《关于沟通城乡内外关系发展工商业的决议》,决议的公布与实施,对中小城镇的物资交流和公私营商业贸易的恢复与发展,起了积极作用。

△　国立安徽大学从安庆迁至芜湖,与省立安徽学院合并,成立新的安徽大学,由许杰任校务委员会主任。新成立的安徽大学,废除学院制,改设中文、教育、历史、物理等 13 个系(组),成为一所系科比较齐全的综合性大学。

本年　安徽全年社会总产值 23.85 亿元。工农业总产值 20.91 亿元。农业总产值 17.28 亿元。工业总产值 3.63 亿元。粮食总产量 639.2 万吨。

1950 年

2 月 10 日　由中国自行安装成功的第一台 5000 千瓦机组,在马鞍山电厂顺利运行发电。

3 月 9 日　经水利部批准,在蚌埠成立淮河中下游工程局,并迅速编拟了《淮河水利建设五年计划大纲》,对全面治理淮河提出了初步意见。

3 月 18 日　中共中央发出《关于严厉镇压反革命分子的活动指示》。随后,皖南、皖北两区公安机关侦破一批现行反革命案件。但在执行"镇压与宽大相结合"政策上曾一度出现右的偏向。

3 月 29 日至 4 月 5 日　中共皖北区委和皖北行署召开全区县以上干部大会,按照中央人民政府政务院颁布的《关于统一全国财政经

济工作的决定》的指示,对包括统一财政和整编人员在内的各项工作进行了部署。

4月 遵照中央人民政府政务院发布的《关于统一全国财政经济工作的决定》和《关于统一全国国营贸易实施办法的决定》精神,皖北、皖南贸易总公司先后撤销,在此基础上正式组建国营商业专业公司。

5月 中共皖北区委先后发出《关于整顿干部思想作风的计划》和《关于整风工作的补充指示》;中共皖南区委亦先后发出《整党计划(草案)》和《关于执行中央和华东局整党工作的补充计划》,在党的干部中开展整风。

△皖北合作总社在合肥成立。

6月10日 为贯彻5月1日中央人民政府颁布的《中华人民共和国婚姻法》,皖北行署制定了《皖北区婚姻登记暂行规则(草案)》。

6月15日 中共皖北区委发出《关于加强肃特清匪工作指示》,要求全区党政军民坚持"军事清剿,政治瓦解,发动群众,组织人民武装"的剿匪方针继续开展剿匪斗争,完成消灭土匪的任务。

6月27日至7月21日 皖北区淮河流域降雨499毫米,发生严重洪涝灾害,受灾人口近998万,淹没土地3162万亩,冲毁房屋117多万间,其他农具、牲畜等财产损失不计其数。

7月12日至8月5日 华东军政委员会共拨粮1亿斤,现款350亿元(旧人民币),急救皖北区灾民。

7月20日 中共中央主席毛泽东就根治淮河问题作出批示:除目前防救外,须考虑根治办法,现在开始准备,秋起组织大规模导淮工程,期以一年完成导淮,免去明年水患。

7月22日 皖北行署及中共皖北区委直属机关委员会召开干部大会,报告皖北灾情,号召进行捐款捐物、增产节约运动。

8月10日 中央人民政府慰问团一行17人,由团长彭泽民、副团长浦化人率领,携带药物赴皖北五河、阜阳、正阳关及蚌埠市郊外灾区进行慰问。

8月11日 皖北、皖南两区联合制定《皖北、皖南行署公安局禁毒行动计划》，上报华东公安部。随后，全省各地积极开展禁毒运动。

8月20日至28日　皖南区第一届各界人民代表会议在芜湖召开。魏明致开幕词并作了关于财政经济的报告。马天水作了《为完成皖南区土地改革而奋斗》的报告。会议选出皖南区各界人民代表会议协商委员会委员41人，选举胡明为主席，江靖宇、朱子帆为副主席。

8月25日至9月12日　中央人民政府水利部根据毛泽东主席根治淮河的指示精神，在周恩来亲自指导与参与下，召开了治淮会议。会议确定了豫、皖、苏"三省共保，蓄泄兼筹，相互配合"的治淮方针。

8月　皖北、皖南分别进行土地改革试点。11月，在土地改革试点成功经验的基础上，皖北、皖南开始在本区农村全面开展土地改革运动。

9月　中央人民政府再次批拨给皖北灾区救济粮2800斤、食盐200万斤、房屋重建补助费原粮1962万斤、煤2亿斤。

△　自5月份贯彻《中华人民共和国婚姻法》以来，皖北行署各级法院受理离婚案件1181起。

10月7日　中共皖北区委和皖北军区作出《关于人民武装建设的决定》，规定县、区设人民武装部，乡、村成立人民武装委员会。

10月13日至17日　皖北地区首届农民代表大会在合肥召开，大会通过了《皖北农民协会章程》，选举了皖北区农民协会第一届委员会，李世农当选为主席。

10月14日　中央人民政府政务院作出《关于治理淮河的决定》，进一步阐述了治淮的方针、步骤、机构及豫皖苏配合、工程经费、以工代赈等问题。

11月4日　中国共产党和各民主党派联合发表抗美援朝、保家卫国的宣言。皖北、皖南区人民随即开展了抗美援朝运动。

11月5日　合肥市开展全市规模的抗美援朝、保家卫国群众游行。

11月6日　治淮委员会在蚌埠正式成立。曾山任治淮委员会主任，曾希圣、吴芝圃、刘宠光、惠浴宇任副主任。

11月7日至12日　治淮委员会召开第一次全体委员会议，研究

【新中国卷】

如何贯彻《政务院关于治理淮河的决定》。

11月19日　中国人民保卫世界和平反对美国侵略委员会皖南分会召开首次常委会议,讨论开展抗美援朝、保家卫国运动的宣传与方针。

11月28日　根据中共中央《关于纠正镇压反革命活动的右倾偏向的指示》,中共皖北区委印发《关于严厉镇压反革命分子的指示(草案)》,中共皖南区委发出《关于镇压反革命活动的指示》。自此,皖北、皖南大规模的镇压反革命运动轰轰烈烈地开展起来。

11月　皖北区、皖南区抗美援朝分会分别成立,两区各市县也纷纷成立了抗美援朝分会。

12月26日　蚌埠市举行了1万余人参加的抗美援朝示威大游行。

本年　皖北区、皖南区全年社会总产值26.77亿元。农业总产值18.32亿元。工业总产值4.84亿元。

1951年

1月10日　中共皖北区委在《关于皖北土地改革情况给华东局的报告》中,对土地改革进行了总结。

1月11日　皖北行署公安局发出《关于开展反动党、团、特务人员登记工作指示》,要求各地在对反动党团人员登记后分别加以管制。

1月20日　皖南区总工会筹备委员会发出《关于响应齐齐哈尔第二机床厂马恒昌小组的挑战告全区工人书》,号召全区工人"以工厂当战场,机器当刀枪",积极投入爱国主义劳动竞赛,增加生产,厉行节约,支援抗美援朝运动。

1月　淮南矿区办事处撤销,设立淮南市;淮南矿区办事处党委亦随之撤销,成立中共淮南市委。

2月2日　中共中央发出《关于进一步开展抗美援朝爱国运动的指示》,号召广大人民订立爱国公约。皖北、皖南人民立即响应,开展了全民性的订立爱国公约运动。

2 月 21 日 中央人民政府公布《中华人民共和国惩治反革命条例》。皖北、皖南区各级党委和政府机关及时宣传贯彻《条例》。镇压反革命运动由此展开。

3 月中旬 合肥、蚌埠等市召开了抗美援朝代表会,号召人民起来反对"美帝武装日本"的罪恶行径。

3 月 皖南区在完成土地改革的基础上,一些农民积极分子带头办起了农业生产互助组。

4 月 15 日 皖北各界人士在皖北人民广播电台召开镇反广播大会。

4 月 25 日 人民银行皖南分行在芜湖县清水镇试办第一个附设于清水联村合作社的信用部正式开业。

4 月 皖北区完成土地改革的农村,一批农民积极分子办起互助组。

5 月 1 日 皖北、皖南区举行空前热烈的"五一"示威游行,反对美国武装日本、侵略朝鲜。

5 月 4 日 中央治淮视察团在蚌埠举行授旗典礼。视察团代理团长邵力子将两面锦旗分别授予治淮委员会和皖北治淮指挥部。锦旗上绣有毛泽东亲笔题字:"一定把淮河修好"。

5 月 皖北行署在合肥举办全区土特产物资展览交流大会,这是皖北区解放后第一次召开全区范围的物资交流大会,此次大会总成交额达 62.7 万元。

6 月 1 日 中国人民抗美援朝总会发出《关于推行爱国公约、捐献飞机大炮和优待烈属军属的号召》,皖北、皖南人民积极响应,掀起了捐献高潮。

6 月 14 日 日伪时期的安徽伪省长倪道烺、伪财政厅长唐少侯等罪大恶极的反革命罪犯,在蚌埠伏法。

6 月 30 日 合肥市各界 7 万人隆重集会,热烈欢迎中国人民志愿军归国代表来肥作报告。

7 月 4 日 皖南行署发布《皖南区中等学校领导关系的决定》,规定全区私立中等学校一律由行署文教处统一领导,从而初步规范了中

等学校的管理体制和隶属关系。

8月 安庆市由县级市升为地级市。

9月20日 淮南至合肥间架设的皖北第一条35千伏长距离输电线路开始向合肥输电。不久,田(家庵)蚌(埠)、田(家庵)寿(县)等几条输电工程也相继完工,皖中电网基本形成。

9月 皖南行署以190万元买下濒临倒闭的私营企业裕中纱厂。翌年,又将原安庆纱厂、芜湖染织厂和上海永德棉织厂的设备并入,形成一个既能纺纱又能织布的全能纺织企业,并改名为芜湖纺织厂。

10月10日 佛子岭水库工程指挥部成立,汪胡桢任指挥,张支峰为政治委员。佛子岭水库大坝是新中国第一座开工建设的具有当时国际先进水平的大型连拱坝。

10月 合肥市13名铁匠以两套半打铁工具和60元资金,办起了皖北区第一家手工业生产合作社。

11月 治淮委员会邀请茅以升、钱令希、黄文熙等专家到佛子岭工地考察,对佛子岭水库能否采取连拱坝型做可行性论证。论证结果一致认为佛子岭水库应建连拱坝。

12月10日 毛泽东主席为滁县地区文工团亲笔题词"面向农村"四个大字,鼓励他们继续深入农村,为工农大众服务。

12月19日 根据华东军政委员会第四次会议通过的《关于皖南人民行政公署与皖北人民行政公署合并成立安徽省人民政府的决定》,皖北、皖南两行署联名发出通知,决定在安徽省人民政府成立前两行署先行在合肥合并办公。

12月24日 皖北、皖南区直属机关和团体负责人在合肥举行动员大会,号召在各机关、团体进行一次反贪污、反浪费、反官僚主义的"三反"运动,以保证和展开增产节约运动。自此,"三反"运动在皖北、皖南区展开。

12月26日 《皖北日报》和《皖南日报》改名为《皖北日报皖南日报联合版》出版发行。

年底 自1950年5月《婚姻法》贯彻以来,皖北、皖南各级法院受理婚姻案件达到 3 万余件,当年办结 2 万余件,其中准予离婚的占结案数的 90%。

本年　皖北区、皖南区全年社会总产值 31.46 亿元。农业总产值 21.32 亿元。工业总产值 5.48 亿元。

1952 年

1 月 2 日　经中共中央批准,中共安徽省委员会在合肥成立,由 12 名委员组成,曾希圣任书记,牛树才任副书记。中共皖北、皖南区委因之相应撤销。

1 月 8 日　皖北、皖南区直属机关召开党员代表会,贯彻中共中央要求各单位立即按期限发动群众开展"三反"斗争的指示。省委主要领导和各机关党员负责人、各专市县负责人先后作了自我批评,轰轰烈烈的民主检查运动在皖北、皖南区全面展开。中旬,全省"三反"运动进入高潮。

1 月 10 日　皖北、皖南军区合并组成中国人民解放军安徽省军区,刘飞任军区司令员,曾希圣任军区第一政委。

1 月 31 日　在省委统战部及市委统战部的协助下,合肥市工商界召开全市 51 个同业工会近 3500 人的大会,动员开展"五反"斗争。2 月起,蚌埠、芜湖、屯溪等 5 个城市先后在工商界开始发动"五反"运动,并很快形成斗争高潮。

2 月 1 日　屯溪市主要负责人向全市工商界作了《关于开展"五反"运动的动员报告》,宣传党的政策,号召工商界自我检查、坦白交代,阐明开展"五反"运动的意义。

2 月 20 日　中共安庆市委召开工商业店员代表大会,进一步发动店员制订"五反"爱国公约,控诉不法资本家坑害国家的罪行。

3 月 28 日　根据华东军政委员会通知,撤销池州专区,其行政区域分别划归芜湖、安庆、徽州专区;撤销巢湖、宣城专区,设芜湖专区。

4 月 8 日　皖北、皖南区直属机关第一人民法庭召开公审大会,对 16 名贪污分子进行审判。

4月27日 合肥市召开"五反"斗争胜利大会。彻底坦白的工商户得到宽大处理,极少数严重违法户和完全违法户受到处分。

5月3日 皖北、皖南区直属机关第二人民法庭召开公审大会,审判一批大贪污犯。

5月12日 台湾国民党军用飞机在六安、肥西、宣城、郎溪、合肥等8个县、市投下带菌昆虫。

6月15日 由安庆铁工厂和皖北机械总厂合并组建的合肥矿山机械厂正式投产,该厂被国家第一机械工业部列为生产矿山机械的重点企业。

6月20日至7月3日 安徽省城乡物资交流大会在合肥举行,来自皖北、皖南各专区和山东等地的客商代表约700余人参加了大会。此次物资交流大会成交总额高达1738万多元。

6月 铜官山铜矿正式投产,日选矿石400吨。

7月5日 根据中央人民政府教育部指示,安徽的高级中学首次进行全省统一招生。

7月 皖北、皖南土地改革运动结束。至此,安徽全省彻底推翻了封建土地所有制,建立起农民土地所有制。全省没收土地3005.8万亩、耕牛20.5万头、房屋223万间和粮食3.5亿斤。全省2530万农民分得了土地财产。全省农会会员772万多人,妇联会会员413万多人。

△ 皖北、皖南区的"三反"、"五反"运动基本结束。全省人民法院负责"三反"、"五反"的法庭共审结偷工减料案22件、31人,偷税漏税案542件、724人。

△ 安徽农村已组织农业生产互助组445175个,加入互助组农户占全省总农户的49.5%,其中,常年互助组7.5万多个,参加常年互助组的农户占参加互助组农户总数的16.8%。

8月6日至7日 皖北、皖南行署公安局联合召开两区专市公安处(局)长、科长会议,部署在全省开展禁毒运动。11日,皖北、皖南两区联合制定《皖北、皖南行署公安局禁毒行动计划》,上报华东公安部。9月底禁毒运动大体结束。

8 月 7 日　中央人民政府委员会第十七次会议决定成立安徽省人民政府,任命 38 名省人民政府委员,曾希圣为主席,牛树才、黄岩、许杰、沈子修为副主席。

8 月 19 日　皖北、皖南两区的总工会筹备委员会合并,成立安徽省总工会筹备委员会。

8 月 25 日　安徽省人民政府正式成立。省会设在合肥市。省人民政府共管辖合肥、芜湖、蚌埠、淮南、安庆 5 市和阜阳、宿县、滁县、六安、安庆、芜湖、徽州 7 个专区,7 个专区下辖 3 个县级市、67 个县。

8 月 28 日　中共安徽省委对全省"三反"运动作了总结报告。

9 月 18 日　安徽省人民政府发出《关于推行"识字速成法",开展扫除文盲运动的指示》。

10 月 28 日　中共安徽省委发出《关于今冬试办农业生产合作社的指示》,要求全省各县要在冬季试办一两个农业生产合作社,已试办的再发展两三个,并明确了"有领导、有重点、稳步前进"的办社方针。

10 月　治淮委员会在安徽怀远县正式成立"淮河水利专科学校",为淮河流域各省培养水利人才。

12 月 3 日　第四次全省公安会议决定,对反动道会门进行全面取缔。

12 月 13 日　中共安徽省第一次代表会议在合肥召开。曾希圣作《解放三年来的工作总结和今后工作任务》的报告。会议代表就安徽省进行社会主义改造的方针,发展工业化和农业集体化的步骤、措施以及治理淮河、长江,增强抗御自然灾害的能力等问题进行讨论。

12 月 23 日至 30 日　安徽省第一届各界人民代表会议在合肥召开。大会讨论并通过曾希圣代表省政府作的《安徽省解放三年来的工作和 1953 年的任务》的报告;选举了安徽省第一届各界人民代表会议协商委员会委员 91 人,选举曾希圣为主席,孙仲德、张恺帆、余亚农、陈荫南为副主席。

本年　毛泽东主席发出"动员起来,讲究卫生,减少疾病,提高人民健康水平,粉碎敌人的细菌战争"的号召。安徽城乡积极贯彻"以预防为主"、"卫生工作与群众运动相结合"的方针,开展以除四害、讲

卫生、消灭疾病为中心的大规模的爱国卫生运动。

　　△　皖北区、皖南区全年社会总产值34.47亿元。工农业总产值28.67亿元。农业总产值22.17亿元。工业总产值6.50亿元。粮食总产量891.43万吨。

附录二 人物小传

马天水（1912—1988）

河北唐县人，1912 年 9 月出生。1931 年 12 月加入中国共产党。1949 年 5 月，任中共皖南区委委员兼第三副书记，人民解放军皖南军区副政委。1950 年 2 月，任皖南区委第一书记。1952 年至 1954 年 11 月，任中共中央华东局工业部副部长、部长，华东局财政经济委员会副主任。后又历任中共上海市委副书记、中共上海市委书记处书记、上海市革委会副主任等职。"文化大革命"中参加篡党夺权活动。1977 年 6 月被开除党籍。1988 年 11 月，在上海去世。

马毛姐（1935—   ）

安徽无为人，1935 年出生。1949 年渡江战役中，主动要求参加渡江先遣队，冒着敌人的炮火把第一批渡江战士送上南岸，返回途中又抢救被击翻在江中的两船解放军战士，并反复不断地把解放军从江北运送到江南。渡江战役结束后被授予一等渡江英雄。1954 年加入中国共产党。后任合肥市第二轻工业局服装鞋帽工业公司副经理、工会主席。

马长炎（1912—1997）

江西乐平人，1912 年出生。1932 年加入中国共产党。1949 年 6 月，任皖北军区巢湖军分区司令员兼党委书记。1951 年 5 月，调任解放军步兵第九十师师长兼党委书记。1952 年，任治淮委员会秘书长、

佛子岭工程第一副指挥。1956 年 10 月,调任安徽省副省长。1958年,增补为中共安徽省委常委,两度兼任安徽省林业厅厅长。1979 年12 月,任安徽省人大常委会副主任。1997 年 1 月 22 日,在合肥逝世。

王少舫(1919—1986)

江苏南京人,1919 年出生。著名黄梅戏表演艺术家。1928 年到上海拜师学习京剧。1938 年学习黄梅戏。1954 年起,任安徽省黄梅戏剧团副团长、导演,中国戏剧家协会会员。1956 年,被评为安徽省社会主义建设积极分子。1960 年加入中国共产党。在《天仙配》中成功塑造了董永艺术形象,曾获金质奖章。1986 年 7 月 19 日,在合肥逝世。

王光宇(1919—   )

安徽霍邱人,1919 年出生。1938 年参加中华民族解放先锋队,同年 10 月加入中国共产党。1936 年至 1938 年先后就读于颍上县甘罗乡村教育社、上海山海工学团时,开始参加抗日活动。曾任中共霍邱县委宣传部长,中共皖东北直属区委书记,霍邱县县委组织部长,中共泗东、泗宿县委书记。1944 年 9 月起,先后任中共河南永城县委书记、地委民运部长,萧(县)、永(城)、砀(山)一工委书记,豫、皖、苏三地委副书记。1949 年 3 月起,任阜阳地委书记,安徽省委秘书长、农工部长。1956 年 5 月起,任中共安徽省委书记处书记、副省长。1969 年起,任安徽省革委会生产指挥组副组长,中共安徽省委常委、中共安徽省委书记、安徽省革委会副主任。1980 年 1 月后,任中共安徽省委书记、副书记,安徽省第六、七届人大常委会主任、党组书记。曾当选中共八大、十一大、十二大代表,中共第十一、十二届中央委员,第四、七届全国人大代表。

车胜科(1912—   )

安徽无为人,1912 年出生。1949 年渡江战役中,与父亲同上战场。父亲在战斗中不幸牺牲,车胜科忍着极大的悲痛,动员二弟上船,二弟负伤后,又动员四弟上船,父子几人,前仆后继,摇桨运送解放军过江。渡江战役结束后被授予特等渡江英雄。

牛树才(1908—1990)

直隶(今河北)曲阳人,1908 年出生。1925 年参加中国共产主义青年团。1937 年转入中国共产党。1949 年 2 月,任华北南下干部纵队纵队长,带领干部南下。同年 5 月,任中共皖南区委第一副书记兼人民解放军皖南军区政委。7 月,任中共皖南区委书记。1950 年 2 月,调任中共皖北区委第二书记。1952 年 1 月 2 日,任中共安徽省委委员兼副书记。同年 8 月 25 日,任安徽省人民政府副主席。"文化大革命"中遭迫害。1990 年 2 月 6 日,在石家庄逝世。

方向明(1909—1999)

安徽太平(今黄山)人,1909 年出生。1938 年加入中国共产党,曾任中共青阳县委书记、中共皖南特委秘书长。1949 年 4 月,任芜湖市教育局长。新中国成立后,历任皖南行署文教处处长,安徽省教育厅副厅长,安徽师范学院院长、校党委书记兼安徽省文办副主任,安徽省立图书馆副馆长,安徽大学副校长、校党委常委,安徽省第四届政协副主席。1956 年,当选为中共八大代表。1999 年 3 月,在合肥逝世。

刘飞(1906—1984)

湖北黄安(今红安)人,1906 年 12 月出生。1926 年 9 月加入汉口码头工会,参加罢工斗争和反帝运动。1930 年 6 月加入中国共产党。1949 年 1 月,任第三野战军二十军军长。同年 9 月,调任皖南军区司令员。1950 年 2 月,任中共皖南区委常委。1952 年 1 月,任中共安徽省委委员、省军区司令员。同年 8 月 25 日,任安徽省人民政府委员。1955 年,调任南京军区公安军司令员。同年,被授予中将军衔。1956 年 8 月,当选为中共八大代表。1957 年,任上海警备区副司令员。1966 年,调南京军区工作。1980 年,任南京军区顾问。1984 年 10 月 24 日,在南京病逝。

江靖宇(1903—1971)

安徽桐城人,1903 年出生。国共合作时,以共产主义青年团员身份加入国民党。1927 年加入中国共产党。解放战争时期,任华东野战军南下先遣队政治部副主任兼七支队政治部主任。中华人民共和国成立后,先后任芜湖市副市长、市长,皖南行政公署副主任,皖南行政财政经济委员会委员,安徽省政法委员会副主席兼民政厅厅长。1954 年底,任中共南京市委常委、副市长。1971 年 5 月 14 日,在南京病逝。

许杰(1901—1989)

安徽广德人,1901 年出生。著名地质学家。1926 年加入中国共产党。1930 年,任中央研究院地质研究所助理研究员、研究员。新中国成立后,历任皖南行署副主任、中苏友好协会皖南区分会主席、安徽大学校务委员会主任、校长,安徽省人民政府副主席,民盟安徽省主任委员等职。1954 年,调任地质部副部长。1959 年,兼任中国地质科学研究院第一任院长。第五届全国人大代表。1989 年 7 月 11 日,在北京病逝。

许家朋(1931—1953)

安徽绩溪人,1931 年出生。1951 年 5 月,参加人民解放军。同年 7 月,参加中国人民志愿军赴朝作战。1953 年 7 月,在朝鲜盘踞石砚洞山反击战中,用胸膛堵住敌人的机枪射孔,壮烈牺牲。被中国人民志愿军领导机关追授为"一级战斗英雄"称号,并荣获"朝鲜民主主义人民共和国英雄"称号和朝鲜民主主义共和国"一级国旗勋章"和"金星奖章"。

孙仲德(1902—1961)

安徽肥西人,1902 年出生。1927 年参加国民革命军。1934 年加入中国共产党。1948 年 9 月后,先后任华东野战军先遣纵队司令员、合肥市军事管制委员会主任。1949 年 4 月 15 日,任皖北军区司令部第二军区司令兼参谋长。1952年2月,当选为中共安徽省委委员。同年5月,任安徽省政协副主席、省民政厅厅长。1953年9月,调任上海第二医学院任党委书记兼校长。1958年,调任中共安徽省委常委、副省长。1961年11月4日,在合肥病逝。

孙宗溶(1916—2004)

安徽太平(今黄山)人,1916年2月出生。1938年3月参加革命工作。解放战争时期,任中共皖南地委委员、皖南沿江工委书记、沿江支队政委等职。1949年5月,任中共芜(湖)当(涂)地委第二书记兼军分区政委。1950年3月,任中共芜湖市委副书记。1952年5月,任安徽省文教委员会副秘书长。1953年4月,任淮南煤专党委书记、校长。1955年5月,任合肥矿业学院党委书记、院长。1958年9月,任合肥工业大学党委书记、校长。1956年至1960年,兼任中共安徽省委宣传部副部长。1962年9月,任安徽省人大副秘书长。"文化大革命"期间受到冲击。1975年12月,任安徽省石油化工局局长、党组书记。1977年7月,任中共安徽省委副秘书长兼安徽日报社党委书记。1983年3月,任安徽省政协第五届委员会副主席、党组副书记。2004年11月,在合肥逝世。

严凤英(1930—1968)

安徽安庆人,1930年出生。著名黄梅戏表演艺术家。1946年,进安庆城演出,轰动一时。因盛名招致灾祸,逃离南京,脱离黄梅戏。1951年3月,重返安庆舞台。1952年,应邀到上海演出,获得极大成功。1953年4月,调入安徽省黄梅戏剧团,历任安徽省黄梅戏剧团演员、副团长。1954年,参加华东区戏曲观摩演出大会,演出《天仙配》、《打猪草》、《砂子岗》,荣获一等奖和金质奖章。1954年至1966年间,先后主演了《夫妻观灯》、《打金枝》、《女驸马》等50个大小剧目。自1959年起,先后被选为全国政协委员、全国妇联委员、中国文联委员、中国戏剧家协会理事。1960年加入中国共产党。"文化大革命"中受到摧残迫害。1968年4月8日,饮恨辞世。

苏毅然（1918—   ）

四川苍溪人，1918 年 11 月出生。1933 年 6 月参加革命工作。1936 年 2 月加入中国共产主义青年团。1937 年 1 月转为中国共产党党员。1949 年起，任皖南区党委社会部部长、皖南区党委委员、皖南行署公安局局长，安徽省公安厅厅长、政法办公室主任。1955 年 4 月，任中共安徽省委常委。1956 年 5 月至 1960 年 12 月，任安徽省副省长。1958 年 7 月至 1961 年 1 月，任中共安徽省委书记处候补书记。1961 年后，到山东任职，历任中共山东省委书记处书记、山东省革委会副主任、中共山东省委书记兼省委纪律检查委员会书记、山东省省长、中共山东省委书记、中共山东省顾问委员会主任等职。

杨建新（1899—1972）

湖南浏阳人，1899 年 6 月出生。1926 年加入中国共产党。1949 年 5 月至 1952 年 6 月，历任皖南军区副政委兼政治部主任，中共皖南军区党委副书记，皖南区党委常委，皖南行署委员，皖南行署土地改革委员会委员，皖南行署财政经济委员会委员，皖南区政协委员等职。1952 年 6 月至 1953 年 2 月，任华东军区军管委员会建筑工程部副部长、部党委副书记兼代理党委书记，中共中央华东局委员，华东军政委员会党委委员，华东建筑工程部党委会纪律检查委员会书记。1953 年 3 月，调任中央监察部派驻林业部监察委员会主任、纪监书记、部党组成员。1955 年，任林业部国家监察局局长。"文化大革命"中遭到迫害。1972 年 10 月 24 日，在浏阳病逝。

杨效椿（1911—1976）

山西万荣人，1911 年出生。1937 年在延安抗日军政大学学习。1938 年加入中国共产党。1949 年 5 月，任中共皖北巢湖地委书记。此后，曾任安徽省人事厅厅长，安徽省人民检察院检察长，中共安徽省委组织部副部长，中共合肥市委书记，合肥市政协主席，安徽省革命委员会副主任，中共安徽省委常委兼宣传部部长，安徽省视察室主任等职。1976年10月逝世。

李云鹤（1894—1969）

安徽金寨人,1894年出生。1925年加入中国共产党。1949年4月15日,任皖北人民行政公署第二副主任。1952年8月25日,任安徽省人民政府委员。后任安徽省政协副主席。"文化大革命"期间惨遭迫害。1969年1月12日,在合肥逝世。1979年,中共中央追认李云鹤为革命烈士。

李世农（1911—2006）

河北巨鹿人,1911年10月出生。1930年3月加入中国共产主义青年团,同年夏转入中国共产党。1948年5月,任中共江淮区委副书记。1949年1月,任蚌埠市军事管制委员会副主任,蚌埠市第一任市委书记,市警备司令部政委。同年2月调省工作,历任中共安徽省委委员、组织部部长,皖北区党委第二书记,省委组织部部长兼省纪检委书记,皖北区农民协会主席,省委副书记、书记处书记。1958年,被错划为右派。1962年,甄别平反,恢复原职。"文化大革命"中受到冲击。1978年1月,任安徽省政协副主席。1979年1月,任中共安徽省委书记。同年2月,兼省纪委第一书记,省委顾问。2006年12月28日,在合肥逝世。

李世焱（1909—1990）

湖北黄安（今红安）人,1909年出生。1927年参加黄麻起义。1929年参加中国工农红军。同年加入中国共产党。1949年4月,任中共皖北军区政治部主任。1950年10月,任皖北军区副政治委员。1952年1月,任中共安徽省委委员,安徽省军区副政委。1955年5月,被授予上将军衔。同年12月,任安徽省军区政治委员、党委书记,中共安徽省委常委。1965年,调上海警备区任政治委员。1970年6月,调任南京军区装甲兵政治委员。1978年11月,任南京军区政治部顾问。1990年2月28日,在南京病逝。

李则纲（1892—1977）

安徽枞阳人，1892 年出生。1927 年任国民革命军总政治部考试委员会书记。1952 年 8 月 25 日，任安徽省人民政府委员。1953 年 4 月 20 日，任安徽省博物馆筹备处处长。1956 年 11 月 14 日，任安徽省博物馆首任馆长。还曾任民盟安徽省副主任、民盟中央候补委员、安徽省政协常委、安徽省文化局副局长、安徽省图书馆副馆长、安徽省文史馆副馆长等职。1958 年被错划为右派而离职。1977 年 3 月 22 日，在合肥病逝。著有《史学通论》、《安徽历史述要》、《中国文化史》等。

李任之（1919—1983）

广东东莞人，1919 年 4 月出生。1936 年参加革命。1938 年 4 月加入中国共产党。解放战争时期，先后任华中野战军第九纵队第八十一团政委、中共江淮三地委书记兼军分区政委、中共宿县地委书记兼军分区政委等职。1952 年 5 月，任淮南矿务局党委书记兼局长。同年 6 月，兼任中共淮南市委书记。同年 8 月 25 日，任安徽省人民政府委员。1955 年 1 月后，先后任中共安徽省委工业部部长、中共安徽省委常委、中共安徽省委副书记、中共安徽省委书记处书记。1979 年 2 月，调任湖北省委书记，兼武汉市委书记和武汉市长。中共第七、十一届中央委员。1983 年 2 月 28 日，在武汉病逝。

李步新（1907—1992）

江西上饶人，1907 年出生。1929 年 10 月加入中国共产党。1949 年 5 月 12 日，任中共芜湖市委书记兼芜湖市市长。同年 7 月，调任中共皖南区委副书记。新中国成立之初，任华东军政委员会民政部副部长、部长。1952 年，任中共中央华东局组织部副部长。1955 年 6 月，任中共中央组织部政法干部管理处处长、部委委员。1960 年，任中共中央组织部副部长。"文化大革命"期间被隔离关押。1978 年 7 月，复任中共中央组织部副部长。1980 年，任中共中央组织部顾问。第一届全国人民代表大会代表，第三、四届全国政协委员和第五、六届全国政协常委。1992 年 1 月 30 日,在北京逝世。

李家发(1934—1953)

安徽南陵人,1934 年出生。1951 年 5 月,参加中国人民志愿军。同年 7 月,参加中国人民志愿军赴朝作战。1953 年 7 月,在朝鲜轿岩桥战斗中,用胸膛堵住敌人的机枪射孔,为全连战友和志愿军进攻部队夺取战斗胜利,作出了光荣的牺牲。被中国人民志愿军领导机关追记特等功,授予"一级战斗英雄"称号,并荣获"朝鲜民主主义人民共和国英雄"称号和朝鲜民主主义共和国"一级国旗勋章"和"金星奖章"。

何柱成(1911—1974)

安徽六安人,1911 年出生。1929 年参加中国工农红军。同年加入中国共产主义青年团。1930 年转入中国共产党。解放战争时期,任皖西军区政治部副主任,皖北军区政治部副主任。中华人民共和国成立后,历任皖北军区政治部主任,鄂豫皖边区剿匪指挥部副政委兼东线剿匪指挥部政委,安徽军区政治部主任,山东军区政治部副主任,济南军区政治部副主任,济南军区副政委。1955 年,被授予少将军衔。1974 年 9 月,在济南病逝。

余亚农(1887—1959)

安徽寿县(今长丰)人,1887 年出生。1910 年秘密加入同盟会。解放后,先后任华东军政委员会委员,皖北行署检查委员会副主任。1952 年 8 月 25 日,任安徽省人民政府委员。1952 年 12 月,任安徽省各界人民代表会议协商委员会副主席。1959 年去世。

汪胡桢(1897—1989)

浙江嘉兴人,1897 年出生。1923 年获美国康奈尔大学土木工程硕士学位。回国后,历任河海工程专门学校、中央大学、浙江大学教授。1929 年,任国民政府导淮委员会设计主任工程师。1934 年,应聘为整理运河讨论会总工程师。1935 年,任经济委员会水利处设计科

科长。抗日战争胜利后,任钱塘江海塘工程局总工程师兼副局长。1950年,任华东军政委员会水利部副部长、治淮委员会委员兼工程部部长。1951年,任佛子岭水库工程总指挥。1955年,任水利部北京勘测设计院总工程师、黄河三门峡水库工程局总工程师。1960年至1978年,任北京水利水电学院院长。后任水利部顾问,华北水利水电学院名誉院长等职。第一、二、三、五届全国人大代表,政协第三届全国常委、第六届委员,中国科学院技术科学部委员。1989年10月13日,在北京病逝。

汪道涵(1915—2005)

安徽嘉山人,1915年出生。1933年加入中国共产党。抗日战争时期,曾任嘉山县抗日民主政府第一任县长、中共嘉山县县委书记、淮南行署副主任,苏皖边区财政厅、建设厅副厅长等职。解放战争时期,先后任胶东行署代主任,华中军区、华东军区军工部部长。新中国成立后,历任杭州市军管会副主任、中央一机部副部长、中华人民共和国对外经济联络委员会第一副主任、国家外国投资管理委员会副主任、上海市市长。1987年,当选为中共中央顾问委员会委员,兼任国务院上海经济区规划办公室主任。1991年12月,当选为海峡两岸关系协会会长。2005年12月24日,在上海病逝。

沈子修(1880—1955)

安徽霍山人,1880年出生。1907年参加同盟会,开始革命活动。中华人民共和国成立后,历任华东军政委员会委员、中国民主同盟中央委员、皖北各界人民代表会议协商委员会副主席、皖北行署副主任、皖北文教委员会委员、皖北行署土地改革委员会委员等职。1952年,当选为安徽省人民政府副主席。1955年11月,因病去世。

宋日昌(1906—1995)

安徽颍上人,1906年出生。1927年3月参加中国共产党。同年8月参加南昌起义。1949年4月15日,任中共皖北人民行政公署主任。

1950 年后,历任华东军政委员会民政部部长,华东行政委员会副秘书长。1955 年 2 月至 1966 年 10 月,任上海市副市长。1959 年 2 月至 1962 年 7 月,兼任中共上海市委农村工作委员会副主任、上海市人民委员会农业办公室主任。1979 年 5 月至 1985 年 7 月,任上海市政协第五、六届副主席。1995 年 9 月 7 日,在上海逝世。

宋任穷(1909—2005)

湖南浏阳人,1909 年 7 月出生。1926 年加入中国共产主义青年团。同年转入中国共产党。解放战争时期,任晋冀鲁豫野战军第二纵队政委,晋冀鲁豫中央局组织部部长,中共中央中原局豫皖苏分局书记兼华东野战军第三副政委。1949 年,任中共安徽省委书记、省政府主席、省军区政委。同年 4 月,调任南京市委副书记、南京市军管会副主任。中华人民共和国成立后,任二野四兵团政委,中共云南省委第一书记兼云南省军区政委,西南军区副政委,中共中央副秘书长、中共中央组织部副部长、解放军总干部部第一副部长,第三机械工业部部长,东北局第一书记兼沈阳军区第一政委,第七机械工业部部长、党组书记,中央组织部部长。1955 年,被授予上将军衔。第一、二、三届国防委员会委员,第四、五届全国政协副主席,中国共产党第七届候补中央委员,第八届中央委员、中央政治局候补委员,第十一届中央委员、中央书记处书记,第十二届中央委员、中央政治局委员。2005 年 1 月 8 日,在北京逝世。

张义纯(1895—1982)

安徽肥东人,1895 年 10 月出生。1916 年毕业于保定陆军军官学校。北伐战争时期,任国民革命军第六军第十九师副师长。1932 年,在上海参加了"八一三"抗战,后任军长。1938 年,任安徽省政府委员兼民政厅厅长并代理安徽省政府主席。1948 年,任皖南行署主任。1949 年 3 月,任安徽省政府主席。1950 年定居上海,曾任民革上海市委对台工作宣传委员会委员、上海市人民政府参事、民革中央团结委员。1982 年 9 月 19 日,在上海病逝。

张劲夫(1914—   )

安徽肥东人,1914年6月出生。1934年秋参加革命。1935年12月加入中国共产党。1949年后,历任华东支前司令部第一办事处主任,浙江省财政经济委员会主任,华东行政委员会财委副主任,地方工业部副部长,中国科学院副院长、党组书记。"文化大革命"中遭到迫害。1975年1月,任财政部部长。1980年3月起,任中共安徽省委第一书记、安徽省省长、安徽省军区第一政委。1982年5月,任国务委员兼国家经委主任。中共第八届候补中央委员,第十至十二届中央委员,第一、二、五届全国人大代表,第三、四届全国政协常委。1987年,当选为中顾委常委。

张恺帆(1908—1991)

安徽无为人,1908年出生。1928年加入中国共产党。1949年4月6日,任中共皖北区党委委员。同年5月,任中共合肥市委书记。同年11月,调任淮南矿区党委书记。1952年1月2日,任中共安徽省委委员。同年3月,兼任中共安徽省委统战部部长。12月,任安徽省政协副主席。1953年,兼任黄山建设委员会主任。1954年8月18日,任安徽省人民政府副主席。1959年7月,因如实反映无为县问题而遭到错误处理,1962年甄别平反。粉碎"四人帮"后重新工作,历任安徽省革委会副主任、中共安徽省委书记处书记、安徽省纪律检查委员会第二书记,安徽省政协主席,安徽省地方志编委会首任主任等职。1991年10月29日,在合肥病逝。

陈荫南(1890—1963)

安徽泗县人,1890年出生。早年毕业于浙江陆军讲武堂,后秘密加入同盟会。1949年5月,任皖北行署委员兼皖北人民法院院长。同年11月,任皖北行署政协副主席。1950年4月,任华东军政委员会委员,皖北军政委员会委员。1952年8月25日,任安徽省人民政府委员兼政治法律委员会副主任。同年,当选为第二、三届民盟中央委员、民盟安徽省委主任,安徽省政协副主席。1954年,当选为第一届全国人民代表大会代表。1956年5月,任安徽省副省长。1963年6月9日,在合肥病逝。

范治农(1899—1967)

安徽歙县人,1899年出生。1922年参加中华革命党,任《长江日报》总编。中华人民共和国成立后,历任芜湖市文化馆馆长,皖南行署监委会副主任,皖南各界人民代表会议委员及副秘书长,安徽省一、二、三届人大代表,安徽省人民委员会委员,安徽省劳动局副局长,安徽省一、二、三届政协常委,全国第三、四届政协委员,民盟中央候补委员,民盟安徽省委副主任委员等职。1967年4月,在合肥病逝。

郑抱真(1897—1954)

安徽寿县人,1897年出生。1938年入伍。1940年1月加入中国共产党。1949年2月1日,任合肥市首任市长。同年4月15日,任中共皖北人民行政公署第一副主任。1952年8月,任安徽省人民政府委员兼政治法律委员会副主任,安徽省人民政府第一任秘书长。1954年12月12日,在上海病逝。

赵汇川(1913—1995)

安徽宿县人,1913年出生。1933年5月,加入中国共产党,参加察哈尔抗日同盟军。解放战争时期,历任华中军区第七军分区副司令员,华东野战军第九纵队参谋长,淮北挺进支队副司令员,江淮军区参谋长等职。新中国成立后,调任北海舰队副司令员。1960年,晋升少将军衔。1995年,在青岛逝世。

胡业奎(1904—1949)

安徽无为人,1904年出生。1949年渡江战役中,邀集周围村庄30名船工,冒着炮火,运送解放军渡江,在接近南岸时,船只被敌人炮火

击中,胡业奎毅然跳入江中,用双手推船前行,不幸中弹牺牲。渡江战役结束后被授予特等渡江英雄。

胡明(1914—2001)

福建同安人,1914 年出生。1936 年加入中国共产主义青年团。1937 年 6 月加入中国共产党。1946 年 2 月,任中共皖南地委书记兼皖南游击队政委。1949 年 5 月,任中共皖南区委第二副书记、第二书记,皖南军区司令员兼第一政委。1952 年,任中共安徽省委委员、统战部部长,后调任上海纺织管理局局长、党委书记,国家计委委员兼轻工局局长。1956 年,任食品工业部副部长、党组书记。1958 年,调任中共旅大市委书记、市长、代理第一书记。1973 年,任中共抚顺市委副书记。1978 年,调任纺织工业部副部长、党委副书记。中共八大、十二大代表,第二、三、五、六届全国人大代表,第一届全国政协委员。2001 年 7 月 13 日,在北京病逝。

桂林栖(1913—1971)

湖北黄梅人,1913 年出生。1927 年加入中国共产主义青年团。1930 年参加中国工农红军。1938 年加入中国共产党。曾任中共黄梅县委书记、望江地委组织部部长、皖中地委副书记、皖西工委书记、皖西区委第一副书记。1949 年 5 月,任中共安庆地委书记。1952 年后,先后任中共安徽省委宣传部部长、安徽省第一届政协副主席、安徽省副省长、中共安徽省委书记处书记等职。1965 年,调唐山铁道学院任副院长。1971 年,被"四人帮"迫害致死。

唐晓光(1912—1968)

安徽舒城人,1912 年出生。1940 年参加革命工作。1948 年 2 月,任中共皖西四地委书记。同年 11 月,调任皖西三地委第二书记。新中国成立后,历任中共皖北区党委城市工作委员会副书记,皖北总工会筹备委员会副主任,皖北行署商业处长,安徽省商业厅厅长,安徽省财经委员会副主任,安徽省供销合作总社主任等职。1954 年至 1965

年,先后任本溪钢铁公司副经理,福建省冶金厅厅长。1965 年 5 月,调任华东局计委驻江西第二指挥部副部长。"文化大革命"中惨遭迫害,于 1968 年 4 月 22 日含冤逝世。1978 年 9 月,中共上海市委为其平反昭雪,恢复名誉。

黄庆熙(1917—2005)

福建上杭人,1917 年出生。1930 年加入中国共产主义青年团。1934 年转入中国共产党。1949 年 2 月,任华北南下干部纵队政治委员。同年 5 月,任中共皖南区委委员兼组织部部长。1950 年 1 月,兼任中共皖南区委纪律检查委员会书记。1952 年 1 月,任中共上海市委组织部副部长。1956 年 7 月,任中共上海市委常委、组织部部长。1959 年 12 月,兼任中共上海市委监委会第一副书记。1964 年 2 月,任中华人民共和国内务部副部长。1972 年,任公安部党组成员、副部长。1978 年,调民政部工作。中共七大、八大代表。2005 年 3 月 6 日,在北京病逝。

黄岩(1912—1989)

安徽六安人,1912 年出生。1929 年加入中国共产主义青年团。1931 年转为中国共产党。1949 年 1 月,任中共合肥市委书记。同年 2 月,兼任合肥军管会副主任。同年 4 月至 5 月,任中共皖北区党委副书记兼皖北军区副政委、皖北行署主任。1950 年,兼任皖北生产救灾治淮指挥部指挥。1952 年 8 月,任安徽省政府副主席。1955 年 3 月,被选为安徽省省长。1956 年 7 月,被选为中共安徽省委书记处书记。"文化大革命"期间,遭到冲击。1978 年 1 月,被选为安徽省政协副主席。1979 年 12 月,被选为安徽省人大常委会副主任。1989 年 6 月 9 日,因病去世。

曹荻秋(1909—1976)

四川资阳人,1909 年出生。1926 年考入成都师范大学,参加进步学生运动。1929 年 9 月加入中国共产党。1948 年 5 月,任中共江淮

区委书记。同年 11 月,任华中支前司令部政治委员。1949 年 2 月,任华东支前司令部副司令员。1949 年 6 月,任上海西南服务团团长随军南下。同年 11 月起,先后任中共重庆市委第三、第二、第一书记,重庆市副市长、市长。1955 年,调上海任职,先后任中共上海市委副书记、市委书记处书记,上海市常务副市长、市长。"文化大革命"中遭到迫害。1976 年 3 月 29 日,在上海逝世。

梁从学(1903—1973)

安徽六安人,1903 年出生。1929 年 5 月加入中国工农红军。同年 10 月加入中国共产党。1949 年 4 月 6 日,任皖北区党委委员。4 月 15 日,任中共皖北军区副司令。同年 8 月,任鄂豫皖边区剿匪指挥部副司令员兼皖北军区前线剿匪指挥部司令员。同年年底,被选为皖北各界人民政治协商会议委员会副主席。1950 年 10 月,升任皖北军区司令员。1955 年 10 月,被授予中将军衔。1957 年 8 月,调任江苏军区副司令员。1973 年 4 月 7 日,在南京病逝。

韩德彩(1933—   )

安徽凤阳人,1933 年出生。1949 年参加人民解放军。1952 年参加抗美援朝,任志愿军空军飞行员、飞行中队长。1953 年加入中国共产党。抗美援朝中共击落敌机 5 架,其中有美军"双料王牌"飞行员驾驶的 F – 86 型飞机,被中国人民志愿军领导机关授予"二级战斗英雄"称号。曾任解放军空军副团长、师独立大队大队长、副师长、师长、军长。1983 年,任南京军区空军副司令员。1988 年,被授予空军少将军衔。

曾山(1899—1972)

江西吉安人,1899 年出生。1926 年 10 月加入中国共产党。解放战争时期,任华东军政委员会副主席兼财经委员会主任,上海市副市长兼财经委员会主任。中华人民共和国成立后,历任中央人民政府政务院政务委员兼部长、华东行政委员会副主席兼财经委员会主任、国务院商业部部长、中共中央交通工作部部长、国务院内务部部长等职。是中共第八、九届中央委员,第三届全国人大代表,第四届全国政协委员。1972 年 4 月 16 日,在北京病逝。

曾希圣(1904—1968)

湖南兴宁(今资兴)人,1904 年 10 月出生。1924 年考入黄埔军校,毕业后参加北伐战争。1927 年加入中国共产党。解放战争期间,任人民解放军皖北军区司令兼政治委员。1949 年 4 月 6 日,任中共皖北区委书记。1950 年 11 月 6 日,兼任治淮委员会副主任、主任。1952 年 1 月,任中共安徽省委书记兼省军区第一政委。同年 8 月 25 日,兼任安徽省人民政府主席。1956 年 9 月,在党的"八大"上被选为中共中央委员。1962 年 2 月,调上海任中共中央华东局第二书记。"文化大革命"中遭迫害。1968 年 7 月 15 日,在北京逝世。

熊兆仁(1912—   )

福建永定人,1912 年出生。1929 年参加中国工农红军。解放战争时期,任中共皖南军区副司令员。中华人民共和国成立后,任中国人民解放军皖北军区副司令员。1954 年,进入解放军军事学院高级速成系学习。毕业后,任福建军区司令部副参谋长,福州军区司令部副参谋长,福建生产建设兵团政治委员,福州军区副参谋长。1955 年,被授予少将军衔。

戴戟(1895—1973)

安徽旌德人,1895 年 7 月出生。保定陆军军官学校第三期步科毕业,早年在粤军任职。中华人民共和国成立后,先后任华东军政委员会委员,安徽省政协副主席,安徽省副省长,民革中央委员,全国政协委员等职。1973 年 2 月 21 日,在合肥病逝。

主要参考文献

一、公开出版书籍

1. 中共中央文献研究室编：《建国以来重要文献选编》，中央文献出版社 1992 年 6 月第 1 版。

2. 中共中央文献研究室编：《建国以来毛泽东文稿》（一），中央文献出版社 1987 年 1 月第 1 版。

3. 毛泽东著，中共中央文献研究室编：《毛泽东文集》（第 6 卷），人民出版社 1999 年 6 月第 1 版。

4. 中共中央文献编辑委员会编：《邓小平文选》（第一卷），人民出版社 1994 年 10 月第 2 版。

5. 中共中央文献研究室编著：《周恩来年谱》（1949—1976），中央文献出版社 1997 年 5 月第 1 版。

6. 刘少奇著：《刘少奇选集》下卷，人民出版社 1985 年 12 月第 1 版。

7. 中共中央文献研究室编：《刘少奇年谱》下卷，中央文献出版社 1996 年第 1 版。

8. 曹应旺编著：《周恩来与治水》，中央文献出版社 1991 年第 1 版。

9. 淮河水利委员会编：《中国江河防洪丛书·淮河卷》，中国水利水电出版社 1992 年 2 月第 1 版。

10. 房维中主编：《中华人民共和国经济大事记》（1949—1980 年），中国社会科学出版社 1984 年版（内部发行）。

11. 中共中央党史研究室著，胡绳主编：《中国共产党的七十年》，中共党史出版社 1991 年 8 月第 1 版。

12. 有林等主编:《中华人民共和国国史通鉴》(第一卷),红旗出版社 1993 年版。

13. 张德生等主编:《政治风云》,安徽人民出版社 1999 年 8 月第 1 版。

14. 宋任穷著:《宋任穷回忆录》,解放军出版社 1994 年 10 月第 1 版。

15. 王芳主编:《当代中国的公安工作》,当代中国出版社 1992 年 2 月第 1 版。

16. 侯永主编:中华人民共和国地方简史丛书《当代安徽简史》,当代中国出版社 2001 年 10 月第 1 版。

17. 苏桦、侯永主编:当代中国丛书《当代中国的安徽》(上、下),当代中国出版社 1992 年 3 月第 1 版。

18. 安徽省人民政府办公厅编:《安徽省情》(1949—1983),安徽人民出版社 1985 年 6 月第 1 版。

19. 安徽省人民政府办公厅编:《安徽省情》(2)(1949—1984),安徽人民出版社 1986 年 10 月第 1 版。

20. 侯永、欧远方主编:《当代安徽纪年》,当代中国出版社 1992 年 10 月第 1 版。

21. 林蕴晖、范守信、张弓著:《凯歌行进的时期》(1949—1989 年的中国 1),河南人民出版社 1989 年 12 月第 1 版。

22. 安徽省地方志编纂委员会:《安徽省志·总述》,方志出版社 1999 年第 1 版。

23. 安徽省地方志编纂委员会:《安徽省志简本》,黄山书社 2005 年第 1 版。

24. 安徽省地方志编纂委员会:《安徽省志·政党志》,方志出版社 1998 年第 1 版。

25. 安徽省地方志编纂委员会:《安徽省志·人大政府政协志》,方志出版社 1999 年第 1 版。

26. 安徽省地方志编纂委员会:《安徽省志·军事志》,安徽人民

出版社 1995 年 1 月第 1 版。

27. 安徽省地方志编纂委员会:《安徽省志·商业志》,安徽人民出版社 1995 年 1 月第 1 版。

28. 安徽省地方志编纂委员会:《安徽省志·大事记》,方志出版社 1998 年 10 月第 1 版。

29. 安徽省地方志编纂委员会:《安徽省志·计划统计志(计划)》,方志出版社 1998 年 10 月第 1 版。

30. 安徽省地方志编纂委员会:《安徽省志·供销合作社志》,方志出版社 1997 年 6 月第 1 版。

31. 安徽省地方志编纂委员会:《安徽省志·机械工业志》,安徽人民出版社 1996 年 11 月第 1 版。

32. 安徽省地方志编纂委员会:《安徽省志·纺织工业志》,安徽人民出版社 1993 年 4 月第 1 版。

33. 安徽省地方志编纂委员会:《安徽省志·金融志》,方志出版社 1999 年 1 月第 1 版。

34. 安徽省地方志编纂委员会:《安徽省志·煤炭工业志》,安徽人民出版社 1993 年 4 月第 1 版。

35. 安徽省地方志编纂委员会:《安徽省志·冶金工业志》,方志出版社 1998 年 10 月第 1 版。

36. 安徽省地方志编纂委员会:《安徽省志·建置沿革志》,方志出版社 1999 年 1 月第 1 版。

37. 安徽省地方志编纂委员会:《安徽省志·公安志》,安徽人民出版社 1993 年 11 月第 1 版。

38. 安徽省地方志编纂委员会:《安徽省志·卫生志》,安徽人民出版社 1996 年第 1 版。

39. 安徽省地方志编纂委员会:《安徽省志·文化艺术志》,方志出版社 1999 年第 1 版。

40. 安徽省地方志编纂委员会:《安徽省志·教育志》,方志出版社 1997 年第 1 版。

41. 安徽省地方志编纂委员会:《安徽省志·人事志》,方志出版社 1999 年第 1 版。

42. 安徽省地方志编纂委员会:《安徽省志·群众团体志》,方志出版社 1999 年第 1 版。

43. 安徽省地方志编纂委员会:《安徽省志·人物志》,方志出版社 1998 年第 1 版。

44. 安徽省地方志编纂委员会:《安徽省志·计划统计志(计划)》,方志出版社 1998 年第 1 版。

45. 安徽省地方志编纂委员会:《安徽省志·城乡建设志》,方志出版社 1998 年第 1 版。

46. 安庆市地方志编纂委员会:《安庆市志》,方志出版社 1997 年第 1 版。

47. 芜湖市地方志编纂委员会:《芜湖市志》,社会科学文献出版社 1993 年第 1 版。

48. 无为县地方志编纂委员会编:《无为县志》,社会科学文献出版社 1993 年 9 月第 1 版。

49. 蒙城县地方志编纂委员会编:《蒙城县志》,黄山书社 1994 年 12 月第 1 版。

50. 朱益新主编,歙县地方志编纂委员会编纂:《歙县志》,中华书局 1995 年 7 月第 1 版。

51. 严希总纂,安徽省来安县地方志编纂委员会编纂:《来安县志》,中国城市经济社会出版社 1990 年 9 月第 1 版。

二、报刊

1. 中共皖北区委机关报:《皖北日报》1949 年 5 月 1 日至 1951 年 12 月 25 日。

2. 中共皖南区委机关报:《皖南日报》1949 年 9 月 22 日至 1951 年 12 月 25 日。

3. 中共安徽省委机关报:《皖北日报皖南日报联合版》1951 年 12 月 26 日至 1952 年 5 月 31 日。

4. 中共安徽省委机关报:《安徽日报》1952 年 6 月 1 日至 1952 年 12 月 31 日。

5. 中共江淮区委机关报:《江淮日报》1949 年 1 月至 4 月若干期。

6. 中共芜湖市委机关报:《芜湖日报》1949 年 4 月至 9 月若干期。

7. 中共淮北区党委机关报:《拂晓报》1949 年 9 月 15 日至 11 月 26 日。

8. 中国共产党中央委员会机关报:《人民日报》1950 年 10 月 15 日。

9.《时事手册》1951 年第 13 期。

10.《新中华半月刊》1951 年第 8 期。

11.《党史纵览》2010 年第 9 期。

三、内部出版物、档案资料

1. 安徽省档案局,《当代中国》丛书安徽卷编辑部:《安徽经济建设文献资料》(第一辑),1986 年 10 月(内部发行)。

2. 中共安徽省委办公厅、中共安徽省委党史工委、安徽省档案馆:《中共皖北、皖南区委文件选编》(1949—1951)1994 年 10 月第 1 版,皖非正式出版字(93)第 50 号。

3. 中共黄山市委党史工委办公室:《中国共产党黄山市大事记》,2002 年版。

4. 中共无为县委党史研究室、政协无为县文史资料委员会:《中国共产党无为地方史》。

5. 政协芜湖县文史委员会:《芜湖县文史资料》(第 4 辑),1994 年 6 月(内部发行)。

6. 中共安徽省委办公厅、中共安徽省委党史工委、安徽省档案馆:《中共安徽省委文件选编》(1952—1954),1994 年 10 月第 1 版,皖非正式出版字(93)第 50 号(内部发行)。

7. 中共安徽省委党史研究室编:《安徽现代革命史资料长编》(第四卷),皖内部图书 2004—126。

8. 王祖烈编著:《淮河流域治理综述》,水利电力部治淮委员会淮河志编纂办公室 1987 年 3 月印。

9. 中华人民共和国水利部编:《1949—1957 年历次全国水利会议报告文件》,水利部 1957 年印。

10. 安徽省委农村工作部编:《安徽省土地改革资料》,内部印刷,1953 年。

11. 安徽省档案馆存:《皖南区档案》(卷宗号 J001—000001—00010)、(卷宗号 J001—000001—00070)、(卷宗号 J001—00001—00071)、(卷宗号 J001—000001—00073)、(卷宗号 J001—000001—00076)、(卷宗号 J001—000001—00108)、(卷宗号 J020—01—0082)。

12. 安徽省档案馆存:《皖北区档案》(卷宗号 J021—00002—00252)。

后　记

　　本卷为《安徽通史·新中国卷》，记述 1949 年 1 月淮海战役结束，皖北、皖南行政区分别建置，直至 1952 年皖北、皖南行政区合并，恢复安徽省建置，前后共 4 年的安徽政治、经济、社会、文化等方面的历史。

　　本卷编写工作过程如下：

　　1. 2004 年 12 月至 2005 年 10 月，完成编写提纲的起草、讨论、修改和确定。全体作者和外请专家参与讨论，其中，黄传新（中共安徽省委宣传部副部长、安徽省社会科学界联合会主席）、徐则浩（安徽省地方志编纂委员会办公室原主任、研究员）、刘玉尧（中共安徽省委副秘书长、政策研究室主任）为提纲调整、修改和确定，作出了重要贡献。

　　2. 2005 年 11 月至 2007 年 7 月，各章作者完成各自承担的撰写任务，形成本书第一稿。

　　3. 2007 年 8 月至 10 月，沈葵对本书第一稿提出修改意见并反馈作者，经作者修改后，形成本书第二稿。

　　4. 2007 年 11 月至 2008 年 3 月，沈葵对本书第二稿进行全面加工、调整与修改；围绕历史主线，统一全书写作风格，其中对部分章节重新撰写，形成本书第三稿。

　　5. 2008 年 4 月至 6 月，经《安徽通史》编纂委员会办公室批准，本书第二稿交由徐则浩、汪石满（中共安徽省委宣传部原常务副部长，安徽省社会科学院原院长）、刘玉尧、王彦民（中共中央党校科研处处长、博士、教授）、陈意新（美国北卡罗来纳大学历史系博士、教授）审读。上述 5 位先生对书稿提出了十分有益的宏观建议和具体意见，其中，提出的具体修改意见近 700 处，包括史实更正、段落调整、词句规范、标题修订、删繁就简等。

6. 2008 年 7 月至 12 月,沈葵对 5 位审读专家提出的建议、意见进行归纳、吸收后,对本书第三稿再次进行修改,形成本书送审稿,提交《安徽通史》编委会办公室。

7. 2009 年 4 月至 10 月,黄传新、唐先田(安徽省社会科学院原副院长、编审)、朱强娣(安徽省社会科学院新闻信息研究所原所长、副研究员)代表《安徽通史》编委会办公室,对送审稿提出修改意见,交返沈葵。沈葵组织部分专家对这些修改意见进行讨论,并对本书送审稿又一次修改、核对,形成终审稿。

8. 2010 年 4 月,经《安徽通史》编委会办公室通过后,本书终审稿交由安徽人民出版社编辑出版。

本卷书稿作者撰写分工如下:沈葵撰写第一章、第七章,陆荣撰写第二章、第十章,祝凤鸣撰写第三章、第八章,许为撰写第四章,袁元撰写第五章,胡卫星撰写第六章,田屹撰写第九章,段金萍撰写大事记、人物小传。沈葵负责本卷书稿的修改、补充、统稿和总其成。

书稿撰写历时整 6 年,其中的艰辛、体会、感悟和期许,难以言表。在本书出版之际,感谢一直支持和关心本书撰写的各界同仁,感谢安徽人民出版社及杨咸海先生的大力帮助!

沈　葵

2010 年 9 月于合肥